Peter Ruggenthaler
Stalins großer Bluff

**Schriftenreihe
der Vierteljahrshefte
für Zeitgeschichte
Band 95**

Im Auftrag des
Instituts für Zeitgeschichte München – Berlin
herausgegeben von
Karl Dietrich Bracher   Hans-Peter Schwarz
Horst Möller

Redaktion:
Johannes Hürter und Jürgen Zarusky

Stalins großer Bluff

Die Geschichte der Stalin-Note in Dokumenten
der sowjetischen Führung

Herausgegeben und eingeleitet von
Peter Ruggenthaler

R. Oldenbourg Verlag München 2007

Bibliografische Information Der Deutschen Nationalbibliothek

Die Deutsche Nationalbibliothek verzeichnet diese Publikation in der
Deutschen Nationalbibliografie; detaillierte bibliografische Daten
sind im Internet über <http://dnb.d-nb.de> abrufbar.

© 2007 Oldenbourg Wissenschaftsverlag GmbH, München
Rosenheimer Straße 145, D-81671 München
Internet: oldenbourg.de

Das Werk einschließlich aller Abbildungen ist urheberrechtlich
geschützt. Jede Verwertung außerhalb der Grenzen des Urheberrechts-
gesetzes ist ohne Zustimmung des Verlages unzulässig und strafbar.
Dies gilt insbesondere für Vervielfältigungen, Übersetzungen, Mikro-
verfilmungen und die Einspeicherung und Bearbeitung in elektroni-
schen Systemen.

Umschlaggestaltung:
Thomas Rein, München und Daniel von Johnson, Hamburg
Bildnachweis: Demonstration der FDJ in Ost-Berlin anlässlich der III. Weltfestspiele der Jugend und
Studenten vom 5.–19. August 1951; Bildarchiv Preußischer Kulturbesitz/Jochen Moll

Gedruckt auf säurefreiem, alterungsbeständigem Papier (chlorfrei gebleicht).
Satz: Typodata GmbH, München
Druck und Bindung: Erdl Druck Medien GmbH & Co. KG,
83308 Trostberg

ISBN 978-3-486-58398-4
ISSN 0506-9408

Inhalt

Vorwort 7

Einleitung 11

I. Die Entstehungsgeschichte der Stalin-Note 23

    Dokumente 46

II. Der österreichische „Kurzvertrag" vom 13. März 1952
     und die deutsche Frage 115

    Dokumente 133

III. Zur sowjetischen Deutschlandpolitik
      nach der Stalin-Note 151

    Dokumente 170

Dokumentenverzeichnis 229

Zeittafel 237

Abkürzungsverzeichnis 243

Quellen- und Literaturverzeichnis 245

Personenregister 251

6

Vorwort

Die vorliegende Studie zur sowjetischen Deutschland- und Österreichpolitik 1951/52 beruht auf bisher nicht zugänglichen Akten aus dem Bestand Vjačeslav Molotovs. Die bislang im Archiv des Präsidenten der Russischen Föderation (AP RF) verwahrten Aktenbestände wurden 2004 wieder geöffnet und dem Russischen Staatsarchiv für Sozial- und Politikgeschichte (RGASPI) übergeben.[1] Die Österreich betreffenden Akten konnten erstmalig für die im Jahr 2005 erschienene Publikation „Die Rote Armee in Österreich" systematisch ausgewertet werden.[2] In den 1990er Jahren war der Bestand bereits zeitweilig zugänglich gewesen, allerdings nur für ausgewählte russische Forscher. Die Publikationen auf dieser Basis sind vor allem Natalija Egorovas Studie über die Einschätzung der NATO durch die stalinistische Führung[3] und Michail Narinskijs Arbeit über die sowjetische Haltung zum Marshall-Plan.[4] Für Analysen zur sowjetischen Deutschland-Politik 1951/52 wurde der Bestand damals nicht herangezogen.[5] Die wichtigsten Arbeiten hierzu basieren auf Dokumenten aus dem Archiv des Außenministeriums der Russischen Föderation (AVP RF),[6] also einer unteren Ebene nach Stalin, Molotov oder auch der Außenpolitischen Kommission des Politbüros. Freilich stand das Außenministerium mit den ihm übergeordneten Instanzen in schriftlichem Kontakt, weshalb auch Zeugnisse dieser in seinem Archiv liegen. Es oblag daher der analytischen Spurensuche, Ziele und Absichten der sowjetischen Deutschlandpolitik zu rekonstruieren, was den Historikern insofern zusätzlich erschwert wurde und nach wie vor erschwert wird, da die Findbücher im Archiv des Außenministeriums nicht zugänglich sind und sich der Forscher mit den ihm zur Verfügung gestellten, vorselektierten Akten zufriedengeben muss. Im Gegensatz dazu sind im Russischen Staatsarchiv für Sozial- und Politikgeschichte die Findbücher des Bestandes Molotovs nunmehr fast zur Gänze einseh-

---

[1] Der Bestand trug im AP RF die Signatur f. [Bestand] 56, op. 1, und befindet sich nunmehr im RGASPI, f. 82, op. 2. Die Recherchen zu diesem Band wurden im Rahmen des vom Bundesministerium für Bildung, Wissenschaft und Kunst der Republik Österreich geförderten Projektes „Die Rote Armee in Österreich. Sowjetische Besatzung 1945–1955" im Jahr 2005 begonnen und am Ludwig Boltzmann-Institut für Kriegsfolgen-Forschung, Geschichte-Cluster, durchgeführt.
[2] Karner/Stelzl-Marx (Hrsg.), Die Rote Armee in Österreich; Karner/Stelzl-Marx/Tschubarjan (Hrsg.), Die Rote Armee in Österreich. Dokumente.
[3] Egorova, Evropejskaja bezopasnost' i „ugroza" NATO. Die von ihr und in der Folge benutzten Quellen durften allerdings nur mit f. 82, ohne genauere Quellenangaben, zitiert werden.
[4] Narinsky, The Soviet Union and the Marshall-Plan.
[5] Vgl. dazu Wolkow, Die deutsche Frage aus Stalins Sicht (1947–1952). Volkov kam nach seinen Arbeiten im Archiv des Präsidenten zu dem Schluss, dass man über die wahren Motive Stalins in der Deutschlandpolitik niemals Auskünfte finden würde, da entsprechende Dokumente „einfach nicht existieren". Volkov, Uzlovye problemy novejšej istorii stran Central'noj i Jugo-Vostočnoj Evropy, S. 142. Volkov hatte allerdings lediglich die Protokolle der Unterredungen der SED-Führung mit Stalin und nur eine Akte im Molotov-Bestand (zu Jugoslawien) eingesehen.
[6] Siehe hierzu v. a. die in diesem Band zitierten Arbeiten von Stein Bjørnstad, Aleksej Filitov, Vojtech Mastny und Gerhard Wettig. Vereinzelte Dokumente aus dem AP RF werden zitiert in Loth, Die Entstehung der „Stalin-Note", S. 59. Die meisten Arbeiten der letzten 15 Jahre schöpfen freilich auch aus dem Fundus des Zentralen Parteiarchivs der SED.

bar,⁷ was ein gezieltes Arbeiten ermöglicht. Hierbei zeigt sich, dass besonders im letzten Lebensjahr Stalins Molotov eine viel bedeutendere Rolle zukam, als bisher angenommen. Wohl alle wichtigen Schriftstücke liefen über seinen Schreibtisch.

Die sowjetischen Geheimdienste (der Minister für Staatssicherheit, MGB, Semen Ignat'ev, und der Apparat des „kleinen" Informationskomitees (KI) beim Außenministerium der UdSSR, 1951/52 unter der Leitung des stellvertretenden Außenministers, Valerian Zorin, sowie Ivan Tugarinov, stellvertretender Vorsitzender, und des ehemaligen Sekretärs des Parteikomitees des KI, Aleksej Rumjancev)⁸ erstatteten Molotov direkt Bericht.⁹ Bis heute ist nach wie vor wenig über den Apparat des Informationskomitees bekannt. Seine eigenständige Existenz ist ab Oktober 1947 belegbar. Bis dahin oblag die sowjetische Auslandsspionage der Ersten Hauptabteilung des NKVD bzw. NKGB. Bis Januar 1949 unterstand das KI direkt dem Ministerrat der UdSSR, anschließend dem sowjetischen Außenministerium. Ab Ende 1951 oblag die Auslandsspionage schließlich nicht mehr dem KI, die Informationsbeschaffung selbst wurde dem MGB überantwortet.¹⁰ Damit verbunden war auch eine Personalrochade. Der stellvertretende Vorsitzende des KI, der brutale und skrupellose Protegé Berijas, Sergej Savčenko, wurde stellvertretender Minister für Staatssicherheit (MGB) unter Ignat'ev. Mit ihm wechselten weitere führende Mitarbeiter des KI zum MGB.¹¹ Das KI blieb jedoch weiter bestehen. Die verschiedenen Geheimdienste hatten ihm alle Informationen zu übermitteln, die es dann auswertete und analysierte. Das KI wiederum erstattete in erster Linie Stalin und den Politbüromitgliedern und vor allem Molotov Bericht. In regelmäßigen Abständen analysierten Zorin, Tugarinov und Rumjancev vor Molotov das internationale Geschehen. Die führenden Mitglieder des KI hatten nach Vladislav Zubok „beeindruckende analytische Fähigkeiten".¹² Nach Stalins Tod stand der spätere sowjetische Außenminister Andrej Gromyko formell an der Spitze des KI. Nach den Erinnerungen der Überläufer Vladimir und Evdokija Petrov hätten das MGB und das KI „die Spionagearbeit in Frankreich als besonders angenehm empfunden […]. In der französischen Operationszentrale

---

⁷ Zu den vergleichsweise wenigen, nach wie vor gesperrten Dokumenten innerhalb der Deutschland-Akten siehe die entsprechenden Verweise in den Anmerkungen.

⁸ Tugarinov wurde am 12.1.1952 auf Vorschlag Zorins zum stellvertretenden Vorsitzenden des KI, Rumjancev, zum „Mitglied" bestellt. RGASPI, f. 17, op. 162, d. 48, S. 12, Politbüro-Beschluss P 85 (249-op) vom 12.1.1952. Vyšinskij nahm laut Gordiewsky und Andrew „kaum Anteil an den Angelegenheiten des KI". Dies bestätigt sich auch anhand der in diesem Band abgedruckten Dokumente des KI. Siehe Andrew/Gordiewsky, KGB, S. 495.

⁹ Die in diesem Band abgedruckten und zitierten Rapporte des MGB und des KI stammen ausschließlich aus dem Sekretariat Molotovs. In der Folge werden im Verteiler lediglich jene Empfänger eigens angeführt, an die die entsprechenden Informationen auf Geheiß Molotovs ergingen. Die Berichterstattungen dürften mündlich erfolgt, mitprotokolliert und zusammengefasst worden sein. Die hier abgedruckten Berichterstattungen an Molotov ergingen, keinem schematischen Muster folgend, an Stalin, an Politbüromitglieder und an das Außenministerium. Die genauen Verteiler werden als Bestandteil der Dokumente selbst in diesem Band abgedruckt.

¹⁰ Kokurin/Petrov (Hrsg.), Lubjanka, S. 226; Andrew/Gordiewsky, KGB, S. 494–496, 526 und 852.

¹¹ RGASPI, f. 17, op. 162, d. 48, S. 12, Politbüro-Beschluss P 85 (259-op) vom 12.1.1952; ebd., S. 17, Politbüro-Beschluss P 85 (390-op) vom 6.2.1952; ebd., S. 79, Politbüro-Beschluss P 85 (58) vom 11.3.1952. Ignat'ev hatte den Posten des Ministers für Staatssicherheit der UdSSR bis zu Stalins Tod inne, Savčenko bekleidete das Amt des stellvertretenden Ministers bis zum 17.3.1953. Kokurin/Petrov (Hrsg.), Lubjanka, S. 266 und 287; Andrew/Gordiewsky, KGB, S. 495.

¹² Zubok, Soviet Intelligence and the Cold War, S. 454–456. Aleksej M. Rumjancev war von 1953 bis 1955 Leiter der Abteilung für Wirtschafts- und Geschichtswissenschaften und Hochschuleinrichtungen des ZK der KPdSU. Siehe Gorjačev, Central'nyj Komitet, S. 353f. Das KI wurde 1951 nicht aufgelöst. Vgl. Andrew/Mitrochin, Das Schwarzbuch des KGB, S. 211.

des KI lagen überall Papiere herum, die wie Fotokopien amtlicher französischer Dokumente aussahen."[13] Die Infiltrationsagenten sollen nie enttarnt bzw. nie öffentlich identifiziert worden sein.[14] In den 1950er Jahren war Frankreich „die produktivste Quelle geheimer Informationen über die westliche Politik gegenüber dem Ostblock".[15] Der bedeutendste Erfolg der sowjetischen Auslandsspionage in Paris war die Infiltration der französischen Geheimdienste, des Verteidigungsministeriums, des Marineministeriums und, wie vor allem in diesem Band aufgezeigt wird, des französischen Außenministeriums. Ein sowjetischer Agent im französischen Außenministerium trug den Decknamen „Isvekov"[16] und blieb, wie es scheint, unerkannt. In den Geheimdienstberichten, auf denen die vorliegende Studie zu einem großen Teil beruht, finden sich keine Decknamen. Lediglich in einem Bericht, der sich im Molotov-Bestand findet, nimmt der Minister für Staatssicherheit (MGB), Semen Ignat'ev, in einem Schreiben an Molotov auf „unseren Agenten" Bezug.[17]

Molotov entschied in vermutlich sehr hohem Maß, wer welche Dokumente erhielt. Nur die wenigsten Geheimdienstberichte ergingen an alle Mitglieder der „Vos'mërka" („Achterkollegium", „Achtergruppe").[18] Stalin las aufgrund seines schlechten Gesundheitszustands kaum mehr alle Schriftstücke.[19] Molotov soll nach geheimdienstlichen Informationen, vor allem nach Meldungen über Zwistigkeiten zwischen London und Washington in der deutschen Frage, geradezu begierig gewesen sein.[20] Im Herbst 1952 begann Molotovs Stern, wie bereits 1949, erneut abrupt zu sinken.[21] Stalin bezeichnete ihn auf dem Parteitag der KPdSU überraschend als britischen Agenten. Zu diesem Zeitpunkt endet auch der Aktenbestand Molotov. Er setzt erst nach Stalins Tod wieder ein, als Molotov erneut das Amt des Außenministers übernahm.

In begrenztem Maße frei zugänglich ist auch das Findbuch des Bestandes Stalins, das ebenfalls vom Archiv des Präsidenten an das Russische Staatsarchiv für Sozial- und Politikgeschichte übergeben wurde.[22] Bereits in den 1990er Jahren zeigte sich jedoch, dass viele Dokumente dieses Bestandes von geringerer Aussagekraft sind, da einerseits ca. 200, vor allem Schlüsseldokumente umfassende Faszikel nach wie vor der Geheimhaltung unterliegen und die deklassifizierten Akten in erster Linie bereits fertig ausgearbeitete Dokumente sind, die eine Analyse der Hintergründe über die Absichten und Ziele sowjetischer Politik kaum erlauben. Dies betrifft auch die stets „politisch korrekt" verfassten Politbüro-Beschlüs-

---

[13] Andrew/Gordiewsky, KGB, S. 526.
[14] Ebd.
[15] Ebd., S. 569.
[16] Ebd., S. 568. Der bedeutendste „französische Maulwurf" war Georges Pâques, nach dem Zweiten Weltkrieg als „chef de cabinet" und Berater einiger französischer Minister tätig. Pâques hatte 20 Jahre lang als sowjetischer Agent gearbeitet. Andrew/Gordiewsky, KGB, S. 526. Zu den geheimdienstlichen Quellen des Kremls in London siehe Subok/Pleshakow, Der Kreml im Kalten Krieg, bes. S. 155–161.
[17] RGASPI, f. 82, op. 2, d. 1348, S. 175, Ignat'ev an Molotov, 12.10.1952.
[18] Die „Vos'mërka" ist als Synonym für die Führungsriege des Kremls 1951/52 zu verstehen. Im für diese Studie relevanten Zeitraum zählten neben Stalin hierzu Berija, Bulganin, Chruščev, Kaganovič, Malenkov, Mikojan und Molotov. Der Kreis der engsten Vertrauten Stalins änderte sich ständig. Zwischen 1945 und 1951 gab es auch Vierer-, Sechser- und Neunergruppen. O'Sullivan, „Cordon sanitaire", S. 44–46.
[19] Hierzu Zubok, Soviet Intelligence and the Cold War, S. 455f.
[20] Subok/Pleshakow, Der Kreml im Kalten Krieg, S. 160.
[21] Siehe dazu genauer in der Einleitung.
[22] Der Bestand trug im AP RF die Signatur f. 45, op. 1, und befindet sich nunmehr im RGASPI f. 558, op. 11.

se des ZK der VKP(b).[23] Von größerem Interesse und Sachgehalt sind die unter besonderer Geheimhaltung beschlossenen Politbüro-Beschlüsse, die in der „Sondermappe" („osobaja papka") abgelegt wurden, die seit kurzem benutzbar ist. Jedoch sind nicht alle Beschlüsse geöffnet worden. Die „Sondermappe" wird im Lesesaal des Archivs lediglich als Kopie ausgehändigt. Der weiteren Geheimhaltung unterliegende Beschlüsse fanden in die kopierte Version keinen Eingang.[24] Im Hinblick auf die sowjetische Außenpolitik können sie in so wichtigen Fragen wie jener der sowjetischen Deutschlandpolitik kaum Aufschluss geben.[25]

Die in diesem Band abgedruckten Dokumente wurden aus dem Russischen übersetzt. Für Hilfe bei der Entzifferung der mancherorts nur schwer lesbaren handschriftlichen Vermerke danke ich Elena Anderle-Schmatz in Dornbirn und meinem Kollegen am Ludwig Boltzmann-Institut für Kriegsfolgen-Forschung in Graz, Arno Wonisch. Besonderer Dank gebührt dem Institutsleiter, Univ.-Prof. Dr. Stefan Karner, für die seit Jahren in unermüdlichem Einsatz zur Förderung junger Historiker erwiesene vielseitige Unterstützung. Ferner gilt mein Dank für kritische Lektüre und viele sachdienliche Hinweise meinen Institutskolleginnen und -kollegen Barbara Stelzl-Marx, Silke Stern, Wolfram Dornik, Peter Fritz, Walter Iber und Harald Knoll.

Für stets interessante Diskussionen und den vielfältigen Meinungsaustausch danke ich herzlich Ol'ga Pavlenko (Russische Staatliche Geisteswissenschaftliche Universität), Aleksej Filitov (Institut für allgemeine Geschichte der Russischen Akademie der Wissenschaften), Nikita Petrov (Memorial), Michail Prozumenščikov (Russisches Staatsarchiv für Zeitgeschichte), Moskau, Günter Bischof (Center Austria der University of New Orleans), Bogdan Musial, Hannover, sowie Vladislav Zubok (Temple University Philadelphia). Des Weiteren danke ich für die Aufnahme der Publikation in die Schriftenreihe der Vierteljahrshefte für Zeitgeschichte den Herausgebern sowie Jürgen Zarusky und Angelika Reizle für die redaktionelle Bearbeitung. Größter Dank gilt dem Direktor des Russischen Staatsarchivs für Sozial- und Politikgeschichte, Kirill Anderson, und seinen Mitarbeiterinnen Marina Astachova und Elena Kirillova, ohne deren Unterstützung diese Publikation nicht möglich gewesen wäre.

Graz, im Januar 2007   Peter Ruggenthaler

---

[23] RGASPI, f. 17, op. 3.
[24] RGASPI, f. 17, op. 162. Anhand der gepflegten Praxis, die Politbüro-Beschlüsse nach Protokollen durchzunummerieren, lässt sich mit Hilfe der publizierten Tagesordnungspunkte des Politbüros rekonstruieren, welche Politbüro-Beschlüsse nach wie vor nicht deklassifiziert wurden. Siehe dazu Adibekov/Anderson (Hrsg.), Politbjuro CK RKP(b)-VKP(b).
[25] In Bezug auf die Stalin-Note vom 10. März 1952 siehe hierzu bereits Karner/Ruggenthaler, Stalin und Österreich. Sowjetische Österreich-Politik 1938 bis 1953, S. 132.

Einleitung

> „Wir haben eben schön langsam die DDR geschaffen, eben unser Deutschland. Wenn wir von dort alles rausgeholt hätten,[1] wie hätte dann ihr Volk auf uns geschaut? Die Amerikaner, Engländer und Franzosen haben Westdeutschland geholfen. Und wir holen es uns etwa bei jenen Deutschen, die mit uns arbeiten wollen? Das musste man sehr vorsichtig machen."[2]

Schon während des Zweiten Weltkrieges hatten sich die Alliierten zum Ziel gesetzt, alle Anstrengungen zu unternehmen, um sicherzustellen, dass von Deutschland in der Zukunft keine Gefahr mehr ausgehen und der alte Kontinent vom „deutschen Militarismus" kein weiteres Mal in einen Weltkrieg geführt werden könne. Es galt, einen künftigen deutschen Staat so zu schwächen, dass er nicht mehr in der Lage sein würde, seine europäischen Nachbarn zu bedrohen. Das wohl wichtigste Mittel zur Umsetzung der Pläne für eine dauerhafte Schwächung Nachkriegsdeutschlands stellten die Gebietsabtretungen dar. Ostpreußen wurde unter sowjetische bzw. polnische Verwaltung gestellt, ebenso Pommern und Schlesien. Das Saarland erhielt eine eigene Verwaltung unter französischem Protektorat. Der „Anschluss" Österreichs an das Deutsche Reich von 1938 wurde für null und nichtig erklärt, Österreich als unabhängiger Staat wiederhergestellt. Die Sudetengebiete wurden endgültig tschechoslowakisches Territorium. Auf der Konferenz in Potsdam verabschiedeten der sowjetische Diktator Stalin, US-Präsident Truman und die britischen Premierminister Churchill bzw. Attlee das Potsdamer Abkommen. Dieses forderte in seinen wichtigsten Bestimmungen die Beseitigung des deutschen Nationalismus und Militarismus, die Aufteilung Deutschlands in vier Besatzungszonen, die Einsetzung eines Alliierten Kontrollrates und die Entnazifizierung des Landes.

Doch wie weit sollte die Schwächung Deutschlands gehen? Planten die Alliierten und insbesondere Stalin, auf dem Gebiet, das das künftige Staatsgebiet eines Nachkriegsdeutschlands umfassen sollte, sogar zwei deutsche Staaten zu gründen? Tatsächlich schmiedeten verschiedene Berater in den entsprechenden Gremien der Alliierten die unterschiedlichsten Pläne, die bis zu einer vollständigen Zerstückelung Deutschlands in viele Einzelstaaten reichten. Doch können aus Planungen wirklich Rückschlüsse auf die Ziele der Politik der jeweiligen Regierungen gezogen werden? Auch wenn man bereits in Moskau im November 1943 oder in Teheran Ende 1943 sogar konkrete Teilungsszenarien besprach?[3] Wohl kaum. Daher können weder auf westlicher noch auf sowjetischer Seite Planungsdokumente aus den verschiedenen Abteilungen der jeweiligen Außenämter oder Beratungen der „Großen Drei" untereinander Aufschluss darüber geben, ob die Teilung Deutschlands zum jeweiligen Zeitpunkt ein konkretes Ziel war oder nur dem Zweck diente, die Absichten der jeweils anderen Seite auszuloten. Auch wenn es derartige Zerstückelungspläne auch auf westlicher Seite gab, traten vor allem die Briten (das Foreign Office wandte sich generell stets gegen jegliche Teilungspläne) ab 1945 für eine kompromisslosere Haltung gegenüber der

---

[1] Gemeint sind Reparationszahlungen.
[2] Čuev, Molotov. Poluderžavnyj Vlastelin, S. 117, Molotov zu Čuev am 12.5.1976.
[3] Steininger, Deutsche Geschichte, Bd. 1, S. 25–31.

Sowjetunion auf. Sie waren nicht mehr bereit, den Sowjets eine noch stärkere Position in Europa zuzugestehen. War man einst für Polen in den Krieg gezogen, um es aus den Händen Hitlers zu befreien, musste man in der polnischen Frage nunmehr kapitulieren. Polens Schicksal war besiegelt.

Erst vor wenigen Jahren ist dem russischen Historiker Aleksej Filitov der Nachweis gelungen, dass sich Stalin zwischen Ende Mai und Anfang Juli 1945, also vor der Potsdamer Konferenz, zur Sowjetisierung der DDR entschieden haben muss.[4] Doch galt diese Prämisse in jeder Phase der beginnenden Ost-West-Konfrontation im frühen Kalten Krieg unter Stalin? Sowjetische Teilungspläne, die ab 1941 im Volkskommissariat für auswärtige Angelegenheiten ausgearbeitet wurden, können indes nicht als Indiz dafür gelten, Stalin habe stets die Teilung Deutschlands angestrebt. Im Lichte der in diesem Band erstmals analysierten und abgedruckten Dokumente lässt sich zwar eine Kontinuität der sowjetischen Deutschlandpolitik erkennen, die bisher bekannten Dokumente über Teilungsszenarien aus dem sowjetischen auswärtigen Amt konnten jedoch nicht beweisen, dass die sowjetische Führung dieses Ziel bedingungslos bereits während des Zweiten Weltkrieges und in der unmittelbaren Nachkriegszeit verfolgte.[5]

Wie flexibel war Stalins Osteuropa- und insbesondere Deutschlandpolitik? War er bereit zu einem Ausgleich mit dem Westen? Stalins Außenpolitik hatte weder rein defensiven, ausschließlich auf die Sicherheit der UdSSR bedachten, noch rein offensiven Charakter mit dem Ziel der Verbreitung der Weltrevolution. Stalin hatte keinen „Masterplan" zum Aufbau des Ostblocks, er hatte keine langfristige „maproad", sondern er handelte nach taktischer Berechnung und nutzte mitunter einfach die Gunst der Stunde, wie dies, um es vorwegzunehmen, auch der „Notenkrieg" 1952 eindeutig zeigt. Stalin entschied im gegebenen Augenblick nach den jeweiligen situationsbedingten Anforderungen. Er ging schrittweise und behutsam in der Umsetzung seiner Unterwerfungspolitik vor. Keinesfalls war er der „Totengräber" der Weltrevolution.[6] Wenn sich Stalin im Frühsommer 1945 endgültig für die Sowjetisierung der sowjetischen Besatzungszone entschied, so reiht sich diese Vorgangsweise in die Politik der forcierten Sowjetisierung Ostmitteleuropas nach 1945. Sicherheitspolitische Interessen der Sowjetunion, die mittels der Schaffung eines „Sicherheitsgürtels", der Umkehrung des „cordon sanitaire" der Zwischenkriegszeit befriedigt wurden, gingen Hand in Hand mit dem stets erstrebten, aber in den jeweiligen Situationen niemals bedingungslos riskierten Revolutionsexport und imperialistischer Stärkung der Sowjetmacht.[7]

Die weitere Vorgehensweise in der Deutschlandfrage war eine der Ursachen des sich verschärfenden Ost-West-Konfliktes, die deutsche Teilung die logische Folge der konträren Interessen der Großmächte. Nach dem Abschluss der Friedensverträge mit Finnland,

---

[4] Filitov, SSSR i germanskij vopros, S. 231 f.
[5] Siehe hierzu den Diskurs in Kynin/Laufer (Hrsg.), SSSR i germanskij vopros bzw. u. a. die kritische Betrachtung Filitovs in Filitow, Stalins Deutschlandplanung und -politik, S. 49. Zur Kontinuität der sowjetischen Deutschlandpolitik siehe auch den guten Überblick bei Laufer, Der Friedensvertrag mit Deutschland als Problem der sowjetischen Außenpolitik.
[6] Creuzberger/Görtemaker, Das Problem der Gleichschaltung osteuropäischer Parteien im Vergleich, S. 419–434; Mark, Revolution by Degrees.
[7] Zubok und Plešakov prägten Mitte der 1990er Jahre den Terminus des „revolutionär-imperialen Paradigmas" (Weltrevolution auf der Basis imperialistischer Politik durch Stärkung der Sowjetmacht). Zwischen der Förderung des Revolutionsexports und dem Aufbau eines mächtigen sowjetischen Imperiums aufgrund geopolitischer Sicherheitsinteressen bestand demnach kein Widerspruch. Siehe Zubok/Pleshakov, Inside the Kremlin's Cold War.

Italien, Ungarn, Rumänien und Bulgarien in Paris 1947 vertieften sich die Widersprüche auf der Außenministerkonferenz in Moskau 1947 in der Deutschlandfrage immer mehr.[8] In der sowjetischen Besatzungszone in Deutschland wurden bereits 1945/46 erste Sowjetisierungsmaßnahmen eingeleitet.[9] Großgrundbesitz wurde im Zuge der „Bodenreform" entschädigungslos enteignet und neu verteilt, die SPD und die KPD wurden 1946 zur SED zwangsvereinigt. Die USA machten in der Folge die Zurückdrängung des Kommunismus auf der ganzen Welt zum obersten Prinzip ihrer Außenpolitik (Truman-Doktrin, März 1947), später stand sie unter offensiveren Prämissen, die Eindämmung (containment-policy) des Kommunismus wurde durch die aggressivere „roll-back"-Politik (zurückdrängen) verschärft. Die Amerikaner verkündeten den Marshall-Plan und schenkten Westdeutschland Wirtschaftshilfe in bisher nicht da gewesener Form. Die Westzonen wurden zusammengeschlossen und in der Folge eine wirtschaftliche Einheit. Der Alliierte Kontrollrat wurde aufgelöst, in den Westzonen die D-Mark eingeführt. Die Sowjets wiederum führten eine eigene Währungsreform in der SBZ durch. 1948 ließ Stalin Berlin von den Versorgungswegen aus dem Westen abschneiden. „Rosinenbomber" versorgten mit Luftbrücken die Hauptstadt, die Blockade Berlins verlief aus sowjetischer Sicht erfolglos. Berlin wurde gespalten. Im April 1949 wurde die NATO gegründet, im Monat darauf die Bundesrepublik Deutschland. Im August 1949 fanden in Westdeutschland Wahlen zum ersten Deutschen Bundestag statt. Konrad Adenauer wurde Bundeskanzler und bildete die erste Bundesregierung mit Sitz in Bonn. 1949 ließ Stalin auf dem Gebiet der sowjetischen Besatzungszone in Deutschland die DDR gründen, eine eigene Verfassung wurde in Kraft gesetzt. Inzwischen war die UdSSR zur Atommacht aufgestiegen, der Streit zwischen Stalin und Tito eskaliert, und die chinesischen Kommunisten hatten im Bürgerkrieg den Sieg davongetragen und die Volksrepublik China gegründet. In allen mittelost- und osteuropäischen Staaten hatten sich Volksdemokratien etabliert. Nach dem Coup d'état der Kommunisten in Prag 1948 befürchtete man in ganz Europa, von Norwegen bis Österreich, gewaltsame – oder wie im Falle Italiens möglicherweise sogar auf dem Wege über demokratische Wahlen – kommunistische Machtwechsel.

Nach dem Ausbruch des Korea-Krieges 1950 drängte Washington zunehmend auf eine Westintegration und Wiederbewaffnung Westdeutschlands („Remilitarisierung"). Einerseits bedingte der Korea-Krieg die Aufrüstung Westeuropas durch die USA, andererseits bot der Krieg im Fernen Osten Moskau die Möglichkeit, bei fortwährender Kriegsführung in Korea diese zu „behindern". Der französische Ministerpräsident René Pleven schlug daraufhin die Schaffung einer Europäischen Verteidigungsgemeinschaft (EVG) vor. Adenauer betrieb entschlossen die kontinuierliche militärische und politische Westintegration Westdeutschlands. Von der immer stärker werdenden Neutralistenbewegung unter den Exponenten Gustav Heinemann, Helene Wessel, Bischof Martin Niemöller oder dem „Nauheimer Kreis" unter Ulrich Noack in Westdeutschland gestartete Volksbefragungen und gegen die Wiederbewaffnung gerichtete Protestkundgebungen ließ Adenauer verbieten. Auf Protestkundgebungen kam es mitunter zu blutigen Auseinandersetzungen zwischen der Polizei und Neutralisierungsbefürwortern. Die Reise Niemöllers nach Moskau markierte einen der Höhepunkte der vom Kreml propagandistisch ausgenutzten Neutralisierungsbewegung

---

[8] Zur Frage des Friedensvertrages auf der Außenministerkonferenz in Moskau siehe Laufer, Der Friedensvertrag mit Deutschland als Problem der sowjetischen Außenpolitik, S. 114.
[9] Zur Sowjetisierung der Ostzone siehe neuerdings Petrov (Hrsg.), SVAG i nemeckie organy samoupravlenija 1945-1949.

Westdeutschlands. Im März 1951 wurde das Besatzungsstatut der Westzonen revidiert, mit dem Generalvertrag (in sowjetischen Dokumenten „allgemeiner Vertrag"), den Adenauer „Deutschlandvertrag" zu nennen pflegte, im Mai 1952 gänzlich aufgehoben.

Völlig konträr zu Deutschland verlief die Entwicklung in Österreich. Seit 1947 verhandelten die vier Mächte über einen Vertrag zur Wiederherstellung der Souveränität des Landes. Aufgrund der Moskauer Deklaration der Alliierten (Oktober 1943), die Österreich einerseits als erstes Opfer der Hitlerschen Aggression bezeichnet, andererseits aber auch die Mitverantwortung der Österreicher eingemahnt hatte, war Österreich ein Sonderfall. Aus der Sicht der Alliierten war Österreich weder Feind noch Freund (daher wurde nicht über einen Friedensvertrag verhandelt, sondern – völkerrechtlich korrekt – über einen Staatsvertrag). Österreich wurde wie Deutschland 1945 in vier Besatzungszonen geteilt. Im Gegensatz zu Deutschland fanden jedoch in ganz Österreich freie Wahlen statt (Dezember 1945). Bereits die provisorische Regierung unter Karl Renner, die noch vor Kriegsende im April 1945 zu arbeiten beginnen konnte, hatte ab 1946 nach innen große Handlungsfreiheiten. Im Zuge des sich verschärfenden Ost-West-Konflikts verzögerten sich die Verhandlungen über den Staatsvertrag (und somit über den Truppenabzug der Alliierten aus Österreich). Nachdem die Sowjets die Verhandlungen Ende Oktober 1949 mit fadenscheinigen Begründungen abgebrochen hatten, hatte auch Österreich seinen Preis für die Eiszeit des Kalten Krieges zu zahlen. Die österreichische Frage stand in der Folge vollends im Schatten der deutschen. Nach über zwei Jahren Stillstand bereiteten die Westmächte Ende 1951 eine neue „Initiative" in der Österreichfrage vor. Am 13. März 1952 unterbreiteten sie dem Kreml den sogenannten Kurzvertrag (auch „Räumungsprotokoll" genannt), der jedoch ganz anderen als österreichischen Zwecken dienen sollte. Anhand der Österreichfrage wollte der Westen Stalins Bereitschaft testen, über Deutschland zu reden. Das „Angebot" des Westens war allerdings so formuliert, dass der Kreml niemals zustimmen würde. Doch Stalin war indes selbst vorgeprescht und hatte den Westmächten am 10. März 1952 sein überraschendes „Angebot" unterbreitet, über das Schicksal Deutschlands zu verhandeln.

Neue Erkenntnisse zur Stalin-Note

Mitten in die unverkennbar voranschreitende Westintegration Westdeutschlands übergab der Kreml am 10. März 1952 den diplomatischen Vertretern der Westmächte in Moskau wortgleiche Noten und den Entwurf eines Friedensvertrages mit Deutschland, das, so das sowjetische „Angebot", als „einheitlicher Staat" neutral werden sollte. Seit Jahrzehnten stritten und streiten sich Historiker, ob diese (erste von insgesamt vier) Stalin-Noten ernst gemeint oder lediglich eine Finte war. Lag es tatsächlich im Interesse Stalins, Deutschlands Einheit wiederherzustellen?

Aufgrund der Erfolge der sowjetischen Geheimdienste, die es, wie in diesem Band dokumentiert, vermochten, an internen Telegrammverkehr zwischen den französischen Botschaftern, Hohen Kommissaren und dem Quai d'Orsay in Paris sowie vereinzelt an Direktiven des State Departments in Washington an die diplomatischen Vertreter im Ausland zu gelangen, bzw. dank eines sowjetischen Agenten, der mit dem Leiter der Presseabteilung des französischen Außenministeriums in enger Beziehung stand,[10] war der Kreml 1951/52 den Westmächten stets einen Schritt voraus. Nach den Erkenntnissen der Geheimdienste konn-

---

[10] RGASPI, f. 82, op. 2, d. 1348, S. 175, Ignat'ev an Molotov, 12.10.1952.

te die sowjetische Führung davon ausgehen, dass sich die Westmächte, allen voran die USA, nicht von der Westintegration der eben geschaffenen Bundesrepublik Deutschland abbringen lassen würden.[11] Somit bestätigt auch die Quintessenz der in diesem Band abgedruckten Geheimdienstberichte die vielzitierte Passage im Nachwort der Erinnerungen Vladimir Semenovs. Demzufolge konnte das „Neutralisierungsangebot" an Deutschland aus der Sicht des Kremls kein Risiko sein, weil eben die Westmächte von ihren Plänen nicht abzubringen seien. Dies wusste man aufgrund der Erkenntnisse der sowjetischen Aufklärung. Semenov soll Stalin die Nichtannahme der sowjetischen Vorschläge durch die Westmächte garantiert haben, um ihn vom Gelingen der deutschlandpolitischen Propagandaaktion des Kremls zu überzeugen.[12]

Mit der Planung der Stalin-Note wurde über ein Jahr zuvor begonnen.[13] Am 14. Februar 1951 berichteten der Chef der Sowjetischen Kontrollkommission, General Čujkov, und sein politischer Berater Vladimir Semenov, nach Moskau, Walter Ulbricht gehe von der planvollen Realisierung der Remilitarisierung Westdeutschlands durch die Amerikaner aus.[14] Daraufhin empfahl Außenminister Andrej Vyšinskij dem im Politbüro für die Außenpolitik zuständigen Vjačeslav Molotov, die Bewegung der deutschen Neutralisten im Interesse der UdSSR zu nutzen, „weil sie die Verwirklichung der anglo-amerikanischen Pläne der Remilitarisierung Deutschlands erschwert". Walter Ulbricht, so Vyšinskij, habe vorgeschlagen, die SED sollte nicht gegen die Befürworter einer Neutralisierung Deutschlands auftreten, „sondern versuchen, [...] mit ihnen einen gemeinsamen Kampf gegen die Remilitarisierung und gegen die Einbeziehung Westdeutschlands in das Nordatlantikbündnis zu organisieren". Ulbricht, so Vyšinskij weiter, denke „dass die Sowjetunion selbst in der einen oder anderen Form einen Vorschlag über die Neutralisierung Deutschlands mit dem Ziel der Entlarvung der amerikanischen Kriegshetzer" einbringen sollte.[15] Vyšinskij kam in seiner

---

[11] Vgl. Semjonow, Von Stalin bis Gorbatschow, S. 392 (Nachwort Kvizinskij).
[12] Nach den von Julij Kvizinskij überlieferten „Erinnerungen" Semenovs sollen „viele Mitglieder des Politbüros [...] eine derartige Initiative der Sowjetunion für zu riskant" gehalten haben. „Stalin gab dem Experiment schließlich seinen Segen, warnte aber, bei einem Misserfolg werde er die Schuldigen zur Verantwortung ziehen". Ebd. In welcher Politbürositzung diese Diskussion stattgefunden haben soll, lässt sich anhand der Aktenbestände des Politbüros nicht belegen, da über die Sitzungen keine Protokolle geführt wurden. Semenov wird mancherorts eine große Handlungsfreiheit als sowjetischer „Statthalter" in Ostberlin zugeschrieben. Doch dem war keineswegs so. Zwar fand er, wie im Band aufgezeigt wird, Gehör bei der sowjetischen Führung, doch hatte er sich freilich stets an alle Vorgaben und Direktiven zu halten. Mitunter wurde er für zu eigenständiges Auftreten in die Schranken gewiesen. Vgl. Semenovs selbständiges Vorgehen in den Verhandlungen um das Grenzdorf Steinstücken und die Zurechtweisung des Politbüros. RGASPI, f. 17, op. 162, d. 47, S. 7 und 87, Politbüro-Beschluss P 84 (145-op) vom 24.10.1951. Semenovs Aufgabe war es zwar, dem sowjetischen Außenministerium Bericht zu erstatten, jedoch kann Abteilungsleiter Gribanov kaum als sein Vorgesetzter bezeichnet werden. Siehe Loth, Die Sowjetunion und die deutsche Frage, S. 160. Loth vermutet, dass die entscheidende Politbürositzung Ende August stattgefunden haben muss, weil Semenov zu dieser Zeit in Moskau weilte. Siehe Loth, Die Sowjetunion und die deutsche Frage, S. 115. Das Besuchertagebuch Stalins weist lediglich ein Zusammentreffen Stalins mit Semenov für das Jahr 1951 aus. Demnach war Semenov am 28.2.1951 bei Stalin, also kurz nach der Empfehlung Ulbrichts, die UdSSR möge zu propagandistischen Zwecken einen Vorschlag über eine Neutralisierung Deutschlands einbringen; Posetiteli kremlovskogo kabineta I. V. Stalina, in: Istoričeskij archiv 1998, Nr. 4, S. 159.
[13] Hierzu bereits Wettig, Bereitschaft zu Einheit in Freiheit?, S. 205f.
[14] Ersichtlich aus RGASPI, f. 82, op. 2, d. 1333, S. 161–168, Bericht Gromykos über die Einstellung verschiedener Kreise Westdeutschlands, ebenso der Westmächte zur Frage über die Einführung der Wehrpflicht in Westdeutschland, 20.2.1951.
[15] RGASPI, f. 82, op. 2, d. 1182, S. 40–48, Vyšinskij an Molotov, 18.2.1951 (Dokument 3).

Analyse zu dem Schluss, dass die Regierungen der USA, Großbritanniens und Frankreichs auf jeden Fall gegen eine Neutralisierung Deutschlands wären.[16] Nunmehr beriet sich die SED-Führung mit Čujkov und Semenov über die weitere Vorgehensweise. Am 24. Februar 1951 empfahl Vyšinskijs Stellvertreter, Andrej Gromyko, schließlich Stalin, die mit der SED-Führung abgesprochene Vorgehensweise, sich an die Bonner Regierung und die vier Mächte zum Zwecke des Abschlusses eines Friedensvertrages mit Deutschland zu wenden, um die Wiederbewaffnung Westdeutschlands zu erschweren, umzusetzen. Der Vorschlag wurde angenommen.

Es zeigt sich, dass wohl Walter Ulbricht die eigentliche „geistige Vaterschaft" der Stalin-Note, das heißt, jener deutschlandpolitischen Strategie, der sich der Kreml 1951/52 bediente, zuzuschreiben ist. Ulbricht war klar, dass sich Washington von der „Remilitarisierung" Westdeutschlands nicht abbringen ließ, und dies nutzte er zur Konsolidierung seiner eigenen Macht.[17] Anfang März 1952 war schließlich der ideale Zeitpunkt gekommen, um den Höhepunkt in der ein Jahr zuvor eingeschlagenen Strategie zu setzen. Der stellvertretende Außenminister, Andrej Gromyko, empfahl Stalin, mit dem Neutralisierungsangebot für Deutschland würde die Sowjetunion „die Lage der drei Mächte und der Bonner Regierung noch mehr verkomplizieren". Zudem sollte man, so Gromyko, der absehbaren Unterzeichnung des Generalvertrages, des separaten „Friedensvertrages" der Westmächte mit Westdeutschland, zuvorkommen.[18]

Einige Historiker sind der Meinung, Stalin habe sich zur Abschottung der deutsch-deutschen Grenze und zum Aufbau einer Nationalarmee in der DDR erst zu dem Zeitpunkt entschieden, an dem klar wurde, dass die Westmächte die „Neutralisierungsoption" des Kremls – in der Form der ersten Stalin-Note vom 10. März – ablehnten.[19] Dies war wohl nicht der Fall. Bereits im Januar 1952 zeigte sich Molotov verwundert darüber, dass an der Demarkationslinie keine sowjetischen Truppen standen. Der Aufbau nationaler Streitkräfte in der DDR war keinesfalls eine Antwort auf die Wiederbewaffnung und Westintegration Westdeutschlands. Sie war von langer Hand geplant und wurde unter Anleitung des Kremls behutsam umgesetzt. Alle Schritte zur Einbeziehung der DDR in den Ostblock sollten als Gegenmaßnahmen zur Westintegration der Bundesrepublik erscheinen. Die unzureichende Quellenlage führte Historiker zu der Annahme, dass Stalin die SED-Führung während ihrer Reise nach Moskau Anfang April 1952 mit der Aufforderung überrascht hätte, forciert nationale Streitkräfte in der DDR aufzubauen. Die hier publizierten Dokumente zeigen nunmehr, dass gerade diese Frage ein zentrales Anliegen der SED-Führung darstellte, die sie mit Stalin besprechen wollte. Mit der Planung der Reise nach Moskau selbst

---

[16] Ebd.
[17] Ulbricht verfolgte somit keinesfalls eine vermeintliche Obstruktionspolitik, die schließlich dazu führte, dass der von Stalin angeblich verfolgte Kurs in der sowjetischen Deutschlandpolitik auf ein einheitliches, im westlichen Verständnis demokratisches Deutschland „Schiffbruch erlitten". Siehe Loth, Stalins ungeliebtes Kind. Vgl. auch die bei Uhl/Wagner (Hrsg.), Ulbricht, Chruschtschow und die Mauer, dokumentierte Rolle Ulbrichts beim Bau der Berliner Mauer 1961. Die Idee, mit dem Vorschlag einer Neutralisierung Deutschlands aufzutreten, stammte ziemlich sicher aus Ostberlin und nicht aus Moskau, fand sich also nicht erstmalig in einem Memorandum Gribanovs vom 9.7.1951. Siehe Loth, Die Sowjetunion und die deutsche Frage, S. 162f. Dies unterstreicht auch, dass Gribanov eine ausführende und keinesfalls eine Initiativrolle zukam. Hierzu ebd., S. 159–161.
[18] RGASPI, f. 82, op. 2, d. 1170, S. 48–52, Gromyko an Molotov, 3.3.1952 (Dokument 48).
[19] Steininger, Deutsche Geschichte, Bd. 2, S. 192–194; Loth, Die Sowjetunion und die deutsche Frage, S. 170f.

wurde bereits Monate zuvor zum Zwecke der Vorbereitung der II. Parteikonferenz der SED begonnen.[20]

Der von den Westmächten am 13. März 1952 Moskau übermittelte Vorschlag des „Kurzvertrages" in der Österreichfrage, der zufolge die Staatsvertragsverhandlungen von neuem begonnen werden sollten (mit dem Ziel, Österreich militärisch zu „räumen"), stand auf das Engste mit der deutschen Frage in Zusammenhang und war von Anfang an als reines Propagandamanöver der Westmächte konstruiert worden. Wie bereits einleitend erwähnt, kam Stalin den Westmächten mit ihren Noten zur Österreichfrage mit seinem „Angebot" zu Deutschland drei Tage zuvor. Er wusste allerdings nicht, dass der Westen zeitgleich einen neuen Vorstoß zu Österreich plante. Dem MGB waren zwar die entsprechenden Vorbereitungen des Westens bekannt, der Geheimdienstchef berichtete allerdings davon kein Wort Molotov und Stalin, was sich aus den Analysen der Berichte beweisen lässt. Der Propaganda-Schachzug des Westens hatte keinen Einfluss auf den Zeitpunkt der Übermittlung der Stalin-Note. Auch im Konnex der sowjetischen Österreich- und Deutschlandpolitik kristallisiert sich nunmehr auf der Basis neu erschlossener sowjetischer Dokumente immer deutlicher heraus, dass die Stalin-Note vom 10. März 1952 und das sowjetische „Angebot" eines Friedensvertrages für Deutschland, verbunden mit der vermeintlich verlockenden Aussicht auf Neutralisierung des Landes zwischen Ost und West, nicht ernst gemeint waren. Anhand von Österreich hätte sich für den Kreml die Möglichkeit ergeben, seinen guten Willen in der Deutschlandfrage an den Tag zu legen und mit einem Entgegenkommen zu untermauern. Stalin konnte jedoch Österreich Anfang 1952 nicht „neutralisieren". Österreich durfte zu keinem Modellfall werden, man durfte, so Vyšinskij an Stalin, „die Aufmerksamkeit der deutschen Frage nicht schwächen". Die Option einer Neutralisierung Österreichs ergab sich erst nach der Konsolidierung der DDR. Erst die endgültige deutsche Teilung ermöglichte Österreich den Weg in die Neutralität – und hierzu bedurfte es nicht, wie meistens angenommen, des Todes Stalins 1953. Eine Teilung Österreichs stand aus sowjetischer Sicht nie zur Debatte, sie wäre schlussendlich einer Stärkung (West-)Deutschlands gleichgekommen. Und das galt es aus der Sicht Moskaus stets zu verhindern.

Zum Stand der Forschung

Die Entwicklung der weit verzweigten Historiographie zur Stalin-Note vom 10. März kann hier nicht im Detail gewürdigt werden. Besonders in der deutschen Historiographie wird unter Historikern über die „Notenschlacht" 1952 eine regelrechte „Fußnotenschlacht" geführt. Verwiesen sei an dieser Stelle auf den nach wie vor gültigen Forschungsüberblick von Jürgen Zarusky[21] und den 2005 von Dominik Geppert und Udo Wengst herausgegebenen Beitragsband „Neutralität – Chance oder Chimäre?".[22] Nachdem Hermann Graml, Hans-Peter Schwarz und Gerhard Wettig bereits Anfang der 1980er Jahre nicht nur auf der Basis einer „Verbalanalyse"[23], sondern unter erstmaliger Auswertung amerikanischer Quellen

---

[20] RGASPI, f. 82, op. 2, d. 1185, S. 48–50, Grigor'jan an Stalin, 13.2.1952 (Dokument 35); ebd., d. 1182, S. 94, Gromyko an Molotov, 9.2.1952 (Dokument 76); ebd., d. 1170, S. 123, Semenov und Smirnov an Molotov, 31.3.1952 (Dokument 91).
[21] Zarusky, Einführung.
[22] Geppert/Wengst (Hrsg.), Neutralität – Chance oder Chimäre?
[23] Siehe hierzu den Überblick bei Wettig, Die Stalin-Note vom 10. März 1952 als geschichtswissenschaftliches Problem, S. 159.

zum Schluss gekommen waren, dass die Stalin-Note nicht ernst gemeint sein konnte, lieferte der in den USA lehrende österreichische Historiker Günter Bischof 1991 bereits vor der teilweisen Öffnung der sowjetischen Archive die wohl stichhaltigsten Schlussfolgerungen. Auf der Basis amerikanischer Akten legte er mit einem Vergleich der sowjetischen Deutschland- und Österreichpolitik 1952 überzeugend dar, dass das „Neutralisierungsangebot" an Deutschland ein Propagandaschachzug des Kremls war, der gleichzeitig zur Österreichfrage beharrlich schwieg.[24] Gerhard Wettig wertete 1993 erstmals Akten des russischen Außenministeriums aus und kam zu dem Schluss, dass es sich bei der Stalin-Note um ein Manöver Moskaus handelte, um die westdeutsche Bevölkerung gegen die Regierung Adenauers aufzuwiegeln.[25] Vojtech Mastny erkannte im Lichte der stetigen NATO-Erweiterung 1952 durchaus Kompromissbereitschaft des Kremls gegenüber dem Westen, wohl kaum jedoch in der Deutschland-Frage. Die Stalin-Note sah er fälschlicherweise als Reaktion auf die am 14. September 1951 auf der Konferenz der Außenminister in Washington verkündeten Absicht, das Besatzungsregime in Westdeutschland zu erleichtern und Bonn in die Europäische Verteidigungsgemeinschaft zu integrieren.[26] Auf der bisher breitesten Quellenbasis zog der norwegische Historiker Stein Bjørnstad nach intensiven Studien im Archiv des russischen Außenministeriums Mitte der 1990er Jahre den Schluss, Moskau hätte selbst nicht gewusst, ob seine Initiative als ernsthaftes Verhandlungsangebot oder als Propagandaschachzug genutzt werden sollte.[27] Aleksej Filitov hingegen vertritt die Ansicht, dass die Stalin-Note(n) ein Mittel zur Konsolidierung des Ostblocks war, das letztlich auch – aus sowjetischer Sicht – zum Erfolg führte.[28] Filitov hat auch, wie eingangs erwähnt, nachgewiesen, dass sich Stalin zur Sowjetisierung der DDR bereits zwischen Ende Mai und Anfang Juli 1945, also vor der Potsdamer Konferenz, entschieden haben muss.[29] Norman Naimark kam in seiner Studie über die Geschichte der SBZ zu dem Schluss, die Sowjets hätten nach dem Einmarsch in Deutschland keine langfristigen Ziele ins Auge gefasst. Die Sowjets hätten durchaus Interesse an einem Kompromiss mit den Westmächten gehabt, diese hätten die Chancen hierzu jedoch nicht genützt. Die Sowjetisierung der SBZ sei daher die einzige logische Konsequenz gewesen. Die Errichtung eines demilitarisierten, neutralen Deutschland war nach Naimark mit den vorrangigen Zielen – darunter v. a. die wirtschaftliche Ausbeutung – nicht in Einklang zu bringen.[30]

Jochen Laufer sieht die Zerstückelung Deutschlands in Einzelstaaten bereits während des Zweiten Weltkrieges als Grundkonstante der Stalinschen Deutschlandpolitik, wie sie auch im frühen Kalten Krieg weiter verfolgt worden sei. Die Ablehnung der Stalin-Note durch die Westmächte ermöglichte dem Kreml, so Laufer, „unter der Flagge der Einheit" die DDR zu festigen,[31] zum anderen sollten die „Friedensvertragsinitiativen" die „fehlende Bereitschaft des Westens" bloßstellen.[32]

---

[24] Bischof, Karl Gruber und die Anfänge des „Neuen Kurses" in der österreichischen Außenpolitik 1952/53, S. 147–149 und die in Kapitel 2 zitierten Werke Bischofs.
[25] Wettig, Die Deutschland-Note vom 10. März 1952 auf der Basis diplomatischer Akten.
[26] Mastny, The Cold War and Soviet Insecurity; ders., Die NATO im sowjetischen Denken und Handeln, S. 415f.
[27] Bjørnstad, Soviet German Policy and the Stalin Note of 10 March 1952.
[28] Filitov, Sovetskij Sojuz i germanskij vopros; ders., Stalinskaja diplomatija i germanskij vopros.
[29] Filitov, SSSR i germanskij vopros, S. 231f.
[30] Naimark, Die Russen in Deutschland, S. 583f.
[31] Laufer, Stalins Friedensziele, S. 156. V. a. ist jedoch hierfür die monumentale Aktenedition Kynin/Laufer (Hrsg.), SSSR i germanskij vopros von Bedeutung.
[32] Laufer, Der Friedensvertrag mit Deutschland als Problem der sowjetischen Außenpolitik, S. 117.

Eine völlig konträre Position vertritt nach wie vor Wilfried Loth. Nach seiner Einschätzung wollte Stalin 1952 tatsächlich eine Neutralisierung Deutschlands erreichen und dem deutschen Volk die Möglichkeit geben, über sein Schicksal auf der Basis freier Wahlen selbst zu entscheiden.[33] Rolf Steininger sieht das tendenziell ähnlich und kritisiert vor allem die Position Adenauers und der Westmächte, die es verabsäumt hätten, auf Stalins vermeintliches Angebot einzugehen, um ihn damit zu zwingen, seine Karten auf den Tisch zu legen. So sei eine historische Chance zur Vereinigung Deutschlands verspielt worden. Steininger schließt jedoch nicht aus, dass die Stalin-Note doch lediglich eine Finte war, unterstreicht jedoch die Notwendigkeit eines schlüssigen Beweises aus russischen Archiven. Es sei jedoch verabsäumt worden, so Steininger, die Position des Kremls „auszuloten".[34] Für den US-amerikanischen Historiker John L. Gaddis, einen der namhaftesten Experten für die Geschichte des Kalten Krieges, scheint es erwiesen, dass Stalin bereit gewesen wäre, die DDR zu opfern, wenn er damit die Einbeziehung Westdeutschlands in die NATO verhindern hätte können. Um dieses Ziel zu erreichen, habe Stalin, so Gaddis, im März 1952 unter der Bedingung der Neutralität Deutschland die Wiedervereinigung angeboten.[35] Ähnlich argumentierte unlängst der in Irland lehrende Historiker Geoffrey Roberts. In erster Linie auf die Sicherheit der UdSSR bedacht, habe Stalin nach einem Ausweg gesucht, „sogar zu dem Preis, das kommunistisch kontrollierte Ostdeutschland zu opfern".[36]

Neue Impulse in der Diskussion über die sowjetische Deutschlandpolitik 1952 setzten zuletzt Bernd Bonwetsch und Sergej Kudrjašov. Sie entnahmen den kürzlich aufgefundenen, bisher fehlenden Protokoll-Teilen der Unterredungen der SED-Führer mit Stalin im April 1952, dass von Eigenmächtigkeiten der SED in der Frage des Aufbaus des Sozialismus in der DDR keine Rede sein kann. Der Deutschlandpolitik des Kremls allerdings konstatierten sie „fehlende Klarheit in Moskau selbst", was wiederum der SED-Führung „gewisse Spielräume" eröffnete.[37]

Zum Wert der Quellen

Auf den Wert des Molotov-Bestandes wurde bereits im Vorwort verwiesen. Da sich Stalin nur die essentiellsten Informationen[38] in schriftlicher Ausfertigung vorlegen ließ und meistens mündlich unterrichtet wurde bzw. mündliche Anweisungen erteilte, ist der materialreiche Molotov-Bestand von größter Bedeutung für die Klärung der Entscheidungsbildung an der sowjetischen Herrschaftsspitze. Er umfasst folgende Quellengattungen: erstens Dokumente, die zur Veröffentlichung bestimmt waren; zweitens Anweisungen an Personen,

---

[33] Loth, Stalins ungeliebtes Kind; ders., Die Entstehung der „Stalin-Note"; und zuletzt ders., Die Sowjetunion und die deutsche Frage, S. 157.
[34] Steininger, Deutsche Geschichte, Bd. 2, S. 196.
[35] Gaddis geht sogar so weit und behauptet: „It is clear now that Stalin never wanted a separate East German state". Gaddis, We now know. Rethinking Cold War History, S. 127; und zuletzt Gaddis, Der Kalte Krieg, S. 134.
[36] Roberts, Stalin's Wars. From World War to Cold War, S. 347.
[37] Bonwetsch/Kudrjašov, Stalin und die II. Parteikonferenz der SED, S. 186.
[38] Zubok hält fest, dass es zweifelhaft ist, dass Stalin u. a. alle Geheimdienstinformationen selbst las. Zubok, Soviet Intelligence and the Cold War, S. 455. Selbst die für Stalin zusammengefassten Berichte wurden ihm oftmals nur mündlich durch seinen persönlichen Sekretär, Poskrebyšev, vorgetragen. Für diesen Hinweis möchte ich mich bei Ol'ga Pavlenko bedanken.

Parteien etc., und drittens um inneren Briefverkehr und Notizen für den inneren Gebrauch.

Zur ersten Quellengattung gilt festzuhalten, dass diese zwar einen großen Teil des Aktenmassivs ausmacht, aber den geringsten Informationsgehalt bietet. Aus diesen Dokumenten können keinerlei Rückschlüsse auf die Entscheidungsbildung der sowjetischen Politik gezogen werden, da sie zum Zwecke der Veröffentlichung verfasst wurden. Aussagekraft bieten solche Quellen nur dann, wenn sich auf ihnen handschriftliche Notizen befinden, deren Deutung freilich meist schwierige Interpretationsprobleme aufwirft.

Bezüglich der zweiten Quellengattung muss unterstrichen werden, dass sie ebenso allenfalls mittelbare Rückschlüsse auf die sowjetische Politik zulässt, da nur in den wenigsten Fällen, etwa in Begleitschreiben, die Ziele der empfohlenen bzw. befohlenen Strategie in den Dokumenten zu Papier gebracht wurden. Ob es sich bei der zu verfolgenden Taktik um die wahren Ziele und Absichten drehte oder um Scheinmanöver, welche Strategie der vorgegebenen Taktik zugrunde liegt, lässt sich aus dieser Art von Quellen kaum eruieren.

Die wertvollste Quellengattung stellt daher die letztgenannte dar. Innerer Briefverkehr, Notizen und Berichte für den inneren Gebrauch erlauben es am ehesten, Rückschlüsse auf die Ziele der sowjetischen Außenpolitik zu ziehen. Doch auch hier gilt es, nicht außer Acht zu lassen, wer wem was und warum mitteilte. Berichte des sowjetischen Außenministeriums, ja selbst des Außenministers, reflektieren noch lange nicht die Haltung Stalins. Hier ist es mangels entsprechender Hinweise oftmals besonders schwierig, ob Berichte im Auftrag Stalins, nach seiner persönlichen Billigung oder schlicht als Vorschläge für ihn verfasst wurden.

Zur Rolle Molotovs

In der jüngeren Forschung bereits geäußerte Einschätzungen[39] zur Rolle Molotovs nach seiner offiziellen „Absetzung" als sowjetischer Außenminister 1949 durch Stalin werden durch die vorliegende Studie vollauf bestätigt. Molotov spielte in den letzten Lebensjahren Stalins eine weitaus bedeutendere Rolle im Kreml als lange angenommen. Als Stalin am 4. März 1949 seinen engsten Wegbegleiter und Freund des Amtes des Außenministers enthob, war die Weltöffentlichkeit überrascht und sah in der Neubesetzung des Außenministeriums durch den Chefankläger der stalinistischen Schauprozesse der 30er Jahre, Andrej Vyšinskij, sogar eine mögliche Kursänderung in der sowjetischen Außenpolitik.

Doch war Stalin tatsächlich nicht mit dem von Molotov verfolgten Kurs in der sowjetischen Außenpolitik zufrieden gewesen oder wollte er Molotov nur „bestrafen"? Er gab ihm eine zweite Chance. Molotov wurde am 12. März 1949 „Überwacher" der von Vagan Grigor'jan geleiteten Außenpolitischen Kommission des ZK der VKP(b), dem das sowjetische Außenministerium nunmehr alle zu entscheidenden Fragen vorzulegen hatte. Molotov nahm die Chance wahr, und das obwohl ihn Stalin auf perfideste Art und Weise gedemütigt hatte. Zeitgleich mit der Abberufung vom Posten des sowjetischen Außenministers hatte Stalin Molotovs Frau, Polina Žemčužina, verhaften und aus der Partei ausschließen

---

[39] Egorova, Evropejskaja bezopasnost' i „ugroza" NATO; Filitov, Sovetskij Sojuz i germanskij vopros, S. 342f.; Creuzberger/Görtemaker, Das Problem der Gleichschaltung osteuropäischer Parteien im Vergleich, S. 434; Loth, Die Entstehung der „Stalin-Note", S. 22; und zuletzt Bonwetsch/Kudrjašov, Stalin und die II. Parteikonferenz der SED, S. 182.

lassen. Nur ein Monat später erfolgte der nächste Paukenschlag. Am 9. April 1949 beschloss der Ministerrat der UdSSR und das ZK der VKP(b), alle Fragen des Außenministeriums direkt dem Politbüro vorzulegen, folglich nicht Molotov oder der Außenpolitischen Kommission.[40] Molotov war formell erneut entmachtet worden. Doch Molotov rehabilitierte sich in Stalins Augen und spätestens ab Herbst 1949,[41] insbesondere aber in dem für diese Studie relevanten Zeitraum 1951/52, erhielt Molotov direkt alle wichtigen Dokumente[42] von Vyšinskij und dem aufstrebenden Andrej Gromyko zur Prüfung. Molotov „nutzte" seine Chance und stellte seine Treue gegenüber Stalin unter Beweis.[43] Seine Frau harrte indes in kasachischer Verbannung.

Wilfried Loth konstatierte bereits 2002 auf der Basis von Dokumenten aus dem sowjetischen Außenministerium, dass Vyšinskij bei der Vorbereitung der Stalin-Note vom 10. März in engster Tuchfühlung mit Molotov agierte und dessen Anweisungen auszuführen hatte.[44] Aleksej Filitov tendierte zuletzt sogar dazu, Molotov einen eigenen Einfluss zuzuschreiben, die „Stalin-Note" deshalb „Molotov-Note" zu nennen.[45] Die kontroverse Diskussion der von Wilfried Loth 2002 publizierten Akten zur Geschichte der Stalinnote aus dem Archiv des Außenministeriums der Russischen Föderation führte zu dem Schluss, „dass auch die bislang zugänglichen sowjetischen Akten keineswegs endgültige und unumstrittene Antworten"[46] auf die „Gretchenfrage",[47] was Stalin denn nun wirklich beabsichtigte, geben konnten. Dabei zeigte sich, dass Historiker leicht zu Opfern der selektiven Quellenauswahl wurden. Die die Auffassung bestätigenden Quellen, dass die Stalin-Note nicht ernst gemeint war, wurden damals vom Archiv des Außenministeriums der Russischen Föderation nicht freigegeben. Hierbei handelt es sich beispielsweise, so viel sei vorweggenommen, um die Memoranden und Berichte vom Februar 1951, die gleichsam die Geburtsstunde der Stalin-Note markierten. Diese und viele weitere, hier analysierten und erstmals abgedruckten Dokumente zeigen, dass es doch deutliche Beweise aus Moskauer Archiven gibt, die, im Kontext analysiert, endgültig klarstellen, dass das „Neutralisierungsangebot" Stalins nicht ernst gemeint war und anderen Zwecken diente.

* * *

Der vorliegende Band gliedert sich in drei Kapitel. Das erste Kapitel behandelt die Vor- und Entstehungsgeschichte der Stalin-Note vom 10. März 1952, die über ein Jahr zuvor, im Februar 1951, einsetzte. Das zweite Kapitel widmet sich der sowjetischen Österreich-Politik.

---

[40] Adibekov, Das Kominform und Stalins Neuordnung Europas, S. 49–52.
[41] Zur Rolle Molotovs bei den österreichischen Staatsvertragsverhandlungen ab 1949 siehe Ruggenthaler, Warum Österreich nicht sowjetisiert wurde, S. 674–705.
[42] Dies betraf nicht nur Fragen der sowjetischen Deutschland-Politik. Siehe hierzu v. a. die das gesamte Weltgeschehen betreffenden Geheimdienstberichte; RGASPI, f. 82, op. 2, d. 1041, 1042 und 1043.
[43] Gromyko wird zuweilen die Federführung bei der Entstehung der „Stalin-Note" zugeschrieben. Filitov hält jedoch fest, wenn dem so gewesen wäre, könnte die Abberufung Gromykos vom Posten des stellvertretenden Außenministers durch Stalin im Juni 1952 ein Indiz für die Unzufriedenheit Stalins über das Ergebnis des „Notenkriegs" sein. Oder war es Stalins Absicht, ein solches Bild zu vermitteln? Siehe dazu die äußerst quellenkritische Analyse Aleksej Filitovs in Filitov, Sovetskij Sojuz i germanskij vopros, S. 319.
[44] Loth, Die Entstehung der „Stalin-Note", S. 22.
[45] Filitov, Die Note vom 10. März 1952, S. 171.
[46] Zarusky, Einführung, S. 14.
[47] Ebd.

Hierbei zeigt sich eindeutig, dass es 1951/52 nicht um Österreich selbst ging, sondern die Österreichfrage ein Bestandteil der sowjetischen Deutschland-Politik war. Ähnliches gilt, wie seit langem bekannt, für die Österreich-Politik der Westmächte. Österreich war ein Testfeld der Großmachtpolitik, um die Absichten der anderen Seite in der deutschen Frage auszuloten. Das dritte und letzte Kapitel thematisiert die sowjetische Deutschland-Politik nach dem 10. März 1952 bis zum Ende der „Notenschlacht" in der deutschen Frage im Herbst 1952.

Jedes Kapitel wird mit einem analytischen Teil unter Berücksichtigung des aktuellen Standes der Forschung eingeleitet. Darauf folgen die Quellen in chronologischer Reihenfolge. Zur leichteren Orientierung für den Leser werden die ersten drei (von vier) Stalinnoten und der „Kurzvertrag" erneut abgedruckt.

* * *

Die Schreibweise der russischen Namen und Begriffe wird gemäß den wissenschaftlichen Transliterationsregeln wiedergegeben. Kursiv gekennzeichnete Textstellen signalisieren, dass es sich im Original hierbei um handschriftliche Notizen handelt. Unterstrichene Textstellen in der Originalquelle wurden ohne zusätzlichen Vermerk in der Übersetzung unterstrichen. Wurden Unterstreichungen im Original handschriftlich vorgenommen, werden diese mit einem Verweis in einer Fußnote erläutert.

I. Die Entstehungsgeschichte der Stalin-Note

„... in unserem Interesse die Bewegung für eine Neutralisierung Deutschlands ausnutzen"

Anfang 1951 konzipierte die Dritte Europäische Abteilung des sowjetischen Außenministeriums einen Vorschlag eines Friedensvertrages mit Deutschland, der nach Meinung ihres Leiters, Michail Gribanov, auf der kommenden Konferenz der Außenminister „vorgelegt und verhandelt werden sollte".[1] Am 7. Februar setzte er seinen Außenminister, Andrej Vyšinskij, hiervon in Kenntnis.[2] Am 14. Februar 1951 berichteten Stalins Repräsentanten in der DDR, General Čujkov, der Vorsitzende der Sowjetischen Kontrollkommission und dessen politischer Berater, Vladimir Semenov, nach Moskau, Walter Ulbricht gehe von der „planvollen Erfüllung der Remilitarisierung Westdeutschlands" durch die Amerikaner aus.[3]

Wohl auch basierend auf den Papieren der Dritten Europäischen Abteilung und der Berichte der Sowjetischen Kontrollkommission in Deutschland, der sowjetischen Botschafter im Ausland u.a. verfasste Vyšinskij am 18. Februar 1951 ein ausführliches Memorandum über die „Bewegung für eine Neutralisierung Deutschlands" und übermittelte es Vjačeslav Molotov.[4]

In diesem Memorandum informierte Vyšinskij Molotov zunächst über die Hauptrichtlinien der Gruppe Noacks (Nauheimer Kreis) für eine Neutralisierung Deutschlands. Noack gelte als „der populärste Propagandist der Theorie einer Neutralisierung Deutschlands" und fordere ein „vereintes, neutralisiertes und entmilitarisiertes Deutschland". Die Bewegung für eine Neutralisierung Deutschlands werde, so Vyšinskij, „in Westdeutschland immer populärer". Neben einem bedeutenden Teil der Intelligenz und der Studentenschaft, der Liga der Frauen für den Frieden und verschiedener Vereine werde die Bewegung von ehemaligen Landesministern, von Bischof Niemöller usw. unterstützt. Darüber hinaus werde die Bewegung „Ohne uns" immer populärer und umfasse „die Masse der Arbeiter und werktätigen Jugend". Sie genieße zudem die Unterstützung „einiger bourgeoiser Kreise, der evangelischen Kirche und [...] der Studentenschaft und Intelligenz". Diese „objektiv antiamerikanische" Bewegung trete „für den Verzicht auf Militärdienst und auf Remilitarisierung ein".[5]

Über die Einstellung der Regierungen der drei Westmächte berichtete Vyšinskij, „dass die unter der westdeutschen Bevölkerung wachsende Popularität der Idee einer Neutrali-

---

[1] Loth, Die Entstehung der „Stalin-Note", S. 20f. Nach Jochen Laufer war der Entwurf der „Grundlagen des Friedensvertrages mit Deutschland" nicht neu, sondern entstand „in Vorbereitung der Moskauer Außenministerkonferenz 1947". Laufer, Der Friedensvertrag mit Deutschland als Problem der sowjetischen Außenpolitik, S. 100.
[2] Ebd., S. 21.
[3] Ersichtlich aus RGASPI, f. 82, op. 2, d. 1333, S. 161–168, Bericht Gromykos über die Einstellung verschiedener Kreise Westdeutschlands, ebenso der Westmächte zur Frage über die Einführung der Wehrpflicht in Westdeutschland, 20. 2. 1951.
[4] RGASPI, f. 82, op. 2, d. 1182, S. 40–48, Vyšinskij an Molotov, 18. 2. 1951 (Dokument 3).
[5] Ebd. Zum „Nauheimer Kreis" siehe auch RGASPI, f. 82, op. 2, d. 1334, S. 1f., Grigor'jan an Molotov, 15. 3. 1951 (Dokument 8).

sierung die Remilitarisierung Westdeutschlands stört" und die USA, Großbritannien und Frankreich daher ablehnend dieser Bewegung gegenüber eingestellt seien. Nach Zeitungsberichten, so Vyšinskij, sei auf einer dreitägigen Sitzung der amerikanischen Botschafter in Europa und von Vertretern des State Departments beschlossen worden, dass es „in der jetzigen internationalen politischen Lage praktisch unmöglich sei, eine Neutralisierung Deutschlands zu verwirklichen", und dass „die Westmächte auf einer vierseitigen Konferenz keinem sowjetischen Plan über eine Vereinigung Deutschlands zustimmen" würden. Die US-Deutschlandpolitik werde sich, so Vyšinskij, nach Worten des amerikanischen Außenministers, Dean Acheson, nicht ändern. Ferner berichtete Vyšinskij, dass der Hohe Kommissar der USA in Deutschland, John McCloy, der britische Hohe Kommissar, Sir Ivone Kirkpatrick, und der französische Hohe Kommissar, André François-Poncet, gegen eine Neutralisierung Deutschlands seien. Jedes europäische Land könne nur „zwischen Ost und West wählen", niemand könne „neutral bleiben". Dass es sich hierbei nicht nur um die Meinungen der Hohen Kommissare handelte, untermauerte Vyšinskij mit Stellungnahmen des britischen Premierministers, Clement Attlee, und Anthony Edens, die im Februar 1951 im Unterhaus vehement den Einschluss Deutschlands in die Verteidigungsstrategie Westeuropas gefordert hatten, auch im Bewusstsein, ein neutralisiertes Deutschland würde ohnedies mehrheitlich antikommunistisch sein.

Über die Einstellung Adenauers berichtete Vyšinskij, dieser sei in den letzten Wochen am Parteitag der CDU in Nordrhein-Westfalen und an der Bonner Universität gegen eine Neutralisierung Deutschlands eingetreten, die seiner Meinung nach unweigerlich einem stetigen Abdriften in den sowjetischen Orbit gleichkäme. Deshalb müsse „das deutsche Volk mit all seiner Kraft gegen die Absicht der Sowjetunion" auftreten, die „auf der bevorstehenden Konferenz der Vier eine Neutralisierung und Entwaffnung Deutschlands" erreichen wolle. Ebenso seien der stellvertretende Vorsitzende des Bonner Bundestages, Schäfer, und SPD-Chef Schumacher gegen eine Neutralisierung. Eine solche habe die SPD abgelehnt und werde sie „stets ablehnen".

Die SED nehme, so Vyšinskij, „gegenwärtig eine wohlwollende Position [...] zu den Neutralisten ein." Nach der Meinung der SED-Führer Wilhelm Pieck und Walter Ulbricht sollte „die SED nicht gegen die Befürworter einer Neutralisierung Deutschlands auftreten, [...] sondern versuchen, [...] mit ihnen einen gemeinsamen Kampf gegen die Remilitarisierung und gegen die Einbeziehung Westdeutschlands in das Nordatlantikbündnis zu organisieren". Ulbricht, so Vyšinskij, halte es „für möglich, dass die Sowjetunion selbst in der einen oder anderen Form einen Vorschlag über die Neutralisierung Deutschlands mit dem Ziel der Entlarvung der amerikanischen Kriegshetzer" einbrächte.

Abschließend fasste Vyšinskij in dem Memorandum „unsere Einstellung zur Bewegung für eine Neutralisierung Deutschlands" zusammen. Die sowjetische Kontrollkommission (General Vasilij Čujkov und Vladimir Semenov) hielt es demnach „für zielführend, die Bewegung für eine Neutralisierung Deutschlands auszunutzen, weil sie einige Hindernisse für die Verwirklichung der Remilitarisierung Westdeutschlands durch die Regierungen der USA, Englands und Frankreichs schafft". Čujkov und Semenov befürworteten sowjetische Vorschläge „über eine Entmilitarisierung Deutschlands, über den Abschluss eines Friedensvertrages [...], über die Wiederherstellung der Einheit Deutschlands auf demokratischer und friedlicher Grundlage und über einen freien Zugang Deutschlands zu den Weltmärkten" einzubringen, was „die Bewegung für eine Neutralisierung Deutschlands begünstigen" würde. Čujkov und Semenov schlugen zudem vor, „Deutschland das Recht abzuerkennen, militär-politische Bündnisse abzuschließen oder in militär-politische Koalitionen einzutreten, was den Forderungen der Befürworter der Bewegung für eine Neutralisierung Deutschlands entspricht, und ferner mit dem Vorschlag der Gewährung von Garantien der Neutralität Deutschlands von Seiten der Großmächte aufzutreten".

Vyšinskij schloss sich der Meinung der SED-Führung und der SKK an und gab die Empfehlung ab, die Bewegungen für eine Neutralisierung Deutschlands mittels der „Freunde" in Westdeutschland, aber auch unter Ausnutzung der deutschen Presse und „der Tätigkeit verschiedener deutscher gesellschaftlicher Organisationen, die gegen die Remilitarisierung Westdeutschlands eintreten", zu unterstützen. Dies würde „auch wohlwollend von den Befürwortern der Bewegung für eine Neutralisierung Deutschlands aufgenommen" werden. Offizielle Unterstützungserklärungen seitens der Sowjetunion hielt Vyšinskij allerdings für verfrüht, weil die Neutralisierungsbewegung, die noch „keinen breiten Massencharakter" trage, in diesem Falle von den Westmächten als sowjetisches Produkt hingestellt werden würde. Vyšinskij empfahl jedoch, bereits auf der bevorstehenden Tagung des Rates der Außenminister „in der ein oder anderen Form die Bewegung für eine Neutralisierung Deutschlands in der Form einer zusätzlichen Begründung unserer Position gegen die Remilitarisierung Deutschlands zu nutzen" und „von sowjetischer Seite einige konkrete Vorschläge, die mit den Forderungen der deutschen Bevölkerung über eine Neutralisierung Deutschlands zusammenhängen, einzubringen".[6]

Molotov unterstrich im ihm vorgelegten Memorandum folgende Worte:
- Idee über Neutralisierung „stört die Remilitarisierung"
- „Kirkpatrick", „Attlee", „Eden", offizielle Vertreter „Frankreichs" „gegen eine Neutralisierung Deutschlands"
- „Adenauer" „gegen Neutralisierung"
- SPD „lehnte und lehnt sie ab", SED „wohlwollend"
- „gemeinsamen Kampf gegen die Remilitarisierung und gegen die Einbeziehung Westdeutschlands in das Nordatlantikbündnis" organisieren
- „Bewegung für eine Neutralisierung Deutschlands ausnutzen"
- „Garantien der Neutralität Deutschlands von Seiten der Großmächte"

Die letzten drei Stellen versah Molotov zudem mit Häkchen, seinem Zeichen für Zustimmung. Darüber hinaus unterstrich er „Unterstützung" der Bewegung für eine Neutralisierung, offizielles Auftreten unserer Seite „frühzeitig", auf der Tagung des Rates der Außenminister Bewegung als „zusätzliche Begründung unserer Position" nutzen und „konkrete Vorschläge" einbringen. Letzteres hob er durch zweimalige Unterstreichung hervor. Molotov war klar, dass es im Westen in Regierungskreisen keine Anhänger der Neutralisierungsidee gab. Und es finden sich nicht einmal in Ansätzen Hinweise darauf, was man aus sowjetischer Sicht unternehmen könnte, um den Westen „umzustimmen", um ihn für eine Neutralisierung Deutschlands gewinnen zu können. Die Neutralisierungsbewegung sollte für sowjetische Zwecke ausgenutzt werden.

Im Memorandum finden sich konkrete Vorstellungen dessen, was sich das sowjetische Außenamt bzw. die DDR-Führung mit der in den nächsten Monaten verfolgten deutschlandpolitischen Strategie erhoffte. Walter Ulbricht schlug demnach vor, die UdSSR solle „in der ein oder anderen Form" Vorschläge einer Neutralisierung Deutschlands einbringen.

---

[6] RGASPI, f. 82, op. 2, d. 1182, S. 40–48, Vyšinskij an Molotov, 18.2.1951 (Dokument 3).

Diese sollte die „amerikanischen Kriegshetzer" entlarven. Čujkov und Semenov unterstützten Ulbrichts Idee und erhofften sich, diese würde „einige Hindernisse" bei der „Remilitarisierung" Westdeutschlands schaffen. Es kann nicht mit letzter Sicherheit gesagt werden, ob nun Ulbricht oder Semenov, dem auch die „geistige Vaterschaft" der Stalin-Note zugeschrieben wird,[7] zusammen mit Čujkov den Anstoß zu jenem Prozess gaben, der in der Stalin-Note vom 10. März 1952 mündete.[8] Die letztendlich verwirklichte Strategie dürfte wohl das Ergebnis gemeinsamer Beratungen gewesen sein. Pieck hatte jedoch später im Juli 1951, als es um die Umsetzung der weiteren Strategie ging, in seinem Tagebuch festgehalten, dass die „Initiative früher bei uns" gelegen habe.[9] Es ist jedoch kaum anzunehmen, dass die Initiative von Abteilungsleiter Gribanov ausging.[10] Diese Fragestellung ist ohnedies zweitrangig. Schließlich zeigten sich alle Beteiligten mit der vorgeschlagenen Strategie einverstanden, wobei eine führende Rolle in der Anfangsphase sicherlich Ulbricht zukam. Und dieser stellte keinesfalls die DDR zur Disposition, ja er zog nicht einmal einen Misserfolg seiner vorgeschlagenen Strategie ins Kalkül. Einziges Ziel war die Entlarvung der „amerikanischen Kriegshetzer" und eine Behinderung der Wiederbewaffnung Westdeutschlands. Damit wurde die Stalin-Note, die schließlich am 10. März 1952 als „verlockendes Angebot" an die Westmächte gerichtet wurde, einen einheitlichen deutschen Staat angeblich wiederherstellen zu wollen, aus der Taufe gehoben.

---

[7] Wettig, Die Stalin-Note vom 10. März 1952 als geschichtswissenschaftliches Problem, S. 166.

[8] Forderungen Moskaus an die KPD, entschiedener gegen die sich abzeichnende Wiederbewaffnung Westdeutschlands aufzutreten, gab es freilich bereits früher. So wies das Politbüro des ZK der VKP(b) bereits am 5.1.1950 Čujkov und Semenov an, dass „ein Akzent auf den Kampf gegen die Remilitarisierung und in diesem Zusammenhang auf den raschesten Abschluss eines Friedensvertrages und die Einberufung einer konstituierenden Versammlung Deutschlands als unabdingbarer Schritt zu seiner Wiedervereinigung gesetzt werden muss". Egorova, Evropejskaja bezopasnost' i „ugroza" NATO v ocenkach stalinskogo rukovodstva, S. 78. Dies markiert jedoch keinesfalls den Beginn jenes Prozesses, der im Februar 1951 einsetzte und in der Stalin-Note vom 10.3.1952 mündete.

[9] So Grotewohl in einer Besprechung am 30.7.1951. Siehe Badstübner/Loth (Hrsg.), Wilhelm Pieck – Aufzeichnungen zur Deutschlandpolitik 1945–1953, S. 373.

[10] Wilfried Loth konnte bereits Dokumenten aus dem Archiv des russischen Außenministeriums entnehmen, dass die Initiative des sowjetischen „Angebotes", sieben Jahre nach Kriegsende einen Friedensvertrag mit Deutschland abzuschließen zu wollen, (auch) auf die DDR-Führung zurückzuführen ist. Er verweist auf eine Besprechung der SED-Führung mit Čujkov und Semenov am 21.2.1951. Den Ursprung der Stalin-Note sieht Loth allerdings ausschließlich in den Vorbereitungsarbeiten des sowjetischen Außenministeriums auf die Konferenz des Rates der Außenminister. Der Leiter der Dritten (für die sowjetische Deutschland- und Österreichpolitik zuständigen) Europäischen Abteilung, Michail Gribanov, „drängte" demnach bereits Anfang Februar „bei seinen Vorgesetzten auf die Erarbeitung eines verbindlichen Vorschlags für einen Friedensvertrag mit Deutschland". Loth, Die Entstehung der „Stalin-Note", S. 20f.; und zuletzt ders., Die Sowjetunion und die deutsche Frage, S. 159–161. Loth hebt hierbei erneut die Bedeutung von Dokumenten aus Gribanovs Feder hervor, die es nach seiner Meinung sehr wohl erlauben, Rückschlüsse auf Stalins Haltung zu ziehen. Loth zieht allerdings nicht ins Kalkül, dass es vor allem die Aufgabe der Abteilungen des Außenministeriums war, Vorschläge auszuarbeiten, die keineswegs in Einklang mit den Intentionen des Kremlchefs stehen mussten. Er räumt zwar ein, dass dies nicht immer „hundertprozentig richtig gewesen sein" muss, „aber auch nicht grundsätzlich falsch gewesen sein" kann. Gerhard Wettig hingegen sagt, dass das vorbereitete, durchdachte Kalkül der DDR-Führung als Indiz gelten muss, „dass es nicht darum ging, das kommunistische Regime in der DDR irgendwie in Frage zu stellen". Wettig, Die Note vom 10. März 1952, S. 183. Zum politischen Gewicht Gribanovs siehe Graml, Eine wichtige Quelle – aber mißverstanden, S. 120f. Zur Rekonstruktion der Entstehungsgeschichte siehe auch Laufer, Die UdSSR, die SED und die deutsche Frage, S. 1203.

Molotov forderte nunmehr „konkrete Vorschläge" ein.[11] Noch am selben Tag erhielt er von Vyšinskij zwei weitere Berichte über die Einstellung der Regierungen in Großbritannien, Frankreich, Belgien, Österreich usw. zur Neutralisierungsdiskussion über Deutschland.[12] Vyšinskij zog auf der Basis der Berichte der sowjetischen Diplomaten den Schluss, dass „die Regierungskreise der USA, Frankreichs, Belgiens und Hollands [...] ablehnend, mit Unruhe und Besorgnis zur Bewegung für eine Neutralisierung Deutschlands eingestellt sind", da sie „denken, dass diese Bewegung Hindernisse bei der Remilitarisierung schafft". Vyšinskij berichtete Molotov, dass einige Kongressmitglieder und Senatoren offen ihre Unsicherheit darüber bekundeten, ob es gelingen würde, „die Deutschen zu zwingen, auf der Seite der USA zu kämpfen". Meinungsumfragen in Westdeutschland beunruhigten einige hohe Repräsentanten Washingtons zutiefst. Vyšinskij berichtete Molotov indes auch, dass Acheson davor warnte, dass ein Abzug aus Europa und ein Nichtengagement die Neutralisierungsstimmung in Europa beflügeln würde, was einem politischen Selbstmord gleichkäme. Das Anwachsen der Neutralistenbewegung sei es, das die Amerikaner zwinge, die Remilitarisierung Westdeutschlands, so Vyšinskij, „nicht in solch offener Form durchzuführen, wie es früher vorgesehen war". Vyšinskij zog ferner den Schluss, dass sich in der westdeutschen und amerikanischen Presse Berichte häuften, die ein Überschwappen der Ideen der Neutralistenbewegung auf andere NATO-Länder prognostizierten.

Wie im vorangegangenen Memorandum empfahl Vyšinskij die Neutralistenbewegung zu fördern, „da die Bewegung für eine Neutralisierung Deutschlands die Verwirklichung der amerikanischen Pläne der Bewaffnung Westdeutschlands" erschwert. Der sowjetische Botschafter in Paris sprach sich ebenfalls hierfür aus, empfahl dennoch, auch weiterhin den „Kampf für ein einheitliches, demokratisches, friedliebendes Deutschland" zu proklamieren. Der Leiter der Diplomatischen Mission in der DDR, Georgij Puškin, befürwortete ebenso die Nutzung der Neutralistenbewegung, die zwar auch antisowjetisch sei und deshalb auch nicht maßlos unterstützt werden sollte, um sich „nicht mit einer breiten Unterstützung der Idee der Neutralisierung Deutschlands die Hände zu binden".[13]

Nachdem dieser Bericht getippt und Molotov übermittelt worden war, traf im sowjetischen Außenministerium schließlich auch der Bericht des sowjetischen Botschafters in London, Zarubin, ein. Vyšinskij fasste das Telegramm umgehend zusammen und übermittelte Molotov seine Ausführungen als Ergänzung zum zweiten Bericht. Zarubin berichtete

---

[11] Molotov versah den entsprechenden Absatz in Vyšinskijs Memorandum mit einem eingekreisten Kreuz, seinem Zeichen für besondere Dringlichkeit und Wichtigkeit. Die Worte „konkrete Vorschläge" sind von Molotov doppelt im Memorandum Vyšinskijs unterstrichen. RGASPI, f. 82, op. 2, d. 1182, S. 48, Vyšinskij an Molotov, 18.2.1951 (Dokument 3). Solche Vorschläge wurden in der Folge von Gromyko vorbereitet, v. a. empfahl er am 27.2.1951 in einem Politbüro-Beschlussentwurf, den sowjetischen Repräsentanten anzuweisen, die Frage eines Friedensvertrages mit Deutschland auf die Agenda der Konferenz der stellvertretenden Außenminister in Paris (ab 5.3.1951) setzen zu lassen. Siehe hierzu Bjørnstad, Soviet German Policy and the Stalin Note of 10 March 1952, S. 56f.
[12] RGASPI, f. 82, op. 2, d. 1182, S. 49–53, Vyšinskij an Molotov, 18.2.1951 (Dokument 4); ebd., S. 54f., Vyšinskij an Molotov, 18.2.1951 (Dokument 5). Die sowjetischen Botschafter in diesen Ländern dürften bei der Erstellung ihrer Berichte große Eile an den Tag gelegt haben und erst kurz zuvor damit beauftragt worden sein. Hierfür zeugt das Eintreffen des Berichtes des sowjetischen Botschafters in London, Georgij Zarubin, der unmittelbar nach der Überbringung des zusammenfassenden Berichtes der erstgenannten sowjetischen diplomatischen Vertreter rasch von Vyšinskij resümiert wurde und erst nach Fertigstellung des ersten Berichtes an Molotov weitergeleitet werden konnte. Alle drei Berichte (Dokumente 3, 4 und 5) erhielt Molotov am 18. Februar 1951.
[13] Ebd.

ebenso von einer „ablehnenden Haltung der Führungskreise Englands zur Bewegung für eine Neutralisierung Deutschlands".[14] In London ging man davon aus, so Vyšinskij, dass ein neutrales Deutschland „der ständigen Bedrohung eines kommunistischen Putsches nach tschechoslowakischer Manier" ausgesetzt wäre. Zudem würden die „Anglo-Amerikaner" ein mit der UdSSR handeltreibendes (neutrales) Deutschland nicht zulassen, um nicht auf diese Weise durch Produktionslieferungen aus dem Ruhrgebiet „das Militärpotential der UdSSR" zu stärken. Großbritannien messe der Neutralisierungsbewegung, so Vyšinskij, keine allzu große Bedeutung zu, da sie ohnedies „keine entscheidende Rolle bei der Verhinderung der Remilitarisierung Deutschlands spielen" könne. Auch Zarubin befürwortete eine Ausnutzung der Neutralisierungsbewegung, da sie, so Vyšinskij einmal mehr, „die Verwirklichung der anglo-amerikanischen Pläne der Remilitarisierung Deutschlands erschwert".

Vyšinskij berichtete folglich Molotov, dass es vor allem in den USA zwar Stimmen gäbe, die sich von einem Erfolg der „Remilitarisierung" und dem Einschluss Deutschlands in die westliche Hemisphäre nicht überzeugt zeigten, US-Außenminister Acheson jedoch einen klaren Kurs vorgab. Allerdings sah man in den USA im Anwachsen der Neutralistenbewegung ein nicht unbeschwerliches Hindernis, weniger in Großbritannien. In Westeuropa stand keine Regierung einer Neutralisierung Deutschlands positiv gegenüber. Vyšinskij hob stets hervor, dass eine Unterstützung der Neutralisierungsbewegung die „Remilitarisierung" Westdeutschlands erschweren würde. Von einer Verhinderung der „Remilitarisierung" oder gar dem sowjetischen Wunsch nach einer Neutralisierung Deutschlands ist in den Dokumenten keine Rede. Washington und London waren von ihrem Kurs nicht abzubringen. So sahen es die sowjetischen Botschafter und so berichteten sie ihre Einschätzungen an das sowjetische Außenministerium. Außenminister Vyšinskij rapportierte dies Molotov und dieser, sei es schriftlich oder mündlich, Stalin (es gingen keine Abschriften des Memorandums und der folgenden Berichte vom 18. Februar an dritte Personen). Keine einzige Stellungnahme zeugt von Hoffnungen, der Kampf gegen die Wiederbewaffnung Westdeutschlands würde den Weg zu einem neutralisierten und vereinten Deutschland ebnen.

Im Gegenteil: Der KPD wurde die Schuld gegeben, nicht die Losung gegen die „Remilitarisierung" aufgegriffen zu haben und damit der SPD die Möglichkeit leichtfertig überlassen zu haben, ihren Einfluss in den Massen zu stärken.[15] Eine Woche bevor vom sowjetischen Außenministerium Berichte der Botschafter im Westen über die Haltung zur „Remilitarisierung" eingefordert worden waren, berichtete Vagan Grigor'jan, der Vorsitzende der Außenpolitischen Kommission des ZK der VKP(b), Stalin ausführlich über die Lage in der KPD.[16] Trotz der typischen Diktion solcher Berichte an Stalin – beginnend mit Kritik an der KPD selbst, um dann zur Selbstkritik überzugehen und schließlich aufzuzeigen, welche Maßnahmen bereits getroffen worden waren, um Missstände zu beseitigen – gibt der Bericht einen interessanten Einblick in das Verhältnis zwischen SED und KPD, aus dem der Schluss gezogen werden kann, dass es der Sowjetunion wohl in erster Linie in den späten vierziger Jahren und danach um die Festigung der Macht der SED in Ostdeutschland ging, nicht, weil Stalin unbedingt nur einen Teil Deutschlands in den sowjetischen Orbit integrieren wollte, sondern in der deutschen Frage Realpolitiker war. Die sowjetische Führung war

---

[14] Ebd.
[15] RGASPI, f. 82, op. 2, d. 1337, S. 24–31, Grigor'jan an Stalin, 12. 2. 1951 (Dokument 2).
[16] RGASPI, f. 82, op. 2, d. 1337, S. 19–23. Molotov hatte den Bericht abgesegnet. Am 11. 2. 1951 übermittelte Grigor'jan diesen Bericht „in Entsprechung mit Ihren Grundrissen" Molotov.

sich durchaus bewusst, dass die KPD auf verlorenem Posten stand. Einerseits führte Grigor'jan gegenüber Stalin den Misserfolg der KPD darauf zurück, dass die „westlichen Besatzungsmächte und die Bonner Regierung [...] im Zusammenhang mit der Kommunistischen Partei systematisch eine Politik der Verfolgung und Repression" durchführten, andererseits gaben Molotov und er der KPD Mitschuld an der Lage, weil sie die „Bewegung der nationalen Front"[17] unterschätzt und nur unzureichend mit sozialdemokratischen Arbeitern zusammengearbeitet habe, um die „breiten Massen der Bevölkerung für den Kampf um den Frieden und die Einheit, gegen die anglo-amerikanischen Pläne der ‚Remilitarisierung' Westdeutschlands und seine Umwandlung in eine Hauptbasis der amerikanischen Aggression in Europa an sich zu ziehen".[18] Zwar wurde die SED dafür kritisiert, dass sie bis Ende 1950 die KPD nicht unterstützt habe, doch ist kaum vorstellbar, dass dies unterblieben wäre, hätte der Kreml die SED darum „gebeten".

Die KPD konnte nach Kriegsende und angesichts des zunehmenden Engagements der USA für Westdeutschland keinen „Nährboden" für den Kommunismus in Westdeutschland schaffen. Stalin und Molotov ließen sich auch Anfang 1951 wohl kaum von Berichten über eine angebliche breite Ablehnung der „Remilitarisierung" Westdeutschlands durch die westdeutsche Bevölkerung oder über die ernsthaften Probleme der Ratifizierungen der Vereinbarungen und Abkommen mit Westdeutschland in Paris „blenden". Manche inneramerikanisch divergierende Meinungen über einen möglicherweise gefährdeten Erfolg bei der (militärischen) Westintegration der Bundesrepublik riefen wohl kaum Enthusiasmus bei ihnen hervor. Die Chancen, die „Remilitarisierung" zumindest zu behindern, standen allerdings nicht schlecht. Und diese Chance sollte genutzt werden.

Am 24. Februar 1951 übermittelte der stellvertretende Außenminister der UdSSR, Andrej Gromyko, Stalin den Vorschlag der DDR-Führung (Molotov, Malenkov, Berija, Mikojan, Kaganovič, Bulganin und Chruščev erhielten eine Abschrift), dass sich die Volkskammer der DDR mit einem Appell an den Bundestag in Bonn wenden sollte. Dem Vorschlag zufolge sollten Ostberlin und Bonn mit der „Frage des Abschlusses eines Friedensvertrages mit Deutschland" an die vier Großmächte herantreten und einfordern, dass die Frage der Unterzeichnung eines Friedensvertrages mit Deutschland auf die Tagesordnung der Konferenz der stellvertretenden Außenminister in Paris gesetzt werde.[19]

Was erhofften sich die DDR-Führer davon, dem Bonner Bundestag den Vorschlag zu machen, sich gemeinsam an die Großmächte zu wenden und den Abschluss eines Friedens-

---

[17] Zum Konzept der „Nationalen-Volksfront-Strategie" des Kremls siehe grundlegend Mark, Revolution by Degrees.
[18] RGASPI, f. 82, op. 2, d. 1337, S. 24–31, Grigor'jan an Stalin, 12.2.1951 (Dokument 2). Vgl. dazu auch den phrasenweise übernommenen Bericht Grigor'jans an Stalin ein Jahr später. RGASPI, f. 82, op. 2, d. 1337, S. 45–51, 15.3.1952 (Dokument 78).
[19] RGASPI, f. 82, op. 2, d. 1169, S. 1, Gromyko an Stalin, 24.2.1951 (Dokument 7). Der Inhalt des Schreibens ist bereits aus einem Schreiben Kudrjavcevs an Zorin vom 6.3.1951 bekannt. Das vollständige Dokument wird hier erstmals abgedruckt, siehe Wettig, Die Deutschland-Note vom 10. März 1952 auf der Basis diplomatischer Akten, S. 792; Loth, Die Entstehung der „Stalin-Note", S. 22, Graml, Eine wichtige Quelle – aber mißverstanden, S. 121. Erwähnt wird das Schreiben auch von Egorova in Egorova, Evropejskaja bezopasnost' i „ugroza" NATO v ocenkach stalinskogo rukovodstva, S. 70. Am 24.2.1951 hatte auch Gribanov Vyšinskij empfohlen, sich in Zukunft nicht bloß auf die Wiederholung der bisherigen Vorschläge in der deutschen Frage zu beschränken. Dies zeigt deutlich auf, dass auf höherer Ebene (Gromyko an Stalin) der Entscheidungsprozess bereits im Gange war und Gribanov in dieser Frage keine Initiativrolle zuzuschreiben ist. Loth, Die Sowjetunion und die deutsche Frage, S. 159–161; Wettig, Die Deutschland-Note vom 10. März 1952 auf der Basis diplomatischer Akten, S. 791; ders., Bereitschaft zu Einheit in Freiheit?, S. 205.

vertrages mit einem geeinten Deutschland auf die Tagesordnung der Konferenz des Rates der stellvertretenden Außenminister setzen zu lassen? Waren sie bereit, ihren zwei Jahre zuvor gegründeten Arbeiter- und Bauernstaat zu opfern und auf die Macht zu verzichten? Erhofften sie sich gar, mit ihren Vorhaben ganz Deutschland in den kommunistischen Orbit einzuschließen, womöglich unter ihrer Führung? Auch wenn es einzelne euphorische Stimmen gegeben haben mag, die DDR-Führung, zumindest Walter Ulbricht, der federführend die sowjetische Propagandaoffensive initiierte, war Realist und unter keinen Umständen bereit, die DDR in Frage zu stellen. Bevor Stalin der Vorschlag der DDR-Führung unterbreitet wurde, vermeldeten Čujkov und Semenov nach Moskau, „dass nach der Meinung Ulbrichts trotz der anscheinenden Änderung der Taktik der Amerikaner die Remilitarisierung Westdeutschlands durchgeführt wird und durchgeführt werden wird, präzise und nach Plan, aber ohne großen Lärm in der Presse und ohne breit kundgetane Befehle und Erklärungen. In Westdeutschland werden bereits militärische Formationen im Ausmaß von Bataillonen geschaffen. Bei der Schaffung einer westdeutschen Armee wird die Erfahrung der schwarzen Reichswehr genutzt. Entwürfe über die Einführung der Wehrpflicht sind ausgearbeitet, sie werden aber einstweilen noch nicht veröffentlicht."[20] Ulbricht war sich im Klaren, dass die Remilitarisierung Westdeutschlands von den Amerikanern nach Plan vollzogen werden würde. Gromyko zog in seinem Bericht an Molotov den Schluss, „dass die Bewegung gegen die Remilitarisierung in Westdeutschland [...] die Annahme von Maßnahmen zur Einführung der allgemeinen Wehrpflicht erschwert".[21]

Diesen bisher im Wortlaut nicht bekannten Dokumenten, insbesondere dem Schreiben Gromykos an Stalin vom 24. Februar 1951, sind konkrete Zielvorstellungen bzw. Hoffnungen darauf zu entnehmen, was die ausgeklügelten diplomatischen Schachzüge in der sowjetischen Deutschlandpolitik in der Folge bewirken sollten. Gromyko berichtete Stalin: „Pieck, Grotewohl und Ulbricht denken, dass eine solche Initiative der Volkskammer die allerwichtigste Frage des Friedensvertrages ins Zentrum der Aufmerksamkeit der deutschen Gesellschaft rückt und die Versuche der Amerikaner, den Friedensvertrag durch eine Deklaration über die Beendigung des Kriegszustandes mit Deutschland zu ersetzen, erschweren wird. Der Vorschlag der Volkskammer zum Friedensvertrag wird nach Meinung Piecks, Grotewohls und Ulbrichts breite Unterstützung in Westdeutschland finden und hilfreich für die Durchführung einer Volksbefragung gegen die Remilitarisierung sein."[22] Gromyko zeigte sich namens des Außenministeriums mit der von den DDR-Führern vorgeschlagenen Vorgangsweise einverstanden. Demzufolge sollte eine außerordentliche Sitzung der Volkskammer einberufen und noch vor der Pariser Vorkonferenz ihrer stellvertretenden Außenminister ein Appell an die vier Großmächte gerichtet werden. Molotov und Stalin gaben hierfür ihr Einverständnis. Čujkov und Semenov wurden beauftragt, Pieck, Grotewohl und Ulbricht mitzuteilen, „dass man in Moskau ihre Vorschläge [...] begrüßt".[23]

Die DDR-Führer verbanden mit ihrem Vorschlag folglich drei Hoffnungen bzw. Zielvorstellungen: erstens, die deutsche Öffentlichkeit gegen Adenauers auf Westintegration gerichtete Politik zu mobilisieren; zweitens, die einseitige Aufhebung des westlichen Besatzungsstatutes zu erschweren und drittens, die Hoffnung, dass der Vorschlag über einen Friedensvertrag in der westdeutschen Bevölkerung breite Unterstützung finden und zur

---

[20] RGASPI, f. 82, op. 2, d. 1333, S. 161–168, Gromyko an Molotov, 20.2.1951 (Dokument 6).
[21] Ebd.
[22] RGASPI, f. 82, op. 2, d. 1169, S. 1–3, Gromyko an Stalin, 24.2.1951 (Dokument 7).
[23] Ebd.

Durchführung einer Volksbefragung führen werde. Die Wortwahl, „die Versuche der Amerikaner [...] zu erschweren" zeigt, dass es der DDR-Führung nicht darum ging bzw. zwecks Aussichtslosigkeit nicht darum gehen konnte, effektiv zu be- oder gar verhindern. Zumindest Ulbricht war ohnedies überzeugt, die Amerikaner würden die Wiederbewaffnung und damit die Westintegration der BRD planmäßig realisieren. Die zusehends fortschreitende Westintegration Westdeutschlands war ein Faktum, auch wenn Anfang 1951 noch nicht klar sein konnte, wie weit diese gehen würde. „Die internationale Aufwertung der Bundesrepublik", so Gerhard Wettig, war aus sowjetischer Sicht – und dem ist im Lichte der neuen Quellen beizupflichten – eine „Herausforderung, auf die reagiert werden" musste.[24] Festzuhalten ist zudem, welche – in der Historiographie über die sowjetische Deutschlandpolitik nach wie vor mancherorts kolportierte – Absicht nicht von den DDR-Führern zum Ausdruck gebracht wurde, nämlich jene einer möglichen „Neutralisierung" eines geeinten Deutschlands inmitten Europas zwischen NATO und Ostblock und dadurch folgend auch die „Bereitschaft" des Kremls, die DDR zu opfern. Auf einen Sieg des Kommunismus in Westdeutschland hofften 1951/52 – ob in Ost- oder Westdeutschland – höchstens noch realitätsfremde Genossen. In allen bisher zugänglichen Dokumenten wird nicht einmal eine entsprechende „Wunschvorstellung" zum Ausdruck gebracht. Die DDR-Führung betrachtete nüchtern die Ereignisse in Westdeutschland und nützte sie zur Intensivierung des Aufbaus des Sozialismus und zur Festigung ihrer eigenen Macht in der DDR.

Sowjetische Geheimdienstberichte zur Westintegration Westdeutschlands

Der Kreml lehnte bekanntermaßen die europäische Integration ab.[25] Die Europäische Gemeinschaft für Kohle und Stahl, die auf den Trümmern des Zweiten Weltkrieges, beflügelt von der Idee eines vereinten Europas, den Beginn eines dauerhaften Friedens innerhalb Westeuropas markierte, war für die Sowjets nichts anderes als ein Versuch der USA, wirtschaftliche und politische Macht über Europa zu erlangen. So wurde es Stalin berichtet,[26] und so verstand er es auch. Aus sowjetischer Sicht sollte alles unternommen werden, um die Ausbreitung der amerikanischen „Hegemonie" über Europa zu behindern.

Darüber, wie es um die Westintegration Westdeutschlands stand und wie massiv diese von den USA betrieben wurde, war der Kreml bestens informiert. Der Minister für Staatssicherheit (MGB), Semen Ignat'ev,[27] erstattete 1951/52 regelmäßig der sowjetischen Führung Bericht über den Stand der Verhandlungen über den – in sowjetischen Quellen so bezeichneten – „allgemeinen Vertrag" („Generalvertrag", „Deutschlandvertrag", Aufhebung des Besatzungsstatutes), über die Bemühungen zur Schaffung einer Europa-Armee und die Gründung der „Europäischen Verteidigungsgemeinschaft" (EVG). Dem sowjetischen Ministerium für Staatssicherheit (MGB) war es gelungen, den Telegrammverkehr zwischen dem Außenministerium in Paris und seiner Vertretungen im Ausland abzufangen.[28] Aus

---

[24] Wettig, Die Note vom 10. März 1952, S. 184.
[25] Zubok, The Soviet Union and European Integration, S. 85.
[26] RGASPI, f. 82, op. 2, d. 1334, S. 3–12, Zorin an Stalin, 5. 4. 1951 (Dokument 11).
[27] Ignat'ev wurde am 9. 8. 1951 zum Minister für Staatssicherheit (MGB) ernannt. RGASPI, f. 17, op. 3, d. 1090, S. 16, Politbüro-Beschluss P. 82 (77) vom 9. 8. 1951. Kokurin/Petrov (Hrsg.), Lubjanka, S. 266.
[28] Vgl. dazu Mastnys Analyse über die sowjetische Haltung zu den EVG-Verhandlungen und zur Europa-Armee. Auf der Basis von Quellen v. a. von tschechischen Archiven stellt er fest, dass „sowjetische Agenten [...] einige der vertraulichsten Unterredungen zwischen westlichen Staatsmännern heimlich

diesen, aber auch britischen Quellen kamen übereinstimmende Informationen, die „Remilitarisierung" Westdeutschlands werde realisiert werden.[29] Informationen über Rekrutierungspläne der Bundesregierung bekräftigten wohl im Kreml diese Sicht der Dinge.[30] Ignat'ev berichtete der sowjetischen Führung, dass sich Ende 1951 in den Verhandlungen zwischen den Westmächten und der Regierung Adenauer „ernste Schwierigkeiten" ergäben hätten. Adenauer habe sich mit dem Entwurf des „Deutschlandvertrages" nicht einverstanden gezeigt, demzufolge die Westmächte „in einer Reihe von Punkten" Rechte als Besatzungsmächte beibehalten würden; über die Frage einer künftigen Souveränität Westdeutschlands habe man sich nicht einigen können.[31] Ende Januar 1952 berichtete Ignat'ev über Adenauers Drängen, den Abschluss der EVG-Verhandlungen „maximal zu beschleunigen", in der Kabinettssitzung am 18. Dezember 1951. Adenauer „begründete dies damit, dass die Gefahr eines Auftretens der Sowjetunion mit einem neuen verlockenden Vorschlag" bestünde, „der im letzten Moment Unruhe und Störung sowohl in Washington als auch in Paris" erzeugen könnte".[32] Man kann sich die rhetorische Frage stellen, warum der Kreml einen „verlockenden Vorschlag" machte, obwohl man wusste, dass er bei Adenauer und vor allem den USA auf kein positives Echo stoßen würde? Von der SPD-Führung erwartete der Kreml nicht, sie werde sich stärker gegen „Adenauers Remilitarisierungskurs" engagieren. Die „verräterischen Tätigkeiten der Schumacheristen" sollten ebenso „entlarvt" werden.[33] Bereits im Mai 1951 berichtete die Außenpolitische Kommission Molotov, die SPD arbeite de facto mit der CDU-Regierung zusammen, auch wenn sie die Ablehnung der „Remilitarisierung" propagiere.[34]

Der Kreml verstand freilich auch, dass die drei Westmächte intern nicht jenen geschlossenen Block bildeten, als der sie gegenüber Moskau stets auftraten. Davon zeugen nicht nur die zahlreichen Berichte des MGB und des sowjetischen Außenamtes an Stalin, Molotov und die übrigen Politbüromitglieder über die Meinungsverschiedenheiten zwischen den Westmächten, vor allem zwischen Washington und Bonn auf der einen und Paris auf der anderen Seite über interne Diskussionen zur Frage der „Remilitarisierung" und der Art

---

belauschen und [...] viele Geheimdokumente der NATO lesen konnten". Mastny, Die NATO im sowjetischen Denken und Handeln, S. 410. Die Berichte über die Abhörung des französischen Außenministeriums standen ihm allerdings nicht zur Verfügung. Vladislav Zubok wertete 1995 in erster Linie die Berichte des KI für das Jahr 1953 aus. Zubok, Soviet Intelligence and the Cold War, zur sowjetischen Deutschlandpolitik 1953 insbesondere S. 469–471.

[29] RGASPI, f. 82, op. 2, d. 1041, S. 151, Berichterstattung Zorins an Gromyko, 31.7.1951 (Dokument 14).
[30] RGASPI, f. 82, op. 2, d. 1041, S. 175, Zorin an alle Mitglieder des Achterkollegiums („Vos'mërka") sowie an Suslov, Vyšinskij, Vasilevskij und Grigor'jan, 5.9.1951 (Dokument 23).
[31] RGASPI, f. 82, op. 2, d. 1042, S. 1, Berichterstattung Ignat'evs an Stalin, Malenkov, Berija, Mikojan, Chruščev und Gromyko, 2.1.1952 (Dokument 24). Siehe dazu auch die Berichterstattung Zorins, ebd., d. 1041, S. 158, 8.8.1951 (Dokument 16); ebd., d. 1042, S. 27, Berichterstattung Ignat'evs an alle Mitglieder des Achterkollegiums und Vyšinskij, 29.1.1952 (Dokument 27); und ebd., S. 31, Zorin an alle Mitglieder des Achterkollegiums sowie an Vyšinskij und Gromyko, 31.1.1952 (Dokument 29).
[32] RGASPI, f. 82, op. 2, d. 1042, S. 25, Berichterstattung Ignat'evs an alle Mitglieder des Achterkollegiums, 27.1.1952 (Dokument 25).
[33] RGASPI, f. 82, op. 2, d. 1042, S. 48, Berichterstattung Zorins an Stalin und alle Mitglieder des Achterkollegiums sowie an Vyšinskij und Gromyko, 14.2.1952 (Dokument 37); RGASPI, f. 82, op. 2, d. 1043, S. 225, Berichterstattung Ignat'evs an Malenkov, Berija und Bulganin, 25.6.1952 (Dokument 111). Zu Schumachers Haltung zur Neutralisierungsbewegung siehe Leugers-Scherzberg, Von den Stalin-Noten zum Deutschlandplan.
[34] RGASPI, f. 82, op. 2, d. 1334, S. 13–20, Grigor'jan an Molotov, 11.5.1951 (Dokument 12).

und Weise, wie weit die Westintegration Westdeutschlands betrieben werden soll,[35] sondern auch Aussagen französischer Politiker gegenüber sowjetischen Politikern und Diplomaten.[36] Die Sowjets wussten, dass die Amerikaner um Kompromissregelungen bemüht waren, notfalls auf Empfindlichkeiten der Franzosen jedoch keine Rücksicht nehmen und die Verhandlungen über den „Plevenplan" (Europäische Verteidigungsgemeinschaft mit deutscher Beteiligung, Aufstellung einer übernationalen westeuropäischen Armee mit Bindung an die NATO) durchpeitschen würden.[37] Die sowjetische Führung charakterisierte den Pleven- und Schuman-Plan bzw. den beginnenden europäischen Einigungsprozess in dieser Zeit generell stets als Mittel zur „Remilitarisierung" Westdeutschlands.[38] Aus Hinweisen aus dem britischen Verteidigungsministerium entnahm man Ende Juli 1951, dass bis Jahresende „die offene Verwirklichung der Remilitarisierungspläne Westdeutschlands" begonnen werden sollte.[39] Diese konnte der Kreml mit seinem „verlockenden Angebot" vom 10. März nicht be- oder gar verhindern, selbst im Falle eines Scheiterns der Schaffung einer Europa-Armee. Just in dieser Zeit, ab September 1951, fanden auch erstmals die Forderungen nach Aufstellung „nationaler Streitkräfte" Eingang in die Entwürfe des sowjetischen Außenministeriums für die „Prinzipien eines Friedensvertrages mit Deutschland". Für die Zukunft gewährleistete dies die Argumentation des Kremls zur Aufrüstung der DDR, um das „Rüstungsprogramm als notwendige Gegenmaßnahme [zu] tarnen".[40] Dem sowjetischen Geheimdienst war ebenso aus britischen Quellen bekannt, dass die USA notfalls zum „Plan des unmittelbaren Einschlusses westdeutscher Streitkräfte" in die NATO „zurückkehren" würden.[41] Solche Informationen waren wohl auch von dem generell Geheimdienstberichten gegenüber kritisch eingestellten Stalin kaum von der Hand zu weisen. Selbst Unstimmigkeiten in der NATO sah man im Kreml wohl kaum als Möglichkeit, einen Keil zwischen die Mitgliedsländer zu treiben oder gar den militärischen Zusammenschluss aufzuhalten. Die Drohung der USA gegenüber den europäischen NATO-Partnern, von der militär-strate-

---

[35] RGASPI, f. 82, op. 2, d. 1042, S. 31, Berichterstattung Zorins an alle Mitglieder des Achterkollegiums sowie an Vyšinskij und Gromyko, 31.1.1952 (Dokument 29). Ebd., S. 40, Berichterstattung Zorins an Stalin und alle Mitglieder des Achterkollegiums sowie an Vyšinskij und Gromyko, 9.2.1952 (Dokument 33); ebd., d. 1042, S. 47, Berichterstattung Ignat'evs an Stalin und alle Mitglieder des Achterkollegiums sowie an Vyšinskij, 16.2.1952 (Dokument 39).

[36] RGASPI, f. 82, op. 2, d. 1042, S. 46, Berichterstattung Ignat'evs an Stalin und alle Mitglieder des Achterkollegiums sowie an Vyšinskij, 14.2.1952 (Dokument 36).

[37] RGASPI, f. 82, op. 2, d. 1041, S. 151, Berichterstattung Zorins an alle Mitglieder des Achterkollegiums, 31.7.1951 (Dokument 13); ebd., S. 170, Berichterstattung Zorins an Suslov und Grigor'jan, 1.9.1951 (Dokument 20).

[38] So Molotovs Einschätzung, die er in einem Bericht des sowjetischen Außenministeriums festhielt. RGASPI, f. 82, op. 2, d. 1348, S. 13f., Zorin an Molotov, mit getippten Beschlüssen Molotovs, 1. bzw. 3.4.1951 (Dokument 10); ebd., S. 15–21, Bericht Arutjunjans, 28.3.1951 (Dokument 9); ebd., d. 1334, S. 3–12, Zorin an Stalin, 5.4.1951 (Dokument 11). So auch die einschätzenden Berichte im Archiv des Präsidenten der Russischen Föderation. Siehe hierzu Egorova, Evropejskaja bezopasnost' i „ugroza" NATO; Čubar'jan, Rossijskij Evropeizm, S. 311f.; sehr weitgehende Interpretationen bezüglich Stalins Denken in dieser Frage liefert Mastny, Die NATO im sowjetischen Denken und Handeln, S. 410. Siehe auch RGASPI, f. 82, op. 2, d. 1348, S. 3–6, 5.2.1951 (Dokument 1).

[39] RGASPI, f. 82, op. 2, d. 1041, S. 151, Berichterstattung Zorins an alle Mitglieder des Achterkollegiums, 31.7.1951 (Dokument 13). Zur Entscheidungsfindung auf britischer Seite in der Frage der Remilitarisierung Westdeutschlands siehe Dockrill, Britain's Policy for West German Rearmament 1950–1955, S. 59–79.

[40] Wettig, Stalins Aufrüstungsbeschluss, S. 640.

[41] RGASPI, f. 82, op. 2, d. 1042, S. 31, Berichterstattung Ignat'evs an Stalin und alle Mitglieder des Achterkollegiums sowie an Vyšinskij, 31.1.1952 (Dokument 28).

gischen Verteidigungslinie am Rhein in Europa Abstand zu nehmen und sich auf Basen in den Pyrenäen, auf den britischen Inseln und in Nordafrika zu konzentrieren, erklärte MGB-Chef Ignat'ev dem sowjetischen Führer als vermutliches Druckmittel, den Widerstand der Europäer gegen eine Anhebung der nationalen Militärbudgets im Interesse der eigenen nationalen Sicherheit zu brechen.[42]

Im Januar 1951 hatte Stalin, wie erst seit kurzem bekannt ist, den Ostblockstaaten in einer Geheimkonferenz in Moskau ein gigantisches Aufrüstungsprogramm auferlegt. Die DDR-Führung war zu dieser Konferenz nicht geladen.[43] Es stellt sich die Frage, ob die SED-Genossen von diesem Treffen erfuhren und ob ihre deutschlandpolitischen Vorschläge, die sie einen Monat später unterbreiteten, hiervon inspiriert wurden. Wahrscheinlich suchte man einen Weg, wie man einerseits nicht offen in die „Geburtsphase" des Warschauer Paktes einbezogen wurde und andererseits be-, wenn auch nicht verhindern konnte, dass Westdeutschland zu einem weiteren Pfeiler der NATO werden würde, wo ja bereits westliche Truppen stationiert waren.[44] Alles sollte nach außen hin den Anschein erwecken, als sei die endgültige Einbeziehung der DDR in den Ostblock eine Antwort auf die westliche Verweigerung einer politischen Lösung für Deutschland.

Eine ausgeklügelte Taktik

Nachdem der Kreml die von der SED-Führung im Februar 1951 vorgeschlagene Strategie gutgeheißen hatte, wurden bis in den Spätsommer 1951 keine weiteren konkreten Schritte unternommen. Dies entsprach der (oben dargelegten) Vorgangsweise. Die Neutralisten wurden seit Sommer 1951 von Moskau intensiv unterstützt, die SED pflegte Kontakte zu Adenauer gegenüber kritisch eingestellten Kreisen. Persönlichkeiten wie der ehemalige Reichskanzler, Joseph Wirth, der 1922 in Rapallo durch Abschluss des deutsch-sowjetischen Vertrages die damalige Isolation der UdSSR gebrochen hatte, und Bischof Niemöller und seine Weggefährten ließen sich vom Kreml instrumentalisieren.[45] Niemöllers Reise nach

---

[42] RGASPI, f. 82, op. 2, d. 1042, S. 42, Berichterstattung Ignat'evs an alle Mitglieder des Achterkollegiums, 10.2.1952 (Dokument 34).
[43] Auf der Konferenz wurde u.a. beschlossen, Piloten in der UdSSR auszubilden. Bereits im November 1951 wurden auch ostdeutsche Piloten in die Ausbildung einbezogen. Wettig, Stalins Aufrüstungsbeschluss, S. 640 und 646. Den entsprechenden Beschluss, 220 deutsche Piloten auszubilden, fällte das Politbüro am 15.11.1951. Mit der Ausbildung sollte in der zweiten Jahreshälfte 1952 begonnen werden. RGASPI, f. 17, op. 162, d. 47, S. 22 und 147f.; ebd., op. 163, d. 1605, S. 169, Politbüro-Beschluss P 84 (377-op) vom 15.11.1951; ebd., S. 15 und 109, Politbüro-Beschluss P 84 (250-op) vom 3.11.1951. Dem letzten Beschluss zufolge wurde die Militärabteilung der SKK um 10 Mitarbeiter aufgestockt, „um die Vorbereitung der Land-, Luft- und Polizeiformationen in der Deutschen Demokratischen Republik zu gewährleisten". Ende Dezember 1951 beschloss das Politbüro, nach Polen, in die Tschechoslowakei, nach Ungarn, Rumänien und Bulgarien Bevollmächtigte des Kriegsministeriums zu schicken, um „den Ländern der Volksdemokratie in der Organisation der Verteidigung der Staatsgrenzen zu Luft zu helfen". Ebd., d. 48, S. 6, Politbüro-Beschluss P 86 (150-op) vom 29.12.1951. In den folgenden Monaten folgten dutzende Politbüro-Beschlüsse betreffend einer Entsendung von Militärberatern (etwa am 4.1. zu Rumänien und Bulgarien, am 8.2. zur Tschechoslowakei und zu Ungarn usw.). Ebd., d. 48, S. 8, 11, 12 und 17.
[44] Dies entspräche Stalins generell konservativ ausgeprägtem Sicherheitsdenken für die UdSSR, dem auch im Atomzeitalter v. a. mit Panzern geführte Kriegstaktik zugrunde lag. Siehe Haslam, Litvinov, Stalin and the Road Not Taken, S. 60; O'Sullivan, Stalins „Cordon sanitaire", S. 310–313.
[45] Wilke, Die SED und Konrad Adenauer, S. 30f. Siehe hierzu auch RGASPI, f. 82, op. 2, d. 1042, S. 49, Berichterstattung Ignat'evs an Malenkov und Gromyko, 23.2.1952 (Dokument 41).

Moskau markierte einen der Höhepunkte der sowjetischen Propaganda für ein neutrales Deutschland. Im Kreml riefen Adenauers Reaktionen wohl Zufriedenheit hervor.[46] Die Zeit arbeitete für Moskau, alles verlief nach Plan.

Die Dritte Europäische Abteilung des sowjetischen Außenministeriums verfasste in der Folge zwar weitere Vorschläge zur Deutschland-Frage,[47] doch dies war ihr tägliches Brot. Ihr Leiter, Michail Gribanov, verfasste nach dem Scheitern der Konferenz der stellvertretenden Außenminister der vier Großmächte in Paris am 9. Juli 1951 ein Memorandum, in dem er die mögliche weitere Vorgehensweise der Westmächte in der deutschen Frage analysierte.[48] Im Einklang mit dem im Februar eingeschlagenen deutschlandpolitischen Kurs des Kremls empfahl Gribanov, „um die Initiative im Kampf für die Wiederherstellung der Einheit des demokratischen Deutschlands nicht unseren Händen entgleiten zu lassen", einen Appell an die westdeutsche Regierung zu richten. Gribanov ging davon aus, dass Bonn jeden Vorschlag ablehnen würde. Er zog den Schluss, dass damit „die DDR politisch im Gewinn" und „wie bisher in den Augen des deutschen Volkes Bannerträger des Kampfes um die Wiederherstellung des geeinten Deutschlands" bleibe. Für den Fall, dass Westdeutschland doch zustimmen würde, empfahl Gribanov, Verhandlungen über die „Verfahrensweise der Durchführung gesamtdeutscher Wahlen [... zu] fordern, womit die Bonner Regierung nicht einverstanden sein wird". Gribanov ging davon aus, dass die Westmächte „systematisch gegen einen schnellen Abschluss eines Friedensvertrages auftreten", daher erscheine es „zweckmäßig, dass die Sowjetunion die Initiative zur Vorbereitung der Grundlagen eines Friedensvertrages mit Deutschland ergreift". Dies, so Gribanov, wäre „ein schwerer Schlag gegen das Manöver der drei Mächte", die bloß die „formelle Erklärung über die Beendigung des Kriegszustandes mit Deutschland" beabsichtigten. „Der schnelle Abschluss des Friedensvertrages hingegen und der Abzug aller Besatzungstruppen aus Deutschland [...] entspricht den vitalen Interessen des ganzen deutschen Volkes".[49] Mit dem Eintreten für solche Forderungen konnte der Kreml Terrain in der Propagandaschlacht gewinnen.[50]

Am 30. Juli 1951 berieten sich in Berlin Pieck, Ulbricht und Grotewohl mit Čujkov und Semenov über die nächsten Schritte. Die DDR-Führer schlugen eine Ausweitung der Kampagnen gegen die „Remilitarisierung" in Westdeutschland vor,[51] die Sowjetunion sollte den Abschluss eines Friedensvertrages mit Deutschland vorschlagen und die Grundlagen dieses

---

[46] RGASPI, f. 82, op. 2, d. 1042, S. 49, Berichterstattung Ignat'evs an Malenkov und Gromyko, 23. 2. 1952 (Dokument 41).
[47] Wettig, Die Deutschland-Note vom 10. März 1952 auf der Basis diplomatischer Akten, S. 792; ders., Bereitschaft zu Einheit in Freiheit?, S. 206f. Auch in den Unterlagen des Sekretariates von Molotov finden sich keine weiteren Vorschläge. RGASPI, f. 82, op. 2.
[48] Memorandum abgedruckt bei Loth, Die Sowjetunion und die deutsche Frage, S. 241–247.
[49] Ebd. In Gribanovs Memorandum werden grundlegende Überlegungen angestellt, wie in der deutschen Frage seitens der UdSSR weiter verfahren werden könnte. Vgl. hierzu den Diskurs zwischen Graml und Loth in Loth, Die Sowjetunion und die deutsche Frage, S. 166f.
[50] In dieser Frage ist, in Kenntnis des oben Dargelegten, Graml Recht zu geben. Siehe Graml, Eine wichtige Quelle – aber mißverstanden, S. 126; sowie die Gegendarstellung Loths, der seine These mit einem selektiv ausgewählten, einseitig aus dem Kontext gerissenen Absatz des Memorandums zu untermauern versucht. Siehe Loth, Die Sowjetunion und die deutsche Frage, S. 169.
[51] Ersichtlich aus RGASPI, f. 17, op. 162, d. 46, S. 73 und 131–133, hier S. 131; ebd., op. 163, d. 1597, S. 97, Politbüro-Beschluss P 82 (452-op) vom 8. 9. 1951. Auszüge des Politbüro-Beschlusses ergingen an Berija, Molotov und Vyšinskij. Vgl. auch Piecks Tagebuchaufzeichnungen über die Besprechung am 30. 7. 1951 in Karlshorst „mit nicht benannten Gesprächspartner". Badstübner/Loth (Hrsg.), Wilhelm Pieck – Aufzeichnungen zur Deutschlandpolitik 1945–1953, S. 371–373.

Vertrages veröffentlichen.[52] In den folgenden Wochen arbeitete das sowjetische Außenministerium unter der Kontrolle Molotovs entsprechende Vorschläge für die weitere Vorgehensweise aus. Am 27. August 1951 stand die deutsche Frage auf der Tagesordnung des Politbüros. Stalin muss die Strategie grundsätzlich begrüßt haben, denn das Politbüro beauftragte Vyšinskij, innerhalb von drei Tagen „auf der Basis des Meinungsaustausches den vorgelegten Entwurf zu überarbeiten, d. h. Vorschläge zu den Fragen, die von den Gen. Pieck, Grotewohl und Ulbricht im Gespräch mit den Gen. Čujkov und Il'ičev am 30. Juli d. J. gestellt wurden, auszuarbeiten". Berija, Bulganin, Kaganovič, Malenkov, Molotov und Chruščev stimmten für den Entschluss.[53] In seiner Sitzung vom 8. September 1951 beschloss das Politbüro schließlich den „Fahrplan" in der deutschen Frage für die nächsten Monate.[54] Bezüglich der Frage eines Friedensvertrages „begrüßte" das Politbüro die Vorschläge der DDR-Führung und „empfahl" zudem, Maßnahmen zu ergreifen, „die der weiteren Entlarvung der antidemokratischen Bonner Regierung Westdeutschlands dienlich sein würden".[55] Vom Ernst der Sache zeugt deutlich die ungewöhnliche Vorgehensweise der sowjetischen Führung während der Sitzung. Einerseits segnete das Politbüro den vom Außenministerium eingebrachten Anweisungsentwurf für Čujkov und Semenov über die weitere Vorgehensweise bereits ab, andererseits aber wurde Außenminister Vyšinskij zusätzlich beauftragt, noch vor der Übermittlung der Anweisungen für Čujkov und Semenov die Meinungen Piecks und Ulbrichts einzuholen.[56] Dem Laufe der Ereignisse nach zu urteilen, muss sich die DDR-Spitze sofort mit den Vorschlägen einverstanden erklärt haben. Dem Politbüro-Beschluss zufolge, der noch mit der SED-Führung abzusprechen war, sollte der Volkskammer der DDR „empfohlen" werden, sich an den Bonner Bundestag zu wenden und ihm vorzuschlagen, ein gemeinsames Gremium aus Vertretern der west- und ostdeutschen Regierung einzuberufen, um die Fragen allgemeiner Wahlen und der Beschleunigung des Abschlusses eines Friedensvertrages zu erörtern. Im Falle einer Ablehnung der Vorschläge durch die Bonner Regierung sollte sich die DDR allein mit der Bitte um Beschleunigung des Abschlusses eines Friedensvertrages für Deutschland und anschließendem Abzug aller Besatzungstruppen aus Deutschland an die vier Mächte wenden. Die sowjetische Regierung würde diesen Vorschlag begrüßen und nunmehr einen Entwurf von Grundlagen eines Friedensvertrages mit Deutschland vorbringen.

---

[52] Loth, Die Entstehung der „Stalin-Note", S. 27.
[53] RGASPI, f. 17, op. 3, d. 1090, S. 51, ebd., op. 163, d. 1595, S. 140, Politbüro-Beschluss P 82 (259) vom 27. 8. 1951. Siehe hierzu auch Loth, Die Entstehung der „Stalin-Note", S. 28–30.
[54] Im Wortlaut des Politbüro-Beschlusses selbst heißt es: „Wir schlagen folgenden Handlungsplan [plan dejstvij] vor". RGASPI, f. 17, op. 162, d. 46, S. 46 und 131–133, Politbüro-Beschluss P 82 (452-op) vom 8. 9. 1951. Filitov, Sovetskij Sojuz i germanskij vopros, S. 335. Die Beschlussfassung ist auch ersichtlich aus RGASPI, f. 82, op. 2, d. 1170, S. 1 f., die Entwurffassung des Politbüro-Beschlusses vom 6. 2. 1951 ist abgedruckt bei Loth, Die Entstehung der „Stalin-Note", S. 113–115. Allerdings wurde im Politbüro am 6. 2. 1952 kein Beschluss zu Deutschland gefasst. RGASPI, f. 17, op. 3, d. 1092, S. 80f.; ebd., op. 162, d. 48, S. 17. Siehe auch Adibekov/Anderson (Hrsg.), Politbjuro CK RKP(b)-VKP(b), S. 868. Dem Irrtum bei Loth liegt wohl ein Tippfehler im Original bei Gromyko zugrunde. RGASPI, f. 82, op. 2, d. 1170, S. 51. Ein Entwurf des Schreibens Gromykos an Stalin findet sich auch in RGASPI, f. 82, op. 2, d. 1170, S. 23. Siehe dazu auch Adibekov/Anderson (Hrsg.), Politbjuro CK RKP(b)-VKP(b), S. 868.
[55] Keinesfalls wurde in dieser Sitzung die Einsetzung einer Kommission zur Ausarbeitung von Grundlagen eines Friedensvertrages für Deutschland beschlossen, was freilich nicht bedeutet, dass sich Beamte des sowjetischen Außenministeriums nicht weiterhin mit den Friedensvertragsentwürfen für Deutschland zu befassen hatten. Siehe hierzu Loth, Die Entstehung der „Stalin-Note", S. 32–40; zu den sowjetischen Friedensvertragsentwürfen bereits lange vor 1951/52 siehe Laufer, Der Friedensvertrag mit Deutschland als Problem der sowjetischen Außenpolitik.
[56] RGASPI, f. 17, op. 162, d. 46, S. 46, Politbüro-Beschluss P 82 (452-op) vom 8. 9. 1951.

Für den Fall der Fälle, nämlich dass die Bonner Regierung unerwartet[57] auf den Vorschlag der DDR-Volkskammer eingehen würde, hatte sich der Kreml ebenfalls vorbereitet. Demnach sollten die DDR-Vertreter im einzuberufenden Gremium Fragen wie jene „der Erlaubnis der freien Tätigkeit von demokratischen Parteien und Organisationen in Westdeutschland" oder „die Nichtzulassung einer Remilitarisierung Deutschlands" und des Verbots der Mitgliedschaft in militärpolitischen Blöcken als unabdingbare Bedingung „für die Schaffung eines einheitlichen und friedliebenden Deutschland" einbringen.[58] Eine Woche nach dem Politbüro-Beschluss präsentierte schließlich der Ministerpräsident der DDR, Grotewohl, am 15. September 1951 den „Vorschlag".[59] Bundeskanzler Adenauer erkannte richtig, dass es sich um einen reinen Propagandaschachzug handelte und griff ihn nicht auf.

Am 30. September 1951 legte Vyšinskij Molotov einen Entwurf von Grundlagen eines Friedensvertrages mit Deutschland vor.[60] Molotov versah einige Absätze mit Wellenlinien und forderte klarere Formulierungen ein. Auf dem Dokument hielt er handschriftlich fünf Punkte fest, an denen sich anscheinend das Außenministerium bei der weiteren Ausformulierung der Grundlagen zu orientieren hatte. Der erste Punkt betraf die Forderung, dass der Entwurf den Bestimmungen der Potsdamer Übereinkunft näher kommen müsse, der zweite jene, dass ein Friedensvertrag für Deutschland wie für alle anderen Länder eingefordert werden müsse, und der dritte galt dem „Schutz der Werktätigen in der Stadt und auf dem Land". Ferner reklamierte Molotov Bestimmungen zu Reparationen und zur „Demilitarisierung" und Verteidigung Deutschlands.[61]

Am 31. Oktober 1951 gab das Politbüro den DDR-Führern grünes Licht, die ablehnende Haltung des Bundestages gegenüber dem Grotewohl-„Vorschlag" zu kritisieren. Ein Appell der Volkskammer an das deutsche Volk wurde jedoch als zu früh erachtet.[62] Ein solcher sollte zu einem späteren Zeitpunkt erfolgen. Zunächst sollte sich der Präsident der DDR mit dem Vorschlag an den Präsidenten Westdeutschlands wenden, eine gesamtdeutsche Konferenz einzuberufen, um die Wahlfrage und die Beschleunigung des Abschlusses eines Friedensvertrages zu erörtern. Um sicherzugehen, dass die westdeutsche Regierung den Vorschlag ablehnen würde, ließ das Politbüro die DDR-Führung wissen, dass sie eine „deutsche Kommission zur Vorbereitung eines Wahlgesetzentwurfes" selbst bilden könne. Diesen Entwurf sollte die Regierung der DDR schließlich „zur Erörterung auf der gesamtdeutschen Konferenz" vorlegen. Aus der Weisung des Politbüros: „Die Veröffentlichung dieses Entwurfs zur Erörterung im ganzen Volk kann der Bonner Regierung den Anlass geben, unter dem Vorwand dieser oder jener ihr unannehmbarer Vorschläge des Entwurfes den

---

[57] Der Leiter der Dritten Europäischen Abteilung, Gribanov, hielt dies in einem Schreiben am 15. 8. 1951 an Vyšinskij fest. Siehe Loth, Die Entstehung der „Stalin-Note", S. 72f. Hierbei handelte es sich wohl kaum nur um Gribanovs eigene Meinung. Das von Loth edierte Dokument ist in vielerlei Hinsicht von großem Interesse. Einerseits zeigt es, dass der oben zitierte Politbüro-Beschluss vom 8. 9. 1951 inhaltlich bereits Mitte August vorlag, andererseits zeigt sich nunmehr auch klar, dass Gribanov freilich nur Formulierungsarbeit zu leisten hatte.
[58] RGASPI, f. 17, op. 162, d. 46, S. 46 und 131–133, Politbüro-Beschluss P 82 (452-op) vom 8. 9. 1951.
[59] Wettig, Bereitschaft zu Einheit in Freiheit?, S. 201f.
[60] RGASPI, f. 82, op. 2, d. 1169, S. 73, Vyšinskij an Molotov, 30. 9. 1951; ebd., S. 74–79, Entwurf von Grundlagen eines Friedensvertrages mit Deutschland.
[61] Ebd.
[62] RGASPI, f. 17, op. 162, d. 47, S. 8 und 91; ebd., op. 163, d. 1604, S. 40, Politbüro-Beschluss P 84 (203-op.) vom 31. 10. 1951, Auszüge des Beschlusses ergingen an Berija, Malenkov, Molotov, Gromyko und Grigor'jan.

Vorschlag der DDR über die Einberufung einer gesamtdeutschen Konferenz abzulehnen."[63] Der Kreml war an der Erörterung gesamtdeutscher Wahlen nicht interessiert. Am 23. Januar 1952 untersagte das Politbüro Čujkov, mit den Hohen Kommissaren bezüglich der Einberufung einer Konferenz der Besatzungsmächte „zur Frage der Durchführung gesamtdeutscher Wahlen" in Kontakt zu treten.[64]

In der Zwischenzeit feilten das Außenministerium und Molotov am Text der Grundlagen für einen Friedensvertrag für Deutschland [65] und am gesamten Maßnahmenpaket.[66] Ein Entwurf eines Schreibens Gromykos an Stalin, das er am 25. Januar 1952 Molotov zur Prüfung vorlegte,[67] zeugt davon, dass sich das Außenministerium auf alle Eventualitäten vorbereitete, um bei möglichen Verhandlungen, so sich denn der Westen darauf einlassen würde, die Trumpfkarte in der Hand zu behalten. So lehnte Gromyko den neuen Vorschlag der DDR-Führung ab,[68] demzufolge in erster Linie nicht die Frage eines Friedensvertrages, sondern jene des „Generalvertrages" in den Vordergrund gestellt werden sollte. Nicht die Regierung der UdSSR, sondern die Volkskammer sollte einen Entwurf eines Friedensvertrages für Deutschland vorlegen. Gromyko wies diesen Vorschlag zurück und verwies darauf, dass eine solche Vorgehensweise nicht den am 8.9.1951 vom Politbüro beschlossenen Maßnahmen und dem früher mit der DDR-Führung abgestimmten Plan entspräche. „Ein solcher Vorschlag", hielt Gromyko fest, „bedeutet, dass ein besiegter Staat für sich selbst einen Entwurf von Grundlagen eines Friedensvertrages ausarbeitet." Der entscheidende Punkt allerdings war folgender: „Kritik und Einwände am Generalvertrag", so Gromyko, wären „für die Bonner Regierung vorteilhaft, die daran interessiert ist, die Frage des Friedensvertrages mit Deutschland durch propagandistischen Lärm rund um den bevorstehenden Abschluss des ‚Generalvertrages' zu ersetzen." Gromyko weiter: „Außerdem würde das Auftreten der Sowjetunion mit dem ganzen Text eines Friedensvertrages auf der Basis des vorgeschlagenen Entwurfes von Grundlagen dieses Vertrages durch die Volkskammer uns in möglichen Verhandlungen mit den Westmächten im Hinblick auf

---

[63] Ebd.
[64] RGASPI, f. 17, op. 162, d. 48, S. 14 und 67, Politbüro-Beschluss P 85 (307-op) vom 23.1.1952.
[65] RGASPI, f. 82, op. 2, d. 1169, S. 82, Gromyko an Molotov mit der Bitte um Prüfung des Entwurfes „in der nächsten Zeit", 11.1.1952; ebd., S. 83–87, Grundlagen eines Friedensvertrages für Deutschland; ebd., S. 88, Gromyko an Molotov, 14.1.1952; ebd., S. 89–93, Grundlagen eines Friedensvertrages für Deutschland.
[66] RGASPI, f. 82, op. 2, d. 1169, S. 94, Gromyko an Molotov mit der Bitte die Frage „zu erörtern", 18.1.1952; ebd., S. 95f., Entwurf eines Schreibens Gromykos an Stalin (zur Prüfung durch Molotov); ebd., S. 97–106, Entwurf eines Politbüro-Beschlusses (Maßnahmenplan zum Absenden der „Stalin-Note") mit beiliegenden Entwürfen von Anweisungen an Čujkov und Semenov, von Grundlagen eines Friedensvertrages mit Deutschland.
[67] RGASPI, f. 82, op. 2, d. 1169, S. 108–111, Entwurf eines Schreibens Gromykos an Stalin zur Prüfung durch Molotov, 25.1.1952. Der Entwurf erging gemeinsam mit dem ausgebesserten Entwurf der Grundlagen eines Friedensvertrages und jenem eines Politbüro-Beschlusses an Molotov. Ebd., S. 107–123. Die Formulierungen gehen auf Gribanov, Puškin und Koptelov zurück. Der Entwurf ist abgedruckt bei Loth, Die Entstehung der „Stalin-Note", S. 107–109.
[68] Dieser muss zwischen dem 18. und 21.2.1952 von der DDR-Führung eingebracht worden sein. Im Entwurf des Schreibens Gromykos an Stalin vom 18.1.1952, in dem Gromyko die Übermittlung der Grundlagen eines Friedensvertrages an die Westmächte empfahl, finden sich keine Hinweise auf den neuen Vorschlag der SED-Führung. Siehe Loth, Die Entstehung der „Stalin-Note", S. 45; RGASPI, f. 82, op. 2, d. 1169, S. 95f., Entwurf eines Schreibens Gromykos an Stalin, übersandt an Molotov am 18.1.1952. Den Entwurf formulierten Gribanov, Puškin und Koptelov. Er ist abgedruckt bei Loth, Die Entstehung der „Stalin-Note", S. 105f.

einzelne Artikel des Friedensvertrages die Hände binden und den Gegnern einer Friedenslösung mit Deutschland den Anlass bieten, einige für die Deutschen unvorteilhaften Artikel des Vertrages zu dem Zweck auszunutzen, die Bedeutung unseres Auftretens in dieser Frage zu schwächen."[69] Der Anlass für das Umdenken der DDR-Führung, vor allem nunmehr gegen den „Generalvertrag" zu wettern (Čujkov und Semenov erklärten sich mit diesem neuen Vorschlag einverstanden),[70] könnte die Kenntnis des Textes des „Generalvertrages" gewesen sein. Gromyko hegte jedoch große Zweifel an der Echtheit des Textes und schloss nicht aus, dass „dieses Dokument speziell zum Zwecke der Desinformation vorbereitet wurde".[71]

Für die Sowjetunion, so die Meinung Gromykos, wäre allein die Ablehnung des „Generalvertrages" zu wenig wert gewesen und hätte nur der Regierung Adenauer Vorteile gebracht. Einen vollen propagandistischen Sieg konnte die UdSSR nur mit dem Vorschlag erzielen, einen Friedensvertrag für Deutschland auf die aktuelle Tagesordnung zu setzen.

Am Vorabend der Stalin-Note

Zwei Tage, nachdem das Politbüro die Einberufung einer Konferenz der Besatzungsmächte zur Erörterung gesamtdeutscher Wahlen abgelehnt hatte, empfahl Gromyko am 25. Januar 1952 Stalin, dass nunmehr die DDR-Regierung mit einem Appell an die vier Mächte herantrete und um „die Beschleunigung des Abschlusses eines Friedensvertrages" sowie die westdeutsche Regierung um Unterstützung des Vorschlags bitte.[72] Als Antwort darauf, so Gromyko, könnte die UdSSR den Regierungen der Westmächte eine Note überreichen, in der sie vorschlage, zur Ausarbeitung eines Entwurfs eines Friedensvertrages für Deutschland überzugehen. Der Note sollte ein Entwurf über die Grundlagen eines Friedensvertrages beigelegt werden. Gromyko unterstrich, dass eine solche Vorgehensweise „große politische Bedeutung im Kampf für den Frieden und gegen die Remilitarisierung Westdeutschlands" hätte und „den Befürwortern der Einheit Deutschlands und des Friedens bei der Entlarvung der aggressiven Absichten der drei Westmächte im Zusammenhang mit dem ‚Generalvertrag' helfen würde". Gromyko legte gegenüber Stalin dar, dass die Note auch „bedeuten würde, dass wir indirekt die Einberufung eines Rates der Außenminister der vier Mächte vorschlagen, wenn auch ohne diesbezüglichen formellen Vorschlag". Je nach Reaktion der drei Westmächte könnte man daher die Frage der Einberufung einer Konferenz des Rates der Außenminister formell erst später entscheiden. Den neuen Vorschlag der DDR-Füh-

---

[69] RGASPI, f. 82, op. 2, d. 1169, S. 108–111, Entwurf eines Schreibens Gromykos an Stalin zur Prüfung durch Molotov, 25.1.1952. Der Entwurf ist abgedruckt bei Loth, Die Entstehung der „Stalin-Note", S. 107–109.
[70] Siehe auch Loth, Die Entstehung der „Stalin-Note", S. 47.
[71] RGASPI, f. 82, op. 2, d. 1169, S. 108–111. Vgl. die Interpretation bei Loth, Die Entstehung der „Stalin-Note", S. 45–47.
[72] RGASPI, f. 82, op. 2, d. 1169, S. 124f., Gromyko an Stalin, 25.1.1952. Das Dokument ist in seinem Wortlaut als Entwurf Gribanovs u.a. abgedruckt bei Loth, Die Entstehung der „Stalin-Note", S. 105f. Der zitierte Entwurf des Schreibens Gromykos vom 25. Februar 1952 ging anscheinend nicht in dieser Form an Stalin. Molotov wies wohl Gromyko an, den Entwurf des Schreibens vom 18. Februar als Grundlage zu nehmen. Ergänzt wurde das endgültige Schreiben nur mit einem abschließenden Absatz, in dem Gromyko kurz und bündig festhielt, dass dieser Vorschlag dem Politbüro-Beschluss vom 8.9.1951 widerspräche. Vgl. Loth, Die Entstehung der „Stalin-Note", S. 45–49.

rung lehnte Gromyko ab.[73] Die UdSSR würde folglich in den Augen der Weltöffentlichkeit als Verfechterin der Einheit Deutschlands dastehen.

Wenige Tage später wurde die weitere Vorgehensweise in der deutschen Frage am 30. Januar 1952 im Politbüro debattiert. Stalin bemängelte den „Fahrplan". Das Politbüro setzte dem Außenministerium eine Frist von drei Tagen, die vorgelegten Entwürfe zu überarbeiten.[74] Am 2. Februar 1952 präsentierte schließlich der sowjetische Außenminister Vyšinskij Stalin die überdachte weitere Vorgehensweise in der deutschen Frage. Nunmehr sollte der DDR-Führung „empfohlen" werden, sich an die Regierungen der vier Großmächte „mit der Bitte um Beschleunigung des Abschlusses des Friedensvertrages mit Deutschland" zu wenden, zuvor freilich den Entwurf eines solchen Appells der Sowjetregierung zu schicken. Nach Veröffentlichung des Appells sollte die UdSSR diesen zunächst begrüßen, um sich anschließend mit dem Entwurf von Grundlagen eines Friedensvertrages mit Deutschland an die Westmächte zu wenden und zuvor die tschechoslowakische und polnische Regierung darüber zu informieren.[75] Am 8. Februar 1952 wies nunmehr das Politbüro Čujkov und Semenov an, der Regierung der DDR zu empfehlen, sich in den nächsten Tagen mit einer Note an die Großmächte zu wenden.[76] Die sowjetische Regierung würde diese unterstützen.[77] In seiner Anweisung an Čujkov und Semenov hielt das Politbüro fest, dass „die Maßnahmen im Zusammenhang mit dem Appell der Regierung der DDR an die Bonner Regierung über die Beschleunigung des Abschlusses des Friedensvertrages mit Deutschland und der Schaffung eines einheitlichen, friedliebenden, demokratischen deutschen Staates, die im Laufe des letzten halben Jahres in Deutschland durchgeführt wurden, und auch über die Durchführung gesamtdeutscher Wahlen zu diesem Ziel zweifelsohne positive Ergebnisse gebracht haben. Sie halfen, die Politik der USA, Großbritanniens und Frankreichs,

---

[73] Ebd. Von Interesse ist, dass Gromyko und Molotov Stalin anscheinend schriftlich nicht über die interne Begründung des Ablehnens der neuen Vorschläge der DDR-Führung informierten. Vgl. die Interpretation bei Loth, Die Entstehung der „Stalin-Note", S. 47.

[74] RGASPI, f. 17, op. 3, d. 1092, S. 73; ebd., op. 163, d. 1612, S. 63, Politbüro-Beschluss P 85 (352) vom 30.1.1952. Vgl. Loth, Die Entstehung der „Stalin-Note", S. 49.

[75] RGASPI, f. 82, op. 2, d. 1170, S. 1 f., Vyšinskij an Stalin, 2.2.1952 (Dokument 30); Filitov, Sovetskij Sojuz i germanskij vopros, S. 333 f. Bei dem bei Loth zitierten Schreiben Vyšinskijs an Stalin mit demselben Datum muss es sich um ein anderes Dokument handeln. Im hier abgedruckten Dokument ist keine Rede davon, dass Vyšinskij Stalin „die Vorteile eines Friedensvertrages für das deutsche Volk in den höchsten Tönen pries". Siehe dazu Loth, Die Entstehung der „Stalin-Note", S. 51. Zur Redaktion der Fassungen der „Grundlagen eines Friedensvertrages mit Deutschland" bis zum 6.2.1952, die schlussendlich in der Stalin-Note vom 10.3.1952 den Westmächten übermittelt wurden, siehe Loth, Die Entstehung der „Stalin-Note", S. 20–52 bzw. S. 63–115. In der Folge wurde von der sowjetischen Führung allerdings nicht „zunächst nur die Antwort auf den DDR-Appell" fertiggestellt (ebd., S. 53), auch an den „Grundlagen eines Friedensvertrages" wurde kontinuierlich weiter gefeilt, wie im Folgenden zu zeigen sein wird.

[76] RGASPI, f. 17, op. 162, d. 48, S. 18 und 70–72, op. 163, d. 1612, S. 153, Politbüro-Beschluss P 85 (425-op) vom 8.2.1952. Die Endversion findet sich auch in RGASPI, f. 82, op. 2, d. 1170, S. 52. Entwurf mit Korrektur Molotovs (ohne beiliegende Anweisungen an Čujkov und Semenov) in RGASPI, f. 82, op. 2, d. 1170, S. 20 f., 8.2.1952 (Dokument 32). Der Entwurf vom 6.2. des Politbüro-Beschlusses vom 8.2.1952 ist abgedruckt bei Loth, Die Sowjetunion und die deutsche Frage, S. 298–300. Der Entwurf entspricht in seinem Wortlaut der Endredaktion des Politbüro-Beschlusses.

[77] RGASPI, f. 17, op. 162, d. 48, S. 71, Politbüro-Beschluss P 85 (425-op) vom 8.2.1952. Die SED-Führung wurde keineswegs vom Kreml zurechtgewiesen und erst wenige Stunden vor Veröffentlichung der Note in Kenntnis gesetzt, wie der Kreml auf den Appell der DDR-Regierung an die vier Mächte reagieren würde. Vgl. Loth, Die Sowjetunion und die deutsche Frage, S. 163. Am 8.2. wurden Čujkov und Semenov beauftragt, die SED-Führung darüber in Kenntnis zu setzen, dass die sowjetische Regierung den Appell unterstützen werde. Der Appell erfolgte am 13.2.

die auf die Remilitarisierung Westdeutschlands, auf die Vertiefung der herrschenden Teilung Deutschlands und auf seine Einbeziehung in die Kriegspläne des Atlantischen Blocks mit dem Ziel der Beschleunigung der Vorbereitung eines neuen Krieges in den Augen breiter Schichten des deutschen Volkes zu entlarven." Entsprechend des mit der DDR-Führung im September 1951 abgestimmten Plans über die weitere Vorgehensweise zum Zwecke der „Beschleunigung des Abschlusses eines Friedensvertrages mit Deutschland" sah das Politbüro nunmehr die Zeit gekommen, den nächsten Schritt zu tun, insbesondere im Zusammenhang mit der Forcierung des „Generalvertrages" durch die Westmächte.[78] Der Unterzeichnung musste der Kreml mit seinem „Angebot" zuvorkommen, um es in der Öffentlichkeit als ernsthaft gemeint untermauern zu können.

Čujkov und Semenov hatten gemäß Politbüro-Beschluss der SED-Führung mitzuteilen, dass nach Meinung der Sowjetregierung die nunmehr zu treffenden Maßnahmen die „Beschleunigung des Abschlusses eines Friedensvertrages" unterstützt würden, ebenso der „Mobilisierung der demokratischen Kreise Deutschlands, darunter [auch] in Westdeutschland". Diese „Anweisungen" stellen in keiner Weise die Meinung der sowjetischen Führung dar, sondern zeigen lediglich, wie die SED-Führung die Haltung der UdSSR zu propagieren hatte.[79] Die Maßnahmen würden zudem „die Möglichkeit geben, dieses positive Programm den aggressiven Plänen der USA, Englands, Frankreichs und der Bonner Regierung entgegenzustellen".[80] Der „Generalvertrag" sollte als Mittel zur faktischen Beibehaltung der Besatzung gebrandmarkt werden, der die Teilung Deutschlands vertiefe und „das deutsche Volk der Möglichkeit der Wiederherstellung der Einheit Deutschlands beraube". Dieser führe zur Einbeziehung Westdeutschlands in den „anglo-amerikanischen Block" und zu einem neuen Krieg, sogar zu einem „selbstmörderischen Krieg zwischen den Deutschen selbst".[81]

Nur wenige Tage später stand die Frage erneut auf der Tagesordnung des Politbüros. Am 12. Februar segnete das Politbüro des ZK den Appellentwurf Grotewohls mit geringen Änderungen ab[82] und beschloss endgültig, die DDR-Führung möge sich in den nächsten Tagen mit ihrem Appell an die vier Großmächte wenden.[83] Am Tag danach, dem 13. Februar 1952, richtete die DDR-Führung nunmehr ihren Appell an die Großmächte und die westdeutsche Regierung.

Am folgenden Tage wandte sich Gromyko, der in Vyšinskijs dreiwöchiger Abwesenheit als sein Stellvertreter die Verantwortung im sowjetischen Außenministerium trug,[84] erneut mit

---

[78] RGASPI, f. 17, op. 162, d. 48, S. 18 und 70–72, Politbüro-Beschluss P 85 (425-op) vom 8. 2. 1952.

[79] Bemerkenswert ist dennoch, dass „Deutschland" in dieser Direktive des Politbüros als Synonym für die DDR verwendet wird. Die Anweisungen an Čujkov und Semenov können allerdings in keiner Weise als Grundlage zur Rekonstruktion der Ziele der sowjetischen Deutschlandpolitik dienen. Sie stellen lediglich Formulierungen dar, wie Čujkov und Semenov bzw. die SED-Führung in der Folge öffentlich [!] aufzutreten und welcher Strategie sich zu bedienen hatten. Loth sieht anhand dieses und anderer Dokumente seine Kernthese, Stalin wollte eine Neutralisierung Deutschlands erreichen, bestätigt. Loth setzt sich in diesem Zusammenhang mit keiner Quellenkritik auseinander. Siehe hierzu insbesondere Loth, Die Sowjetunion und die deutsche Frage, S. 166f.

[80] Ebd.

[81] Ebd.

[82] Die Westmächte sollten nicht als „imperialistisch", sondern als „aggressiv" tituliert werden. Der Appell sollte nicht mit dem Ausdruck der Hoffnung, sondern in Erwartung auf ein „positives" Echo seitens der Großmächte geschlossen werden. RGASPI, f. 17, op. 162, d. 48, S. 21 und 74, Politbüro-Beschluss P 85 (453-op) vom 12. 2. 1952.

[83] RGASPI, f. 17, op. 162, d. 48, S. 21 und 70–72, Politbüro-Beschluss P 85 (453-op) vom 12. 2. 1952.

[84] Am 5. 2. 1952 „genehmigte" das Politbüro Vyšinskij einen dreiwöchigen Genesungs- und Erholungsurlaub. RGASPI, f. 17, op. 3, d. 1092, S. 78, Politbüro-Beschluss P 85 (379) vom 5. 2. 1952. In diesem

einem „Entwurf zur deutschen Frage" an Molotov, für den er um sein Einverständnis bat, um ihn „zur Prüfung an die Instanz", also Stalin, schicken zu können.[85] Die „Prüfung" betraf den Entwurf der für den 18. Februar vorgesehenen Antwort der sowjetischen Regierung auf den Appell der DDR-Führung in der Form einer Verbalnote, den Entwurf der „Grundlagen eines Friedensvertrages", den Entwurf der für den 23. Februar abzuschickenden Note, mit dem der „Friedensvertragsvorschlag" an die Westmächte übermittelt werden soll, und den Entwurf des Schreibens an die polnische und tschechoslowakische Regierung.[86] Am 18. Februar 1952 übersandte Gromyko Stalin einen weiteren Entwurf eines Politbüro-Beschlusses, demzufolge die Antwort der sowjetischen Regierung auf den Appell der DDR am 19. Februar übermittelt werden sollte.[87] Diese verzögerte sich um einen weiteren Tag, am 21. Februar wurde sie schließlich veröffentlicht.[88] Vor Absendung der Note an die Westmächte mit dem „Friedensvertragsentwurf" wartete man indes Reaktionen der Westmächte und der westdeutschen Regierung ab.

In der Folge berichteten Ignat'ev und Zorin der sowjetischen Führung weiterhin über die Unstimmigkeiten im westlichen Lager bei den Verhandlungen zum „Generalvertrag".[89] Ignat'ev legte am 26. Februar dar, dass es den Hohen Kommissaren und Adenauer nicht gelungen war, „die grundlegenden Unstimmigkeiten [...] zu überwinden".[90] Einen Tag zuvor hatte Zorin gemeldet, dass „die Unzufriedenheit mit der Politik der französischen Regierung in der Frage der Remilitarisierung Westdeutschlands nicht nur die demokratischen Kreise Frankreichs erfasst hat, sondern auch einige Schichten der Bourgeoisie".[91] Am 2. März berichtete Zorin über den amerikanischen Druck, dem die westeuropäischen Länder ausgesetzt seien; er sei infolge des Scheiterns der Tagung des NATO-Rates in Ottawa im September 1951 noch weiter erhöht worden.[92] Die auf der Tagung in Lissabon im Februar 1952 gefällten Entscheidungen interpretierte Zorin als „ein neues gewaltiges Zugeständnis

---

Zusammenhang stellt sich die Frage, ob Stalin absichtlich ein ärztliches Attest erstellen ließ, um in dieser entscheidenden Phase ausschließlich auf Molotov und Gromyko zu setzen. Vyšinskij war allerdings schwer nierenkrank. Zur Rolle Gromykos siehe Filitov, Sovetskij Sojuz i germanskij vopros, S. 319.

[85] RGASPI, f. 82, op. 2, d. 1170, S. 22–24, Gromyko an Molotov, 14.2.1952. Nachdem Molotov das Aktenkonvolut gesichtet und seine Korrekturen angebracht hatte, übermittelte Gromyko die Akte am folgenden Tag Stalin. RGASPI, f. 82, op. 2, d. 1170, S. 34f., Gromyko an Stalin, 15.2.1952 (Dokument 38).

[86] Ebd. sowie Loth, Die Entstehung der „Stalin-Note", S. 52f.

[87] RGASPI, f. 82, op. 2, d. 1170, S. 36f., Gromyko an Stalin, 18.2.1952 (Dokument 40).

[88] Filitov, Sovetskij Sojuz i germanskij vopros, S. 336; Loth, Die Entstehung der „Stalin-Note", S. 53. Das Politbüro beauftragte General Puškin, noch am selben Tag die Antwort der UdSSR Grotewohl zu übergeben und diese am Tag darauf in der Presse zu veröffentlichen. RGASPI, f. 17, op. 3, d. 1092, S. 103 und 249, Politbüro-Beschluss P 85 (494) vom 20.2.1952.

[89] RGASPI, f. 82, op. 2, d. 1042, S. 47, Berichterstattung Ignat'evs an Stalin und alle Mitglieder des Achterkollegiums sowie an Vyšinskij, 16.2.1952 (Dokument 39), und die in der Folge zitierten Dokumente.

[90] RGASPI, f. 82, op. 2, d. 1042, S. 54, Berichterstattung Ignat'evs an Stalin und alle Mitglieder des Achterkollegiums sowie an Gromyko, 26.2.1952 (Dokument 45). Zu den Verhandlungen der Westmächte siehe Steininger, Deutsche Geschichte, Bd. 2, S. 156.

[91] RGASPI, f. 82, op. 2, d. 1042, S. 54, Berichterstattung Zorins an Vyšinskij, Gromyko, Bogomolov und Grigor'jan, 25.2.1952 (Dokument 44).

[92] RGASPI, f. 82, op. 2, d. 1042, S. 58, Berichterstattung Zorins an Vyšinskij, Vasilevskij, Gromyko und Grigor'jan, 2.3.1952 (Dokument 47). Die Briten forderten in Ottawa, auch Westdeutschland müsse einen finanziellen Beitrag zu seiner Verteidigung leisten. Siehe dazu Dockrill, Britain's Policy for West German Rearmament 1950–1955, S. 78. Siehe auch RGASPI, f. 82, op. 2, d. 1042, S. 40, Berichterstattung Zorins an Stalin und alle Mitglieder des Achterkollegiums sowie an Vyšinskij und Gromyko, 9.2.1952 (Dokument 33).

der Westmächte gegenüber der Bonner Regierung", infolge derer der Weg zur Gründung einer Europa-Armee frei war, inklusive des Einschlusses Westdeutschlands in die NATO.[93] Zorin zog den Schluss, dass „die Lissabonner Beschlüsse, die auf die Intensivierung des Tempos der Vorbereitung eines neuen Krieges gerichtet sind, [... jedoch] nicht die tiefen Gegensätze zwischen den Mitgliedern des aggressiven Blocks" beseitigten.[94]

„... die Lage der drei Mächte und der Bonner Regierung noch mehr verkomplizieren"

Am folgenden Tag, dem 3. März, wandte sich Gromyko mit weiteren Entwürfen der Note an die drei Westmächte, der „Grundlagen eines Friedensvertrages", des Schreibens an die polnische und tschechoslowakische Regierungen und eines Berichtes an das ZK an Molotov.[95] Gromyko meinte, dass nunmehr der richtige Zeitpunkt gekommen war, um das „Angebot" eines Friedensvertrages mit Deutschland den Westmächten zu übermitteln. Der Appell der DDR und die Antwort der sowjetischen Regierung hätten in Deutschland ein starkes Echo. Die Regierung Adenauer sei aufgrund der Vorschläge der DDR-Führung gezwungen, „zu manövrieren und ihre Position zu maskieren". Da sie die Vorschläge der DDR öffentlich nicht ablehnte, so Gromyko, stellte sie Bedingungen, die „die Beschleunigung des Abschlusses eines Friedensvertrages mit Deutschland" behindere. Gromyko berichtete, dass die Westmächte offiziell auf die Initiative der DDR-Regierung nicht reagierten und auch öffentlich nach der NATO-Tagung in Lissabon nichts verlautbarten. Pressemeldungen und Insiderinformationen entnahm Gromyko, „dass die USA, England und Frankreich nach wie vor fortfahren, ihre Pläne zur Schaffung einer ‚Europa-Armee' unter Teilnahme westdeutscher Streitkräfte und den Einschluss Westdeutschlands in den aggressiven Atlantikblock zu verwirklichen". Er schloss nicht aus, „dass die drei Westmächte hierzu, um zu versuchen, den Einfluss unserer Maßnahmen im Zusammenhang mit dem Friedensvertrag mit Deutschland zu schwächen, die Veröffentlichung des „allgemeinen Vertrages" beschleunigen, und empfahl, „der Möglichkeit der Bekanntgabe des Entwurfes des ‚allgemeinen Vertrages' zuvorzukommen". Gromyko schrieb: „Dieser neue Schritt der sowjetischen Regierung wird die Möglichkeit geben, unser positives Programm der Beschleunigung des Abschlusses eines Friedensvertrages mit Deutschland den aggressiven Maßnahmen der drei Mächte und der Remilitarisierung Westdeutschlands und seiner Einbeziehung in die militärischen Pläne des Atlantischen Blocks entgegenzusetzen. Ein Auftreten der sowjetischen Regierung mit einem Entwurf von Grundlagen eines Friedensvertrages mit Deutschland würde die

---

[93] Den Lissabonner Beschlüssen zufolge sollte Westdeutschland 1953 mit sechs und ab 1954 mit zwölf Divisionen an der Europaarmee teilnehmen; ebd., S. 121. Zur Berichterstattung Ignat'evs über die Lissabonner Beschlüsse siehe ebd., S. 76, 17.3.1952 (Dokument 81); ebd., S. 81, 19.3.1952 (Dokument 83); Egorova, NATO i evropejskaja bezopasnost': Vosprijatie sovetskogo rukovodstva, S. 309.
[94] RGASPI, f. 82, op. 2, d. 1042, S. 58, Berichterstattung Zorins an Vyšinskij, Vasilevskij, Gromyko und Grigor'jan, 2.3.1952 (Dokument 47). Vgl. dazu die Interpretation Vojtech Mastnys, der einem nicht näher bezeichneten Memorandum über die Ergebnisse der Lissabonner Tagung entnimmt, die Sowjetunion hätte die von der NATO in Lissabon gestellten Ziele nicht ernst genommen, da diese nicht realisierbar wären. Mastny, Die NATO im sowjetischen Denken und Handeln, S. 413.
[95] RGASPI, f. 82, op. 2, d. 1170, S. 48–52, Gromyko an Molotov, 3.3.1952 (Dokument 48). Einen ersten Entwurf eines Politbüro-Beschlusses über die Versendung einer Note an die Westmächte mit dem Entwurf von Grundlagen eines Friedensvertrages übermittelte Gromyko bereits am 23.2.1952 Stalin. Filitov, Sovetskij Sojuz i germanskij vopros, S. 336f.

Lage der drei Mächte und der Bonner Regierung noch mehr verkomplizieren."[96] Gromyko bat um Prüfung seiner an Stalin gerichteten Entwürfe. Am Freitag, dem 7. März, trafen Gromykos auf den 6. März datierte Entwürfe des „gemäß Ihren Anweisungen" überarbeiteten Textes der Note und jene des entsprechenden ZK-Beschlusses, der „Grundlagen eines Friedensvertrages" und der Verbalnote an die tschechoslowakische und polnische Regierung sowie der Entwurf des Schreibens Gromykos an Stalin im Sekretariat Molotov ein.[97] Da beide Entwürfe wortidentisch sind und weder der erste noch der zweite jeweils ausschließlich an Molotov gerichtet waren und von diesem nicht ausgebessert wurden, ist davon auszugehen, dass es sich bei oben Dargelegtem nicht nur um die Haltung Gromykos handelte, sondern sich auch Molotov damit einverstanden zeigte. Das heißt, auch Molotov muss davon ausgegangen sein, dass die Westmächte auf keinen Fall auf die militärische Integration Westdeutschlands verzichten würden und im besten Fall das Auftreten mit einer neuen sowjetischen Initiative die öffentliche Meinung in Westdeutschland polarisieren, zumindest aber die „Lage der drei Mächte und Bonner Regierung noch mehr verkomplizieren" würde. Die Note an die Westmächte selbst unterzog Molotov einer weiteren Redaktion. Er strich nunmehr den gesamten Absatz der laut Wilfried Loth von Stalin in den Notenentwurf eingebrachten „vollmundigen Erklärungen über die Vorteile eines Friedensvertrages".[98] Die Beteuerungen, dass es sich verstehe, „in Deutschland eine einheitliche gesamtdeutsche Regierung" auf der „Grundlage freier Wahlen" zu bilden, tilgte Molotov. Die Westmächte hätten sich wohl schwerer getan, auf so ein Angebot nicht einzugehen, denn letztlich war die Reklamation freier Wahlen in ganz Deutschland der ausschlaggebende Grund, das sowjetische „Angebot" abzulehnen.[99] Wäre das sowjetische Angebot ernst gemeint gewesen, hätte Molotov diese Beteuerungen nicht schon aus dem Entwurf der ersten Stalin-Note eliminieren müssen.[100] So nahm man erst am 9. April in der Antwortnote auf die

---

[96] Ebd. Vgl. hierzu die etwas mildere Tonart in den Schreiben Gromykos an Stalin vom 25. und 28. 1. 1952. Gromyko teilte Stalin darin bereits mit, dass der Zeitpunkt „zur Unterstützung der deutschen demokratischen Kräfte in ihrem Kampf um die Einheit Deutschlands und die Beschleunigung des Abschlusses eines Friedensvertrages mit Deutschland" gekommen sei. Die sowjetische Initiative „hätte große politische Bedeutung für die Verstärkung des Kampfes für den Frieden und gegen die Remilitarisierung Westdeutschlands und würde den Befürwortern der Einheit Deutschlands und des Friedens helfen, die aggressiven Absichten der drei Westmächte zu entlarven, die sie mit dem ‚Generalvertrag' verbinden". Zitiert nach Wettig, Die Deutschland-Note vom 10. März 1952 auf der Basis diplomatischer Akten, S. 798.
[97] RGASPI, f. 82, op. 2, d. 1170, S. 69–83, Gromyko an Molotov, 6. 3. 1952; ebd., S. 84–95.
[98] Loth, Die Entstehung der „Stalin-Note", S. 54.
[99] Zu den „Befürchtungen" auf westlicher Seite, die Sowjets wären tatsächlich bereit, den Preis freier Wahlen zu zahlen, siehe Steininger, Eine Chance zur Wiedervereinigung?, S. 52f.
[100] Auf diesen Aspekt geht Loth nicht ein bzw. er interpretiert die „kurzfristig verfügten Korrekturen" als ungewollten Verlust von „Glaubwürdigkeit". Ebd., S. 54 und 61. Von Interesse in diesem Zusammenhang ist das von Stein Bjørnstad aufgefundene Memorandum Kudrjavcevs an Zorin vom 21. 3. 1951, in dem er die Nachteile einer Übertragung der Besatzungserfahrungen in Österreich, vor allem in Bezug auf freie Wahlen, auf Deutschland darstellte. Wenn die Sowjetunion hier dieselbe Besatzungspolitik verfolgt hätte, „würden die Vertreter der DDR in einer deutlichen Minderheit sein und könnten in keiner Weise auf Entscheidungen einer gesamtdeutschen Regierung Einfluss nehmen". Siehe Bjørnstad, Soviet German Policy and the Stalin Note of 10 March 1952, S. 55. Das Memorandum erstellte Kudrjavcev vermutlich auf Anweisung Molotovs. Einen Tag zuvor ließ sich Molotov von Zorin amerikanische, britische und französische Presseberichte über die „Österreichisierung Deutschlands" vorlegen. Molotov hob u. a. folgenden Absatz hervor: „Wenn die sowjetische Regierung sich nicht mit einer solchen Lösung [auf dem Weg einer Neutralisierung] der deutschen Frage einverstanden erklären würde, [...] würde der Westen als Befürworter einer Vereinigung Deutschlands erscheinen und der Osten als Gegner [einer Vereinigung]." RGASPI, f. 1182, op. 2, d. 1182, S. 58–76. Aufgrund der Er-

ablehnende Note des Westens vom 25. März Bezug auf die Wahlfrage.[101] Einige westliche Politiker hatten sich grundlos gefürchtet, der Kreml könnte sich mit freien Wahlen in Deutschland einverstanden erklären.[102] Molotov nahm an dem am 7. März eingetroffenen Entwurf über die „Grundlagen eines Friedensvertrages" keine weiteren Ausbesserungen vor. Da es sich um den letzten im Sekretariat Molotov eingelangten Entwurf handelt, gehen die allerletzten Änderungen wohl auf Stalin allein – mit oder ohne mündliche Absprache mit Molotov – zurück. Diese betrafen Absatz 5 der politischen Leitsätze; die Formulierung „Beseitigung der demokratischen Rechte des Volkes" wurde gestrichen, ebenso der Vorschlag der Festlegung des deutschen Territoriums gemäß der Grenzen vom 1. Januar 1938.[103] Am 8. März segnete das Politbüro schließlich die Texte der Note und der Grundlagen des Friedensvertrages ab.[104] Am Sonntag, dem 9. März, wurde die DDR-Führung vorab über den Inhalt der Note informiert, ebenso die tschechoslowakische und polnische Regierung.[105] Entgegen den Vorschlägen des sowjetischen Außenministeriums sollte die DDR-Führung allerdings nicht davon in Kenntnis gesetzt werden, dass auch die tschechoslowakische und polnische Regierung vorab informiert würden.[106]

Am Montag, dem 10. März 1952, wurde schließlich der als Stalin-Note in die Geschichte eingegangene sowjetische „Vorschlag" zur deutschen Frage den diplomatischen Vertretern der Westmächte in Moskau übergeben. Gromyko notierte in sein Diensttagebuch (Stalin, Molotov, Malenkov, Berija, Mikojan, Kaganovič, Bulganin und Chruščev erhielten eine Abschrift inklusive der Stalin-Note), dass er die Botschafter Großbritanniens, der USA und Frankreichs in Moskau zu sich gerufen und ihnen die gleichlautenden Noten ausgehändigt habe. Gromyko hielt fest: „Gascoigne, O'Shaughnessy und Brionval versprachen, den Text der Note und [die] Entwürfe der Grundlagen eines Friedensvertrages mit Deutschland umgehend ihren Regierungen zu übergeben."[107]

---

fahrungen in Österreich war zumindest Kudrjavcev davon ausgegangen, dass freie Wahlen in ganz Deutschland wohl zu ähnlichen Ergebnissen wie in Österreich führen würden, wo die KPÖ während der Besatzungszeit bis 1955 stets nur an die fünf Prozent der Stimmen erlangen konnte. Keinesfalls kann es sich aber im März 1951 bei der Übertragung eines „Österreich-Modells" auf Deutschland um „Demokratie nach innen und Neutralität nach außen" handeln. Wettig, Bereitschaft zu Einheit in Freiheit?, S. 206. Erste Vorläufer einer Neutralitätsregelung für Österreich lassen sich zwar bis ins Jahr 1950 nachweisen, diese wurden zu jener Zeit im sowjetischen Außenministerium allerdings als ungerecht gegenüber Österreich zurückgewiesen. Siehe dazu Kapitel 2. Wenn im Frühjahr 1951 im sowjetischen Außenministerium „Österreicherfahrungen" diskutiert wurden, kann hierbei nur von der Zulassung wirklich freier Wahlen und der Bildung einer Regierung auf der Basis freier Wahlen die Rede sein.
[101] Wettig, Die Note vom 10. März 1952, S. 183.
[102] So etwa der britische Außenminister Eden. Siehe dazu Steininger, Deutsche Geschichte, Bd. 2, S. 180.
[103] RGASPI, f. 82, op. 2, d. 1170, S. 69-83, Gromyko an Molotov, 6. 3. 1952.
[104] RGASPI, f. 17, op. 3, d. 1093, S. 11, 53-56; ebd., op. 163, d. 1614, S. 102-110, Politbüro-Beschluss P 85 (47) vom 8. 3. 1952 mit handschriftlichem Vermerk Gromykos: „Gen. Poskrebyšev zur Ausfertigung. 8.III. A. Gromyko". Die allerletzte Korrektur im Notenentwurf wurde in der Politbürositzung am 8. 3. vorgenommen. Der letzte Satz – „Die Regierung der UdSSR hofft, in kürzester Frist eine Antwort der Regierung der USA auf den oben erwähnten Vorschlag zu erhalten" – wurde umformuliert: „hofft" wurde durch „rechnet damit" ersetzt. Es stellt sich die Frage, ob der Ausdruck der Hoffnung für Stalin eine zu riskante Formulierung war?
[105] Loth, Die Entstehung der „Stalin-Note", S. 56f.
[106] Pieck vermerkte sich diesbezüglich nichts. Badstübner/Loth (Hrsg.), Wilhelm Pieck – Aufzeichnungen zur Deutschlandpolitik 1945-1953, S. 381.
[107] RGASPI, f. 82, op. 2, d. 1170, S. 96f., Diensttagebuch Gromykos, 10. 3. 1952 (Dokument 49); RGASPI, f. 82, op. 2, d. 1170, S. 98-100, Friedensvertragsentwurf zu Deutschland, 10. 3. 1952 (Dokument 50). Siehe auch RGASPI, f. 82, op. 2, d. 1170, S. 101, Aktenvermerk Gromykos über die Notenübergabe, 10. 3. 1952.

Dokumente

Dokument 1

RGASPI, f. 82, op. 2, d. 1348, S. 3–6, 5. 2. 1951

Geheim. Ex. Nr. *1*
„5". Februar 1951
Nr. *54/AB*[108]

An Gen. Molotov V. M.

Anbei übermittle ich einen kurzen Bericht zur Frage über die Gründung der sog. „Europaarmee".

Bogomolov /A. Bogomolov/[109]

Geheim.[110]
Ex. Nr. *1*

Zur Frage der Gründung einer „Europaarmee"[111]
(Kurzbericht)

Im August 1950 nahm die beratende Versammlung des Europarates auf ihrer zweiten Konferenz nach einem Vorschlag Churchills folgende Resolution an:[112] „Die Versammlung bringt ihre Treue für die Erhaltung des Friedens und ihre Entschiedenheit zum Ausdruck, die vom Sicherheitsrat der Vereinten Nationen beschlossenen Tätigkeiten, die dem Ziel dienen, friedliebende Völker gegen Aggression zu schützen, zu unterstützen, und fordert die unverzügliche Schaffung einer vereinten Europaarmee unter der Führung der europäischen Verteidigungsminister, die sich unter demokratischem europäischem Kommando befinden und in Zusammenarbeit mit den Vereinigten Staaten und Kanada agieren wird".[113]

Am 24. Oktober 1950 erklärte der Vorsitzende des Ministerrates Frankreichs, Pleven, in seiner Rede in der Nationalversammlung, dass die französische Regierung auf der Grundlage des erwähnten Beschlusses des Europarates den Vorschlag der Gründung einer „Europaarmee" einbringen wird. Hierbei wies Pleven darauf hin, dass eine solche „Europaarmee" in den Bestand der „vereinigten atlantischen Kräfte" eingebunden werden wird und „entsprechend den Grundsätzen, die vom Atlantikpakt sowohl auf dem Gebiet der allgemeinen Strategie als auch auf dem Gebiet der Organisation und der Ausrüstung festgesetzt wurden", agieren wird. Was einen „europäischen Verteidigungsminister" betrifft, wies Pleven darauf hin, dass „seine Bevollmächtigten in Bezug auf die Europaarmee analog Bevoll-

---

[108] Links oben der Vermerk: „zu den Akten." [Unterschrift unleserlich].
[109] Links unten Eingangsstempel: Sekretariat Molotov, *5.II.1951*, Nr. *1971s*.
[110] Rechts oben handschriftlich: „Frankreich (M)".
[111] Von Molotov unterstrichen.
[112] Churchill wörtlich: „The Assembly, in order to express its devotion to the maintenance of peace and its resolve to sustain the action of the Security Council of the United Nations in defence of peaceful peoples against aggression, calls for the immediate creation of a unified European Army subject to proper European democratic control and acting in full co-operation with the United States and Canada."
[113] Absatz von Molotov am linken Rand handschriftlich hervorgehoben.

mächtigte des Ministers der nationalen Verteidigung in Zusammenhang mit den nationalen [Streit]kräften seines Landes sein werden und dass er Direktiven vom Rat erhalten wird, der aus den Ministern der Mitgliedsländer der „Europaarmee" bestehen wird.

Aus der Rede Plevens folgte, dass Westdeutschland, das Mitglied des Europarates ist, an der Gründung der „Europaarmee" auf ebenbürtiger Grundlage mit den anderen Ratsmitgliedern teilhaben wird.[114]

Nachdem die französische Regierung ihren Plan der Gründung einer „Europaarmee" im Rahmen „vereinigter [Streit]kräfte" des Nordatlantikbündnisses vorgebracht hatte, versuchte sie zu demagogischen Zwecken zu bekräftigen, dass dieser Plan die Möglichkeit der Gründung eines deutschen Generalstabes und einer nationalen deutschen Armee ausschließt, da nach diesem Plan die westdeutschen Truppen in der Form einzelner Einheiten in die „Europaarmee", die dem europäischen Verteidigungsminister unterstellt ist, einbezogen und so bereits in den Bestand der „vereinigten [Streit]kräfte des Nordatlantikbündnisses integriert werden. Diese demagogischen Ziele fanden ebenso im Beschluss der französischen Nationalversammlung zu dem von Pleven vorgeschlagenen Plan der Gründung einer „Europaarmee" ihren Ausdruck. Der Beschluss beschränkt sich auf Folgendes: „Die Nationalversammlung heißt die Regierungserklärung und den Wunsch der Regierung, keine Wiedergründung einer deutschen Armee und eines Generalstabes zuzulassen, für gut, lehnt alle Ergänzungen ab und geht zur Tagesordnung über."[115]

Auf der Konferenz der Stabschefs und der Stellvertreter der Außenminister des Nordatlantikbündnisses wurde im Dezember 1950 in London beschlossen, „Frankreich zu erlauben, den Plan der Formierung einer, der Größe nach kleineren Armee der Mitgliedsländer des Nordatlantikbündnisses als der vereinigten Europaarmee zu verwirklichen".[116] Dieser Beschluss wurde vom Rat des Nordatlantikbündnisses in Brüssel am 19. Dezember 1950 bestätigt. Auf diese Weise wurde der Plan der Gründung einer „Europaarmee" offiziell in die militärischen Maßnahmen des Nordatlantikbündnisses einbezogen.

Am 25. Januar 1951 teilte die Agence France Presse mit, dass die französische Regierung in Paris im Februar d. J. eine Konferenz zur Frage der Gründung der „Europaarmee" einberufen wird. Einladungen zu dieser Konferenz ergingen an die europäischen Mitgliedsländer des Nordatlantikbündnisses und auch an die Regierung Westdeutschlands. Den USA und Kanada wurden Einladungen geschickt, Beobachter zu schicken.

Nach Mitteilungen der TASS haben zum 5. Februar die Regierungen Westdeutschlands, Belgiens, Hollands und Italiens die genannte Einladung der französischen Regierung angenommen. Die englische Regierung teilte mit, dass sie ihren Vertreter als Beobachter entsenden wird. Die Regierung der USA gab ebenfalls ihr Einverständnis,[117] ihren Beobachter zu entsenden. In der Presse gibt es noch keine Mitteilungen über die Antworten der anderen Mitglieder des Nordatlantikbündnisses /Dänemarks, Portugals, Norwegens, Islands, Luxemburgs und Kanadas/.

Nach Pressemitteilungen ist die Konferenz für den 15. Februar angesetzt.

Geschäftsträger der 1. Europäischen Abteilung   *M. Sergeev* /M. Sergeev/[118]

---

[114] Absatz von Molotov am linken Rand handschriftlich hervorgehoben.
[115] Absatz von Molotov am linken Rand handschriftlich hervorgehoben.
[116] Absatz von Molotov am linken Rand handschriftlich hervorgehoben.
[117] Absatz von Molotov am linken Rand handschriftlich hervorgehoben.
[118] Links unten handschriftlich: „*5. II.*" und Unterschrift Bogomolovs.

Dokument 2

RGASPI, f. 82, op. 2, d. 1337, S. 24–31, 12.2.1951

Kopie

An Genossen Stalin

Ich lege einen Informationsbericht über die Lage in der Kommunistischen Partei Westdeutschlands vor.

Der Vorsitzende der Außenpolitischen
Kommission des ZK der VKP/b/   *V. Grigor'jan*   (V. Grigor'jan)

12. Februar 1951

Kopien ergingen an die Genossen Malenkov, Molotov, Berija, Mikojan, Kaganovič, Bulganin, Chruščev
Nr. 25-S-224[119]

<u>Str. geheim</u>

<u>Informationsbericht</u>

Über die Lage in der Kommunistischen Partei Westdeutschlands

Die Tätigkeit der Kommunistischen Partei Westdeutschland findet unter äußerst schwierigen Bedingungen statt. Die westlichen Besatzungsmächte und die Bonner Regierung verfolgen im Zusammenhang mit der Kommunistischen Partei systematisch eine Politik der Verfolgung und Repression. Anordnungen über die Entlassung von Kommunisten aus Staatsämtern und -organisationen wurden erlassen. Der Kommunistischen Partei wird es nicht erlaubt, unter der Bevölkerung Demonstrationen und Versammlungen durchzuführen. Die Herausgabe des Großteils der Zeitungen der Kommunistischen Partei wurde 1950 auf lange Zeit verboten und Redakteure verhaftet und verurteilt. Fälle der Konfiszierung von Gebäuden der Kommunistischen Partei kamen vor. Den Fraktionen der Kommunistischen Partei in den Landtagen und im Bundestag wurden ihre Verfassungsrechte entzogen. Dem Vorsitzenden der Kommunistischen Partei, Max Reimann, wurde die parlamentarische Immunität entzogen, er war gezwungen, in dem Gebiet der Deutschen Demokratischen Republik zu wohnen und von dort aus die Partei zu führen.

Die Lage der Kommunistischen Partei vergrößert die ernsthaften Mängel und Fehler in ihrer Arbeit, die die Partei schwächen und ihre Verbindung mit den breiten werktätigen Massen erschweren.

---

[119] Links unten Eingangsstempel: Sekretariat Molotov, *13.II.1951*, Nr. *1905*; daneben der Vermerk: *Zu den Akten. 13.2.51. Poljakov.*

Die Hauptmängel und -schwächen der Kommunistischen Partei bestehen in der Zersetzung ihrer Kader durch feindliche Elemente, in der weiten Verbreitung opportunistischer und sektiererischer Stimmungen unter den Parteimitgliedern und in der Bestürztheit der Kommunisten vor Angriffen der Reaktion. Die Kommunistische Partei unterschätzte die Bewegung der nationalen Front des demokratischen Deutschland und vermochte es nicht, breite Massen der Bevölkerung für den Kampf um den Frieden und die Einheit, gegen die anglo-amerikanischen Pläne der Remilitarisierung Westdeutschlands und seine Umwandlung in eine Hauptbasis der amerikanischen Aggression in Europa an sich zu ziehen. Die Kommunistische Partei hat nur wenig für den Aufbau der Einheit der Arbeiter in ihrem Kampf für die nächstgelegenen Forderungen, für die demokratischen Rechte und Freiheiten und für die Verbesserung der Lebensbedingungen der Arbeiter gemacht. In der Kommunistischen Partei herrscht nach wie vor Mangel an Zusammenarbeit mit gewöhnlichen sozialdemokratischen Arbeitern und an Arbeit in Gewerkschaften, unter der Bauernschaft, den Umgesiedelten und der Intelligenz. Die Kommunistische Partei stellte nicht prinzipiell und mutig vor den Massen die Fragen der östlichen Grenzen, der Freundschaft mit der Sowjetunion und der kolonistischen Politik der Westmächte in Deutschland. Sie verspätete sich mit dem Eintreten für Losungen, so wie dies zum Beispiel bei der Losung des Kampfes gegen die Remilitarisierung der Fall war, die von den Schumacheristen erfasst und von ihnen zur Festigung ihres Einflusses in den Massen genutzt wurde.

Organisatorischer Zustand der KPD

1950 führte die Kommunistische Partei eine Reihe von Maßnahmen durch, die auf die Festigung ihrer Kader und die Mobilisierung der Massen Westdeutschlands für den Kampf um Frieden und gegen die Remilitarisierung abzielten. Die Parteiführung nahm wichtige Beschlüsse über die ideologische und organisatorische Festigung der Partei, über die Arbeit der Kommunisten in den Gewerkschaften und unter der Jugend und Frauen an. Die Kommunistische Partei führte eine bedeutsame Arbeit zur Überprüfung der Parteidokumente zur Säuberung von Trotzkisten und Titoisten durch; sie führte in einigen Ländern Vorwahlen der Führungsorgane der unteren Parteiorganisationen durch. Unter der Führung der Kommunistischen Parteien sammelten die Friedensfreunde für das Credo des Appells der Stockholmer Konferenz mehr als zwei Millionen Unterschriften. Der Kommunistischen Partei gelang es in einigen Städten, abgestimmte Aktionen der Arbeiter zu erreichen und den Kampf der Werktätigen für eine Verbesserung der materiellen Lage anzuführen.

Nach den Angaben für den Oktober 1950 zählte die Kommunistische Partei ungefähr 178 Tausend Mitglieder. Mitgliedschaftsbeitrag zahlen ungefähr 65% der Parteimitglieder. Die soziale Zusammensetzung der Partei: Arbeiter – 57%, Bauern – 0,6%, Handwerker – 7%, Angestellte – 8,2%, Hausfrauen – 13,5%, andere: 13,7%. Frauen in der Partei 16,5%, Jugendliche bis 26 Jahre – 6,4%.

Die Kommunistische Partei unterteilt sich in 11 Landes-, 477 Kreis- und mehr als 8000 territorial-betriebliche Organisationen.

Das Sekretariat des ZK der KPD steht nur schwach in Verbindung mit den unteren Organisationen. Führende Exponenten der Länder- und Zentralorgane der kommunistischen Parteien sind selten vor Ort, kennen nur schlecht das Leben der Grundorganisationen, treten nicht vor den Kommunisten auf und studieren ihre Stimmungen und Umfragen nicht. Die Beschlüsse der höheren Organe werden in der Regel nicht an die Mehrheit der

Grundorganisationen weitergegeben, werden auf den Versammlungen der Kommunisten nicht erörtert und bleiben in der Regel unerfüllt.

Versammlungen in den Grundorganisationen werden selten durchgeführt und ihr Besuch überschritt im Jahr 1950 niemals 20–25%. Ungefähr 30% der Grundorganisationen führten im Jahre 1950 keine einzige Versammlung durch. Kritik und Selbstkritik in der Partei fehlen, die Aktivität der Parteimitglieder auf den Versammlungen ist schwach. Die Disziplin in der Partei steht auf niedrigem Niveau. Viele Kommunisten lehnen die Erfüllung von Parteiaufträgen aufgrund von Angst vor Repressionen ab und aus diesem Grund verlässt ein Teil von ihnen die Partei. Als nicht zufriedenstellend erweist sich auch die Arbeit zur Vergrößerung und Festigung der betrieblichen Organisationen, die ungefähr 1000 zählen. In betrieblichen Organisationen sind lediglich 16,8% Kommunisten. Die Mehrheit dieser Organisationen ist nur fallweise aktiv. Es gibt viele Fälle, in denen Kommunisten aus Betriebsorganisationen austreten und sich in Kleingruppen von den Arbeitern isolieren.

Die Führungsorgane der Kommunistischen Partei wurden von feindlichen und zweifelhaften Elementen zersetzt. Im Jahr 1950 wurde im Sekretariat des ZK der KPD der alte Trotzkist Kurt Müller entlarvt. Wegen opportunistischer Tätigkeit wurden aus dem Sekretariat Nuding, Fisch und Ehrlich entfernt. Eine Reihe trotzkistischer und titoistischer Elemente wurde in Länder- und Bezirksorganen des Ruhrgebietes, Bayerns, Hamburgs, Hessens, Niedersachsens usw. entlarvt. Im Laufe des Jahres 1950 wurden mehr als 700 aktive Trotzkisten und Titoisten entlarvt und aus der Kommunistischen Partei ausgeschlossen. Diese Arbeit wurde aber nicht bis zum Ende durchgeführt und in den Führungsorganen der Partei verblieben noch viele zweifelhafte Elemente.

Die Mehrheit der Führungskader der KPD ließ sich in der Emigration in den USA, England, Frankreich, der Schweiz und anderen westlichen Ländern beeinflussen. Sie waren nie in der Sowjetunion und kennen das Leben [dort] nicht. Einige Mitglieder des Sekretariats des ZK der KPD hatten in der Vergangenheit Verbindung mit feindlichen Elementen und Gruppierungen, aber auch mit dem amerikanischen Agenten Field.

Das theoretische Niveau der führenden Exponenten der KPD ist äußerst niedrig. Unter den Führungskadern der KPD, besonders in den Länder- und Bezirksorganen bildete sich eine eigentümliche Kaste der „alten Arbeiter" heraus, die ihre Erfahrungen bis 1932 sammelten. Jugend wird in der Partei fast nicht zur Führungsarbeit gelassen. Es werden Vorkommnisse beobachtet, dass einzelne Exponenten eigenmächtig die Arbeit aufgeben, und in einer Reihe von Organisationen kommen Usurpatoren und ernennen sich zu Leitern. Die Führung der KPD übergeht diese Verletzungen der Parteidisziplin oft.

<u>Zustand der ideologischen Arbeit in der KPD</u>

Anfang des laufenden Jahres verbesserte die KPD-Führung das System der politischen Bildung der Kommunisten ein bisschen. Ein Einheitsjahr eines Parteilehrganges und Lehrprogramme und Lehrmittel zum Studium der Geschichte der VKP(b) wurden erstellt. Dennoch befindet sich die ideologische Arbeit in der KPD immer noch in vernachlässigtem Zustand. Der Besuch der Ringlehrveranstaltungen und Kurse durch Kommunisten überschreitet keine 15–20%. Die alten Parteimitglieder schulen sich überhaupt nicht, sie halten sich für vollständig ausgebildet.

Im Netz der Parteiausbildung fehlt es an der nötigen Kontrolle, es mangelt an erfahrenen Propagandisten und an Unterrichtsliteratur. Die Kommunistische Partei gibt 10 Zeitungen heraus, mit einer Auflage von 100 Tausend Exemplaren. Lediglich ein kleiner Teil der Kommunisten abonniert Parteizeitungen. Das politische Niveau der Zeitungen ist immer noch niedrig. Die Zeitungen widmen sich aktuellen Fragen Westdeutschlands, dem Leben in der Sowjetunion, der Deutschen Demokratischen Republik und den Ländern der Volksdemokratie in äußerst unzulänglicher Weise. Es gibt eine Reihe von Fällen, in denen das Zentralorgan der KPD, „Freies Volk", die Aussagen M. Reimanns zu diesen Fragen verschwieg.

Als Resultat des niedrigen politischen Niveaus der Kommunisten in der KPD ist Unklarheit und Verwirrung in einer Reihe der wichtigsten politischen Fragen zu beobachten. Viele Kommunisten sprechen sich gegen die neue Grenze Deutschlands mit Polen aus, sie verstehen die sowjetische Deutschlandpolitik nicht. In den Führungsorganen der KPD wird weiterhin die Frage diskutiert, wer der Hauptfeind sei und wogegen der Hauptschlag geführt werden sollte. Die Losungen der Partei werden nicht immer mit den politischen Umständen abgestimmt.

Unter den Mitgliedern der Kommunistischen Partei herrscht die Meinung, dass die KPD nicht in der Lage ist, die ihr gestellten Aufgaben zu lösen, und dass die Frage Westdeutschlands nur mit Hilfe von außen entschieden werden kann. Einige führende Exponenten der KPD denken, dass die „Vereinigung Deutschlands auf demokratische Weise nur von der Sowjetischen Armee verwirklicht werden kann".

Bis vor kurzem wurde in der Kommunistischen Partei die Gefahr der Remilitarisierung Westdeutschlands unterschätzt. Ein bedeutsamer Teil der Mitglieder der KPD ist überzeugt, dass ein Krieg unausweichlich sei und es deshalb für die Kommunistische Partei keinen Sinn mache, die kräfteübersteigende Schwere des Kampfes mit der Remilitarisierung auf sich zu nehmen und die Tätigkeit für den Kampf um den Frieden zu organisieren. Sektiererische Stimmungen werden im Zusammenhang mit der Nationalen Front des demokratischen Deutschland beobachtet, wenn es viele Kommunisten ablehnen, gemeinsam mit ihnen gegen die bourgeoisen Elemente zu kämpfen. Ein Teil der Kommunisten zweifelt daran, dass die Deutsche Demokratische Republik eine Basis für die Schaffung eines einheitlichen demokratischen Deutschland ist.

Die Arbeit der KPD in den Massenorganisationen

Die Hauptschwäche der KPD liegt in ihren äußerst schwachen Verbindungen mit den Massen. Nicht in einer einzigen Massenorganisation der Werktätigen verfügt die KPD über den nötigen Einfluss. Die Kommunistische Partei vermochte es nicht, die wachsende Unzufriedenheit der Bevölkerung Westdeutschlands durch die Remilitarisierung und das Anwachsen wirtschaftlicher Schwierigkeiten für eine Verstärkung ihres Einflusses in den Massen zu nutzen. Neben diesen Fakten ist unter den Parteimitgliedern auch noch die Meinung verbreitet, dass die Massen nicht gegen die Remilitarisierung kämpfen wollen.

Von der schwachen Arbeit der KPD in der Bevölkerung und der Senkung ihres Einflusses in den Massen zeugen die Landtagswahlen 1950. Im Bundesland Nordrhein-Westfalen erhielt die Kommunistische Partei 5,5% der Stimmen, in Schleswig-Holstein 5%, in Baden-Württemberg 4,88%, in Bayern 1,9%. In diesen Bundesländern hatte die KPD in den Wahlen 1949 zwei- bis dreimal mehr Stimmen. Bei den im Oktober 1950 durchgeführten Fabrikskomitee-Wahlen im Ruhrgebiet erhielt die KPD nur 35% im Vergleich zu 45–50% bei den letzten Wahlen. Bei den Betriebsratswahlen der Hamburger Werft im Januar 1951 erhielten die Kommunisten nicht ein einziges Mandat.

Die Kommunistische Partei hat äußerst schwache Verbindungen mit den Gewerkschaften. Lediglich die Hälfte der KPD-Mitglieder ist in der Gewerkschaft. Viele Mitglieder der Kommunistischen Partei setzen die Führung der Gewerkschaften mit Kadermitgliedern gleich und halten die Gewerkschaften für reaktionär und wollen nicht in ihnen arbeiten. Die Mehrheit der Gewerkschaftsfunktionäre und Kommunisten ist opportunistisch gestimmt, führt keine Parteipolitik in den Gewerkschaften durch und trottet den alten Gewerkschaftsbürokraten hinterher.

Erst in jüngster Zeit begann die KPD-Führung die Aktionen im Kampf gegen die Remilitarisierung mit einfachen Sozialdemokraten zu koordinieren. Zu diesem Zweck wurden gemeinsame Konferenzen in Hamburg und im Bundesland Nordrhein-Westfalen durchgeführt.

Die Bewegung der Friedensfreunde entfaltet sich nach der Sammlung der 2 Mio. Unterschriften unter den Stockholmer Appell schwach. Viele Komitees der Friedensfreunde sind tatenlos und erhalten nicht die nötige Hilfe von der KPD. Die im Januar d. J. abgehaltenen Konferenzen der Friedensfreunde in den Bundesländern Nordrhein-Westfalen, Niedersachsen und Bremen verliefen ohne aktive Teilnahme der Kommunisten.

Ein bisschen mehr Aufmerksamkeit begann die Kommunistische Partei auf die Frauen und die Jugend zu richten. Die unter Führung der KPD stehende Jugendorganisation begann aktiver zu arbeiten und erneuerte die Zusammensetzung ihrer Führung. Die Maßnahmen der Jugend im Kampf für den Frieden gegen die Remilitarisierung, gegen die sogenannten Überstunden der „Panzerschicht" und ihre Losung „ohne uns" werden von breiten Schichten der Werktätigen unterstützt.

Hilfe der SED für die Kommunistische Partei Deutschlands

Im Laufe des Jahres 1950 beschränkte die SED ihre Hilfe für die KPD auf [Bereitstellung] von Literatur und das Entsenden einzelner Instrukteure. Ernsthaft beschäftigte sich die SED nicht mit der Frage Westdeutschlands und der Festigung der KPD. Das Politbüro des ZK der SED unterschätzte die Arbeit in Westdeutschland. Die ganze Arbeit zur Hilfeleistung für die KPD wurde der von Gen. Dahlem geleiteten Westkommission beim Politbüro des ZK der SED aufgetragen. Diese Kommission erwies der KPD nicht nur keinerlei Hilfe, sondern verwandelte sich im Grunde in eine Bremse der Arbeit der KPD, entzog der KPD-Führung die Initiative und schnitt sie vom Politbüro des ZK der SED ab. Max Reimann konnte Fragen nur bei der Westkommission vorbringen. Franz Dahlem brachte als Vorsitzender der Kommission keine einzige wichtige Frage der Tätigkeit der KPD vor das Politbüro des ZK der SED. Die Westkommission und einzelne Politbüromitglieder des ZK der SED gaben der KPD-Führung gegenüber manchmal falsche Stellungnahmen ab, die der Partei nur Schaden zufügten.

Im Dezember 1950 löste das Politbüro des ZK der SED die Westkommission auf und nahm die ganze Führung der KPD auf sich, die über M. Reimann umgesetzt wird. Künftig wird Max Reimann alle Fragen der KPD dem Politbüro des ZK der SED vortragen. Die Hilfeleistung für die KPD wurde den Abteilungen des ZK der SED gemäß den entsprechenden Arbeitszweigen aufgetragen. Außerdem nahm das Politbüro den Vorschlag M. Reimanns an, dass das Sekretariat des ZK der KPD seine wichtigsten Sitzungen in Berlin durchführt, an denen M. Reimann teilnehmen und damit konkret die Partei führen kann. Zwischen M. Reimann und dem Sekretariat der KPD in Düsseldorf ist ein regelmäßiger Kurierdienst eingerichtet.

Neben der Verstärkung der massenpolitischen Arbeit in der Partei stellt sich die SED-Führung die Reinigung der KPD von feindlichen Elementen zur Aufgabe. Ungefähr 120

Führungsexponenten der KPD, die Zweifel hervorrufen, werden in die DDR abberufen. Einige werden den Organen der Staatssicherheit zur Klärung ihrer Verbindungen mit dem amerikanischen Agenten Field übergeben. Die SED schickt 3 Bevollmächtigte des ZK der SED unter P. Verner zur Arbeit in das Sekretariat des ZK der KPD und zur unmittelbaren Führung der Kommunistischen Partei. Außerdem werden einige Instrukteure nach Westdeutschland geschickt, ebenso bis zu 50 Tausend führende Mitarbeiter aus Gewerkschaften, Frauen- und Jugendorganisationen der DDR. Die Zusammensetzung der führenden Mitarbeiter der Landes- und Bezirksorganisationen der KPD wird geprüft. In den Führungsorganen werden zunehmend junge Arbeiter aus Betriebsorganisationen ernannt, ebenso ehemalige Kriegsgefangene, die in der UdSSR antifaschistische Schulen durchliefen. Die SED-Führung deutet Maßnahmen zur Anhebung der Verbreitung von Zeitungen und Journalen der DDR in Westdeutschland und zur Verstärkung der Radiopropaganda an.

Vom 2.-4. März 1951 findet der KPD-Parteitag statt. Der Parteitag erörtert den Bericht des ZK der KPD und das Parteistatut. Zum Parteitag werden Thesen veröffentlicht, die gegenwärtig auf Versammlungen des Parteiaktivs erörtert werden. Gleichzeitig werden Bezirks- und Landesdelegiertenkonferenzen abgehalten. An der Vorbereitung des KPD-Parteitages nimmt die SED-Führung unmittelbar teil.

Dokument 3

RGASPI, f. 82, op. 2, d. 1182, S. 40-48, 18. 2. 1951

Geheim. Ex. Nr. ___ [120]
„18". Februar 1951
Dok. Nr. <u>247-VK</u>

Über die Bewegung für eine Neutralisierung Deutschlands

Detailliert ausgearbeitete Entwürfe für eine „Neutralisierung Deutschlands" gibt es keine. Ausnahme ist die Gruppe des Professors Ulrich Noack (Nauheimer Kreis). Diese Gruppe in Westdeutschland tritt als der populärste Propagandist der Theorie der Neutralisierung Deutschlands in Erscheinung.

1. <u>Die Hauptrichtlinien der Gruppe Noack für eine Neutralisierung Deutschlands</u>

a) Die politische und die militärische Neutralität Deutschlands muss von den vier Besatzungsmächten und von der UNO garantiert werden.
b) Deutschland muss mittels internationaler Verträge für immer das souveräne Recht zur Bildung und zur Erneuerung militärisch-politischer Verbände entzogen werden.
c) Die Wiedererrichtung der Einheit Deutschlands muss auf friedlichem Weg auf föderativer Grundlage erreicht werden, um die in der Ostzone durchgeführten Reformen und die in Westdeutschland bestehende Ordnung zu erhalten.
d) Abschluss eines Friedensvertrages mit Deutschland

---

[120] Darüber ein handschriftliches Kreuz, Molotovs Zeichen für besondere Wichtigkeit.

e) Breite und feste wirtschaftliche Verbindungen ganz Deutschlands mit osteuropäischen Ländern und der Sowjetunion als Grundlage zur Lösung der Probleme Umsiedler und Arbeitslosigkeit

f) Verbindungen Deutschlands mit Westeuropa durch Mitgliedschaft in kulturellen Organisationen und mittels einzelner Wirtschaftsabkommen

Nach Meinung Noacks sind die angespannten Beziehungen zwischen dem Osten und dem Westen damit zu erklären, dass sich in Deutschland die Gegensätze zwischen der UdSSR und den USA auf der Welt kreuzen: „Weder der Osten noch der Westen werden sich jemals damit einverstanden erklären, die absolute Herrschaft über Deutschland einem Einzigen zu überlassen." Noack meint, dass ein vereintes Deutschland neutralisiert und entmilitarisiert werden müsse und weder dem nordatlantischen Staatenblock noch an das osteuropäische Bündnis angeschlossen werden dürfe.

Nach der Meinung Noacks kann eine Neutralisierung eines der Besatzung entledigten Deutschlands „mit Hilfe eines internationalen Kontrollorganes, das auf internationalem Recht beruht und praktisch die Wiederherstellung des militärischen Potenzials Deutschlands verhindert", gewährleistet werden.

Am ausführlichsten sind die Programmrichtlinien Noacks in seiner Broschüre „Die Gewährleistung des Friedens mittels des Weges der Neutralisierung Deutschlands und seine stabilisierende weltwirtschaftliche Mission" dargelegt.

2. Die Anhänger der Bewegung für eine Neutralisierung Deutschlands

In letzter Zeit wird die Bewegung für eine Neutralisierung Deutschlands immer populärer in Westdeutschland. Als Anhänger einer Neutralisierung treten ein bedeutender Teil der Intelligenz und der Studentenschaft, die Liga der Frauen für den Frieden, verschiedene Vereine für den Kampf um Frieden, Angehörige der Intelligenz und ein Teil der Bourgeoisie auf. Im Januar 1951 wurde die „Wiesbadener Proklamation"[121] gegen die Remilitarisierung Deutschlands herausgegeben, die von 50 westdeutschen Politikern verschiedener Richtungen, darunter Vertreter der Gruppe Noacks, der ehemalige Minister für Landwirtschaft in der Regierung des Landes Niedersachsen (engl. Zone) – Gereke, der ehemalige Minister in der Regierung Schleswig-Holsteins [sic!][122] (engl. Zone) – Erich Arp, Vertreter der deutschen nationalen Partei, der Leiter des deutschen Vereins für Frieden, Vertreter des Vereins der Gegner der Wehrpflicht und and. unterzeichnet wurde. Der Proklamation schloss sich auch Bischof Niemöller an. Die Wiesbadener Proklamation, die sich nicht direkt für die Neutralisierung Deutschlands ausspricht, fordert Abrüstung und einen Verzicht auf die Bildung militärischer Einheiten sowohl in Ost- als auch in Westdeutschland und ebenso eine friedliche Wiedervereinigung Deutschlands. In der Proklamation wird auch die Unterstützung der Massenbewegung unter der westdeutschen Bevölkerung unter der Losung „ohne uns" zum Ausdruck gebracht, die gegen die Teilnahme des deutschen Volkes an den aggressiven Plänen der anglo-amerikanischen Kriegshetzer eintritt.

Die Bewegung „ohne uns" („ohne uns")[123] wird in letzter Zeit ebenfalls immer populärer. Sie erfasst die Masse der Arbeiter und werktätigen Jugend. Sie genießt ebenso Unterstüt-

---

[121] Von Molotov unterstrichen.

[122] Gereke war von Ende 1946 bis Februar 1947 Innenminister und stellvertretender Ministerpräsident von Niedersachsen, von 1948 bis 1950 Landwirtschaftsminister (CDU).

[123] Von Molotov unterstrichen. „Ohne uns" im Original zweimal wiedergegeben (ins Russische transliteriert und ins Russische übersetzt).

zung einiger bourgeoiser Kreise, der evangelischen Kirche und ist unter der Studentenschaft und Intelligenz populär. Konkret tritt diese Bewegung für die Absage an Militärdienst und Remilitarisierung ein und objektiv ist sie antiamerikanisch. Seit September 1951 wird in Hamburg die Zeitung „Ohne uns" herausgegeben, die gegen die Remilitarisierung und Wiederbewaffnung, für die nationale Einheit, für gesamtdeutsche Abkommen und gegen Hetze des Westens gegen den Osten eintritt.

In den Thesen des im März d. J. anstehenden Parteitages der KPD wurde die Losung der Umwandlung der Bewegung „Ohne uns" in eine aktive Widerstandsbewegung gegen die Remilitarisierung und gegen die Heranziehung von Deutschen zu einer gemeinsamen Armee in Westdeutschland proklamiert.

Die Bewegung für eine Neutralisierung Deutschlands und insbesondere die Bewegung „Ohne uns" sind in Westdeutschland verstärkten Angriffen ausgesetzt.

3. **Die Einstellung der Regierungen der USA, Englands und Frankreichs zur Bewegung für eine Neutralisierung Deutschlands**

Dem Umstand Rechnung tragend, dass die unter der westdeutschen Bevölkerung wachsende Popularität der Idee einer Neutralisierung die Remilitarisierung Westdeutschlands stört, sind die Besatzungsmächte der USA, Englands und Frankreichs ablehnend gegenüber dieser Bewegung eingestellt.

Vertreter der USA treten gegen eine Neutralisierung Deutschlands auf. Nach Mitteilung der Zeitung „Hamburger Echo" vom 8. Februar 1951 wurde auf der dreitägigen Sitzung der amerikanischen Botschafter in den europäischen Ländern und von Vertretern des Statedepartments der USA beschlossen, dass „es in der jetzigen internationalen politischen Lage praktisch unmöglich ist, eine Neutralisierung Deutschlands zu verwirklichen" und dass „die Westmächte auf einer Viermächtekonferenz keinem sowjetischen Plan über eine Vereinigung Deutschlands zustimmen werden, der zu seiner Neutralisierung führt.

Am 14. Februar erklärte Acheson auf einer Pressekonferenz, dass die Meldungen über den Plan der Westmächte, Deutschland zu neutralisieren, jeglicher Grundlage entbehren, und teilte mit, dass die amerikanische Politik im Zusammenhang mit der Wiederbewaffnung Deutschlands unverändert bleibt seit dem Brüsseler Abkommen.

Der Hohe Kommissar der USA in Westdeutschland, McCloy, erklärte am 12. Januar: „Ich denke nicht, dass die westdeutsche Nation oder irgendein anderes westeuropäisches Land erwartet, dass ein anderes Land sie bzw. es verteidigen wird, wenn sie bzw. es nicht selbst an der Verteidigung teil nimmt."

Eine analoge Position nimmt auch der englische Hohe Kommissar in Westdeutschland, Kirkpatrick,[124] ein. Am 30. Januar trat Kirkpatrick im Frankfurter Presseklub auf und erklärte: „Ich habe die drei folgenden Schlussfolgerungen gezogen: 1. Niemand kann neutral bleiben. 2. Europa ist nicht stark genug, um die Rolle einer dritten Kraft zwischen den zwei Blöcken der Großmächte zu spielen. 3. Deshalb muss jedes europäische Land zwischen Ost und West wählen."

Am 12. Februar trat Attlee[125] im Unterhaus zu Fragen der Außenpolitik auf und erklärte: „...Wir sind gezwungen, uns um die Verteidigung Europas zu kümmern, und diese schließt die Verteidigung Westdeutschlands mit ein". Und weiter: „...Ich erhalte eine große Zahl von

---

[124] Von Molotov unterstrichen.
[125] Von Molotov unterstrichen.

Beschlüssen mit Protesten gegen die Bewaffnung Deutschlands. Wenn ich aber diese Leute fragen würde: ‚Seid ihr bereit, Deutschland zu verteidigen, während die Deutschen nichts unternehmen' – sie würden ihren Standpunkt ändern".

Nach Mitteilung der Agentur Press Association, erklärte <u>Eden</u>[126] in einer Rede im Unterhaus am 12. Februar, dass Deutschland eine bestimmte Rolle in allen Bereichen der europäischen Zusammenarbeit spielen muss, darunter nicht nur im militärischen Bereich, und dass die Welt einen Vorteil hätte, wenn eine engere Zusammenarbeit mit Deutschland Ausdruck in der Teilnahme der Deutschen an einer Europa-Armee fände. Eden erklärte auch, dass ihn die Erklärung darüber, dass in einem neutralisierten und entmilitarisierten Deutschland die Mehrheit der Bevölkerung nicht kommunistisch wäre, nicht sehr beruhigt.

Offizielle Vertreter <u>Frankreichs</u>[127] sprachen sich ebenso <u>gegen eine Neutralisierung Deutschlands</u>[128] aus. So erklärte der Hohe Kommissar Frankreichs in Westdeutschland, François-Poncet, am 12. Februar einem Korrespondenten der italienischen Zeitung „Tempo" folgendes: „Ich denke nicht, dass eine Neutralisierung Deutschlands eine annehmbare und letztlich dauerhafte Lösung wäre. Ich denke nicht, dass es in der gegenwärtigen Zeit auf der Welt auch nur ein Land gibt, das unter der Regierungsform einer unbewaffneten Neutralität leben könnte. Kanzler Adenauer lenkte mehrmals die Aufmerksamkeit hierauf".

4. <u>Die Einstellung der Bonner Regierung zur Bewegung für eine Neutralisierung Deutschlands</u>[129]

Am 14. Januar d. J. trat <u>Adenauer</u>[130] in Bielefeld auf dem Parteitag der CDU des Bundeslandes Nordrhein-Westfalen auf und sagte, dass ein neutralisiertes Westdeutschland innerhalb weniger Jahre in den Orbit der sowjetischen Macht hineingezogen werden würde. Außerdem birgt eine Neutralisierung die Gefahr in sich, dass die USA das Interesse an Europa verlieren. Der Kontinent wird nur dann existieren können, wenn sich die Bundesrepublik Deutschland im westlichen Lager befinden wird.

Am 11. Februar d. J. trat Adenauer vor Studenten der Bonner Universität auf und erklärte, dass sich das deutsche Volk mit all seiner Kraft gegen die Absicht der Sowjetunion auf der bevorstehenden Konferenz der Vier wenden muss, eine Neutralisierung und Entwaffnung Deutschlands vorzunehmen.

Der Vizepräsident des Bonner Bundestages, Schäfer, sprach sich in einer Rede am 9. Februar d. J. vor Studenten der Universität in Kiel <u>gegen eine Neutralisierung</u>[131] Westdeutschlands aus. Das deutsche Volk, sagte Schäfer, ist sowieso gezwungen, zwischen dem Osten und Westen zu wählen.

SPD-Chef Schumacher trat in einer Rede am 14. Februar ebenso gegen die Neutralisierung auf und erklärte: „Eine Neutralisierung der deutschen Bundesrepublik war und ist kein Problem für die sozialdemokratische Partei. Sie <u>hat und wird sie</u> stets <u>ablehnen</u>."[132] Die Führung der SPD Westdeutschlands erklärte eine Teilnahme am „Nauheimer Kreis" Noacks als unvereinbar mit dem Verbleiben in der SPD.

---

[126] Von Molotov unterstrichen.
[127] Von Molotov unterstrichen.
[128] Von Molotov unterstrichen.
[129] Im Original unterstrichen.
[130] Von Molotov unterstrichen.
[131] Von Molotov unterstrichen.
[132] Von Molotov unterstrichen.

5. Die Einstellung der SED zur Bewegung für eine Neutralisierung Deutschlands[133]

Das ZK der SED nimmt gegenwärtig eine wohlwollende Position im Verhältnis zu den Neutralisten ein, hält sich mit Kritik an der Gruppe Noacks zurück und kritisiert Adenauer und Schumacher für ihr Auftreten gegen die Neutralisten.

In der Resolution des am 4. Oktober 1949 abgehaltenen 22. Plenums des ZK der SED, „Die nationale Front des demokratischen Deutschland und die SED" steht:

„Einige bourgeoise Kreise meinen, dass es eine Möglichkeit gäbe, das deutsche Volk zu retten, wenn Deutschland die Position der Neutralität einnehme. Da solche Gruppen und Strömungen ebenso gegen das Besatzungsstatut und den Einschluss Deutschlands in den Nordatlantikpakt auftreten, sind sie eine positive Kraft, ungeachtet der Inkonsequenz und Unentschlossenheit ihrer Positionen in einer Reihe wichtiger Fragen, was dem bourgeoisen Charakter dieser Strömungen entspricht."

Pieck und Ulbricht denken, dass die SED nicht gegen die Befürworter einer Neutralisierung Deutschlands auftreten soll, sondern versuchen sollte, mit ihnen <u>einen gemeinsamen Kampf gegen die Remilitarisierung und gegen die Einbeziehung Westdeutschlands in das Nordatlantikbündnis</u>[134] zu organisieren.

Ulbricht hält es für möglich, dass die Sowjetunion selbst in der einen oder anderen Form einen Vorschlag zur Neutralisierung Deutschlands mit dem Ziel der Entlarvung der amerikanischen Kriegshetzer einbringt.

6. Über unsere Einstellung zur Bewegung für eine Neutralisierung Deutschlands[135]

Die sowjetische Kontrollkommission (Gen. Čujkov und Semenov) hält es für zielführend, <u>die Bewegung für eine Neutralisierung Deutschlands auszunutzen,</u>[136] weil sie einige Hindernisse bei der Verwirklichung der Remilitarisierung Westdeutschlands durch die Regierungen der USA, Englands und Frankreichs schafft. Hierbei gehen die Gen. Čujkov und Semenov davon aus, dass sowjetische Vorschläge über eine Entmilitarisierung Deutschlands, über den Abschluss eines Friedensvertrages mit [Deutschland][137], über die Wiederherstellung der Einheit Deutschlands auf demokratischen und friedlichen Grundlagen und über einen freien Zugang Deutschlands zu den Weltmärkten die Bewegung für eine Neutralisierung Deutschlands begünstigen werden.

Außerdem halten es die Gen. Čujkov und Semenov ebenso für möglich, von unserer Seite mit Vorschlägen aufzutreten, Deutschland Rechte abzuerkennen, militär-politische Bündnisse abzuschließen oder militär-politischen Koalitionen beizutreten, was den Forderungen der Befürworter der Bewegung für eine Neutralisierung Deutschlands entspricht, und ebenso mit dem Vorschlag über die Gewährung <u>von Garantien der Neutralität Deutschlands von Seiten der Großmächte</u>[138] aufzutreten.

---

[133] Im Original unterstrichen.
[134] Von Molotov unterstrichen und mit einem großen, über vier Zeilen verlaufenden Haken (seinem Zeichen für Zustimmung) versehen.
[135] Im Original unterstrichen.
[136] Von Molotov unterstrichen. Das Wort „auszunutzen" von Molotov mit einem Häkchen versehen.
[137] Im Original wird im Russischen das Personalpronomen „s nej" verwendet.
[138] Von Molotov unterstrichen. Das Wort „Garantien" von Molotov mit einem Häkchen versehen.

7. Meinung des Außenministeriums der UdSSR[139]

Von meiner Seite halte ich die Position der Führung der SED und der SKK, die sich für eine Unterstützung der Bewegung für eine Neutralisierung Deutschlands unter der deutschen Bevölkerung in Westdeutschland aussprechen, für richtig. Diese Unterstützung könnte man über unsere Freunde in Westdeutschland erweisen, aber auch unter Ausnutzung verschiedener deutscher gesellschaftlicher Organisationen, die gegen die Remilitarisierung Westdeutschlands eintreten, zu diesem Zweck und unter Ausnutzung der deutschen Presse.

Sowjetische Vorschläge zur Prüfung der Umsetzung des Potsdamer Abkommens über die Entmilitarisierung Deutschlands und auch unsere Vorschläge für einen unverzüglichen Abschluss des Friedensvertrages mit Deutschland und die Gründung eines gesamtdeutschen konstituierenden Rates werden wohlwollend auch von den Befürwortern der Bewegung für eine Neutralisierung Deutschlands aufgenommen.

Irgendwelche offiziellen, die These über eine Neutralisierung Deutschlands unterstützenden Auftritte unsererseits wären allerdings gegenwärtig verfrüht,[140] weil die Bewegung für eine Neutralisierung einstweilen noch keinen breiten Massencharakter trägt. Unser Auftreten könnte von den Westmächten dazu benutzt werden, um diese Bewegung als eine von der sowjetischen Seite inspirierte darzustellen.

Auf der bevorstehenden Session des Rates der Außenminister kann man, in Abhängigkeit von der Lage, in der einen oder anderen Form die Bewegung für eine Neutralisierung Deutschlands in der Form einer zusätzlichen Begründung unserer Position[141] gegen die Remilitarisierung Deutschlands nutzen. Es ist nicht ausgeschlossen,[142] dass man sich im Zusammenhang damit als zielführend vorstellen kann, von sowjetischer Seite einige konkrete Vorschläge[143] einzubringen, die mit den Forderungen der deutschen Bevölkerung über eine Neutralisierung Deutschlands zusammenhängen.[144]

/A. Vyšinskij/

A. Vyšinskij

18. II.

Dokument 4

RGASPI, f. 82, op. 2, d. 1182, S. 49–53, 18. 2. 1951

Str. Geheim
An Genossen V. M. Molotov[145]

In Ergänzung zu dem von mir übersandten Bericht zur Frage über die Bewegung für eine Neutralisierung Deutschlands teile ich neue Angaben zu dieser Frage mit, die am 18. Januar

---

[139] Im Original unterstrichen.
[140] Von Molotov unterstrichen.
[141] Von Molotov unterstrichen.
[142] Von Molotov unterwellt.
[143] Von Molotov doppelt unterstrichen.
[144] Der letzte Absatz von Molotov am linken Rand mit einer Wellenlinie und einem eingekreisten Kreuz versehen.
[145] Rechts ein handschriftliches Kreuz Molotovs. Auf der linken Seite der Vermerk: „zu den Akten".

auf unsere Anfrage hin von den Gen. Panjuškin, Pavlov (Paris), Puškin, Koptelov, Zajcev (Den Haag) und Požidaev (Brüssel) einlangten. Aus all diesen Mitteilungen kann man folgende Schlussfolgerungen ziehen.

1. Die Regierungskreise der USA, Frankreichs, Belgiens und Hollands sind ablehnend, beunruhigt und besorgt zur Bewegung für eine Neutralisierung Deutschlands eingestellt, und denken, dass diese Bewegung Hindernisse bei der Remilitarisierung schafft.

In diesem Zusammenhang verdienen folgende Mitteilungen Aufmerksamkeit.

In den Regierungskreisen der USA herrscht unverkennbare Unsicherheit darüber, ob es wirklich gelingen wird, die Deutschen zu zwingen, auf der Seite der USA zu kämpfen, wovon die Reden der Mitglieder des Repräsentantenhauses, Morris und St. George, und der Senatoren Langer und Butler zeugen. Morris trat am 12. Januar im Kongress mit einer Rede auf und bezog sich auf eine von der Redaktion der Zeitschrift „Der Spiegel" durchgeführte Umfrage in der westdeutschen Bevölkerung über ihre Einstellung zur Frage der Bewaffnung Deutschlands. Er erklärte, dass von 33 Tausend befragten Deutschen 85% geantwortet hätten, dass sie keine Soldaten werden wollten und nicht wollten, dass ihre Angehörigen in eine Armee eingezogen werden. 68,4% sprachen sich gegen eine Wiederbewaffnung Deutschlands sogar im Falle einer vollen Gleichstellung Westdeutschlands mit den übrigen Ländern aus und 82% gegen den Eintritt Westdeutschlands in den Nordatlantikblock. Bezug nehmend auf diese Angaben erklärte Morris in einer weiteren Rede im Kongress am 15. Januar: „Wenn wir versuchen, Deutschland in einer solchen Lage zu bewaffnen, wird das nicht eine gefährliche und unvernünftige Politik sein, können wir diese Politik verwirklichen oder ist es faktisch gar nicht mehr möglich, sie in die Tat umzusetzen".

Senator Langer bezog sich in seiner Rede im Senat am 29. Januar auf eine Mitteilung der Zeitung „Wall Street Journal", derzufolge eine von der Administration McCloys durchgeführte Umfrage in der Bevölkerung Westdeutschlands über den Wunsch, freiwillig dem „westlichen Verteidigungsbündnis" beizutreten, derart negative Ergebnisse erbracht hat, dass McCloy ihre vollständige Publikation nicht erlaubt habe. Nach der Erklärung Langers werden nicht mehr als 5% der deutschen Männer im wehrfähigen Alter freiwillig in einer „westlichen Verteidigungsarmee" dienen.

St. George, Mitglied des Repräsentantenhauses, erklärte in ihrer Rede vor dem Kongress am 14. Februar: „Wer weiß, dass Westdeutschland kämpfen wird? Ich denke, dass dies überaus zweifelhaft ist. Ich glaube nicht, dass sie den brennenden Wunsch haben, auf unsere Seite zu kommen."

Senator Butler erklärte am 12. Februar im Senat: „Wir befinden uns jetzt in einem Elend und wir bitten um die Hilfe der Deutschen. Sie sind nicht günstig gestimmt, unseren Armeen beizutreten. Kann man sich darüber wundern? Für uns ist eine Zusammenarbeit mit den Deutschen notwendig, wenn wir Westeuropa retten wollen."

Acheson erklärte am 16. Februar auf der gemeinsamen Konferenz der Kommission für auswärtige Angelegenheiten und der Kommission für Streitkräfte des Senats im Zusammenhang mit der Erörterung der Frage über die Entsendung amerikanischer Truppen nach Europa, dass, wenn sich die USA nicht aktiv an der „Verteidigung" Europas beteiligten, inklusive der Entsendung von Truppen, dann „eine solche Strategie unsere Freunde in Europa zu einer Stimmung des Nichtwiderstandes, zu einer „Neutralisierungs"-Stimmung, führt, die sowohl bei ihnen als auch bei uns einem Selbstmord gleichkommt".

Das Anwachsen der Bewegung gegen die Remilitarisierung in Westdeutschland berücksichtigend, versuchen die Regierungskreise der USA einerseits die Bewegung für eine Neutralisierung Deutschlands zu schwächen, andererseits sind sie jedoch bemüht, die Remilitarisierung nicht in solch offener Form durchzuführen, wie es früher vorgesehen war. Zu diesen Zielen setzen die USA verschiedene Versprechungen von „Zugeständnissen" an die Bonner Regierung in der Frage über die Gewährung großer Selbständigkeit in Umlauf und versuchen auch, die Deutschen vor der „Gefahr" seitens der UdSSR zu erschrecken.

Nach einer Mitteilung des Gen. Puškin nahmen die Amerikaner Abstand von der Absicht, die Wehrpflicht in Westdeutschland einzuführen und traten zur Formierung militärischer Einheiten mit freiwilligen Deutschen über, in der Hoffnung, auf diese Weise bis zu 150-200 Tausend Personen erfassen zu können.

Gen. Pavlov teilt aus Paris mit, dass die Regierungskreise Frankreichs gegenüber der Bewegung für eine Neutralisierung Westdeutschlands scharf ablehnend eingestellt sind und diese Bewegung als Schwächung des Lagers der Aggression und als Veränderung der Idee des atlantischen Bündnisses und der europäischen militärischen Bündnisse gegen die UdSSR und den Ländern der Volksdemokratie auslegen.

Über die feindliche Einstellung der belgischen Regierungskreise zur Bewegung für eine Neutralisierung Deutschlands berichtet Gen. Požidaev aus Brüssel.

2. Im Zusammenhang mit der in letzter Zeit wachsenden Popularität für die Bewegung für eine Neutralisierung Deutschlands bei der deutschen Bevölkerung erscheinen in der westdeutschen Presse Mitteilungen, in welchen Besorgnis darüber zum Ausdruck gebracht wird, dass sich diese Bewegung auch auf andere Mitgliedsländer des Nordatlantikblocks ausdehnt.

Am 15. Februar erklärte der amerikanische Radiokommentator Godwin, dass die Neutralisierungstendenzen ansteckend seien und sich ausdehnen könnten. Es besteht die Gefahr, dass im Falle eines neutralen Deutschlands Frankreich und Italien eine ähnliche Position vorteilhaft und populär fänden. Zu guter Letzt erklärte Godwin, dies führe zu einem neutralen Westeuropa und die USA seien gezwungen, allein der Sowjetmacht gegenüber zu stehen.

Die Pariser Zeitung „[Le] Monde" kommentiert in ihrem Leitartikel „Die Neutralisierung Deutschlands" vom 17. Februar insgesamt wohlwollend einen deutschen Neutralismus und die Idee des Abzugs der Truppen des Westens und des Ostens auf gleiche Entfernung von den Grenzen Deutschlands.

Dem Umstand Rechnung tragend, dass die Bewegung für eine Neutralisierung unter den Arbeitern, der Intelligenz und sogar in Unternehmerkreisen auf breite Unterstützung trifft, gab die holländische Regierung den Presseverantwortlichen strenge Anweisungen, sich der Publikation von Materialien über die Bewegung für eine Neutralisierung Deutschlands zu enthalten.

Die österreichische Presse verschweigt die Bewegung für eine Neutralisierung Deutschlands gleichfalls. Die demokratische Presse steht in positivem Verhältnis zur Losung von „Ohne uns". Die in der amerikanischen Zone erscheinenden „Salzburger Nachrichten" sprechen sich gegen eine Neutralisierung aus und erklären, dass „die Meinung, Westdeutschland nicht aufzurüsten, gänzlich falsch sei".

3. Die sowjetischen Noten bezüglich der Einberufung einer Konferenz des Rates der Außenminister zur Erörterung der Frage der Erfüllung der Beschlüsse der Potsdamer Konferenz über die Entmilitarisierung Deutschlands und das Eintreten der Regierung der DDR für Verhandlungen mit der Bonner Regierung über die Bildung eines gesamtdeutschen

konstituierenden Rates erlauben in bedeutsamem Maße die Verbreitung der Idee einer Neutralisierung Deutschlands unter der westdeutschen Bevölkerung.

Nach Mitteilung von Gen. Panjuškin teilte die Agentur United Press am 6. Februar mit, dass die Teilnehmer der Versammlung der amerikanischen Botschafter in Europa, die in Frankfurt am Main stattfand, die Gefahr erörterten, dass im Falle der Einbringung eines Vorschlages über ein vereintes neutrales Deutschland durch die Sowjetunion auf der Konferenz des Rates der [Außen]minister auf einen solchen Vorschlag schwer zu antworten sein würde.

Die einflussreiche Bostoner Zeitung „Christian Science Monitor" bemerkte in einer Mitteilung aus Bonn vom 14. Februar, dass „in der gegenwärtigen Zeit die Idee einer Neutralisierung unter der Bevölkerung Westdeutschlands stärker sei, als dies einige Monate zuvor der Fall war".

Unser Gesandter in Holland, Gen. Zajcev, teilt mit, dass die sowjetischen Noten bezüglich der von den Regierungen der USA, Englands und Frankreichs durchgeführten Maßnahmen zur Wiederbewaffnung Westdeutschlands eine Entfaltung der Idee der Neutralisierung begünstigen.

4. Die allgemeine Schlussfolgerung, zu der unsere Botschafter und Gesandten in den USA, Frankreich, Belgien, der DDR, Österreich und Holland kommen, läuft darauf hinaus, dass es für uns notwendig ist, weil die Bewegung für eine Neutralisierung Deutschlands die Verwirklichung der amerikanischen Pläne der Bewaffnung Westdeutschlands erschwert, <u>diese Bewegung zu fördern.</u>[146] Hierbei unterstreicht Gen. Pavlov, dass dennoch der Kampf für ein einheitliches, demokratisches, friedliebendes Deutschland unsere Hauptaufgabe bleiben muss. Gen. Požidaev denkt ebenfalls, dass es nötig ist, die Bewegung der Neutralisten <u>zu benutzen, sich aber von einer offenen Unterstützung dieser Bewegung zurückzuhalten.</u>[147] Gen. Puškin spricht sich für die <u>Ausnutzung</u>[148] der Bewegung der Neutralisten durch uns aus, obwohl nach seiner Meinung diese Bewegung in ihrer weiteren Konsequenz auch antisowjetischen Inhalt haben kann und dass es deshalb <u>nicht nötig sei, sich mit einer breiten Unterstützung</u>[149] der Idee der Neutralisierung Deutschlands <u>die Hände zu binden.</u>[150]

A. Vyšinskij

Dokument 5

RGASPI, f. 82, op. 2, d. 1182, S. 54–55, 18. 2. 1951

<u>Ergänzung</u>

Erst nach Druck dieses Berichtes langte ein Telegramm von Gen. Zarubin aus London ein, in welchem er Beispiele anführt, die von der ablehnenden Haltung der Führungskreise Englands zur Bewegung für eine Neutralisierung Deutschlands zeugen. So erklärte der par-

---

[146] Von Molotov unterstrichen.
[147] Von Molotov unterstrichen.
[148] Von Molotov unterstrichen.
[149] Von Molotov unterstrichen.
[150] Von Molotov unterstrichen.

lamentarische stellvertretende Minister für auswärtige Angelegenheiten Englands, Younger, dass eine Neutralisierung Deutschlands mit einer vierseitigen Kontrolle in allen ihren Zonen die westlichen Länder nicht befriedigen kann. Er wies darauf hin, dass sich ein neutrales Deutschland unter der ständigen Bedrohung „eines kommunistischen Putsches nach tschechoslowakischer Manier" befinden würde. Nach seiner Meinung könnten die Westmächte vielleicht auf eine Neutralisierung Deutschlands eingehen, jedoch nur unter der Bedingung, dass in Bulgarien, Rumänien und Ungarn eine internationale Inspektion zur Überwachung der Umsetzung der Friedensverträge durch diese Länder eingerichtet werden würde. Younger ist aber überzeugt, dass sich die UdSSR mit dieser Bedingung nicht einverstanden erklären wird.

Dem Foreign Office und der Botschaft der USA in London nahestehende Personen erklärten, dass die Anglo-Amerikaner auch deswegen eine ablehnende Haltung im Zusammenhang mit einer Neutralisierung Deutschlands einnehmen, weil ein neutrales Deutschland mit der Sowjetunion Handel betreiben und auf diese Weise Produktion des Ruhr-Gebietes in den Osten verbringen und somit das Militärpotential der UdSSR stärken würde.

Viele einflussreiche britische Zeitungen und Journale sprechen sich gegen eine Neutralisierung Deutschlands aus und bemerken, dass eine Neutralität Deutschlands im Interesse der Sowjetunion wäre.

Gen. Zarubin teilt zudem mit, dass gegenwärtig in britischen politischen Kreisen der Bewegung für eine Neutralisierung Deutschlands weniger Bedeutung beigemessen wird als vor 2–3 Wochen, da sie denken, dass diese Bewegung, die über keine einheitliche politische Führung verfügt, keine entscheidende Rolle bei der Verhinderung der Remilitarisierung Deutschlands spielen kann. Außerdem denkt man in parlamentarischen Kreisen, dass die starken revanchistischen und militaristischen Strömungen unter den zahlreichen Gruppen der aus dem Osten umgesiedelten Deutschen Adenauer erlauben, ohne Annahme eines Gesetzes über die Wehrpflicht eine Millionenarmee aus Freiwilligen aufzustellen.

Wie auch unsere anderen Botschafter und Gesandten in den oben genannten Ländern hält es Gen. Zarubin für zielführend, die Bewegung für eine Neutralisierung Deutschlands in unserem Interesse <u>zu nutzen</u>,[151] da sie die Verwirklichung der anglo-amerikanischen Pläne der Remilitarisierung Deutschlands erschwert.

A. Vyšinskij

„18." Februar 1951

---

[151] Von Molotov unterstrichen.

Dokument 6

RGASPI, f. 82, op. 2, d. 1333, S. 161–168, 20. 2. 1951

Geheim[152]

Bericht
über die Einstellung verschiedener Kreise Westdeutschlands,
ebenso der Westmächte zur Frage der Einführung
der Wehrpflicht in Westdeutschland[153]

1. Westdeutschland

Die Diskussion über die Einführung der Wehrpflicht in Westdeutschland wurde, beginnend mit ungefähr Juli 1950, unter dem Vorwand der Notwendigkeit des Erlasses eines Gesetzes, das die Frage der Wehrdienstverweigerung regelt, bis Januar 1951 geführt. Artikel 4 der Bonner Verfassung lautet bekanntlich:
„Niemand darf gegen sein Gewissen zum Kriegsdienst mit der Waffe gezwungen werden. Das Nähere regelt ein Bundesgesetz."
Dieser Art. 4 der Bonner Verfassung verhindert die Einführung der Wehrpflicht. Deshalb versuchen Adenauer und andere Vertreter der Bonner Regierung diesen Artikel zu umgehen oder ihn zu ändern.
Während des Besuches Eisenhowers in Westdeutschland verlautbarte Adenauer ihm Folgendes: „Gegenwärtig werden bereits Beratungen zur Frage über die Möglichkeit der Aufhebung des Paragraphen 4 des Grundgesetzes geführt, der die Möglichkeit bietet, den Militärdienst zu verweigern."[154]
Der Innenminister der Bonner Regierung, Lehr, schrieb in einem Brief an den Staatssekretär der Kanzlei des Bonner Parlaments, Lex, der von der Hannover Zeitschrift „Der Spiegel" am 3. Januar 1951 veröffentlicht wurde, Folgendes:
„In meinem Ministerium ist inzwischen ein Referenten-Entwurf eines Kriegsdienstverweigerungsgesetzes erarbeitet worden. Ich habe den Entwurf noch nicht dem Kabinett zugeleitet, weil meines Erachtens die Bundesregierung[155] zunächst darüber beschließen muss, ob die Vorlage eines Kriegsdienstverweigerungsgesetzes vor oder nach dem Entwurf eines etwaigen Wehrgesetzes eingebracht werden soll."[156]
Der für die CDU auftretende, bedeutende[157] Kölner Kardinal Frings erklärte am 23. Juli 1950 in Bonn:
„Wenn sich die Notwendigkeit erhebt, wenn der Staat die militärische Pflicht hat, dann ist in diesem Fall das absolute Recht auf Verweigerung des Militärdienstes nicht vereinbar mit der christlichen Idee." (Zeitung „Badisches Tagblatt" vom 27. 7. 50)

---

[152] Darüber ein handschriftliches Kreuz Molotovs. Links darüber der handschriftliche Vermerk Gromykos: „*An Gen. V. M. Molotov. 20. II. A. Gromyko.*" Auf der linken Seite der Vermerk: „*Zu den Akten*".
[153] Von Molotov unterstrichen.
[154] Absatz am linken Rand von Molotov durch einen Strich hervorgehoben.
[155] Im russischen Text: „Die Bonner Regierung".
[156] Absatz am linken Rand von Molotov durch einen Strich hervorgehoben.
[157] Im Original: „Vidnyj dejatel' ChDS".

Nach Mitteilung der Agentur ADN aus Bonn erklärte Vizekanzler Blücher (Freie Demokratische Partei) im intimen Kreis, dass nur „mit 20–25 westdeutschen Divisionen wir nicht gemeinsam mit den Amerikanern und Engländern Ostdeutschland befreien können, sei es mittels Krieg oder mittels Kriegsandrohung.["] Er sagte in diesem Zusammenhang, dass es noch schlimmer sei, 10 westdeutsche als gar keine Divisionen zu haben.

Die „Stuttgarter Nachrichten" schrieben am 27. Oktober 1950, indem sie sich auf die Schweizer „National-Zeitung" bezogen:

<u>„Die Bonner Regierung bereitete auf Initiative der Amerikaner hin einen Gesetzesentwurf über die Formierung von 10 Divisionen mit einer allgemeinen Stärke von 200 Tausend Personen vor. Im Gesetzesentwurf ist ebenso die Einführung einer allgemeinen Wehrpflicht vorgesehen."</u>[158]

Die der CDU nahestehende Münchner „Süddeutsche Zeitung" schrieb am 25. Oktober 1950:

„Hier wird bereits seit langem die Frage über ein deutsches Grundkontingent einer Europa-Armee diskutiert. Die Rede ist von einem Militärgesetz, das die allgemeine Wehrpflicht vorsieht".

Die Nürnberger Zeitung „Acht Uhr Blatt" berichtete am 12. Januar 1951 über einen Auftritt des Ministers [recte: Ministerpräsidenten] des Bundeslandes Hessen, des Sozialdemokraten Zinn, gegen die Kriegspolitik Adenauers. Zinn beschuldigte Adenauer, dass Letzterer vorhabe, im Bundestag mit einfacher Mehrheit ein Gesetz über die allgemeine Wehrpflicht durchzuziehen."

<u>Dieselbe Zeitung berichtete am 24. Januar d. J.: „Nach der Meinung deutscher Experten könnten die Forderungen der Alliierten lediglich im Falle der Einführung einer allgemeinen Wehrpflicht erfüllt werden. Wie sie aufzeigen, sind die Amerikaner an gut</u>[159] <u>ausgebildeten, gesunden jungen Rekruten im Alter von 18 bis 24 Jahren und ebenso an Spezialisten im Alter bis 35 Jahren interessiert. In Bonn hegt man keine Hoffnung darauf, dass man eine ausreichende Anzahl an Freiwilligen solchen Alters finden wird."</u>[160]

Am 20. November 1950 erklärte Schumacher in München in einer Rede: „Wenn wir,["] sagte Schumacher, [„]ein Gesetz über die Wehrpflicht im Geist der SPD erhalten werden, wird es keinen einzigen geben, der den Militärdienst ablehnen wird". /„Der Tagesspiegel" am 21. November 1950/.

Angesichts der breiten Bewegung in Westdeutschland gegen die Remilitarisierung war Adenauer gezwungen, in der Frage über die Wehrpflicht vorsichtiger zu agieren.

Adenauer ist gezwungen, darauf Rücksicht zu nehmen, dass eine Reihe von Vertretern verschiedener Parteien und Gesellschaftskreise offen für eine Anwerbung von Freiwilligen und gegen die Wehrpflicht eintritt.

<u>Der Abgeordnete des Bonner Parlaments, Mende, erklärte am 2. Februar 1951, dass von der Einführung einer allgemeinen Wehrpflicht in Westdeutschland aus praktischen und psychologischen Gründen keine Rede sein kann.</u>[161]

Die Vorsitzende der Zentrumspartei in Deutschland (bourgeoise Partei), Helene Wessel, sprach sich in einer Rede in Oberhausen am 13. Januar d. J. für die Annahme eines Gesetzes aus, demzufolge niemand gegen seinen Willen zum Militärdienst eingezogen werden darf.

---

[158] Absatz von Molotov am linken Rand durch einen Strich hervorgehoben.
[159] Absatz von Molotov am linken Rand durch einen Strich hervorgehoben.
[160] Absatz von Molotov am linken Rand durch einen Strich hervorgehoben.
[161] Absatz von Molotov am linken Rand durch einen Strich hervorgehoben.

Am 3. Februar d. J. verlautbarte der Minister für gesamtdeutsche Fragen der Bonner Regierung, Kaiser, die bevorstehende Gründung eines tätigen Selbstschutzes gegen jegliche „kommunistische Intrigen" und rief die Jugend Westdeutschlands dazu auf, sich an diesen Einheiten des Selbstschutzes zu beteiligen.

Diese Erklärung Kaisers über die Gründung von freiwilligen Einheiten eines „Selbstschutzes" stellte dem Wesen nach, nach der Meinung Gen. Puškins, die Auslegung des offiziellen Standpunktes der Bonner Regierung darüber dar, dass <u>sich eine westdeutsche Armee zuerst auf freiwilliger Grundlage bilden wird</u>.[162]

<u>2. Aussagen von Vertretern der USA,
Englands und Frankreichs</u>

<u>USA</u>

Der Washingtoner Korrespondent der Agentur Associated Press schrieb am 29. Januar d. J., Senator Johnson (Demokrat aus dem Staate Colorado) habe vorgeschlagen, in die amerikanische Armee 1 Mio. Menschen aus Ländern Westeuropas aufzunehmen, mit dem Ziel, die Einberufung 18-jähriger Amerikaner zum Militärdienst abzuwenden und das Problem des Mangels menschlicher Reserven innerhalb des Landes zu lösen. Johnson erklärte auch, dass es nötig sei, in diese „ausländische Legion" Deutsche aus Westdeutschland aufzunehmen, ebenso Freiwillige aus Ländern Osteuropas; kommandieren sollen freilich amerikanische Offiziere.

Nach Mitteilung Gen. Puškins (Telegramm vom 8. Februar d. J. Nr. 82–84) haben die Amerikaner in letzter Zeit in der Frage der Remilitarisierung Westdeutschlands ihre Taktik geändert. Früher sei vorgesehen gewesen, mit der Verlautbarung der Wehrpflicht in Westdeutschland und der Abschaffung der entsprechenden Artikel der Bonner Verfassung zu beginnen. Die Antikriegsstimmung der Bevölkerung berücksichtigend, entschlossen sich die Amerikaner, nach der Meinung Gen. Puškins (auf der Grundlage von Pressemitteilungen), den Weg der <u>Schaffung einer Freiwilligenarmee</u>[163] einzuschlagen, in der Annahme, dass es ihnen gelingen würde, aus Befürwortern der Remilitarisierung Westdeutschlands zunächst eine Armee mit 150–200 Tausend Freiwilligen zu schaffen.[164]

Die Gen. Čujkov und Semenov teilten am 14. Februar mit, dass nach der Meinung Ulbrichts trotz der anscheinenden Taktikänderung der Amerikaner die Remilitarisierung Westdeutschlands durchgeführt wird und durchgeführt werden wird, präzise und nach Plan, aber ohne großen Lärm in der Presse und ohne breit kundgetane Befehle und Erklärungen. In Westdeutschland werden bereits militärische Formationen im Maßstab von Bataillonen geschaffen. Bei der Schaffung einer <u>westdeutschen Armee wird die Erfahrung der schwarzen Reichswehr genutzt. Entwürfe über die Einführung der Wehrpflicht sind ausgearbeitet, sie werden aber einstweilen noch nicht veröffentlicht</u>.[165]

---

[162] Von Molotov unterstrichen. Der ganze Absatz von Molotov am linken Rand durch drei Striche hervorgehoben.
[163] Von Molotov unterstrichen.
[164] Absatz von Molotov am linken Rand durch einen Strich hervorgehoben.
[165] Absatz von Molotov am linken Rand durch einen Strich hervorgehoben.

England

Im Unterhaus fragte der Labour-Angehörige Emrys Hughes am 15. November 1950 Shinwell (Verteidigungsminister):

„Kann uns der Minister seine Zusicherung darüber geben, dass er gegen die Einführung der Wehrpflicht für Deutsche gegen deren Willen und die Wiedererrichtung der deutschen Armee unter der Führung der alten nazistischen Generäle Einspruch erheben wird; kann er auch sagen, wie seine Einstellung zu einer Schaffung einer taktischen Luftwaffe für Deutschland und einer Vergrößerung der deutschen Flotte ist?".

Shinwell: „Wir werden kaum einen solchen Vorschlag prüfen, ohne vorher die deutsche Regierung zu konsultieren. Wir können ihnen natürlich nicht die Wehrpflicht, mit welcher Formulierung auch immer, oder die Schaffung von Streitkräften in Deutschland aufzwingen, ohne ein Abkommen geschlossen zu haben.[166]

Was die Schaffung von Streitkräften unter der Führung ehemaliger nazistischer Offiziere betrifft, so ist das eine Frage, über die man natürlich nachdenken muss.

Was die zweite Frage betrifft, so denke ich nicht, dass sich uns im gegenwärtigen Stadium dieses Problem stellen könnte."

Frankreich

Der Minister ohne Portefeuille, zuständig für Fragen der Information, [Deyvaux-]Gassier, erklärte am 6. Dezember 1950:

„Deutsche Kampfgruppen werden in die alliierten Divisionen eingebunden. Diese Kampfgruppen werden keine schweren Waffen haben. Sie werden sich von den gewöhnlichen Divisionen sowohl hinsichtlich ihrer Zahl, die nicht 4–5 Tausend Mann überschreiten wird, als auch in ihrer Zusammensetzung unterscheiden, denn sie werden infolge des Fehlens eines Dienstes im Hinterland keine Militäreinheiten in entsprechender Einheitsstärke darstellen. Die Gesamtzahl der deutschen Kampfgruppen wird 1/5 der Zahl der alliierten Streitkräfte nicht überschreiten. Die Anwerbung für die deutschen Kampfgruppen wird von zivilen Organen unter der Kontrolle der Alliierten durchgeführt werden."

/TASS, 7. Dezember 1950, S. 13-r/.

Der Korrespondent der österreichischen Tageszeitung „Neue Wiener Tageszeitung" schrieb am 24. Januar 1951 aus Bonn:

„Die Vertreter der Alliierten Mächte debattierten lange Zeit über die Frage, ob die deutschen Truppen auf dem Weg der Einführung der Wehrpflicht oder mittels Freiwilligen aufgestellt werden sollen. Die Franzosen vertreten den Standpunkt, dass eine deutsche Armee aus 90 000 Mann bestehen und aus Freiwilligen formiert werden soll. Der amerikanische Vertreter sprach sich dagegen aus. Er unterstrich, dass die deutschen Streitkräfte aller Voraussicht nach 150 Tausend Mann zählen werden. Wenn eine solche Armee nur unter Freiwilligen angeworben wird, sagte er, dann wird sie eine Armee von Wagehälsen sein.[167]

Abschließend wurde der Beschluss gefasst, die Meinungen der einzelnen Regierungen einzuholen und in der nächsten Zeit die Erörterung über die Bewaffnung Westdeutschlands fortzusetzen".

Die oben wiedergegebenen Aussagen von Vertretern der Bonner Regierung und anderer gesellschaftlicher und politischer Kreise Westdeutschlands sowie Pressemeldungen geben

---

[166] Absatz links von Molotov durch einen Strich hervorgehoben.
[167] Absatz links von Molotov durch einen Strich hervorgehoben.

einstweilen noch keine ausreichende Grundlage für Schlüsse darüber, welche Form der Aufstellung der westdeutschen Armee die Anglo-Amerikaner und die Regierung Adenauer wählen werden. Dennoch ist bereits klar, dass die Bewegung gegen die Remilitarisierung in Westdeutschland ihnen die Annahme von Maßnahmen zur Einführung der allgemeinen Wehrpflicht erschwert.

A. Gromyko

20. Februar 1951
Ausg. Nr. 59/AG

Dokument 7

RGASPI, f. 82, op. 2, d. 1169, S. 1-3, 24. 2. 1951

Streng geheim, Ex. Nr. *3*[168]

An Genossen Stalin I. V.[169]

Die Genossen Čujkov und Semenov haben aus Berlin (Telegramm Nr. 7/363) mitgeteilt, dass Pieck, Grotewohl und Ulbricht es für zielführend halten, dass die Volkskammer der Deutschen Demokratischen Republik dem Bonner Bundestag vorschlägt,[170] sich gemeinsam an die vier Großmächte mit der Bitte, die Frage über den Abschluss eines Friedensvertrages mit Deutschland im Jahr 1951 in die Tagesordnung der Konferenz des Rates der Außenminister aufzunehmen, zu wenden.[171]

Falls der Bundestag diesen Vorschlag ablehnt oder bis zu einer bestimmten Frist nicht antwortet, wird sich die Volkskammer selbständig mit diesem Vorschlag an die vier [Groß]mächte wenden. Der Vorschlag der Volkskammer wird von dem Nationalrat der Nationalen Front des demokratischen Deutschland unterstützt.

Pieck, Grotewohl und Ulbricht denken, dass eine solche Initiative der Volkskammer die allerwichtigste Frage eines Friedensvertrages ins Zentrum der Aufmerksamkeit der deutschen Gesellschaft stellen und die Versuche der Amerikaner, den Friedensvertrag durch eine Deklaration über die Beendigung des Kriegszustandes mit Deutschland zu ersetzen, erschweren wird.

Der Vorschlag der Volkskammer zum Friedensvertrag wird nach den Meinungen Piecks, Grotewohls und Ulbrichts breite Unterstützung in Westdeutschland finden und der Durchführung einer Volksbefragung gegen die Remilitarisierung nützen.

Pieck, Grotewohl und Ulbricht bitten dringend um Anweisungen in dieser Frage, da sie beabsichtigen, in den nächsten Tagen eine außerordentliche Sitzung der Volkskammer einzuberufen, und es schaffen möchten, den Appell an die vier [Groß]mächte vor der Einberufung der vorläufigen Konferenz der Stellvertreter der Außenminister der UdSSR, der

---

[168] Darüber ein handschriftlich eingekreistes Kreuz, Molotovs Zeichen für besondere Wichtigkeit. Links daneben ein eingekreistes Häkchen und das Datum *27. II*. Links oben: *Zu den Akten: 28.II*. Links unten Eingangsstempel: S[ekretaria]t V. M. Molotov: *25. II.* 1951. Eingangsnummer [in russischer Abkürzung]: Nr. *2475*.
[169] Darüber: „*Utv*[erždeno]. M[olotov]"; „Bestätigt Molotov".
[170] Von Molotov unterstrichen bzw. eher unterwellt.
[171] Die Wörter „zu wenden" sind dick unterstrichen, der Rest ist mit leichten Unterwellungen versehen.

USA, Englands und Frankreichs zur Ausarbeitung der Tagesordnung der Konferenz des Rates der Außenminister zu schicken.

Die Genossen Čujkov und Semenov sind mit dem Vorschlag Piecks, Grotewohls und Ulbrichts einverstanden.

Das Außenministerium der UdSSR unterstützt diese Vorschläge ebenso.

Ein Beschlussentwurf liegt bei.

Ich bitte um Prüfung.

/A. Gromyko/

„24". Februar 1951
Nr. *3.*
Für die Richtigkeit: S. Nekrič
Kopien ergingen an die Genossen Molotov, Malenkov, Berija, Mikojan, Kaganovič, Bulganin, Chruščev.

[Beilage]:

Entwurf
Streng geheim

Beschluss des ZK der VKP/b/

Die Gen. Čujkov und Semenov sind zu beauftragen, Pieck, Grotewohl und Ulbricht auszurichten, dass man in Moskau ihre Vorschläge darüber, dass die Volkskammer der DDR dem Bonner Bundestag vorschlägt, sich gemeinsam an die vier Großmächte mit der Bitte zu wenden, die Frage des Abschlusses des Friedensvertrages mit Deutschland im Jahr 1951 auf die Tagesordnung der bevorstehenden Konferenz des Rates der Außenminister zu setzen, begrüßt.[172]

Dokument 8

RGASPI, f. 82, op. 2, d. 1334, S. 1f., 15. 3. 1951

An Gen. V. M. Molotov

Informationsbericht

Laut den der Außenpolitischen Kommission des ZK der VKP(b) zur Verfügung stehenden Informationen wird am 17.–18. März d. J. in Frankfurt am Main der „deutsche Kongress" stattfinden, an dem Anhänger der Neutralisierung Deutschlands teilnehmen. Der Kongress wurde von dem Leiter des „Nauheimer Kreises" Noack, dem Anführer der Deutschen Sozialen Partei, Gereke, und dem Anführer einer neofaschistischen Organisation „Dritte Front" angeregt.

Am Kongress nehmen ca. 150 Personen teil. Zur Teilnahme werden nur diejenigen Personen zugelassen, die beweisen können, dass sie sowohl Gegner der Orientierung am Wes-

---

[172] Im Original: „v Moskve otnosjatsja položitel'no".

ten als auch an der Sowjetunion sind. Das Ziel des Kongresses ist die Vereinigung aller politischen Gruppierungen, die gegen die Remilitarisierung und für die Neutralisierung Deutschlands auftreten.

Auf der Tagesordnung des Kongresses stehen folgende Fragen:
1. Die Zusammenarbeit zwischen verschiedenen Organisationen und Gruppierungen, die für die Neutralisierung Deutschlands, gegen ihre einseitige außenpolitische Orientierung sowie gegen die Remilitarisierung West- und Ostdeutschlands sind.
2. Aufgrund der <u>Wiesbadener Ansprache</u> (Noack und Gereke gegen die Remilitarisierung) soll eine Plattform für eine vierseitige Konferenz zur deutschen Frage erarbeitet werden.
3. Ein organisatorischer Rahmen für die Zusammenarbeit der Gegner der Remilitarisierung soll entwickelt werden. Geplant ist die Schaffung der „Deutschen Friedensfront", eines Koordinationskomitees, bestehend aus den Vertretern einzelner Organisationen, dessen Mitglieder untereinander ein „Aktionskomitee" wählen werden.

Im Zuge der Kongressvorbereitung kam es unter seinen Veranstaltern zu Unstimmigkeiten, der Einfluss der neofaschistischen Elemente verstärkte sich. Nach neusten Informationen finden die Vorbereitungsarbeiten derzeit unter Leitung der neofaschistischen Organisation „Dritte Front" statt. Noack und Gereke sind in den Hintergrund gedrängt worden.

Eine der Ursachen für diese Unstimmigkeiten besteht darin, dass die Anhänger von Noack und Gereke gleichzeitig gegen die Remilitarisierung und für die Neutralisierung Deutschlands auftreten, während sich die „Dritte Front" (Schenke) bemüht, diese Bewegung auf den Kampf für die Neutralisierung zu beschränken. Zur Verstärkung seiner Positionen sucht Schenke nach der Unterstützung seitens anderer neofaschistischer Organisationen und hat zur Teilnahme am Kongress solche neofaschistischen Organisationen wie die „Nationale Reichspartei" und die „Deutsche Reichspartei" eingeladen. Am Kongress werden sich auch jene ehemaligen prominenten Sozialdemokraten beteiligen, die wegen des Widerstandes gegen Schumacher aus der Partei ausgeschlossen wurden.

Die Vorbereitung des „Deutschen Kongresses" hat in den Bonner Kreisen ernsthafte Besorgnis hervorgerufen. Sie befürchten von dem Kongress die Vereinigung aller Gruppierungen, die gegen die Remilitarisierung auftreten. Das Bonner Ministerium für „gesamtdeutsche Fragen" hat die Presse angewiesen, eine Kampagne gegen den „Deutschen Kongress" zu beginnen.

Die leitenden Organe der SED und KPD unterstützen die Tätigkeit der Anhänger der Neutralisierung Deutschlands und möchten sie zu aktiven Schritten gegen die Remilitarisierung bewegen.

Der Vorsitzende der Außenpolitischen
Kommission des ZK der VKP(b)   *V. Grigor'jan*
/V. Grigor'jan/

15. März 1951

Nr. 25-S-445[173]

---

[173] Links unten Eingangsstempel: S[ekretaria]t V. M. Molotov, *„15". III 1951.* Eingangsn[umme]r: *M-3442ss.* Daneben der handschriftliche Vermerk: *„Zu den Akten. 17. 3. 51."* [Unterschrift unleserlich].

Dokument 9

RGASPI, f. 82, op. 2, d. 1348, S. 15-21, 28. 3. 1951

Kurzer Bericht über den „Schuman-Plan"

Der „Schuman-Plan" ist ein Vertrag über die Gründung einer „Europäischen Stahl- und Kohlevereinigung", der am 19. März d. J. in Paris von den Vertretern von sechs Ländern – Frankreichs, Westdeutschlands, Italiens, Belgiens, Hollands und Luxemburgs – unterzeichnet wurde und stellt den Plan der Gründung einer übermonopolistischen Vereinigung der Kohle- und Metallindustrie dieser Länder unter der faktischen Kontrolle der amerikanischen Monopole dar. Die materielle Grundlage dieses Planes ist die Verbindung der französischen Erzindustrie mit der westdeutschen Kohle- und Metallindustrie.

In wirtschaftlicher Hinsicht wird diese Vereinigung durch folgende Kennzeichen charakterisiert:

Der Kohleabbau umfasst in den Mitgliedsländern dieser Vereinigung im Jahr 1950 nach vorläufigen Angaben 217 Mio. Tonnen. Davon aus Westdeutschland – 111 Mio. Tonnen, in Frankreich – 51 Mio., Belgien – 28 Mio., Holland – 12 Mio., Italien – 1 Mio. und im Saarland – 14 Mio. Tonnen.

Die Stahlproduktion erreichte in diesen Ländern 1950 31,8 Mio. Tonnen. Hiervon in Westdeutschland – 12,1 Mio. Tonnen, Frankreich – 8,7 Mio., Belgien – 3,9 Mio., Holland – 0,5 Mio., Italien – 2,3 Mio., Luxemburg – 2,4 Mio. und Saarland 1,9 Mio.

Die amerikanischen Monopolisten beabsichtigen, die Industrien der westeuropäischen Länder zum Zwecke der Wiedererrichtung des militärisch-industriellen Potentials Westdeutschlands und Anpassung der Wirtschaft der Mitgliedsländer der Vereinigung an ihre aggressiven Pläne zur Vorbereitung eines dritten Weltkrieges auszunutzen und so in Westeuropa unter der Hegemonie der USA eine wirtschaftliche Basis des aggressiven Nordatlantikblocks zu schaffen. Unter dem Deckmantel einer solchen internationalen Vereinigung versuchen die amerikanischen Monopolisten ein breites Investitionsprogramm in der westdeutschen Industrie zu realisieren und ebenso eine nach außen für die französischen Regierungskreise annehmbarere Form der Einbeziehung Westdeutschlands und ihrer Wirtschaft in den aggressiven Nordatlantikblock zu schaffen. Gleichzeitig möchten die Regierungskreise der USA endgültig die Schwerindustrie des Ruhrgebiets von der Wirtschaft Deutschlands abtrennen und so mit den Potsdamer Beschlüssen in Bezug auf die wirtschaftlichen Prinzipien hinsichtlich Deutschlands brechen, ihre Kontrolle über Westdeutschland für den Fall festigen, dass das Besatzungsstatut aufgehoben werden muss und auch dem Bonner Staat den Anschein von Selbständigkeit und Ebenbürtigkeit zu gewährleisten und auf diese Weise seine Teilnahme am Nordatlantikblock erleichtern.

Die amerikanischen Monopolisten rechnen damit, ihre Vormachtstellung in der Europäischen Gemeinschaft für Kohle und Stahl zu sichern, indem sie dafür nicht nur die allgemeine politische und wirtschaftliche Abhängigkeit dieser Länder von den USA nutzen, sondern auch ihre unmittelbaren Beziehungen mit den europäischen Monopolisten.

Die amerikanischen Monopolisten haben umfangreiche Verbindungen mit deutschen und französischen (comité de forge) Monopolisten. Sie haben sogar spezielle Garantien für amerikanische Investitionen in der deutschen Industrie erreicht. In der geheimen Beilage zum Bonner Protokoll, das zwischen Adenauer und den Hohen Kommissaren im November 1949 abgeschlossen wurde, sind spezielle Bedingungen für die Beteiligung amerikanischen Kapitals an Betrieben vereinbart, die aus den Listen der der Demontage unterliegenden Firmen ausgenommen wurden, vereinbart. Entsprechend diesen Bedingungen haben die Amerikaner das Recht zur Investition von 51% des Grundkapitals in diesen Betrieben erhalten. In Zusammenhang damit schrieb das amerikanische Journal „Newsweek" Ende 1949, dass die USA beabsichtigen, ein breites Investitionsprogramm in der westdeutschen Industrie zu verwirklichen und dass „dieses Kapital wahrscheinlich über Frankreich abgewickelt wird: auf diese Weise werden Bedingungen zur Vereinigung der französischen und deutschen Industrie geschaffen. Nach vorliegenden Hinweisen wird England zur Gänze von diesem Plan ausgeschlossen". Auf solche Weise versuchen die amerikanischen Monopolisten über Beteiligung an deutschen und französischen Monopolen ihren Einfluss in der Vereinigung selbst zu gewährleisten.

Die amerikanischen Monopolisten nutzen dazu auch Kredite aus, die unmittelbar der neu geschaffenen Europäischen Gemeinschaft für Kohle und Stahl zur Verfügung gestellt werden. Diese Vereinigung wird selbstverständlich viel Kapital nötig haben, das ihr unter den gegenwärtigen Bedingungen nur die USA zur Verfügung stellen können. Der Vertrag über den „Schuman-Plan" sieht die Möglichkeit vor, dass die Vereinigung internationale Anleihen und Kredite erhält.

Die USA nutzen zur Sicherung ihres Einflusses in der Vereinigung auch die Verwaltungsorgane dieser Vereinigung aus, die aus sogenannten unabhängigen Personen bestehen werden, die die amerikanischen Monopolisten an die Spitze der Vereinigung stellen werden, indem sie ihren Einfluss in der Industrie und in den Regierungskreisen der Mitgliedsländer des „Schuman-Planes" nutzen.

Die Position Englands

Obwohl England aktives Mitglied des aggressiven Nordatlantikblocks ist, hat es sich dennoch nicht dem „Schuman-Plan" angeschlossen. Das erklärt sich daraus, dass die englischen Führungskreise gegen die Vereinigung der deutschen Kohle mit dem französischen Metall eintreten, weil sie darin eine ernsthafte Bedrohung für die englische Metallurgie sehen.

Die englische Metallindustrie ist vom französischen Erz und von der Ruhrkohle unabhängig. Darüber hinaus ist England äußerst stark am Export der Produktion seiner Kohle- und Metallindustrie auf den Weltmarkt interessiert. Ein bedeutender Teil der Kohle und des Kokses, die für die französische Metallindustrie nötig sind, wird beispielsweise gegenwärtig aus England bezogen. England nimmt unter den westeuropäischen Ländern im Kohleabbau und in der Stahlerzeugung den ersten Platz ein. So erreichte im Jahr 1950 der Kohleabbau in England ungefähr 220 Mio. Tonnen, also mehr als der Kohleabbau aller sechs Länder, die sich dem „Schuman-Plan" angeschlossen haben, die Stahlerzeugung erreichte 15,5 Mio. Tonnen, also mehr als die Stahlerzeugung Westdeutschlands, von der Erzeugung der anderen Mitgliedsländer des „Schuman-Planes" ganz zu schweigen.

Im Falle der Einbeziehung Englands in den „Schuman-Plan" geht die Kontrolle über die englische Metall- und Kohleindustrie zum wirklichen Besitzer der Vereinigung des „Schuman-Planes", den amerikanischen Monopolisten über, was die englischen Führungskreise wissen. Die englische Zeitung „Sunday Empire News" schrieb am 11. Juni, dass mit dem „Schuman-Plan" ein „Generalangriff auf den Kohle- und Stahlmarkt Englands" vorbereitet wird.

Ein Anschluss an den „Schuman-Plan" würde für England den Verlust jener Vorteile bedeuten, die die englische Industrie [...] auf den Weltmärkten hat, und erleichtert eine weitere Einengung des englischen Kapitals und des englischen Einflusses insgesamt in den Ländern des britischen Imperiums durch die amerikanischen Monopolisten. Die Einschätzung des „Schuman-Planes" betreffend schrieb Lord Beaverbrook am 26. Juni 1950 in der Zeitung „Daily Express": [„]Das Ziel dieses Planes ist es, England zu zwingen, in der europäischen Wirtschaft unterzugehen. Die Folge dieses Planes würde der Verlust der Dominions und Kanadas sein und der Übergang ihrer Wirtschaften zum Wirtschaftssystem der Vereinigten Staaten."

Widersprüche innerhalb der Mitgliedsländer des [Schuman-]Plans

Es gibt sogar ernsthafte Widersprüche unter den Mitgliedsländern des „Schuman-Plans". Wirtschaftlich erklärt sich das damit, dass ganz starke Unterschiede in der technischen Ausrüstung der Industrie, in der Arbeitsproduktivität und in den Selbstkosten der Kohleproduktion und der Metallindustrie in diesen Ländern existieren. So beläuft sich der Preis einer Tonne Kohle in Belgien auf 13,7 Dol., in Frankreich auf 10,0 Dol. und in Westdeutschland auf 7,9 Dol. Der Preis einer Tonne Rohstahl beläuft sich in Frankreich auf 50,2 Dol., in Belgien auf 47,0 Dol. und in Westdeutschland auf 46,6 Dol.

Der „Schuman-Plan" widerspricht den grundlegenden nationalen Interessen der Mitgliedsländer, da er die wirtschaftliche Grundlage der Unabhängigkeit und der Souveränität der westeuropäischen Länder untergräbt, indem ihnen die unmittelbare Verwaltung grundlegender Industriezweige wie die Kohle- und Metall[industrie] entzogen und sie in eine internationale Organisation überführt werden, die sich faktisch unter der Kontrolle des amerikanischen Kapitals befinden wird. Die amerikanischen Monopolisten werden hierbei ihre Bedingungen nicht nur in Bezug auf die Kohle- und Metallindustrie der westeuropäischen Länder diktieren, sondern auch in Bezug auf die Entwicklung anderer Industriezweige (Maschinenbau usw.) sowie den Transport und die Landwirtschaft, da diese Industriezweige von der Kohle- und Metallversorgung abhängig sind.

Die Widersprüche zwischen den westeuropäischen Ländern in Bezug auf den „Schuman-Plan" sind derart gravierend, dass die Verhandlungen, die seit fast 10 Monaten andauern, unter Abbruchgefahr standen, und nur der Druck der USA diesen Abbruch gegenwärtig verhindert. Ein offener Bruch der Verhandlungen über den „Schuman-Plan" wäre für die Regierungskreise der USA ungünstig, besonders angesichts des Umstands, dass die Verhandlungen der Vertreter der vier Mächte – der UdSSR, Englands, Frankreichs und der USA – über die Frage der Einberufung des Rates der Außenminister der vier Mächte zur Prüfung der Frage über die Remilitarisierung begonnen haben.

Die französischen Monopolisten rechnen damit, ebenso wie auch die deutschen Monopolisten, in der zu schaffenden Vereinigung eine Führungsrolle zu spielen, indem sie ihre Dienste dem amerikanischen Kapital zur Verfügung stellen. Die französischen und deutschen Monopolisten versuchten in den letzten Jahrzehnten kein einziges Mal im Kampf gegen die englische Metallindustrie eine Übereinkunft über eine Vereinigung der Kohle- und Stahlindustrie Frankreichs und Deutschlands zu erreichen. Nunmehr wird dies von ihnen unter der Führung der amerikanischen Monopolisten verwirklicht.

Die Paraphierung des Vertrages über die Gründung der „Europäischen Gemeinschaft für Kohle und Stahl" hebt die Widersprüche nicht auf, die zwischen den Mitgliedsländern des „Schuman-Planes" bestehen. Die westdeutsche Kohle- und Metallindustrie, die über eine mächtige Produktionsbasis verfügt und die niedrigsten Selbstkosten hat, wird freilich die Abbaunormen und die Produktionspreise vorgeben. Dies wird zur Verschärfung der Widersprüche innerhalb der Vereinigung führen und ein Teil der französischen, belgischen und anderer Betriebe, wie unrentabler, wird mit Beschluss des „nationalen Organs" geschlossen werden.

In den Kommentaren zum „Schuman-Plan" in der amerikanischen Presse wurde darauf verwiesen, dass eine bedeutsame Erhöhung der Kohle- und Stahlproduktion in Westeuropa gegenwärtig in erster Linie durch den Beitrag Westdeutschlands erreicht werden könnte, da es über Ressourcen ungenutzter Produktionskapazitäten verfügt, die es nach der Meinung deutscher Experten erlaubten, im Laufe der nächsten Jahre eine jährliche Erhöhung der Stahlproduktion im Umfang von 3–4 Mio. Tonnen zu gewährleisten, was im Jahr 1952 einen Stahlschmelzertrag bis zu 18–20 Mio. Tonnen erlaubt. Im Jahr 1950 erreichte die Erhöhung der Stahlproduktion in Westdeutschland ungefähr 3 Mio. Tonnen. Eine solche Verstärkung der Metallindustrie in Westdeutschland wird zu einer Änderung der Kräftekonstellation innerhalb der Vereinigung zugunsten Westdeutschlands und zu einer weiteren Verschärfung der Widersprüche zwischen den Mitgliedsländern des „Schuman-Planes" führen.

Der Wirkungsmechanismus des „Schuman-Planes"

Der „Schuman-Plan" sieht vor, dass an der Spitze der Vereinigung der Kohle- und Stahlindustrie der westeuropäischen Länder ein in seiner Tätigkeit von den Regierungen dieser Länder unabhängiges „nationales Organ" stehen wird. Dieses Organ wird aus einer Anzahl „kompetenter Personen" von einer allgemeinen Versammlung von Vertretern der Länder gewählt. Entsprechend dem „Schuman-Plan" verzichten die in der Vereinigung vertretenen Länder auf ihre souveränen Rechte in Bezug auf die Kontrolle über Produktion und Abbau von Kohle, Eisenerz, Gusseisen und Stahl, ebenso auf die Festsetzung der Preise für diese Waren und auf die Kontrolle der Kapitalinvestitionen in die Kohle- und Metallindustrie und übergeben diese Rechte dem genannten „nationalen Organ". Die Beschlüsse dieses „nationalen Organs" werden für die Regierungen der Mitgliedsländer verbindlichen Charakter haben. In einzelnen Fällen kann der Ministerrat der Mitgliedsländer des [Schuman-]Plans mit einstimmigem Beschluss die Beschlüsse des „nationalen Organs" aufheben.

Der „Schuman-Plan" sieht die Schaffung eines einheitlichen Marktes für Kohle und Metall in den westeuropäischen Mitgliedsländern dieses Plans vor. Beabsichtigt sind die Aufhebung von Zollbarrieren, diskriminierenden Maßnahmen auf dem Gebiet der Tarife für den Transport, die Aufhebung von Doppelpreisen und ebenso ein Verbot der Gewährung von Subventionen oder anderer Hilfe für konkurrierende Staaten. Auf diese Weise wird versucht, mehr oder weniger einheitliche Bedingungen für die Kohle- und Metallindustrie im Rahmen eines großen Marktes zu schaffen, der ein Gebiet mit einer Bevölkerung von 150 Millionen Menschen erfasst.

Der „Schuman-Plan" sieht einen bestimmten Zeitraum vor, im Laufe dessen der stetige Übergang von den gegenwärtig bestehenden nationalen Märkten hin zu einem einheitlichen Markt der Mitgliedsländer dieses Planes verwirklicht wird. Im Einklang damit wurde am 19. März d. J. neben dem Vertrag über die Gründung der „Europäischen Gemeinschaft für Kohle und Stahl" auch eine Übereinkunft paraphiert, die die sukzessive Inkraftsetzung des Mechanismus des „Schuman-Plans" vorsieht. So ist die Schaffung eines einheitlichen Marktes für Kohle innerhalb von 6 Monaten nach Ratifizierung des Vertrages und für Stahl innerhalb von 8 Monaten vorgesehen. Hierbei wird Belgien in einem Zeitraum von fünf Jahren nicht am gemeinsamen Markt für Kohle und Italien nicht an dem für Stahl teilnehmen.

Bei der Vereinigung wird eine „Ausgleichskasse" geschaffen, mit Hilfe derer Maßnahmen verwirklicht werden sollen, die der Schaffung einheitlicher technischer Bedingungen der Produktion und Arbeitsproduktivität in den verschiedenen Ländern, die durch den „Schuman-Plan" vereinigt werden, helfen. Große Aufmerksamkeit wird der Modernisierung der Produktion geschenkt werden, also der kapitalistischen Rationalisierung auf Kosten einer Verschlechterung der Lage der Arbeiterklasse. Aus dieser Kasse werden Betriebsinhaber, die zu hohen Kosten bei der Herstellung einheitlicher Preise eine bestimmte Entschädigung erhalten, produzieren. Diese Maßnahmen können natürlich nicht die Widersprüche innerhalb der Vereinigung aufheben.

Die gegenwärtig herrschenden Widersprüche zwischen den Mitgliedsländer des „Schuman-Plans", der Opposition Englands und auch der Protestbewegung gegen diesen gegen das Volk [gerichteten] Plan in den westeuropäischen Ländern werden große Schwierigkeiten bei der endgültigen Unterzeichnung des Vertrages durch die Minister über die Gründung der „Europäischen Vereinigung für Kohle und Stahl" und bei der Bestätigung dieses Vertrages durch die Parlamente der Mitgliedsländer der Vereinigung hervorrufen.

Für den 12. April d. J. ist in Paris eine Außenministerkonferenz für die endgültige Unterzeichnung des Vertrages und der Übereinkunft anberaumt.

28. März 1951
A. Arutjunjan

Dokument 10

RGASPI, f. 82, op. 2, d. 1348, S. 13f., 1. bzw. 3. 4. 1951

1. Der Vorschlag Gen. Puškins bezüglich des Auftretens der UdSSR (+ der DDR) in der Angelegenheit des „Schuman-Planes" ist zu überdenken, da dieser „Plan" auf die <u>Remilitarisierung</u> Westdeutschlands ausgerichtet ist (widerspricht den Potsdamer Beschlüssen usw.).
2. Solch ein Auftreten soll nicht aufgeschoben werden (wenn man von seiner Zweckmäßigkeit ausgeht).[174]
(3. Der Bericht von Gen. Arutjunjan sollte unter dem Gesichtsfeld des 1. Punktes ergänzt werden und entsprechend präzisiert den Politbüromitgliedern zugeschickt werden.)

<u>3. IV. 51   V. Molotov</u>[175]
<u>Geheim.</u>

<u>An Genossen V. M. Molotov</u>

Ich lege einen Bericht zur Frage des Schuman-Plans vor.
In Zusammenhang mit der Paraphierung des Vertrages über die Gründung der „Europäischen Gemeinschaft für Kohle und Stahl" wandte sich das Außenministerium der UdSSR

---

[174] Im Original: „esli ischodit' iz priznanija ego celesoobraznosti".
[175] Links unten die Aktennummer: Nr. 4213s/1. IV. 51. Auf der Rückseite: *„Beschluss am 3. IV. 51 geschickt an V. Zorin. Kravec"*.

an unsere Botschafter in den Ländern, die den Vertrag paraphiert haben, sowie an unseren Botschafter in England mit der Bitte, Vorschläge zu machen, ob, wie und in welcher Form die Sowjetunion auf den oben genannten Vertrag reagieren sollte.

Unser Botschafter in Rom, Gen. Kostylev, und der Geschäftsträger in Brüssel, Gen. Požidaev, denken, dass mit keiner offiziellen Erklärung zum Schuman-Plan aufzutreten sei. Der Botschafter der UdSSR in London, Gen. Zarubin, und der Botschafter der UdSSR in Den Haag, Gen. Zajcev, halten es für nötig, den Besatzungsmächten – USA, England und Frankreich – eine Protestnote zu schicken. Der politische Vertreter der UdSSR in Berlin, Gen. Puškin, hält es für nötig, sich mit einer Protestnote an die französische Regierung zu wenden und der Regierung der DDR zu raten, mit einer eigenen Erklärung zur Angelegenheit der Paraphierung des Entwurfes des Vertrages zum Schuman-Plan durch die Bonner Regierung aufzutreten. Gen. Pavlov übermittelte keine Vorschläge.

Das Außenministerium der UdSSR denkt seinerseits, dass es nicht zweckmäßig ist, gegenwärtig im Namen der Sowjetunion mit irgendeiner offiziellen Erklärung im Zusammenhang mit dem Schuman-Plan aufzutreten, da der Vertragsentwurf über die Gründung der „Europäischen Gemeinschaft für Kohle und Stahl" lediglich durch Experten paraphiert wurde und dieser Entwurf [erst] am 12. April d. J. in Paris auf der Konferenz der Außenminister der sechs Mitgliedsländer des Schuman-Planes geprüft wird.

Dem Umstand Rechnung tragend, dass sich in Westdeutschland gegenwärtig eine Bewegung gegen die Remilitarisierung entfaltet, erscheint es dennoch zweckmäßig, der Regierung der DDR zu empfehlen, mit einer Erklärung zur Frage der Paraphierung des Vertragsentwurfes über die Gründung der „Europäischen Gemeinschaft für Kohle und Stahl" durch die Bonner Regierung aufzutreten, in der die wahre Absicht dieses Planes entlarvt würde und in diesem Zusammenhang auch die Politik der Bonner Regierung.

Ich bitte um Ihre Anweisungen.

V. Zorin

1.IV.51
Nr. 152/V3

Für die Richtigkeit: *Kravec*

Dokument 11

RGASPI, f. 82, op. 2, d. 1334, S. 3–12, 5. 4. 1951

Kopie.
Geheim.

An Gen. I. V. Stalin

Hiermit lege ich einen kurzen Bericht über den „Schuman"-Plan vor, der von der Wirtschaftsabteilung des Außenministeriums der UdSSR vorbereitet wurde. Aus dem besagten Bericht geht hervor, dass der „Schuman"-Plan mit der Remilitarisierung Westdeutschlands zusammenhängt und eine grobe Verletzung des Potsdamer Abkommens im Hinblick auf die Grundsätze der Wirtschaftspolitik gegenüber Deutschland darstellt.

Vorschläge betreffend unsere Reaktion auf diese Maßnahme der westlichen Staaten werden vom Außenministerium zusätzlich vorgelegt.

V. Zorin

5. April 1951
Nr. 48/3K

Für die Richtigkeit: *N. Voinov*

Erging an die Gen. Molotov, Malenkov, Berija, Mikojan, Kaganovič, Bulganin, Chruščev

Kurzer Bericht über den „Schuman-Plan"

Der „Schuman-Plan" ist ein Vertrag über die Gründung der „Europäischen Gemeinschaft für Kohle und Stahl", der am 19. März dieses Jahres von den Vertretern der sechs Länder – Frankreich, Westdeutschland, Italien, Belgien, Holland und Luxemburg in Paris paraphiert wurde. Es ist der Plan einer supermonopolistischen Gemeinschaft der Stahl- und Kohleindustrie dieser Länder unter der faktischen Kontrolle amerikanischer Monopolgesellschaften. Die materielle Grundlage dieses Plans stellt die Kombinierung der französischen Stahlindustrie mit der westdeutschen Stahl- und Kohleindustrie dar.

Unter dem wirtschaftlichen Aspekt besitzt diese Gemeinschaft folgende Merkmale.

Nach vorläufigen Angaben betrug die Kohleförderung in den Mitgliedsländern der Gemeinschaft 1950 217 Mio. Tonnen. Darunter in Westdeutschland – 111 Mio. T., in Frankreich – 51 Mio., Belgien – 28 Mio., Holland – 12 Mio., Italien – 1 Mio., im Saargebiet – 14 Mio. T.

Die Stahlproduktion in diesen Ländern betrug 1950 31,8 Mio. T. Darunter in Westdeutschland – 12,1 Mio. T., in Frankreich – 8,7 Mio., Belgien – 3,8 Mio., Holland – 0,5 Mio., Italien – 2,3 Mio., Luxemburg – 2,4 Mio. und im Saargebiet – 1,9.

Mithilfe dieser Gemeinschaft der Kohle- und Stahlindustrie der westeuropäischen Länder bezwecken amerikanische Monopolgesellschaften den Wiederaufbau des Rüstungspotentials Westdeutschlands, die Anpassung der Volkswirtschaften der Mitgliedsländer an ihre aggressiven Pläne zur Vorbereitung eines dritten Weltkrieges sowie die Schaffung der wirtschaftlichen Basis für den unter der amerikanischen Hegemonie stehenden aggressiven Nordatlantischen Block in Westeuropa.

Die Anhänger des „Schuman-Planes" selbst verheimlichen den militärischen Zweck der Gemeinschaft für Kohle und Stahl der westeuropäischen Länder nicht. Bekannt ist die Aussage von Schuman aus dem Jahr 1950 an Bord der „Ile de France" vor der Abreise aus New York. Damals sagte Schuman, laut dem Bericht der Zeitung „[Le] Monde", dass „der Plan der Gemeinschaft der Stahl- und Kohleressourcen europäischer Länder einen Weg für die militärische Zusammenarbeit für die daran interessierten Länder – Deutschland, Frankreich, Italien, Belgien, Holland und Luxemburg – öffnen kann".

In seiner Ansprache vor den Vertretern westeuropäischer Industrieunternehmen und Banken in Düsseldorf erklärte der amerikanische Oberkommissar McCloy, dass „der Schuman-Plan ein wichtiger Beitrag zur Gewährleistung der europäischen Sicherheit ist.

Die Einstellung der USA

Unter dem Deckmantel der EGKS versuchen die regierenden Kreise Amerikas eine für die französischen Regierungskreise akzeptable Form zu schaffen, die auf die Eingliederung Westdeutschlands mit seiner Industrie in den aggressiven Nordatlantischen Block hinausläuft. Dabei soll die Gemeinschaft dem Bonner Staat den Anschein der Selbstständigkeit und Gleichberechtigung verleihen und seine Beteiligung am Nordatlantischen Block erleichtern. Gleichzeitig beabsichtigen die Regierungskreise der USA eine endgültige Trennung der Schwerindustrie des Ruhrgebietes von der deutschen Wirtschaft, womit sie den Potsdamer Vertrag in punkto der Grundsätze der Wirtschaftspolitik gegenüber Deutschland endgültig beenden und ihre Kontrolle über Westdeutschland festigen werden, falls es zur Abschaffung des Besatzungsstatuts kommt.

Amerikanische Monopolgesellschaften beabsichtigen ferner, ihre hegemoniale Position in der EGKS zu sichern, indem sie zu diesem Zweck nicht nur die gesamtpolitische und wirtschaftliche Abhängigkeit dieser Länder von den USA, sondern auch ihre eigenen direkten Verbindungen mit den europäischen Monopolgesellschaften ausnutzen.

Die amerikanischen Monopolgesellschaften verfügen über weitgehende Verbindungen zu den deutschen und französischen Monopolgesellschaften (comité de forge). Sie haben sogar besondere Garantien für amerikanische Kapitalinvestitionen in der deutschen Wirtschaft erreicht. Die geheime Anlage zu dem zwischen Adenauer und dem Hohen Kommissar im November 1949 unterzeichneten Bonner Protokoll enthält Klauseln über besondere Konditionen der amerikanischen Kapitalbeteiligung an den aus der Demontageliste entfernten Betrieben. Nach diesen Konditionen haben die Amerikaner das Recht auf Investitionen von 51% des Grundkapitals dieser Betriebe erhalten. In diesem Zusammenhang berichtete die Zeitschrift „Newsweek" Ende 1949, dass die USA die Realisierung eines breit angelegten Programms von Kapitalinvestitionen in die westdeutsche Wirtschaft planen, und dass „diese Kapitalmengen wahrscheinlich über Frankreich transferiert werden, womit Bedingungen für die Zusammenführung der französischen und der deutschen Wirtschaft geschaffen werden. Offenbar wird England von diesem Plan völlig ausgeschlossen sein." Auf diese Weise werden sich die amerikanischen Monopolgesellschaften bemühen, durch die Beteiligung an den deutschen und französischen Monopolgesellschaften ihren Einfluss innerhalb der Gemeinschaft selbst zu sichern.

Die amerikanischen Monopolgesellschaften benutzen zu diesem Zweck auch Kredite, die unmittelbar der neu gegründeten Europäischen Gemeinschaft für Kohle und Stahl zur Verfügung gestellt werden. Diese Gemeinschaft wird natürlich auf große Kapitalinvestitionen angewiesen sein, die nur durch die USA bereitgestellt werden können. Mit dem Vertrag über den „Schuman-Plan" ist auch die Möglichkeit vorgesehen, internationale Anleihen und Kredite zu erhalten.

Zur Sicherung ihres Einflusses innerhalb der Gemeinschaft benutzen die USA auch die Führungsorgane der Gemeinschaft, die aus sog. „unabhängigen" Personen bestehen sollen, d. h. im Grunde aus Personen, die von amerikanischen Monopolgesellschaften an die

Spitze der Gemeinschaft gesetzt werden, indem diese ihren Einfluss in den Industrie- und Regierungskreisen der Mitgliedsländer des „Schuman-Planes" geltend machen.

Die Position Englands

Trotz seiner aktiven Mitgliedschaft im aggressiven Transatlantischen Block ist England dem „Schuman-Plan" nicht beigetreten. Dies erklärt sich daraus, dass die englischen Führungskreise gegen die Gemeinschaft der deutschen Kohle mit dem französischen Stahl auftreten, weil sie darin eine ernsthafte Gefahr für die englische Stahlindustrie sehen.

Die englische Stahlindustrie ist von dem französischen Erz und von der Kohle aus dem Ruhrgebiet unabhängig. England ist vielmehr selbst am Export eigener Stahl- und Kohleproduktion auf den Weltmarkt interessiert. Derzeit stammt z. B. ein erheblicher Anteil der für die französische Stahlindustrie notwendigen Kohle und des Kokses aus England. Gemessen an der Kohleförderung und Stahlproduktion liegt England unter den westeuropäischen Staaten an 1. Stelle. So betrug 1950 die geförderte Kohlemenge ca. 220 Mio. Tonnen, d. h. mehr als die Gesamtmenge der Kohleförderung aller sechs dem „Schuman-Plan" beigetretenen Staaten. Die Menge der Stahlproduktion betrug 16,5 Mio. T., d. h. mehr als die Stahlproduktion Westdeutschlands, geschweige denn die Stahlproduktion anderer Staaten, die Mitglieder des „Schuman-Plans" sind.

Im Falle des Beitritts Englands zum „Schuman-Plan" geht die Kontrolle über die englische Stahl- und Kohleindustrie an die wahren Drahtzieher der Gemeinschaft nach dem „Schuman-Plan" – an amerikanische Monopolgesellschaften über, was den Führungskreisen Englands wohlbekannt sein müsste. Die englische Zeitung „Sunday Empire News" schrieb am 11. Juni, dass mit dem „Schuman-Plan" ein Generalangriff auf den englischen Stahlexportmarkt vorbereitet wird.

Der Beitritt zum Schuman-Plan führt England zum Verlust jener Vorteile, die die englische Industrie dank des Systems der Präferenzen auf den imperialen Märkten genießt, und würde ferner die Verdrängung des englischen Kapitals und generell des englischen Einflusses aus den Ländern des Britischen Imperiums durch amerikanische Monopolgesellschaften begünstigen. In seiner Einschätzung des „Schuman-Plans" schrieb Lord <u>Beaverbrook</u> am 26. Juni 1950 in der Zeitung „Daily Express": „Das Ziel dieses Plans ist es, England zu zwingen, in der europäischen Wirtschaft unterzugehen. Dies könnte zum Verlust der Dominions und Kanadas führen sowie zum Übergang zum Wirtschaftssystem der USA."

Widersprüche zwischen den Mitgliedsstaaten

Zwischen den Mitgliedsländern des „Schuman-Plans" bestehen ernsthafte Widersprüche. Wirtschaftlich kann man sie damit erklären, dass es ziemlich krasse Unterschiede im technischen Entwicklungsstand der Industrie, in der Produktivität und in dem Selbstwert der Stahl- und Kohleproduktion in diesen Ländern gibt. So liegt der Durchschnittspreis einer Tonne Kohle in Belgien bei 13,7, in Frankreich – bei 10,1 und in Westdeutschland bei 7,9 Dollar. Der Preis einer Tonne Rohstahls liegt bei 50,2 Dollar in Frankreich, bei 47,0 Dollar in Belgien und 46,6 Dollar in Westdeutschland.

Der „Schuman-Plan" widerspricht den ureigenen nationalen Interessen der Mitgliedsstaaten, weil er die wirtschaftliche Grundlage der Unabhängigkeit und Souveränität der westeuropäischen Staaten untergräbt, indem er die Schlüsselzweige der Industrie – Stahl- und Kohleindustrie – ihrer unmittelbaren Kontrolle entzieht und sie auf eine internationale Organisation überträgt, die de facto durch das amerikanische Kapital kontrolliert wird. Die amerikanischen Monopolgesellschaften werden dabei ihre Spielregeln nicht nur bezüglich der Stahl- und Kohleindustrie der westeuropäischen Staaten, sondern auch im Hinblick auf die Entwicklung anderer Industriezweige (Maschinenbau u. a.), des Verkehrswesens und der Landwirtschaft diktieren, da diese Wirtschaftsbereiche auf die Stahl- und Kohleversorgung angewiesen sind.

Die Widersprüche zwischen den westeuropäischen Staaten bezüglich des „Schuman-Plans" sind so ernst, dass die bereits 10 Monate andauernden Verhandlungen kurz vor dem Abbruch standen. Nur durch Druck der USA gelang es, diesen Abbruch derzeit abzuwenden. Der offene Abbruch der Verhandlungen über den „Schuman-Plan" wäre für die amerikanischen Regierungskreise ungünstig, besonders nach dem Beginn der Verhandlungen zwischen den Vertretern der vier Staaten – der UdSSR, Englands, Frankreichs und der USA – über die Einberufung eines Außenministerrates dieser Staaten, der die Frage der Demilitarisierung Deutschlands behandeln sollte.

Sowohl die französischen als auch die deutschen Monopolgesellschaften rechnen damit, in der neu gegründeten Gemeinschaft eine führende Rolle zu spielen, indem sie ihre Dienste dem amerikanischen Kapital anbieten. Im Kampf gegen die englische Metallindustrie versuchten die französischen und deutschen Monopolgesellschaften mehrmals eine Vereinbarung über die Gemeinschaft der Kohle- und Stahlindustrie Frankreichs und Deutschlands zu treffen. Nun wird sie unter der Aufsicht amerikanischer Monopolgesellschaften realisiert.

Die Paraphierung des Vertrages über die Gründung der „Europäischen Gemeinschaft für Kohle und Stahl" beseitigt nicht die zwischen den Mitgliedsstaaten des „Schuman-Plans" bestehenden Widersprüche. Die westdeutsche Kohle- und Stahlindustrie, die über die größte Produktionskapazität verfügt und den niedrigsten Produktionswert aufweist, wird die Normen der Kohleförderung und die Preise vorgeben. Dies wird zur Verschärfung der Widersprüche innerhalb der Gemeinschaft führen; ein Teil französischer, belgischer und anderer Betriebe werden als unrentable Betriebe aufgrund der Entscheidung eines „supranationalen Organs" geschlossen werden.

In den Kommentaren der amerikanischen Presse zum „Schuman-Plan" wurde darauf hingewiesen, dass eine wesentliche Steigerung der Stahl- und Kohleproduktion in Westeuropa derzeit nur dank Westdeutschland erreicht werden kann, da es über unverbrauchte Produktionsressourcen verfügt. Nach der Einschätzung deutscher Experten erlauben sie in den nächsten Jahren einen jährlichen Zuwachs in Höhe von 3–4 Mio. T. Stahlproduktion, was 1952 zu einer Gesamtstahlproduktion von 18–20 Mio. T. führen würde. 1950 lag der Zuwachs der Stahlproduktion in Deutschland bei 3 Mio. T. Eine solche Verstärkung der Stahlindustrie Westdeutschlands wird eine Verschiebung des Kraftverhältnisses innerhalb der Gemeinschaft zugunsten Deutschlands und eine weitere Verschärfung der Widersprüche zwischen den Mitgliedern des „Schuman-Plans" zur Folge haben.

<u>Der Wirkungsmechanismus des „Schuman-Plans"</u>

Der Schuman-Plan sieht an der Spitze der Gemeinschaft der Kohle- und Stahlindustrie westeuropäischer Länder ein von den Regierungen dieser Länder unabhängig agierendes „supranationales Organ" vor. Dieses Organ wird aus dem Kreise „kompetenter Personen" auf der Generalversammlung der Länderrepräsentanten gewählt. Laut dem „Schuman-Plan" verzichten die Mitgliedsländer der Gemeinschaft auf die souveränen Kontrollrechte über die Produktion und über den Absatz von Kohle, Eisenerz, Roheisen und Stahl, ferner über die Preisbestimmung für diese Warengruppe sowie auf die Kontrolle über die Kapitalinvestitionen in die Kohle- und Stahlindustrie, indem sie diese Rechte an das besagte „supranationale Organ" übergeben. Die Entscheidungen dieses „supranationalen Organs" haben für die Regierungen der Mitgliedsländer einen verbindlichen Charakter. In Einzelfällen kann der Ministerrat der Mitgliedsländer mit einem einstimmigen Beschluss die Entscheidung des „supranationalen Organs" aufheben.

Mit dem „Schuman-Plan" soll in den westeuropäischen Mitgliedsstaaten ein gemeinsamer Markt für Kohle und Stahl geschaffen werden. Damit sind die Aufhebung der Zollbarrieren, Diskriminierungsmaßnahmen im Bereich der Transporttarife, der Doppelpreise, und auch das Verbot der Subventionshilfe für die den Wettbewerb praktizierenden Staaten gemeint. Auf diese Weise sollen im Rahmen eines großen, ein Gebiet mit 150 Mio. Einwohnern umfassenden Marktes mehr oder weniger gleiche Bedingungen für die Kohle- und Stahlindustrie geschaffen werden.

Der „Schuman-Plan" sieht eine Übergangsfrist für eine allmähliche Fusionierung von bestehenden nationalen Märkten zu einem gemeinsamen Markt der Mitgliedsstaaten vor. Angesichts dessen wurde am 19. März dieses Jahres neben dem Vertrag über die Gründung einer „Europäischen Gemeinschaft für Kohle und Stahl" ein Abkommen paraphiert, das ein sukzessives Inkrafttreten des Mechanismus des „Schuman-Plans" vorsieht. So ist die Schaffung eines gemeinsamen Marktes für Kohle nach 6 Monaten und für Stahl nach 8 Monaten ab der Vertragsratifizierung geplant. Dabei wird Belgien 6 Monate an dem gemeinsamen Markt für Kohle, und Italien 8 Monate an dem gemeinsamen Markt für Stahl nicht teilnehmen.

Innerhalb der Gemeinschaft wird eine „Ausgleichskasse" entstehen, mit deren Hilfe Maßnahmen zur Schaffung von gleichen technischen Produktions- und Produktivitätsbedingungen in verschiedenen Mitgliedsländern des „Schuman-Plans" realisiert werden. Ein besonderes Augenmerk gilt der Modernisierung, d. h. der kapitalistischen Rationalisierung der Produktion, die auf Kosten der Arbeiterklasse umgesetzt werden bzw. die Verschlechterung ihrer Lage zur Folge haben wird. Bei einheitlichen Preisen werden aus dieser Kasse die Besitzer derjenigen Betriebe entschädigt, die zu hohen Selbstkosten produzieren. Diese Maßnahmen können die innerhalb der Gemeinschaft bestehenden Widersprüche nicht beseitigen.

Die derzeit zwischen den Mitgliedsländern des „Schuman-Plans" bestehenden Widersprüche, die Gegenposition Englands sowie die Protestbewegung in den westeuropäischen Ländern gegen diesen volksfeindlichen Plan werden zu großen Komplikationen bei der endgültigen Unterzeichnung des Vertrages über die Gründung der „Europäischen Gemeinschaft für Kohle und Stahl" durch die Minister und bei der Ratifizierung dieses Vertrages durch die Parlamente der Mitgliedsländer führen.

Für den 12. April ist in Paris eine Außenministerkonferenz zur endgültigen Unterzeichnung des Vertrages und Abkommens anberaumt. Es sollen noch ungelöste Fragen behandelt werden, unter anderem die der Anteile der einzelnen Länder im System des „Schuman-Plans", der Abschaffung des internationalen Organs für das Ruhrgebiet und des Sitzes der Verwaltung, die im „Schuman-Plan" vorgesehen sind.

Der „Schuman-Plan" widerspricht dem Potsdamer Abkommen

Der „Schuman-Plan" widerspricht scharf den wirtschaftlichen Richtlinien des Potsdamer Abkommens im Zusammenhang mit Deutschland. Das Potsdamer Abkommen sieht die

Liquidierung des deutschen Rüstungspotentials vor und lenkt das Hauptaugenmerk auf die Entwicklung der zivilen Industrie Deutschlands. Dabei unterliegt die Stahlerzeugung strenger Kontrolle und Einschränkungen gemäß dem von den vier Staaten gebilligten Niveau des zivilen Bedarfes Deutschlands. Der „Schuman-Plan" hat dagegen die Wiederherstellung des Rüstungspotentials Westdeutschlands zum Hauptziel.

Die Besatzungsmächte treffen schon jetzt praktische Maßnahmen zur Reorganisierung der Ruhrindustrie gemäß dem „Schuman-Plan". Am 3. April haben die Besatzungsmächte der drei Westmächte die Bonner Regierung über eine neue Kontrollrichtlinie für die Industrie informiert, die die Einschränkungen für die westdeutsche Industrieproduktion aufhebt und die Rüstungsproduktion zulässt. Es wurde eine Menge der Stahlproduktion erlaubt, die die früher bestimmte Quote von 11,1 Mio. T. pro Jahr übersteigt, weil sie den „gemeinsamen Anstrengungen" des Westens zur Kriegsvorbereitung entspricht.

Diese Maßnahmen zur Remilitarisierung der westdeutschen Wirtschaft zeigen, dass die französische und englische Regierung vor den Forderungen der USA in dieser Frage endgültig kapituliert haben. Die Regierungskreise der USA beschleunigen damit die Wiederherstellung des Rüstungspotentials Westdeutschlands und verletzen damit grob die internationalen Verpflichtungen im Sinne des Potsdamer Abkommens.

Arutjunjan

4. April 1951

Dokument 12

RGASPI, f. 82, op. 2, d. 1334, S. 13–20, 11. 5. 1951

An Genossen V. M. Molotov

Ich lege Ihnen einen Informationsbericht über die Lage in der Sozialdemokratischen Partei Deutschlands vor, der im Auftrag der Außenpolitischen Kommission ZK VKP(b) erstellt wurde.

Der Vorsitzende der Außenpolitischen
Kommission des ZK der VKP(b)   /V. Grigor'jan/   V. Grigorj'an

„11". Mai 1951

Nr. 25-S-835

Streng geheim

Informationsbericht

Über die Lage in der Sozialdemokratischen Partei Deutschlands

Die Sozialdemokratische Partei ist die größte Partei Westdeutschlands. Sie hat 736 000 Mitglieder, von denen die Hälfte Arbeiter sind. Die Partei besteht aus 21 Bezirks- und 9000 lokalen Basisorganisationen. Der Zentralvorstand besteht aus 30 Mitgliedern, das Sekretariat aus 6 Personen. Der Vorsitzende der Partei ist Kurt Schumacher, sein Stellvertreter Erich Ollenhauer. Die SPD gibt 23 Zeitungen mit der Gesamtauflage von mehr als 2,5 Mio. Exemplaren heraus. Das Zentralorgan der Partei ist die Zeitung „Vorwärts", ihre theoretische Zeitschrift „Das sozialistische Jahrhundert".

Bei den Bundestagswahlen 1949 hat die SPD 29,2% Stimmen bekommen und wurde somit zur zweitgrößten Partei des Bundestages. Bei den Landtagswahlen 1950 und 1951 haben die Sozialdemokraten 27 bzw. 36% aller Stimmen erhalten, in Westberlin 44,7%. Im Vergleich zu den Landtagswahlen 1949 hat die SPD zwischen 5 und 12% Stimmen zugunsten neofaschistischer Parteien verloren. Unter dem Einfluss der SPD stehen: „Deutscher Gewerkschaftsbund" – 5 Mio. Mitglieder, „Sozialistische Arbeiterjugend" – 300 Tausend Mitglieder, „Sportjugend" – 400 Tausend Mitglieder und die Organisation „Falken" – 150 Tausend Mitglieder.

Die SPD besitzt kein politisches Programm und orientiert sich in ihren Programmrichtlinien am „demokratischen Sozialismus" der englischen Labour-Party. Als Satzung der SPD gelten die 1946 verabschiedeten „Organisationsprinzipien", die lediglich das Verfahren der Einberufung der Konferenzen und der Parteikongresse definieren. Die ganze innerparteiliche Arbeit wird durch einzelne Beschlüsse des Sekretariats des Zentralvorstands geregelt, was zuletzt zur Verstärkung der Diktatur der Schumacher-Clique innerhalb der Partei geführt hat.

<u>Die Politik der rechten Sozialdemokraten</u>

Formell hat sich die SPD zur Opposition gegenüber den bürgerlichen Parteien im Bundestag erklärt, de facto arbeitet sie mit ihnen voll zusammen. Fast alle volksfeindlichen Gesetze im Bundestag wurden unter aktiver Mitwirkung der rechten Sozialdemokraten beschlossen. Zusammen mit den bürgerlichen Parteien sind die Sozialdemokraten an allen Kommissionen und Ausschüssen der Bonner „Regierung" beteiligt, manche führen sie direkt an. Die Führung der SPD unterstützt alle Maßnahmen der westlichen Besatzungsmächte und tritt offen gegen die Schließung eines Friedensvertrages auf der Basis des Potsdamer Abkommens sowie gegen den Abzug der Besatzungsmächte aus dem westdeutschen Gebiet auf.

Eine besonders reaktionäre Politik vertreten die rechten Sozialdemokraten in Fragen der deutschen Einheit, des Friedenskampfes und der Remilitarisierung Westdeutschlands. Zur Herstellung der deutschen Einheit fordern sie eine bedingungslose Unterordnung von „Ostdeutschland" unter das Regime der Bonner „Regierung" und die Durchführung gesamtdeutscher Wahlen unter der Aufsicht der Besatzungsmächte. Den einzigen Weg zur Friedenserhaltung sehen sie in der „Verstärkung der Militärmacht des Westens gegenüber dem Osten". Die Schumacher-Anhänger befürworten den „Beitrag Westdeutschlands" zur „Verteidigung des Westens", seine Remilitarisierung unter Voraussetzung der „Garantien" seitens der westlichen Staaten, der Gleichheit im Rahmen der Atlantischen Allianz, der Verstärkung der militärischen Präsenz der Besatzungsmächte auf dem westdeutschen Gebiet, die aggressive militärische Aktionen ostwärts der Oder ermöglichen würden.

Die Einstellung der rechten Sozialdemokraten in Fragen der Remilitarisierung ist in einem geheimen Memorandum Schumachers an Adenauer vom Februar dieses Jahres formuliert worden. Aus dem Memorandum geht hervor, dass das Ziel der Remilitarisierung in „der Schaffung einer Lage bestehen sollte, die dem Westen die Führung eines Angriffskrieges gegen die Sowjetunion und gegen die Länder der Volksdemokratie" ermöglicht.

Zum Zwecke der Remilitarisierung hält Schumacher Folgendes für notwendig: auf die Politik der freien Marktwirtschaft zu verzichten und eine staatliche Regulierung der westdeutschen Wirtschaft einzuführen; eine Finanzhilfe für die Remilitarisierung Westdeutschlands seitens der westlichen Staaten bereitzustellen; mächtige Streitkräfte der westeuropäischen Staaten auf dem westdeutschen Gebiet zu konzentrieren; die volle politische Gleichstellung Westdeutschlands innerhalb der Nordatlantischen Allianz zu erreichen; die Gleichstellung der westdeutschen Streitkräfte mit denen anderer westlicher Mitgliedsstaaten der Nordatlantischen Allianz zu erwirken.

Ohne diese Bedingungen, heißt es im Memorandum, führt die „Remilitarisierung dazu, dass sich Deutschland zu einem Kriegsschauplatz und einem Verteidigungsvorfeld des Westens verwandelt. Unter diesen Umständen wird die Kampfmoral und Kampfbereitschaft der deutschen Streitkräfte mangelhaft sein". Man solle, behauptet Schumacher, das Interesse der westlichen Staaten am Militärpotential Deutschlands nutzen, um von ihnen die Erfüllung der Forderungen nach den Voraussetzungen für die Remilitarisierung zu erreichen.

Ihr grundsätzliches Einverständnis mit der Remilitarisierung haben die Schumacheristen während des Besuches gezeigt, den Ollenhauer General Eisenhower in Homburg abstattete. Hier wurde eine endgültige Vereinbarung zwischen Adenauer und der rechten Führung der SPD über eine gemeinsame Durchführung der Remilitarisierungspläne getroffen. Über die Ergebnisse dieser Beratungsrunde berichtete Schumacher in Heidelberg: „Die Sozialdemokratische Partei ist grundsätzlich zu einer Zwei-Parteien-Verteidigungspolitik bereit". In zahlreichen Sitzungen hat er sich mehrmals aggressiv gegen die Deutsche Demokratische Republik geäußert, indem er behauptete: „Die Sozialdemokraten sind wieder bereit, Waffen zu tragen." „Wir sollen für jeden Quadratmeter im Osten kämpfen". In seiner Rede im Bundestag am 9. März dieses Jahres hat Schumacher Adenauer voll darin unterstützt, dass es zwecks „internationaler Sicherheitsgarantien" notwendig sei, das amerikanische Besatzungsregime auf das Gebiet der Deutschen Demokratischen Republik und auf die westlichen Gebiete Polens auszuweiten.

In ihrem Versuch, die laufende Remilitarisierung zu verdecken, haben die Schumacheristen zuletzt eine breite Propagandakampagne gegen die Sowjetunion und die Deutsche Demokratische Republik begonnen. Die Sozialdemokratische Presse ist voller Angriffe gegen die Sowjetunion. Die Schumacheristen organisieren regelmäßig Propagandakampagnen zur Verteidigung der Kriegsgefangenen und für die Rückkehr der Umsiedler in die Heimat. Alle diese Kampagnen sind von revanchistischen Forderungen begleitet. Zusammen mit Adenauer haben die rechten Sozialdemokraten aktiven Anteil an der Unterdrückung der Bewegung gegen die Remilitarisierung und für die Verbesserung der wirtschaftlichen Lage der Arbeiter und verhindern auf allen möglichen Wegen einheitliche Vorgehensweisen der Arbeiter. Die Schumacher-Anhänger unterstützen aktiv das von der Bonner Regierung verhängte Verbot der Durchführung einer Volksabstimmung gegen die Remilitarisierung. Sie haben direkte Kontrolle über die Gewerkschafts- und Jugendorganisationen übernommen und unterdrücken dort jede Bewegung für die Durchführung der Volksabstimmung.

Die rechten Sozialdemokraten haben jetzt intensive Aktivitäten zur Korrumpierung und moralischen Zersetzung breiter Bevölkerungsschichten entfaltet. Sie schaffen es, die wachsende Unzufriedenheit der Metall- und Bergarbeiter des Ruhrgebiets mittels der Verteilung amerikanischer Lebensmittelpakete und anderen Vergünstigungen niederzuhalten. Es ist ihnen gelungen, eine Entschädigung aller Opfer des Faschismus, darunter auch der Kommunisten zu erwirken, die eine Zahlung von 1 bis 3 DM für jeden Tag der Gefängnis- bzw.

KZ-Haft vorsieht. Manche Personen haben bis 15 Tausend DM Entschädigungsgeld bekommen. Eine weitere Maßnahme betraf die Kriegsgefangenen, die für jeden Tag der Gefangenschaft je 1 Mark erhalten haben, sowie die Ausbezahlung hoher Renten an die Offiziere. Im großen Stil betreiben die Amerikaner die Bestechung von Gewerkschaftsfunktionären über die Auszahlung von finanzieller Unterstützung. Laut den Aussagen der Führung der Kommunistischen Partei Deutschlands haben diese Maßnahmen der Schumacheristen und der westlichen Besatzungsmächte breite Bevölkerungsschichten demoralisiert und ihren Kampfgeist geschwächt.

Die wachsende Unzufriedenheit in den Reihen der SPD

Die Politik der SPD-Führung hat eine sichtbare Unzufriedenheit unter vielen Mitgliedern und Funktionären der SPD hervorgerufen. Diese Unzufriedenheit ist gestiegen, nachdem Schumacher den Vorschlag der Kommunistischen Partei, gemeinsam gegen die Remilitarisierung vorzugehen, abgelehnt hatte. Laut der deutschen Presse haben in den letzten Monaten mehr als 160 Tausend Mitglieder aus Protest gegen die Politik Schumachers die Partei verlassen. Ihren Austritt aus der Partei haben viele mit der „vagen Haltung der SPD-Führung in der Frage der Remilitarisierung" und mit dem „Fehlen eines wirtschaftlichen und sozialpolitischen Programms in der SPD" begründet.

Ein Großteil der Sozialdemokraten tritt aktiv gegen die Remilitarisierung und für die Verbesserung der wirtschaftlichen Lage der Arbeiter auf. In Hamburg, München, Dortmund und Hannover haben gemeinsame Konferenzen von Sozialdemokraten und Kommunisten stattgefunden, bei denen ein gemeinsamer Kampf gegen die Remilitarisierung beschlossen wurde. In vielen Industriezentren nehmen die Sozialdemokraten zusammen mit Kommunisten an der Bewegung für die Erhöhung der Löhne im Zusammenhang mit dem Preisanstieg teil. In einer Reihe von Fabriken des Ruhrgebietes, in Hamburg und München haben sie zusammen mit Kommunisten gemeinsame Aktionskomitees gegen die Remilitarisierung geschaffen. Häufig organisieren die Sozialdemokraten zusammen mit Kommunisten Versammlungen und Demonstrationen und fordern dabei das Ende der Remilitarisierung und die Verbesserung der wirtschaftlichen Lage der Arbeiter. Zahlreiche Funktionäre der SPD aus Nürnberg und Niedersachsen unterzeichneten zusammen mit Kommunisten Erklärungen an die Landesregierungen, in denen sie eine Volksabstimmung gegen die Remilitarisierung fordern.

Am 22. März dieses Jahres fand in Frankfurt am Main, initiiert durch die Organisation „Sozialdemokratische Aktion", eine Konferenz oppositioneller Sozialdemokraten statt. An der Konferenz nahmen ca. 1000 SPD-Funktionäre aus ganz Westdeutschland teil. Die Konferenz empfing mehr als 1000 Grußworte, viele davon kamen von Basisorganisationen. Unter den Konferenzteilnehmern befanden sich SPD-Abgeordnete, Bürgermeister, Stadträte, Vorsitzende von SPD-Kreisverbänden, Gewerkschaftsfunktionäre, Betriebsratsvorsitzende, Vertreter der Jugendorganisation „Falken".

Auf der Konferenz wurde die Lage Westdeutschlands diskutiert und die politische Führung durch Schumacher scharf kritisiert. Außerdem wurde ein Appell an alle Mitglieder der SPD beschlossen, der die Forderung nach einem gemeinsamen Kampf gegen die Remilitarisierung und für den Abschluss eines Friedensvertrages noch 1951 enthält. Die Konferenzteilnehmer haben ein ständiges „Aktionskomitee" zur Durchführung der Volksabstimmung gegen die Remilitarisierung gewählt.

Die Bewegung innerhalb der SPD hat eine große Besorgnis in der Parteileitung hervorgerufen. Im März und April dieses Jahres haben alle prominenten SPD-Führer mit Schumacher an der Spitze in allen großen Städten die Versammlungen des Parteiaktivs durchgeführt. Dabei erteilten sie eine Anweisung, jede Selbstorganisierung unzufriedener Parteimitglieder zur Opposition zu verhindern. Alle, die „gegen die Linie des Zentralvorstandes" sind, sollen aus der Partei ausgeschlossen und isoliert werden. Nach diesen Versammlungen wurden viele Parteimitglieder, Funktionäre und Bürgermeister, insbesondere aus Nürnberg, aus der Partei ausgeschlossen.

Die Verstärkung des amerikanischen Einflusses in der SPD

Innerhalb der Partei findet ein andauernder Kampf zwischen den Anhängern der amerikanischen und englischen Orientierung in der Parteipolitik statt. Dieser Kampf hat bereits dazu geführt, dass die Führung der SPD auf Erstellung eines politischen Parteiprogramms verzichtete. Die proamerikanische Gruppierung (Schmidt, Brauer, Reuter u. a.) fordert eine offene Orientierung an den USA und die Unterstützung der amerikanischen Pläne, die proenglische (Schumacher, Ollenhauer u. a.) versuchen die Partei von einem offenen Kurs abzuhalten und bestehen darauf, im Geiste „der sozialdemokratischen Traditionen" zu handeln, um „die Loslösung von der Arbeiterklasse" zu verhindern.

Nach dem Hamburger Kongress der SPD im Mai 1950 gelang es der proamerikanischen Gruppierung, verstärkt durch einen eingefleischten amerikanischen Agenten, den Renegaten Wehner, die Schumacher-Führung zu einer offeneren US-Orientierung und zu einer engeren Zusammenarbeit mit der Adenauer-Regierung zu bringen. Die Schlüsselrolle spielte dabei Wehner, den die Amerikaner zum Vorsitzenden des Bundestagsausschusses für gesamtdeutsche Fragen gemacht haben. Kurz darauf hat die Schumacher-Führung den Forderungen der Amerikaner folgend, den Atlantischen Pakt, die Trennung des Saarlandes von Deutschland sowie den Beitritt Deutschlands zum Europarat, in dem die SPD-Abordnung eine beratende Stimme genießt, anerkannt.

Angesichts der wachsenden Unzufriedenheit zögert die Schumacher-Führung noch, den Ratschlägen der Labouristen folgend, mit einer offenen und bedingungslosen Zustimmung zu der Remilitarisierung Westdeutschlands, worauf wiederum die Amerikaner „zwecks Kräftekonsolidierung" drängen. Ebenfalls zögert Schumacher, die Position der Labouristen vertretend, mit einer offenen Zustimmung zum „Schuman-Plan". Indem er die negative Einstellung des Volkes gegenüber der Remilitarisierung und dem „Schuman"-Plan nutzt, verfolgt Schumacher das Ziel, die Mehrheit in den Landtagen und im Bundestag zu gewinnen und die SPD somit zu einer regierenden Partei zu machen. Danach streben auch die Labouristen.

Im Dezember 1950 hat das Exekutivkomitee der Labour Party einen Geheimbrief an Schumacher übergeben. In diesem Brief wird darauf hingewiesen, dass die SPD angesichts der Ablehnung der Remilitarisierung diese Stimmung des Volkes nutzen sollte, um ihre Partei von einer oppositionellen zu einer regierenden Partei zu machen. Während sie gegen die Remilitarisierung auftritt, sollte die SPD-Führung dennoch mit der Beteiligung Westdeutschlands an einer Europaarmee grundsätzlich einverstanden sein. Dabei solle man die Gleichberechtigung fordern und ihre Bedeutung betonen, und nicht mit der Rolle einverstanden sein, die Westdeutschland von den Amerikanern und von Adenauer aufgezwungen wird. Die SPD sollte sich künftig nicht in dieser Angelegenheit die Hände binden lassen. Die Labouristen empfehlen den Schumacheristen eine vorzeitige Durchführung der Bundestagswahlen, um die für die SPD günstige Lage auszunutzen. Aus diesem Brief gehen Widersprüche zwischen den USA und England in der deutschen Frage hervor. Die amerikanischen Labouristen bemühen sich, über die SPD ihren Einfluss in Deutschland zu bewahren.

Die Schumacher-SPD-Führung hält sich genau an die Forderungen der Labouristen in der Frage der Remilitarisierung. Diese zweideutige Position konnte die Amerikaner und ihre Agenten nicht zufrieden stellen. Daher brachte Eisenhower nach seiner Rückkehr aus den USA nach Europa eine Anweisung für amerikanische Agenten mit, den Widerstand gegen die amerikanischen Pläne in der SPD zu überwinden und die ganze SPD und die Gewerkschaften Westdeutschlands auf die Seite der USA zu ziehen. Mit Schumacher wurde bei McCloy ein Gespräch geführt. Ollenhauer, Reuter und Suhr wurden in die USA eingeladen, wo sie mit den führenden amerikanischen Regierungsmitgliedern gesprochen haben. Bei seiner Rückkehr aus den USA sagte Ollenhauer der „Stimme Amerikas", dass die Ziele der SPD-Führung die gleichen wie Eisenhowers seien. Zuletzt hat sich die Tätigkeit der amerikanischen Agenten innerhalb der SPD wesentlich verstärkt. Die Schumacher-Führung hat die Entscheidung getroffen, alle, die die „kommunistische Friedenskampagne" unterstützen und sich an der „von der SED organisierten Volksabstimmung gegen die Remilitarisierung beteiligen", zur Rechenschaft zu ziehen. Die gleiche Politik verfolgen die Schumacher-Anhänger auch in den Gewerkschaften.

Dokument 13

RGASPI, f. 82, op. 2, d. 1041, S. 151, 31. 7. 1951
Zorin: Teilt mit, dass McCloy im Gespräch mit Adenauer am 6. Juli d. J. [ihn] darüber informierte, dass die amerikanische Regierung mit der Verzögerung der Verhandlungen über die Gründung der westdeutschen Streitkräfte unzufrieden ist. Er wies darauf hin, dass die Regierung der USA die rasche Formierung westdeutscher Militärverbände trotz möglichen Widerstandes der Franzosen für unabdingbar hält.

Nach der Rückkehr aus Washington gab McCloy der französischen Regierung in der Alliierten Hohen Kommission zu verstehen, dass die USA an der schnellstmöglichen Beendigung der Pariser Verhandlungen über den „Plevenplan" interessiert sind und dass, wenn im Laufe der nächsten Zeit diese Verhandlungen keine „entscheidenden Resultate" bringen, die USA entschieden für eine unmittelbare Gründung einer westdeutschen Armee im Rahmen des Nordatlantikblockes eintreten werden.

Erging an alle Mitglieder des Achterkollegiums und an Gen. Gromyko

Dokument 14

RGASPI, f. 82, op. 2, d. 1041, S. 151, 31. 7. 1951
Zorin: Teilt mit, dass nach aus dem Verteidigungsministerium Englands stammenden Hinweisen die offene Umsetzung der Remilitarisierungspläne Westdeutschlands Ende 1951 begonnen werden soll. Im Falle einer Verschärfung der internationalen Lage werden unverzüglich die engen Begrenzungen der Waffenproduktion aller Art in Westdeutschland aufgehoben.

Erging an die Gen. Molotov und Gromyko

Dokument 15

RGASPI, f. 82, op. 2, d. 1041, S. 153, 2.8.1951
Ogol'cov: Informiert über die feindliche Tätigkeit der westlichen Besatzungsmächte und der Bonner „Regierung", die auf eine Verhinderung des internationalen Jugend- und Studentenfestivals in Berlin abzielt. Die Westmächte haben die Kontrolle über den Schienen- und Automobiltransport verstärkt. Die antidemokratische Jugendorganisation „Vereinigung der deutschen Jugend im Ausland" und die sog. „Kampfgruppe gegen Unmenschlichkeit" bereiten die Durchführung verschiedener Provokationen an den Tagen des Festivals an der Demarkationslinie und in Berlin selbst vor. Zu bemerken ist eine bedeutende Aktivierung der feindlichen Propaganda, besonders die Verbreitung antisowjetischer Literatur und Flugblätter auf dem Gebiet der DDR und in Berlin. Über deutsche Sicherheitsorgane wurden vom 20. bis zum 30. Juli 58 Menschen festgenommen, die Untergrundarbeit zum Zwecke der Vereitelung des Festivals durchführten.
(Erging an die Gen. Malenkov, Berija).

Dokument 16

RGASPI, f. 82, op. 2, d. 1041, S. 158, 8.8.1951
Zorin: Berichtet über die Verhandlungen zwischen der Bonner Regierung und der Alliierten Hohen Kommission in der Frage über die Aufhebung des Besatzungsstatuts mittels zweiseitiger Verträge. Der Vertreter der Bonner Delegation in den Verhandlungen mit der Alliierten Hohen Kommission in dieser Frage, Grewe, erklärte auf der Sitzung des Komitees für ausländische Angelegenheiten des Bundestages, dass nach seiner Meinung vom Abschluss „echter international-rechtlicher Verträge", die der Ratifizierung der Parlamente unterliegen, die Rede ist. Er wies darauf hin, dass im Zentrum der Verhandlungen zwei Fragen stünden: der künftige Status der Alliierten Vertreter in Westdeutschland, die nach Meinung der Alliierten Hohen Kommission nach wie vor die „bekannten politischen Funktionen" beibehalten müssen und ein Vertrag über den Status der Alliierten Streitkräfte auf dem Gebiet Westdeutschlands. Der auf der Sitzung anwesende Adenauer brachte seine Meinung zum Ausdruck, dass es nötig sei, das Besatzungsrecht teilweise zu erhalten, „indem seine Bedeutung für das Verhältnis mit dem Osten berücksichtigt wird". Die Frage betreffend, welche Rechte die Westmächte für sich behalten möchten, teilte Grewe mit, dass sie die Lage beibehalten möchten, in der jegliche Änderung des Grundgesetzes nur mit Zustimmung der entsprechenden Vertreter der Westmächte durchgeführt werden kann.
Erging an Gen. Stalin und die anderen Gen. des Achterkollegiums, ebenso an die Gen. Vyšinskij, Gromyko.

Dokument 17

RGASPI, f. 82, op. 2, d. 1041, S. 164, 15.8.1951
Zorin: Teilt mit, dass in den ersten Augusttagen d. J. in Straßburg eine Sitzung des Ministerkomitees des Europarates stattfand, auf der die Frage über die Notwendigkeit einer Aufnahme der Tätigkeit des Rates diskutiert wurde. Auf der Sitzung wurde vermerkt, dass sich die führenden Organe des Nordatlantik-Bündnisses und das Washingtoner Zentralorgan der

internationalen Konferenz zur Verteilung von Rohstoffen mit allen wichtigsten Fragen des politischen und wirtschaftlichen Lebens der westeuropäischen Länder beschäftigen. Das Ministerkomitee verwies auf die Notwendigkeit, die Führungskreise der USA davon zu überzeugen, dass der Europarat in der Form eines Organs zur Koordinierung der Politik der westeuropäischen Länder auf dem Gebiet der Bewaffnung und einer Tribüne zur Vorbereitung der öffentlichen Meinung in einem künftigen Krieg erhalten bleiben muss. Es wurde beschlossen, eine Konferenz des Komitees mit einer Gruppe bedeutender Mitglieder des US-Kongresses einzuberufen, auf der [folgende] Fragen geprüft werden; die Beibehaltung der amerikanischen Hilfe für die westeuropäischen Staaten in den sog. zivilen wirtschaftlichen Bedürfnissen; die koordinierte Durchführung einiger spezieller Reformen durch die Regierungen der westeuropäischen Staaten mit dem Ziel der Schwächung der Effektivität der kommunistischen Propaganda; die Unterstellung der Organisation für europäische wirtschaftliche Zusammenarbeit unter den Europarat.

Erging an die Gen. Vyšinskij, Gromyko.

Dokument 18

RGASPI, f. 82, op. 2, d. 1041, S. 164, 15. 8. 1951
Zorin: Trägt Zeugnisse zur Frage der Schaffung eines neuen Gegenspionageorgans der Mitglieder des Nordatlantik-Bündnisses vor. Im Juli d. J. schlug das Kolonialministerium Belgiens vor, den sog. konsultativen Rat mit Sitz in Brüssel einzurichten, in dem Vertreter aller Mitgliedsländer des Nordatlantik-Bündnisses Aufnahme finden würden. Die Aufgabe des konsultativen Rates soll die Organisation des Kampfes gegen den kommunistischen Einfluss in Westeuropa und gegen die Bewegung der Friedensfreunde sein. Seiner Organisationstätigkeit beabsichtigt der konsultative Rat einen gesetzlichen Anschein zu geben, indem seine Maßnahmen unter der Losung „der Verteidigung der Sicherheit der Nationen" durchgeführt werden.

Erging an die Gen. Bulganin, Vyšinskij, Ignat'ev, Grigor'jan, Zacharov[176]

Dokument 19

RGASPI, f. 82, op. 2, d. 1041, S. 169, 1. 9. 1951
Zorin: Legt eine Niederschrift von Aussagen des Agitationsführers des Hauptausschusses für die Durchführung einer Volksabstimmung gegen die Remilitarisierung Westdeutschlands, Dickel, des Abteilungsleiters des Berliner Radios, Gessner, und des Sektorenleiters des ZK der SED, Kling, über einige Mängel der Propaganda der SED in Richtung auf Westdeutschland und der Propaganda der KPD in Westdeutschland vor. Gessner, Kling und Dickel verlautbarten, dass die politischen Umstände in Westdeutschland gegenwärtig die Durchführung von Propaganda der SED in Westdeutschland begünstigen. Diese Propaganda ist aber nach wie vor unzureichend operativ und offensiv und beschränkt sich im Wesentlichen auf passive Verteidigung. Sie berücksichtigt nicht die verschiedenen Schichten der westdeutschen Bevölkerung. (Erging an die Gen. Suslov, Grigor'jan).

---

[176] Links neben dem Text ein handschriftliches Kreuz Molotovs.

Dokument 20

RGASPI, f. 82, op. 2, d. 1041, S. 170, 1.9.1951
Zorin: Informiert, dass Mitte Juli d. J. der amerikanische Hohe Kommissar in Westdeutschland, McCloy, Paris besucht hat, wo er gemeinsam mit dem Botschafter der USA in Paris, Bruce, einen Kompromissplan zur Regulierung der Uneinigkeit zwischen Frankreich und Westdeutschland in der Frage der Schaffung einer „Europa-Armee" erörterte. Nach diesem Plan soll anstelle eines westdeutschen Generalstabes ein „ziviler Organisationsstab" geschaffen werden, der sich mit der Formierung und der Organisation der westdeutschen Streitkräfte beschäftigt. Dieser Vorschlag wurde von allen Teilnehmern der Verhandlungen angenommen. Nach Ende der Pariser Verhandlungen schickte Adenauer den Mitgliedern der Bonner Regierung ein Schreiben, in dem er darauf verwies, dass im Falle eines Entscheides der Außenminister der drei Westmächte auf der Washingtoner Konferenz zur Schaffung eigener Truppen durch Westdeutschland, die Bonner Regierung rasch ihre Bereitschaft, darauf einzugehen, offiziell erklären wird. Ein wichtiges Ergebnis der Pariser Verhandlungen, zeigte Adenauer auf, war der Vorschlag der Amerikaner, Westdeutschland „Sicherheitsgarantien" zu geben. Nach Meinung Adenauers bedeutet die Gewährung dieser Garantien praktisch, dass die Westmächte die ganze Garantie der Verteidigung Westdeutschlands vor der „Aggression aus dem Osten" auf sich nehmen. (Erging an Gen. Stalin und die anderen Genossen des Achterkollegiums, ebenso an die Gen. Vyšinskij, Vasil'evskij).

Dokument 21

RGASPI, f. 82, op. 2, d. 1041, S. 173, 2.9.1951
Zorin: Teilt mit, dass die Londoner Abteilung der Agentur United Press Ende Juli d. J. den vom State Department der USA inspirierten Bericht des Washingtoner Korrespondenten dieser Agentur, Roper, erhalten hat, in dem es heißt, dass Truman die Führung der amerikanischen Außenpolitik in seine Hände genommen und die Unstimmigkeiten zwischen dem State Department und dem Pentagon liquidiert hat, nachdem er den Standpunkt der militärischen Kreise übernommen hat, der davon ausgeht, dass ein Krieg unausweichlich und nahe ist und dass in der Außenpolitik die USA anstelle eines „Positionskrieges" einen „Manöverkrieg" führen soll. Roper führt in seiner Mitteilung Beispiele für die Durchführung des neuen Kurses in der Politik der USA an: das Verhalten der USA in den Verhandlungen um einen Waffenstillstand in Korea, die Mission Sherman in Spanien, die Mission Harrimans im Iran, das Aufstellen von Fristen in der Wiederaufrüstung Deutschlands. Nicht eine englische Zeitung hat diese Meldung publiziert.
    Geschickt an die Gen. Molotov und Vyšinskij.

Dokument 22

RGASPI, f. 82, op. 2, d. 1041, S. 173, 2.9.1951
Zorin: Teilt mit, dass der Vizekanzler Westdeutschlands, Blücher, in einem persönlichen Gespräch im Juli d. J. erklärte, dass der Druck der Amerikaner auf die Regierung Adenauer in der Frage der Remilitarisierung „in Westdeutschland alle Militaristen in Bewegung ge-

setzt hat, die an der Remilitarisierung teilhaben wollen". Blücher erklärte auch, dass der Aufbau von Handelsbeziehungen mit der DDR eine Notwendigkeit darstellt.

Erging an die Gen. Molotov, Vyšinskij und Grigor'jan

Dokument 23

RGASPI, f. 82, op. 2, d. 1041, S. 175, 5.9.1951

Zorin: Teilt mit, dass in Westdeutschland zur gegenwärtigen Zeit die praktische Vorbereitung zur Schaffung von Streitkräften abgeschlossen ist. Der Mitarbeiter des Apparates des ZK der SED, Haid, erzählte, dass die Bonner Regierung schon einen Entwurf für die Rekrutierung von Soldaten in die Armee ausgearbeitet hat. Es ist vorgesehen, 200000 Menschen in Landstreitkräfte und 50000 in die Luftwehr einzubeziehen. Eine gewisse Verzögerung der Schaffung der westdeutschen Streitkräfte erklärt Haid nicht nur mit den Unstimmigkeiten zwischen den Westmächten, sondern auch damit, dass die Amerikaner nicht von günstigen Reaktionen auf die Remilitarisierung von Seiten der westdeutschen öffentlichen Meinung überzeugt sind, besonders von Seiten ehemaliger Soldaten und Offiziere. Der ehemalige Oberleutnant der SS-Panzertruppen, Siemens, teilte mit, dass es unter der ehemaligen deutschen Generalität und Offizierskreisen aktive Befürworter der Remilitarisierung[177] (die ehemaligen Generäle: Speidel, Heusinger u.a.), die Gruppe der „Abwartenden" (die ehemaligen Generäle: Guderian, Halder, Hansen u.a., die nicht an der Remilitarisierung teilhaben möchten, wenn die Schaffung einer „nationalen deutschen Armee" nicht erlaubt wird und die deutschen Militärs nicht zur Gänze „rehabilitiert" werden) und die Gegner der Remilitarisierung[178] (die ehemaligen Generäle und Offiziere: Heim, Schrank, Wenk u.a., die glauben, dass die Sowjetunion unbesiegbar ist, die amerikanische Armee ein untauglicher Verbündeter und befürchten, dass die Remilitarisierung Westdeutschlands zu einem Bürgerkrieg führt).

Der Vorsitzende des westdeutschen Komitees der Kämpfer für den Frieden [Friedenskomitee der BRD], Eckert, und seine Stellvertreterin, [Hoereth-]Menge, teilten mit, dass Niemöller über Noack eine Einladung übergeben wurde, im Oktober d. J. nach Jugoslawien zu kommen, um an der sog. „Internationalen Friedenskonferenz" teilzunehmen. Eckert und Menge brachten ihre Meinung zum Ausdruck, dass es wünschenswert wäre, „die Initiative Noacks abzufangen" und Niemöller nach Moskau einzuladen.

Erging an alle Mitglieder des Achterkollegiums, ebenso an die Gen. Suslov, Vyšinskij, Vasilevskij und Grigor'jan.

Dokument 24

RGASPI, f. 82, op. 2, d. 1042, S. 1, 2.1.1952

Ignat'ev: Legt einen Bericht über die Verhandlungen zwischen den Westmächten und der Bonner Regierung vor, die im November 1951 zur Frage über die politische „Regelung" für Westdeutschland stattfanden. In dem Bericht heißt es, dass sich mit Anfang November 1951 im Zuge der Verhandlungen zwischen den Hohen Kommissaren und Adenauer über die

---

[177] Von Molotov unterstrichen.
[178] Von Molotov unterstrichen.

Vorbereitung zweiseitiger Verhandlungen zwischen Westdeutschland und den Westmächten „ernste Schwierigkeiten" ergaben. Nach der Vereinbarung nebensächlicher Punkte traten die grundlegenden, prinzipiellen Fragen in den Vordergrund, zu denen keine Übereinkunft erzielt wurde. Zu den nicht geklärten Fragen gehörten „die Souveränität" Westdeutschlands. Im Entwurf des „Generalvertrages" behalten sie in einer Reihe von Punkten ihre Rechte als Besatzungsmächte und damit die Entscheidungsgewalt bei. Adenauer bestand im Zuge der Erörterung dieses Entwurfes mit den Hohen Kommissaren darauf, dass „die Sonderrechte" in einer Reihe von Punkten den Westmächten nicht als Rechte von Besatzungsmächten, sondern als Vereinbarung zwischen der Bonner Regierung und den Regierungen der Westmächte behandelt würden. In der Frage der Ostgrenzen Deutschlands bestand Adenauer darauf, dass die Westmächte bis zu einer friedlichen Regelung offiziell ihre Unterstützung der revisionistischen Forderungen der Bonner Regierung im Zusammenhang mit den Gebieten, die nach dem Krieg von Deutschland an die UdSSR und Polen übergingen, erklärten. Die Hohen Kommissare erklärten, dass diese Frage nur in einem Friedensvertrag geregelt werden kann. Betreffend die Frage über den „finanziellen Beitrag" Westdeutschlands zur „Verteidigung des Westens" traten die Westmächte mit der Forderung auf, dass Westdeutschland mehr als die Besatzungskosten von 13 Milliarden Mark für die Schaffung und Erhaltung seiner Streitkräfte aufbringt. Der Vertreter der Bonner Regierung erklärte, dass Westdeutschland diese Ausgaben nicht selbst wird zahlen können. Die Vertreter der Bonner Regierung forderten darüber hinaus die vollständige Aufhebung aller Begrenzungen und jeglicher Kontrolle auf dem Gebiet der industriellen Produktion.

Erging an die Gen. Stalin, Malenkov, Berija, Mikojan, Chruščev, Gromyko.

Dokument 25

RGASPI, f. 82, op. 2, d. 1042, S. 25, 27.1.1952
Ignat'ev: Teilt mit, dass auf der Sitzung des Bonner Kabinetts am 18. Dezember 1951 Adenauer die Notwendigkeit hervorhob, den Abschluss des „Vertrages über die europäische Verteidigung" maximal zu beschleunigen. Er begründete dies damit, dass die Gefahr eines Auftretens der Sowjetunion mit „einem neuen verlockenden Vorschlag" bestünde, der im letzten Moment Unruhe und Störung sowohl in Washington als auch in Paris erzeugen könnte. Nach der Meinung Adenauers und McCloys kann dieser Vorschlag der UdSSR die Frage der früheren „deutschen Ostgebiete", aber auch andere Fragen betreffen.

Erging an alle Mitglieder des Achterkollegiums.

Dokument 26

RGASPI, f. 82, op. 2, d. 1042, S. 25, 27.1.1952
Ignat'ev: Berichtet, dass Eisenhower am 17. Januar d. J. in einem Gespräch mit dem zweiten Generaldirektor der Internationalen Arbeitsorganisation, dem Amerikaner Morse, mitteilte, dass gemäß einem Auftrag einer einflussreichen Gruppe von Parteiführern der Republikaner [Harold] Stassen zu ihm nach Paris gekommen war, der ihm Bedingungen vortrug, unter denen die Präsidentschaftskandidatur Eisenhowers von der Republikanischen Partei bei den bevorstehenden Wahlen in den USA vorgeschlagen werden kann. Unter diesen

Bedingungen ist vorgesehen, dass im Falle der Wahl Eisenhowers zum Präsidenten, er Stassen oder Dewey zu Staatssekretären ernennen und andere republikanische Führer für wichtige Posten in der Regierung vorsehen muss. Außerdem muss Eisenhower den jetzigen Kurs der Außenpolitik der USA ändern, um Übereinkünfte mit der UdSSR in Streitfragen auf einer vernünftigen Grundlage zu erlangen. Eisenhower gab zu den ihm vorgetragenen Bedingungen sein Einverständnis. Eisenhower erzählte Morse, dass die Regierungen der Länder Westeuropas davon Abstand nehmen, ihre finanziellen Beiträge für das Aufrüstungsprogramm zu erhöhen, und dies damit erklären, dass die finanzielle und wirtschaftliche Anstrengung in ihren Ländern unausweichlich in nächster Zukunft zu sozialen Konflikten führt sowie zu einer Vergrößerung und Verstärkung der linken Bewegung und die kommunistischen Parteien befähigen wird, an die Macht zu kommen. Eisenhower brachte seine Meinung zum Ausdruck, dass die heutige finanzielle und wirtschaftliche Anstrengung in Westeuropa nicht lange fortgesetzt werden kann.

Erging an alle Mitglieder des Achterkollegiums.

Dokument 27

RGASPI, f. 82, op. 2, d. 1042, S. 27, 29.1.1952

Ignat'ev: Berichtet, dass am 8. Dezember Adenauer über seine Verhandlungen mit Churchill und Eden in London Anfang Dezember Bericht erstattete. Nachdem er eine allgemeine Bewertung der Ergebnisse seines Besuches in England gegeben hatte, erklärte Adenauer, dass seine Reise erfolgreich war, aber sich nicht alle seine „Hoffnungen" verwirklicht hätten. Insbesondere wies Adenauer darauf hin, dass ihn Eden davor gewarnt hätte, dass „es unangebracht wäre, sich an Churchill mit einer offiziellen Bitte um Beteiligung Großbritanniens an einer Europa-Armee" zu wenden. Adenauer erwähnte auch, dass er gezwungen war, in London von einer Erörterung der Fragen über Rohstofflieferungen zur Produktion strategischer Waren, über die Währungslage in Westdeutschland und über anderes Abstand zu nehmen. Adenauer erklärte Churchill, dass die Bonner Regierung die Wiedererrichtung einer „deutschen nationalen Armee" nicht wünscht und die Idee der Gründung einer „Europa-Armee" unterstützt. Adenauer wies aber auch daraufhin, dass „einige Merkmale" Grund zur Vermutung liefern, dass „bestimmte Kreise" in Frankreich die Gründung einer „Europa-Armee" vereiteln möchten. Churchill erklärte angeblich Adenauer, dass „das britische Volk im Prinzip jegliche Remilitarisierung Deutschlands ablehnt", die englische Regierung aber den Vorschlag über die Aufnahme eines deutschen Kontingentes in eine Europa-Armee" unterstützt.

Im Gespräch mit Churchill schnitt Adenauer die Frage der Notwendigkeit an, die Gründung deutscher Betriebe zur Produktion besonders wichtiger Waffenarten in den Überseegebieten zu erlauben. Churchill antwortete darauf, dass nach seiner Meinung von der Überführung der deutschen Rüstungsbetriebe nach Kanada und in die Südafrikanische Union die Rede ist und brachte seine Bereitschaft zum Ausdruck, in der Form eines Vermittlers an die Regierungen dieser Länder heranzutreten. Adenauer teilte Churchill mit, dass im Zusammenhang mit der Boykottierung der Engländer im Iran die Bonner Regierung einen Beschluss gefasst hat, demzufolge jeder Deutsche, der zu einem Dienst im Ausland antreten möchte, vorzeitig eine Erlaubnis der „Bundesregierung" erhalten muss. Churchill wies in diesem Zusammenhang darauf hin, dass nach der Abreise der Engländer aus Abadan im Iran ungefähr 1400 deutsche Spezialisten eintrafen. Churchill bemerkte, dass „mit der Zeit die Tätigkeit dieser Spezialisten den britischen Interessen Schaden zufügen wird".

Erging an Gen. Stalin und die and. Genossen des Achterkollegiums, ebenso an Gen. Vyšinskij.

Dokument 28

RGASPI, f. 82, op. 2, d. 1042, S. 31, 31.1.1952

Ignat'ev: Berichtet, dass die Regierung der USA, da sie mit der Möglichkeit des Zusammenbruchs des Planes der Gründung einer „Europa-Armee" rechnet, beabsichtigt, zu dem früher von ihr vorgebrachten Plan des unmittelbaren Einschlusses westdeutscher Streitkräfte in die Streitkräfte des Nordatlantikbündnisses zurückzukehren. Adenauer sprach in einem Gespräch mit Churchill im Dezember 1951 auch über die Verwirklichung des amerikanischen Planes der Schaffung „selbständiger" Streitkräfte Westdeutschlands, im Falle einer erfolglosen Gründung einer „Europa-Armee". Die Bonner Regierung erwägt verschiedene Varianten politischer und militärischer Übereinkünfte mit den Westmächten. Als eine dieser Varianten einer solchen Übereinkunft schlägt Adenauer einen „neuen Verteidigungsplan für Europa" vor, der auf dem Weg des Abschlusses eines „4er Paktes" verwirklicht werden soll. Entsprechend diesem Plan Adenauers soll der 4er Pakt den „Kern der Zukunft" Europas darstellen. Entsprechend Zeugnissen der französischen Spionage begrüßt nur die italienische Regierung den Plan eines „4er Paktes"; Engländer, Franzosen und Amerikaner haben angeblich keinen großen Enthusiasmus in dieser Frage gezeigt.

Erging an Gen. Stalin und die and. Genossen des Achterkollegiums, ebenso an Gen. Vyšinskij

Dokument 29

RGASPI, f. 82, op. 2, d. 1042, S. 31, 31.1.1952

Zorin: Legt den Bericht „Unstimmigkeiten im imperialistischen Lager zur Frage der Rolle Westdeutschlands im aggressiven Block" vor. Im Bericht heißt es, dass die Regierung der USA konsequent den Kurs zur schnellen Wiedererrichtung und Entwicklung des westdeutschen militärisch-industriellen Potentials und zur beschleunigten Gründung schlagkräftiger Streitkräfte Westdeutschlands verfolgt. Die Amerikaner denken, dass Kredite und direkte Kapitalinvestitionen in der westdeutschen Wirtschaft diese dauerhaft an die Wirtschaft der USA bindet und dass unter diesen Bedingungen das wiederbewaffnete Westdeutschland keine andere Politik als die Politik des Nordatlantikblocks verfolgen kann. Die Regierungskreise Englands und Frankreichs, die bestrebt sind, Westdeutschland gegen die UdSSR zu verwenden, befürchten derzeit als Folge der Wiedererrichtung der militärischen und wirtschaftlichen Stärke des deutschen Imperialismus eine weitere Schwächung ihrer internationalen Positionen. Die Bonner Regierung und die hinter ihr stehende Großbourgeoisie streben nach den günstigsten Bedingungen der Einbeziehung Westdeutschlands in den antisowjetischen Block, um die Voraussetzung zur Umwandlung Westdeutschlands in den stärksten imperialistischen Staat Westeuropas zu schaffen. In diesem Zusammenhang genießen sie die Unterstützung seitens der USA. Die Unstimmigkeiten in der deutschen Frage im imperialistischen Lager führten zu einer Verzögerung der Verhandlungen bezüglich der

Gangart der Einbeziehung Westdeutschlands in den antisowjetischen Block. Gelöst wurde inzwischen die Frage der Nutzung des westdeutschen militärisch-industriellen Potentials für aggressive Ziele. Das fand seinen Ausdruck im Vertrag über die Gründung der Montan-Union. Die Verhandlungen über die Schaffung von Streitkräften Westdeutschlands traten ins Endstadium ein. Unter dem Deckmantel deutscher Kontingente für eine „Europa-Armee" zeichnet sich die Gründung von 12 Panzer- und motorisierten Divisionen und einer mächtigen Luftwehr ab. Die Verhandlungen über eine „politische Regelung" für Westdeutschland führten einstweilen zur Übereinkunft des Entwurfs des „Generalvertrages", der die formale Aufhebung des Besatzungsstatutes vorsieht, aber [auch] die politisch nicht rechtlich gleich gestellte Lage Westdeutschlands im Block der Westmächte festigt.

Erging an Gen. Stalin und die and. Genossen des Achterkollegiums, ebenso an die Gen. Vyšinskij, Gromyko.

Dokument 30

RGASPI, f. 82, op. 2, d. 1170, S. 1 f., 2. 2. 1952

Kopie[179]
Streng geheim

An Genossen Stalin I. V.

Im September 1951 wurde durch das ZK der VKP/b/ in Übereinstimmung mit der Führung der DDR der Beschluss gefasst, der den Plan der Entfachung einer Kampagne in Deutschland für die Beschleunigung des Abschlusses eines Friedensvertrages mit Deutschland und für die Vereinigung Deutschlands bestätigt hatte. In diesem Plan wurde vorgesehen, dass im Falle der Ablehnung der Vorschläge der Volkskammer der DDR über die Einberufung einer gesamtdeutschen Konferenz durch die Bonner Regierung sich die Regierung der DDR an die Regierungen der UdSSR, der USA, Großbritanniens und Frankreichs mit der Bitte um Beschleunigung des Abschlusses eines Friedensvertrages mit Deutschland wenden würde. Im Beschluss wurde auch vorgesehen, dass sich die sowjetische Regierung als Antwort auf diese Bitte der Regierung der DDR an die Regierungen der USA, Englands und Frankreichs mit dem Vorschlag wenden wird, einen Entwurf von Grundlagen eines Friedensvertrages mit Deutschland zu prüfen,.

Nachdem die Bonner Regierung den Vorschlag der Volkskammer über die Einberufung einer gesamtdeutschen Konferenz und ebenso den Vorschlag, zweiseitige Kommissionen zur Vorbereitung eines Wahlgesetzes zu organisieren, abgelehnt hatte, legte das Außenministerium der UdSSR dem ZK der VKP/b/ seine Vorschläge über den Plan weiterer Maßnahmen zur Frage über einen Friedensvertrag mit Deutschland vor. Bei der Prüfung dieser Vorschläge auf der Sitzung des Politbüros des ZK der VKP/b/ wurden am 30. Januar Mängel dieses Planes festgestellt und die Anweisung gegeben, Vorschläge in verbesserter Form unter Berücksichtigung des stattgefundenen Meinungsaustausches vorzulegen. Entsprechend dieser Anweisungen legen wir einen überarbeiteten Entwurf an Vorschlägen vor.

---

[179] Links daneben ein handschriftliches Kreuz, Molotovs Zeichen für besondere Wichtigkeit. Auf der linken Seite der handschriftliche Vermerk: „zu den Akten". Links unten Eingangsstempel: S[ekretaria]t V. M. Molotov: *2. II. 1952.* Eingangsnummer [in russischer Abkürzung]: Nr. *1452.*

In diesen Vorschlägen sind folgende Maßnahmen vorgesehen:
1. Über die Gen.[ossen] Čujkov und Semenov der Führung der DDR zu empfehlen, dass sich die Regierung der DDR, ausgehend vom Plan, der mit ihr im September 1951 abgestimmt wurde, nunmehr an die Regierungen der UdSSR, der USA, Großbritanniens und Frankreichs mit der Bitte um Beschleunigung des Abschlusses eines Friedensvertrages mit Deutschland wende.
Die Genossen Čujkov und Semenov müssen ebenso den Wunsch äußern, dass der Entwurf dieses Appells zur vorherigen Einsichtnahme der sowjetischen Regierung geschickt wird.
2. Der DDR-Führung ferner zu empfehlen, gleichzeitig der Bonner Regierung eine Kopie dieses Appells zu schicken mit dem Vorschlag, diesen zu unterstützen.
3. Als Antwort auf den Appell der Regierung der DDR an die vier Mächte soll die sowjetische Regierung die Regierung der DDR mittels Note über ihr Einverständnis in Kenntnis setzen und erklären, dass die sowjetische Regierung ihrerseits alle nötigen Maßnahmen zur Beschleunigung des Abschlusses eines Friedensvertrages mit Deutschland unternehmen wird.
4. Im Zusammenhang mit dem Appell der DDR an die vier Mächte im Namen der sowjetischen Regierung an die Regierungen der USA, Großbritanniens und Frankreichs Noten zu schicken mit dem Vorschlag, die Frage über Grundlagen eines Friedensvertrages mit Deutschland zu prüfen, und diesen ihren Entwurf der genannten Grundlagen beizulegen.

Vor der Absendung der Noten und des Entwurfes von Grundlagen eines Friedensvertrages an die drei Mächte mit dem Grundlagenentwurf die Führung der DDR und die Regierungen Polens und der Tschechoslowakei bekannt zu machen.

Eine Kopie der Noten an die drei Staaten und den Entwurf von Grundlagen eines Friedensvertrages ebenso der Regierung der DDR zu schicken.

Bitte um Prüfung.

A. Vyšinskij

2. Februar 1952

Nr. _20_ VK
Für die Richtigkeit: [Unterschrift unleserlich]
Kopien ergingen an Molotov, Malenkov, Berija, Mikojan, Kaganovič, Bulganin, Chruščev.
Abgedr. in 10 Ex.
2. II. 52

Dokument 31

RGASPI, f. 82, op. 2, d. 1042, S. 34, 4. 2. 1952
Vyšinskij: Legt den Beschluss des Kollegiums des Außenministeriums vom 26. Januar d. J. über die Maßnahmen zur Verbesserung der Arbeit der USA-Abteilung vor. Das Kollegium verpflichtete die Abteilung dazu, die Aufmerksamkeit auf die hauptsächlichen operativen Fragen der sowjetisch-amerikanischen Beziehungen zu richten und insbesondere auf die Entlarvung der Politik der Vorbereitung eines neuen Krieges durch die amerikanischen Führungskreise, auf die Entlarvung der Aggression der USA gegen Korea und China, auf die Teilnahme an den Vorbereitungen von Vorschlägen für einen Friedensvertrag mit Deutschland und ebenso auf andere wichtige Fragen der Außenpolitik der USA, die die

Interessen der UdSSR berühren, auf die Frage der Abrechnungen des Land-Lease, auf das Gesetz von 1951 über die subversive Tätigkeit gegen die UdSSR und auf die Grenzverletzungen der UdSSR durch amerikanische Flugzeuge im Fernen Osten.

Dokument 32

RGASPI, f. 82, op. 2, d. 1170, S. 20f, 8. 2. 1952

Streng geheim
Ex. Nr. 1[180]

An Genossen Molotov V. M.

Übersende Kopien der Entwürfe des Beschlusses des ZK der VKP/b/ und der Anweisung an die Gen. Čujkov, Semenov, die Gen. Poskrebyšev zur Ausfertigung geschickt wurden.

/A. Gromyko/

A. Gromyko

„8" Februar 1952
Eing. 179/AG
M-1603.

Streng geheim
Entwurf

Beschluss des ZK der VKP/b/

Über die Maßnahmen zur Beschleunigung des Abschlusses eines Friedensvertrages <u>mit Deutschland</u>[181] und der Schaffung eines einheitlichen, demokratischen, friedliebenden deutschen Staates

Zum Ziele der Beschleunigung des Abschlusses eines Friedensvertrages mit Deutschland, der Schaffung eines einheitlichen, demokratischen, friedliebenden deutschen Staates und der Verstärkung des Widerstandes seitens des deutschen Volkes gegen die Pläne der Remilitarisierung Westdeutschlands ist der beiliegende Entwurf von Anweisungen an die Gen. Čujkov und Semenov zu bestätigen, der die Empfehlung an die Führung der DDR darüber beinhaltet, dass die Regierung der DDR in den nächsten Tagen den Regierungen der UdSSR, der USA, Großbritanniens und Frankreichs den Appell über die Beschleunigung des Abschlusses eines Friedensvertrages mit Deutschland abschicken möge.

---

[180] Handschriftlich hinzugefügt. Auf der linken Seite der handschriftliche Vermerk: *„zu den Akten. 8. II."* mit unleserlicher Unterschrift.
[181] Von Molotov handschriftlich eingefügt.

Dokument 33

RGASPI, f. 82, op. 2, d. 1042, S. 40, 9. 2. 1952
Zorin: Legt einen Bericht über Unstimmigkeiten im Nordatlantikbündnis vor, in dem es heißt, dass die Realisierung militärisch-wirtschaftlicher Maßnahmen des aggressiven Blocks zu einer starken Verschlechterung der wirtschaftlichen Lage der Länder Westeuropas geführt hat. Im Zusammenhang damit trafen die amerikanischen Forderungen über eine weitere Ausweitung der Rüstungsproduktion und Vergrößerung der Streitkräfte auf enormen Widerstand der europäischen Mitglieder des Bündnisses. Bei der Tagung im September 1951 in Ottawa des Rates des Bündnisses ergaben sich ernsthafte Unstimmigkeiten in der Frage der Aufteilung der Last der militärischen Ausgaben. Im Zusammenhang damit wurde ein spezielles Komitee zur Suche nach Möglichkeiten eines „Ausgleiches der militärischen Forderungen mit den reellen politisch-wirtschaftlichen Faktoren" gegründet. Nachdem die USA auf enormen Widerstand der westeuropäischen Länder in der Frage der Beschleunigung des Tempos der Wiederbewaffnung getroffen war, verlagerten die USA in der letzten Zeit das Zentrum ihrer Aufmerksamkeit von einer „perspektivischen" Wiederbewaffnung auf die Annahme von Maßnahmen zur Bewaffnung bereits existierender und formierter Divisionen. Den Mitgliedern des aggressiven Blocks gelang es bisher auch noch nicht, die Unstimmigkeiten in den Fragen über die Wege des Einschlusses Westdeutschlands in den antisowjetischen Block, über den Zeitrahmen der Formierung, über die Ausrüstung und Zahl der neu zu schaffenden Truppeneinheiten und über die Verteilung der Kommandoposten in den Streitkräften zu überwinden.

Erging an Gen. Stalin und die and. Genossen des Achterkollegiums, ebenso an die Gen. Vyšinskij, Gromyko.

Dokument 34

RGASPI, f. 82, op. 2, d. 1042, S. 42, 10. 2. 1952
Ignat'ev: Legt einen Bericht über Unstimmigkeiten zwischen den Mitgliedsländern des Nordatlantikbündnisses vor, in dem es heißt, dass die Verschärfung dieser Unstimmigkeiten in den Jahren 1950 und 1951 in erster Linie dadurch hervorgerufen wurde, dass die europäischen Mitgliedsländer des Nordatlantikbündnisses ihre nationalen Militärprogramme nicht erfüllt hätten, was die Gefahr des Scheiterns des „mittelfristigen Planes" des Bündnisses hervorgerufen habe, demzufolge die Gründung von großen Truppenkontingenten und einer mächtigen „Abwehr"-Linie am Rhein bis zum Jahr 1954 vorgesehen ist. Auf den Tagungen des Rates des Nordatlantikbündnisses in Ottawa (September 1951) und in Rom (November 1951) bekundeten die europäischen Länder ihre Ablehnung der amerikanischen Forderungen nach Vergrößerung der nationalen Militärprogramme, wenn sie hierfür von den USA nicht zusätzliche finanzielle Mittel und militärisches Material erhalten. Im Zusammenhang damit wurde dem provisorischen Komitee der Auftrag erteilt, einen neuen Entwurf eines Militärprogramms des Bündnisses für 1952-54 zu erstellen. In diesem Entwurf ist eine gewisse Verkleinerung der Zahl der Divisionen der Landstreitkräfte im Vergleich zu dem, was früher geplant war, vorgesehen. Die Vereitelung der Erfüllung der militärischen Programme rief in den Regierungs- und Militärkreisen der westlichen Länder Zweifel bezüglich der Effektivität der militärischen Zusammenarbeit im Rahmen des Nordatlantikbündnisses hervor. Es gibt Mitteilungen, dass im Zusammenhang damit, dass die

europäischen Länder ihre militärischen Verpflichtungen nicht fristgerecht erfüllen [sic!]. Die USA beabsichtigen, ihre militärisch-strategischen Pläne in Europa zu überdenken und ihre hauptsächlichen militärischen Kräfte auf den Basen in den Pyrenäen, den britischen Inseln und in Nordafrika zu konzentrieren und vom Plan der „Verteidigung" Europas an der Rhein-Linie Abstand zu nehmen. Es ist möglich, dass diese Gerüchte über die Veränderungen der Planungen der USA absichtlich verbreitet werden, um die europäischen Länder zu erschrecken und sie dazu zu bringen, eine Entscheidung über die Vergrößerung der Beiträge für die militärischen Programme des Nordatlantikbündnisses anzunehmen.

Erging an alle Mitglieder des Achterkollegiums.

Dokument 35

RGASPI, f. 82, op. 2, d. 1185, S. 48–50, 13. 2. 1952

Kopie[182]

An Genossen Stalin

Die Genossen Čujkov und Semenov teilten mit, dass sich die Führung der Sozialistischen Einheitspartei Deutschlands in Moskau über die Fragen der Vorbereitung der zweiten Parteikonferenz, deren Einberufung für den Juli 1952 vorgesehen ist, beratschlagen möchte und bittet Genossen Stalin, Ende April die Gen. Pieck, Grotewohl und Ulbricht zu empfangen,

Die Außenpolitische Kommission legt einen Antwortentwurf an die Gen. Čujkov und Semenov bei.

Ich bitte um Prüfung.

Der Vorsitzende der Außenpolitischen
Kommission des ZK der VKP(b)   *V. Grigor'jan*   (V. Grigor'jan)

13. Februar 1952

Kopien ergingen an die Genossen Malenkov, Molotov, Berija, Bulganin, Mikojan, Kaganovič, Chruščev

Nr. 15-G-0015[183]

Entwurf

Beschluss des ZK der VKP(b)

Frage der SED

---

[182] Darunter ein handschriftliches Kreuz Molotovs.
[183] Links unten Eingangsstempel: S[ekretaria]t V. M. Molotov: *13.II.*1952. Eingangsnummer [in russischer Abkürzung]: Nr. *1836*. Daneben der Vermerk: „*Zu den Akten*" [Unterschrift unleserlich], rechts daneben das Kürzel: *10-lk*.

Den Text des Telegramms an die Gen. Čujkov und Semenov zu bestätigen (liegt bei).[184]

Berlin

An Čujkov und Semenov

Richten Sie den Genossen Pieck, Grotewohl und Ulbricht aus, dass sie entsprechend der überbrachten Bitte zu einer von ihnen festgesetzten Zeit (Ende April) nach Moskau kommen können.

Gromyko[185]

Dokument 36

RGASPI, f. 82, op. 2, d. 1042, S. 46, 14. 2. 1952
Ignat'ev: Trägt Mitteilungen über ernsthafte Unstimmigkeiten zwischen Westdeutschland und Frankreich vor, die im Zuge der Verhandlungen zwischen Adenauer und den Hohen Kommissaren der 3 Westmächte über die Frage sog. zusätzlicher Verträge zum Generalvertrag über die politische Regelung für Westdeutschland aufgetreten sind. Adenauer wandte sich gegen den Abschluss eines zusätzlichen Vertrages „über die Sicherheit betreffende Fragen", (über Verbote und Begrenzungen im Bereich der westdeutschen Rüstungsproduktion) und begründete dies damit, dass im Entwurf des Vertrages über die Gründung einer „Europa-Armee" Artikel enthalten sind, die die Rüstungsproduktion in Ländern betreffen, die am Vertrag beteiligt sind. Scharfe Unstimmigkeiten bestehen ebenso im Zusammenhang mit dem Vertrag „über den finanziellen Beitrag der Bundesrepublik an der Verteidigung des Westens". Die Bonner Regierung fordert die Befreiung Westdeutschlands von den Besatzungskosten und besteht auf die Kürzung des „finanziellen Beitrages" Westdeutschlands. Der Leiter der Presseabteilung des Außenministeriums Frankreichs, de Leusse, gab in einem persönlichen Gespräch Anfang Februar zu verstehen, dass die Franzosen Adenauer entgegengekommen seien. Nach den Worten von de Leusse ist es für das Außenministerium Frankreichs wichtig, dass die Deutschen die zusätzlichen Verträge wenigstens im allgemeinen Charakter unterschreiben, was die Möglichkeit geben würde, den antifranzösischen Charakter des „Generalvertrages" zu überdecken.
Erging an Gen. Stalin und die and. Genossen des Achterkollegiums, ebenso an Gen. Vyšinskij

Dokument 37

RGASPI, f. 82, op. 2, d. 1042, S. 48, 14. 2. 1952
Zorin: Informiert über die Bilanz der Debatten im Bonner Bundestag am 7. und 8. Februar d. J. bezüglich des „Generalvertrages" und des Beitrages Westdeutschlands zur „Verteidigung Europas". Die Initiative zur Einbringung dieser Frage in den Bundestag ging von der

---

[184] Links unten das Kürzel: 10-lk.
[185] Links unten das Kürzel: 10-lk.

FDP aus, die die Interessen der nationalistischen Kreise der Großbourgeoisie vertritt. Dies zeugt von einer Verschärfung der Beziehungen innerhalb der Regierungskoalition. Nachdem Adenauer mit seiner Regierungserklärung aufgetreten war, war er gezwungen zu manövrieren. Auf einer Konferenz mit Acheson, Eden und Schuman im November 1951 begrüßte Adenauer den Entwurf des „Generalvertrages", der die Festigung der politisch ungleichen rechtlichen Lage Westdeutschlands innerhalb des antisowjetischen Blocks vorsieht. In seiner Rede im Bundestag verbarg Adenauer alle Artikel des „Generalvertrages", die die Beibehaltung der Besatzungskontrolle der Westmächte über Westdeutschland fixieren. Die Auftritte der Sozialdemokraten Ollenhauer, Arndt und Schmidt zeigten, dass die Schumacheristen keinen ernsthaften Kampf gegen Adenauers Remilitarisierungskurs führen möchten. Die Forderung der Schumacheristen nach Durchführung neuer (vorzeitiger) Wahlen zum Bundestag beurteilt sogar die bourgeoise Presse als parlamentarisches Manöver der Sozialdemokraten. Die Bilanz der Wahlen zu den Landtagen der Bundesländer, die 1951 stattfanden, zeigte, dass die „Oppositions"-Taktik der Sozialdemokraten ihnen einen bestimmten Erfolg bringt. Wenn man dies berücksichtigt, wäre es zielführend, in der deutschen demokratischen Presse, aber auch in den sowjetischen Radiosendungen nach Deutschland die Entlarvung der verräterischen Tätigkeit der Schumacheristen zu verstärken.

Erging an Gen. Stalin und die and. Genossen des Achterkollegiums, ebenso an Gen. Vyšinskij, Gromyko.

Dokument 38

RGASPI, f. 82, op. 2, d. 1170, S. 34f., 15. 2. 1952

Streng geheim[186]

An Genossen Stalin I. V.[187]

Im Zusammenhang mit dem Appell der Regierung der DDR an die Regierungen der UdSSR, der USA, Englands und Frankreichs mit der Bitte um Beschleunigung des Abschlusses eines Friedensvertrages mit Deutschland, legt das Außenministerium der UdSSR einen Antwortentwurf der sowjetischen Regierung auf diesen Appell anstelle des am 15. Februar übersandten Entwurfs vor.[188]

Was die Frage der Übermittlung der Note der sowjetischen Regierung an die Regierungen der drei Mächte mit dem der Note beigelegten Entwurf von Grundlagen eines Friedensvertrages mit Deutschland betrifft, so hält es das Außenministerium der UdSSR für zielführend, diese Frage einige Tage später zu prüfen, wenn die Reaktion der drei Mächte[189] und der Bonner Regierung auf den Appell der Regierung der DDR und die Antwort der sowjetischen Regierung auf diesen Appell klar sein wird.

Ein Beschlussentwurf liegt bei.

---

[186] Darunter ein handschriftliches Kreuz, Molotovs Zeichen für besondere Wichtigkeit.
[187] Auf der linken Seite der handschriftliche Vermerk *„zu den Akten"*.
[188] An dieser Stelle handschriftliche Korrekturen redaktioneller Art von Molotov wieder ausradiert bzw. durchgestrichen.
[189] Von Molotov vorangestellt. Ursprünglich: „der Bonner Regierung und der drei Mächte".

Bitte um Prüfung.

A. Gromyko

„15[190]" Februar 1952

Kopien ergingen an die Genossen Molotov,[191] Malenkov, Berija, Mikojan, Kaganovič, Bulganin, Chruščev.
Für die Richtigkeit: M. Gribanov[192]

Streng geheim

Beschluss des ZK der VKP/b/

Über die Antwort der sowjetischen Regierung auf den Appell
der Regierung der DDR an die Regierungen der UdSSR, der USA
Englands und Frankreichs zur Frage der Beschleunigung des Abschlusses
eines Friedensvertrages mit Deutschland

1. Den Antwortentwurf der sowjetischen Regierung auf den Appell der Regierung der DDR an die Regierungen der UdSSR, der USA, Englands und Frankreichs zur Frage der Beschleunigung des Abschlusses eines Friedensvertrages mit Deutschland zu bestätigen (liegt bei).
Die Antwort in der Form einer Verbalnote am 18. Februar durch Gen. Puškin zu überbringen.
2. Die Antwort der sowjetischen Regierung auf den Appell der Regierung der DDR in der Presse veröffentlichen.

Dokument 39

RGASPI, f. 82, op. 2, d. 1042, S. 47, 16. 2. 1952
Ignat'ev: Legt den Text des Telegramms des französischen Hohen Kommissars in Westdeutschland, François-Poncet, an das Außenministerium Frankreichs vom 6. Februar d. J. über die Konferenz der Hohen Kommissare der drei Westmächte mit Adenauer am 5. Februar d. J. vor. Auf der Konferenz gab es scharfe Unstimmigkeiten über den Abschluss eines zusätzlichen Vertrages, der eine Begrenzung der Rüstungsproduktion in Westdeutschland, ein Verbot den Erfordernissen eines Krieges angepasster Formationen und auch eine Begrenzung der Größe der westdeutschen Polizei vorsieht. Diese Frage wurde auf Initiative der Franzosen auf die Tagesordnung gesetzt. Adenauer trat entschieden gegen die französischen Vorschläge auf und nannte sie den Grundsätzen des Vertrages über die Gründung einer „Europa-Armee" nicht entsprechend. Nach den Worten François-Poncets endete die Konferenz in einer „schwierigen Atmosphäre", ohne irgendwelche Entscheidungen zu „Sicherheitsfragen" getroffen zu haben. Auf der Konferenz am 5. Februar d. J. wurde auch die

---

[190] Von Molotov handschriftlich eingefügt.
[191] Von Molotov unterstrichen.
[192] Von Molotov handschriftlich eingefügt.

Frage der Lage der sowjetischen Verbindungsmission in Westdeutschland nach dem Inkrafttreten der zweiseitigen Verträge erörtert. Die Hohen Kommissare bestanden darauf, dass die Bonner Regierung versicherte, dass sie auch weiterhin nach Inkrafttreten der zweiseitigen Verträge die Privilegien und Immunität der sowjetischen Verbindungsmission anerkenne, die sie gegenwärtig genießt. Diese Forderung begründeten die Hohen Kommissare damit, dass die Westmächte nicht die Zahl ihrer Verbindungsoffiziere begrenzen möchten, die sich unter sowjetischem Kommando in Potsdam befinden.

Erging an Gen. Stalin und die and. Genossen des Achterkollegiums, ebenso an Gen. Vyšinskij

Dokument 40

RGASPI, f. 82, op. 2, d. 1170, S. 36f., 18.2.1952

<u>Streng geheim</u>

An Genossen Stalin I. V.[193]

Im Zusammenhang mit dem Appell der Regierung der DDR an die Regierungen der UdSSR, der USA, Englands und Frankreichs mit der Bitte <u>um Beschleunigung des Abschlusses eines Friedensvertrages mit Deutschland,</u>[194] legt das Außenministerium der UdSSR einen Antwortentwurf der sowjetischen Regierung auf diesen Appell anstelle des am 15. Februar übersandten Entwurfs vor.

Was die Frage des Übermittelns der Note der sowjetischen Regierung an die Regierungen der drei Mächte mit dem der Note beigelegten Entwurfs von Grundlagen eines Friedensvertrages mit Deutschland betrifft, so hält es das Außenministerium der UdSSR für zielführend, diese Frage einige Tage später zu prüfen, wenn die Reaktion der drei Mächte und der Bonner Regierung auf den Appell der Regierung der DDR und die Antwort der sowjetischen Regierung auf diesen Appell klar wird.

Ein Beschlussentwurf liegt bei.

Bitte um Prüfung.

A. Gromyko

„*18*[195]" Februar 1952

Kopien ergingen an die Genossen <u>Molotov</u>,[196] Malenkov, Berija, Mikojan, Kaganovič, Bulganin, Chruščev.

---

[193] Daneben ein handschriftliches Zeichen Molotovs, vermutlich „M".
[194] Von Molotov unterstrichen.
[195] Von Molotov handschriftlich eingefügt.
[196] Von Molotov unterstrichen.

<u>Streng geheim</u>

Beschluss des ZK der VKP/b/

Über die Antwort der sowjetischen Regierung auf den Appell
der Regierung der DDR an die Regierungen der UdSSR, der USA,
Englands und Frankreichs zur Frage der Beschleunigung des Abschlusses
eines Friedensvertrages mit Deutschland

1. Den Antwortentwurf der sowjetischen Regierung auf den Appell der Regierung der DDR an die Regierungen der UdSSR, der USA, Englands und Frankreichs zur Frage der Beschleunigung des Abschlusses eines Friedensvertrages mit Deutschland zu bestätigen. Die Antwort in der Form einer Verbalnote am 19. Februar über Gen. Puškin zu überbringen.
2. Die Antwort der sowjetischen Regierung auf den Appell der Regierung der DDR in der Presse veröffentlichen.

Dokument 41

RGASPI, f. 82, op. 2, d. 1042, S. 49, 23. 2. 1952
Ignat'ev: Berichtet, dass Adenauer am 31. Dezember 1951 eine spezielle Konferenz der Vertreter der Koalitionsparteien zur Erörterung der Frage über die Reisen Niemöllers nach Moskau und Wirths nach Berlin zusammengerufen hat. Auf dieser Konferenz brachte Adenauer seine Unzufriedenheit darüber zum Ausdruck, dass Niemöller seine Reise „gerade zu der Zeit, in der die westdeutsche Regierung bestrebt ist, den Westmächten zu zeigen, dass es in der Bundesrepublik keine derart ernsthafte Opposition gegen einen harten Westkurs gibt," unternimmt. Adenauer teilte seinen Entschluss mit, eine aktive Propaganda gegen Niemöller und Wirth zu beginnen.
Erging an die Gen. Malenkov und Gromyko.

Dokument 42

RGASPI, f. 82, op. 2, d. 1042, S. 54, 25. 2. 1952
Zorin: Teilt mit, dass die Unzufriedenheit mit der Politik der französischen Regierung in der Frage der Remilitarisierung Westdeutschlands nicht nur die demokratischen Kreise Frankreichs erfasst hat, sondern auch einige Schichten der Bourgeoisie, die befürchten, dass Frankreich als Ergebnis dieser Politik endgültig seine politischen und wirtschaftlichen Positionen in Europa verliert. In allen bourgeoisen Parteien sind mehr oder weniger bedeutsame Gruppen von Gegnern der neuen Zugeständnisse zum Nutzen Westdeutschlands entstanden und Regierungskreise erwiesen sich im Zustand der Fassungslosigkeit und Verwirrung. Diese Krise der Politik der französischen Regierungskreise in der deutschen Frage zeigte sich im Zuge der Debatten in der Nationalversammlung Frankreichs bezüglich der Gründung einer „Europa-Armee", die vom 11. bis 19. Februar d. J. stattfanden. Gegen den Entwurf der Resolution der Regierungsmehrheit stimmten nicht nur die Kommunisten und Abgeordneten der RPF, sondern auch nicht weniger als 50–60 Abge-

ordnete der Parteien der Regierungsmehrheit und Sozialisten, darunter viele Abgeordnete der „Bauernpartei", 6 Abgeordnete der MRP, 6 Radikale und 20 Sozialisten. Die Ergebnisse der Abstimmung: für die Resolution – 327, dagegen – 287. Die angenommene Resolution antwortet in ihrem Grundtenor auf den amerikanischen Plan der beschleunigten Remilitarisierung Westdeutschlands. Jedoch ist in der Resolution eine Reihe von Punkten enthalten, die zu einer neuen Verschärfung der Unstimmigkeiten zwischen Frankreich und Westdeutschland führen und folglich die weiteren Verhandlungen über eine „Europa-Armee" erschweren muss. Zu diesen Punkten zählen Einwände gegen den Beitritt Deutschlands zum Nordatlantikbündnis und die Forderung, die Verluste Frankreichs im Krieg in Vietnam bei der Verteilung der Ausgaben für die Unterhaltung einer „Europa-Armee" zu berücksichtigen.

Erging an die Gen. Molotov, Vyšinskij, Gromyko, Bogomolov und Grigor'jan.

Dokument 43

RGASPI, f. 82, op. 2, d. 1042, S. 55, 25. 2. 1952

Gromyko: Legt eine Verbalnote der britischen Botschaft in Moskau, die am 23. Februar d. J. im Außenministerium eintraf, vor, in der es heißt, dass der englischen Regierung bekannt geworden sei, dass die Sowjetische Kontrollkommission in Deutschland „eine Entwicklung von Ereignissen zuließ, die in gar keiner Weise den Verpflichtungen der sowjetischen Regierung zum Schutz ausländischen Eigentums, Rechten und Interessen in der sowjetischen Besatzungszone Deutschlands" entspricht. Die englische Botschaft wendet sich an die sowjetische Regierung mit der Bitte, „die Maßnahmen abzustellen, die bis zum jetzigen Zeitpunkt gegen britisches Eigentum unternommen werden". „Im Falle einer nicht zufriedenstellenden Antwort wird es keinen anderen Ausweg geben, als der sowjetischen Regierung die Verantwortung für den dadurch entstandenen Schaden an den britischen Interessen in der sowjetischen Besatzungszone Deutschlands und im sowjetischen Sektor Berlins zu übertragen."

Erging an alle Mitglieder des Achterkollegiums.

Dokument 44

RGASPI, f. 82, op. 2, d. 1042, S. 55, 25. 2. 1952

Gromyko: Trägt eine am 23. Februar im Außenministerium eingetroffene Verbalnote der französischen Botschaft in Moskau über die Frage des Schadens, der angeblich französischem Eigentum in der „sowjetischen Besatzungszone Deutschlands und im sowjetischen Sektor in Berlin" zugefügt wurde, vor. Die französische Botschaft bittet die sowjetische Regierung, „die Maßnahmen abzustellen, die bis zur Gegenwart gegen französisches Eigentum unternommen werden". „Im Falle einer nicht zufriedenstellenden Antwort", heißt es in der Note, „wird die französische Regierung genötigt sein, die sowjetische Regierung für den Schaden, der den französischen Interessen in der sowjetischen Besatzungszone Deutschlands und im französischen Sektor Berlins zugefügt worden sein soll, verantwortlich zu machen."

Erging an alle Mitglieder des Achterkollegiums.

Dokument 45

RGASPI, f. 82, op. 2, d. 1042, S. 54, 26. 2. 1952
Ignat'ev: Legt den Inhalt des Berichtes der Hohen Kommissare der drei Westmächte in Westdeutschland an die Außenminister der USA, Englands und Frankreichs vom 12. Februar d. J. über den Stand der Verhandlungen mit der Bonner Regierung bezüglich der zusätzlichen Verträge zum „Generalvertrag" dar. Aus dem Bericht ist ersichtlich, dass es den Hohen Kommissaren und Adenauer nicht gelungen ist, die grundlegenden Unstimmigkeiten, die sich im Zuge der Verhandlungen zeigten, sowie die Fragen der Rüstungsindustrie und der den Erfordernissen eines Krieges angepassten Formationen in Westdeutschland zu lösen. Entsprechend dem Bericht blieben unter den Hohen Kommissaren selbst Unstimmigkeiten zur Frage der Liste der verbotenen Rüstungsproduktionsarten bestehen. Insbesondere die Amerikaner erhoben Einwände gegen ein Verbot oder Begrenzungen westdeutscher Produktion auf dem Gebiet der militärischen oder zivilen Luftfahrt und ebenso auf dem Gebiet der schweren militärischen Ausrüstung.
Erging an Gen. Stalin und die and. Genossen des Achterkollegiums und Gen. Gromyko.

Dokument 46

RGASPI, f. 82, op. 2, d. 1042, S. 59, 1. 3. 1952
Ignat'ev: Legt einen Text von Spionagematerialien französischer Agenten über die DDR und die sowjetische Politik in der deutschen Frage vor. Nach den Behauptungen der französischen Spionage denkt man in den Führungskreisen der SED, dass sich gegenwärtig, nachdem die Versuche, mit der Bonner Regierung über die Einberufung einer gesamtdeutschen Konferenz erfolglos blieben, die Regierung der DDR unmittelbar an die Bevölkerung Westdeutschlands wenden muss. Die Politik der UdSSR in der deutschen Frage sieht laut den Behauptungen der französischen Spionage zwei Lösungsvarianten des deutschen Problems vor. Die erste Variante: Falls es der Regierung der DDR gelingt, die Bonner Regierung für die Durchführung gesamtdeutscher Verhandlungen zu gewinnen, kann die sowjetische Regierung folgende Direktiven geben: a) eine konstituierende Nationalversammlung auf der Grundlage von durch Vertreter Westdeutschlands und der DDR ausgearbeiteten Grundsätzen über gesamtdeutsche Wahlen einzuberufen; b) der Kontrolle über allgemeindeutsche Wahlen durch neutrale Länder nur unter der Bedingung der Einbeziehung so vieler Vertreter von Ländern der Volksdemokratie in die Kommission, dass sie „die westlichen Mächte ausgleichen könnten", zuzustimmen; c) eine gesamtdeutsche Konferenz muss einen vorbereitenden, rein technischen Charakter haben; d) die Arbeit der Konferenz muss sowohl in Westdeutschland als auch in der DDR durchgeführt werden. Die zweite Variante: Falls es der Regierung der DDR nicht gelingt, die Bonner Regierung für die Durchführung gesamtdeutscher Wahlen zu gewinnen, wird die UdSSR in der Gründung eines Blocks aus der DDR, Polen und der Tschechoslowakei Zuflucht nehmen. Die französische Spionage behauptet, dass erste Schritte zur Vorbereitung eines solchen Blocks bereits unternommen wurden.
Erging an die Gen. Malenkov, Berija und Bulganin.

Dokument 47

RGASPI, f. 82, op. 2, d. 1042, S. 58, 2.3.1952
Zorin: Teilt mit, dass sich, wie sich auf der Tagung des Rates des Nordatlantikbündnisses in Ottawa (September 1951) herausgestellt hat, die Erfüllung des Wiederaufrüstungsprogramms durch die westeuropäischen Länder, das von den Militärorganen des Bündnisses ausgearbeitet worden war, als zum Scheitern verurteilt erwiesen hat. In seinem Vortrag auf der Tagung in Ottawa erklärte Eisenhower, dass bei dem bestehenden Tempo der Wiederaufrüstung der Länder Westeuropas bis Mitte 1954 nicht mehr als 1/6 des geplanten Niveaus erreicht sein wird. Die Regierung der USA hat den Druck auf ihre Partner im Nordatlantikblock erhöht und erreichte auf der Lissabonner Tagung die Annahme der amerikanischen militär-wirtschaftlichen und militär-politischen Pläne. Nachdem der Plan der Organisation einer „Europa-Armee" unter Beteiligung westdeutscher Divisionen bestätigt worden war, fällte der Rat des Nordatlantikbündnisses selbigen Beschluss, der die langen Verhandlungen über den Ablauf der Militarisierung Westdeutschlands abschloss. Die Billigung des amerikanischen Vorschlags über die Prinzipien der gegenseitigen Beziehungen zwischen der „Europäischen Verteidigungsgemeinschaft" und den Organen des Nordatlantikbündnisses durch den Rat bedeutet ein neues gewaltiges Zugeständnis der Westmächte gegenüber der Bonner Regierung. Diese Entscheidung beseitigt nicht nur eines der Hindernisse auf dem Weg zur Gründung einer „Europa-Armee", sondern sieht auch den faktischen Einschluss Westdeutschlands in den Nordatlantikblock vor. Die Amerikaner zwangen den Ländern Westeuropas ihre Forderungen im Zusammenhang mit der Verstärkung des Wettrüstens auf. In dieser Frage waren sie aber auch gezwungen, Zugeständnisse zu machen. Die Gesamtsumme der zusätzlichen Ausgaben für ein 3-Jahresprogramm der Aufrüstung wurde im Zuge der Verhandlungen fast um das Zweifache gesenkt – von 2,36 Mrd. Dollar auf 1,19 Mrd. Die Amerikaner waren darüber hinaus gezwungen, anstelle von, wie sie anfangs vorgeschlagen hatten, 25%, die Finanzierung von 40% der bewilligten Summe für die Errichtung militärischer Bodenanlagen auf sich zu nehmen. Im Zusammenhang mit den anglo-amerikanischen Unstimmigkeiten in Lissabon wurde die Frage des Kommandos der militärischen Seekräfte des Nordatlantikkommandos im Mittelmeer nicht entschieden. Die Lissabonner Beschlüsse, die auf die Intensivierung des Tempos der Vorbereitung eines neuen Krieges gerichtet sind, beseitigten nicht die tiefen Gegensätze zwischen den Mitgliedern des aggressiven Blocks.

Erging an alle Mitglieder des Achterkollegiums, ebenso an die Gen. Vyšinskij, Vasilevskij, Gromyko und Grigor'jan.

Dokument 48

RGASPI, f. 82, op. 2, d. 1170, S. 48–52, 3.3.1952

Geheim. Ex. Nr. *1*

An Genossen Molotov V. M.

Ich schicke Ihnen die Entwürfe der Note an die drei Mächte, der Grundlagen eines Friedensvertrages mit Deutschland und des Schreibens an die Regierungen Polens und der Tschechoslowakei mit einem Entwurf eines entsprechenden Berichtes an das ZK.

Ich würde bitten, diese Entwürfe zu prüfen.

/A. Gromyko/ [darunter: Unterschrift]

„3" März 1952
Nr. *316/AG,*
Abgedr. in 2 Ex.
1 – an die Adresse,
2 – zum Akt.
[links unten Stempel:] Sekretariat V. M. Molotov, *6. III.* 1952, Eingangsnummer: *2726.*

Streng geheim. Ex. Nr.__

An Genossen Stalin I. V.

Der Appell der Regierung der Deutschen Demokratischen Republik an die UdSSR, USA, England und Frankreich mit der Bitte um Beschleunigung des Abschlusses eines Friedensvertrages mit Deutschland und ebenso die Antwort der sowjetischen Regierung auf diesen Appell haben in der DDR und Westdeutschland großes Echo hervorgerufen.

In ganz Ostdeutschland werden zahlreiche Demonstrationen und Versammlungen durchgeführt, auf welchen sowohl der Appell der Regierung der DDR als auch die positive Antwort der sowjetischen Regierung auf diesen Appell begrüßt werden.

In Westdeutschland riefen diese Dokumente ebenso großes Echo hervor, was in den zahlreichen begrüßenden Entschließungen und Briefen, die von verschiedenen Orten Westdeutschlands an die Adresse der Regierung der DDR gerichtet wurden, seinen Ausdruck findet.

Die aus Deutschland eintreffenden Mitteilungen zeigen, dass die Erklärung der sowjetischen Regierung darüber, dass sie den Abschluss eines Friedensvertrages unter der Teilnahme Deutschlands für notwendig hält, besonders großen Eindruck auf gesellschaftliche Kreise sowohl in der DDR als auch in Westdeutschland hervorrief. Dies bestätigte auch der Außenminister der DDR, Dertinger, in einem Gespräch mit Gen. Puškin.

Unter Berücksichtigung dessen, dass der Appell der Regierung der DDR und die Antwort der sowjetischen Regierung von der deutschen Bevölkerung positiv aufgenommen wurde, entschied sich die Bonner Regierung nicht direkt gegen die Vorschläge aufzutreten, die im Appell enthalten sind, und war gezwungen, zu manövrieren und ihre Position zu maskieren. Indem die Bonner Regierung die Vorschläge der Regierung der DDR über die Unterstützung ihrer Bitte an die vier Mächte um die Beschleunigung des Abschlusses eines Friedensvertrages öffentlich nicht ablehnt, stellt sie gleichzeitig Bedingungen, die nichts anderes bedeuten, als dass sie in der Sache nach wie vor die Beschleunigung des Abschlusses eines Friedensvertrages mit Deutschland behindert. Diese Bedingungen laufen auf Folgendes hinaus:

a/ der erste Schritt zu einer Friedenskonferenz müssen „allgemeine, freie, geheime, allgemeindeutsche Wahlen unter internationaler Kontrolle" sein;

b/ ein Friedensvertrag muss „mit einer frei gewählten allgemeindeutschen Regierung vereinbart werden";

c/ Deutschland muss an den Friedensverhandlungen „als gleichberechtigter Partner" teilnehmen.

Außerdem bezieht sich die Bonner Regierung darauf, dass im Appell der Regierung der DDR und in der Antwort der sowjetischen Regierung keine konkreten Vorschläge darüber enthalten sind, wie man eine Friedenskonferenz verwirklichen kann.

Was die Reaktion der USA, Englands und Frankreichs auf den Appell der Regierung der DDR und die Antwort der sowjetischen Regierung betrifft, so wurden keine offiziellen Erklärungen getätigt, in welchen diese drei Mächte direkt ihre Position zu diesen Fragen dargelegt hätten. Darüber wird auch im Communique über die am 25. Februar in Lissabon zu Ende gegangene Tagung des Rates des Nordatlantikblocks und in den Reden Achesons am 29. Februar und Edens am 28. Februar über die Bilanz der Arbeit dieser Tagung nichts gesagt. Aus den Erklärungen der offiziellen Vertreter der drei Mächte und den Meldungen von Presseorganen, die den Führungskreisen dieser Länder nahe stehen, ist jedoch ersichtlich, dass die USA, England und Frankreich nach wie vor fortfahren, ihre Pläne zur Schaffung einer „Europa-Armee" unter Teilnahme westdeutscher Streitkräfte und den Einschluss Westdeutschlands in den aggressiven Atlantikblock zu verwirklichen. Das findet im Communique über die Ergebnisse der Lissabonner Tagung des Rates des Atlantikblocks Bestätigung. Darin heißt es, dass der Rat „die grundlegenden Grundsätze des Planes, der durch die fünf Mitglieder des Atlantikbündnisses und der Deutschen Bundesrepublik mit dem Ziel der Gründung einer europäischen Verteidigungsgemeinschaft ausgearbeitet wurden, gutheißt."

Gegenwärtig legen, wie die Lissabonner Tagung des Rates des Atlantikblocks zeigt, die Regierungen der USA, Englands und Frankreichs mit dem Abschluss der Verhandlungen mit Adenauer über den sogenannten Generalvertrag, der das Besatzungsstatut aufheben soll, Eile an den Tag. Auf dieser Tagung wurde der Vortrag der Regierungen der USA, Englands und Frankreichs bezüglich der Vertragsentwürfe, die von diesen Ländern mit der Bonner Regierung abgeschlossen werden sollen, zur Kenntnis genommen. Es ist nicht ausgeschlossen, dass die drei Westmächte hierzu die Bekanntgabe des „Generalvertrages" beschleunigen werden, um zu versuchen, den Einfluss unserer Maßnahmen im Zusammenhang mit dem Friedensvertrag in Deutschland zu schwächen.

Von dem Dargelegten ausgehend hält es das Außenministerium der UdSSR für zielführend, in den nächsten Tagen eine Note der sowjetischen Regierung an die Regierungen der USA, Englands und Frankreichs mit dem Vorschlag zu schicken, die Frage über einen Friedensvertrag unverzüglich zu erörtern und der Note einen Entwurf von Grundlagen eines Friedensvertrages mit Deutschland beizulegen. Hierbei berücksichtigt das Außenministerium der UdSSR, dass die Antwort der sowjetischen Regierung auf den Appell der Regierung der DDR bereits in ausreichendem Maß in politischer Hinsicht von deutschen demokratischen Kreisen zur Entfaltung der Bewegung des deutschen Volkes für die Beschleunigung des Abschlusses eines Friedensvertrages genutzt wurde, ebenso, dass der Appell der Sowjetunion zusammen mit einem Entwurf von Grundlagen eines Friedensvertrages mit Deutschland noch mehr den Kampf des deutschen Volkes gegen die Remilitarisierung verstärkt. Außerdem hält es das Außenministerium der UdSSR für wünschenswert, der Möglichkeit der Kundmachung des Entwurfes des „Generalvertrages" zuvorzukommen. Dieser neue Schritt der sowjetischen Regierung wird die Möglichkeit geben, unser positives Programm der Beschleunigung des Abschlusses eines Friedensvertrages mit Deutschland den aggressiven Maßnahmen der drei Mächte und der Remilitarisierung Westdeutschlands und seiner Einbeziehung in die militärischen Pläne des Atlantischen Blocks entgegenzusetzen. Ein Auftreten der sowjetischen Regierung mit einem Entwurf von Grundlagen eines Friedensvertrages mit Deutschland würde die Lage der drei Mächte und der Bonner Regierung, die die Aufhebung des Besatzungsstatuts mittels des erwähnten „Generalvertrages" vorbereiten, noch mehr verkomplizieren.

Bis zur Absendung der Note an die Regierungen der drei Mächte hält es das Außenministerium der UdSSR für zielführend, die Führung der DDR und ebenso die Regierungen Polens und der Tschechoslowakei mit dem Entwurf der Grundlagen eines Friedensvertrages mit Deutschland bekannt zu machen.
Ein Beschlussentwurf liegt bei.
Bitte um Prüfung.

/A. Gromyko/

„ „ März 1952
Nr. _____ [197]

Dokument 49

RGASPI, f. 82, op. 2, d. 1170, S. 96f., 10.3.1952

Geheim. Ex. Nr. *3*
„10" März 1952
Nr. *3611 AG*

Aus dem Diensttagebuch
A. A. Gromykos[198]

Empfang
des Botschafters Großbritanniens, Gascoigne, des Geschäftsträgers der USA,
O'Shaughnessy, und des Geschäftsträgers Frankreichs, Brionval
10. März 1952

Heute ließ ich den Botschafter Großbritanniens, Gascoigne, sowie die Geschäftsträger der USA, O'Shaughnessy, und Frankreichs, Brionval, zu mir kommen und händigte ihnen die gleichlautenden Noten der sowjetischen Regierung zur Frage eines Friedensvertrages mit Deutschland aus. (Die Note liegt bei).[199]

Gascoigne, O'Shaughnessy und Brionval versprachen, den Text der Note und die der Note beiliegenden Entwürfe von Grundlagen eines Friedensvertrages mit Deutschland umgehend ihren Regierungen zu übergeben.

Beim Gespräch mit Gascoigne und O'Shaughnessy war der Charge d'affaires des stellvertretenden Leiters der Abteilung für die USA, Gen. Moljakov, beim Gespräch mit Brionval der 1. Sekretär der 1. Europäischen Abteilung, Gen. Švedkov, anwesend.

---

[197] Datum und Nummer freigelassen.
[198] Links oben der Vermerk: *„zu den Akten. G[romyko]."*
[199] Am 6.3.1952 hatte Gromyko alle die Frage des Friedensvertrages mit Deutschland betreffenden Dokumente Molotov zweimal übersandt. Alle Entwürfe wurden entsprechend den Anweisungen Molotovs erstellt. Siehe RGASPI, f. 82, op. 2, d. 1170, S. 69-83, Gromyko an Molotov, 6.3.1952; und ebd., S. 84-95, Gromyko an Molotov, 6.3.1952. Auf dem letzten Entwurf hielt Gromyko fest, dass er die Dokumentenentwürfe im Falle der Zustimmung Molotovs an Stalin weiterleiten würde.

Der Stellvertreter des Außenministers der Sowjetunion

/A. Gromyko/[200]

Für die Richtigkeit: [Unterschrift unleserlich]
Erging an die Genossen Stalin, <u>Molotov</u>, Malenkov, Berija, Mikojan, Kaganovič, Bulganin, und Chruščev[201]

[Beilage]

Von Gen. Gromyko A. A. am 10. März 1952 während des Gesprächs ausgehändigt an den Geschäftsträger der USA O'Shaughnessy.

Nr. 9

Die sowjetische Regierung hält es für notwendig, die Regierung der Vereinigten Staaten von Amerika darauf aufmerksam zu machen, dass, obwohl seit Beendigung des Krieges in Europa bereits etwa sieben Jahre vergangen sind, immer noch kein Friedensvertrag mit Deutschland abgeschlossen wurde.

Um diesen unnormalen Zustand zu beseitigen, wendet sich die sowjetische Regierung, die das Schreiben der Regierung der Deutschen Demokratischen Regierung mit der an die vier Mächte gerichteten Bitte um Beschleunigung des Abschlusses eines Friedensvertrages mit Deutschland unterstützt, ihrerseits an die Regierung der Vereinigten Staaten von Amerika und an die Regierungen Großbritanniens und Frankreichs mit dem Vorschlag, unverzüglich die Frage eines Friedensvertrages mit Deutschland zu erwägen, damit in nächster Zeit ein vereinbarter Friedensvertragsentwurf vorbereitet und einer entsprechenden internationalen Konferenz unter Beteiligung aller interessierten Staaten zur Prüfung vorgelegt wird.

Es versteht sich, dass ein solcher Friedensvertrag unter unmittelbarer Beteiligung Deutschlands, vertreten durch eine gesamtdeutsche Regierung, ausgearbeitet werden muss, Hieraus folgt, dass die UdSSR, die USA, Großbritannien und Frankreich, die in Deutschland Kontrollfunktionen ausüben, auch die Frage der Bedingungen prüfen müssen, die die schleunigste Bildung einer gesamtdeutschen, den Willen des deutschen Volkes ausdrückenden Regierung fördern.[202]

Um die Vorbereitung des Entwurfs eines Friedensvertrages zu erleichtern, legt die sowjetische Regierung ihrerseits den Regierungen der USA, Großbritanniens und Frankreichs

---

[200] Links davon die russische Abkürzung: „p.p.".
[201] Links unten Eingangsstempel: S[ekretaria]t V. M. Molotov, „*11*". *III* 1952. Eingangsnr. M-*3195*.
[202] Im ersten Entwurf Gromykos vom 6. 3. 1952 fand sich ursprünglich folgender Absatz, der von Molotov eliminiert wurde: „Ein unverzüglicher Abschluss eines Friedensvertrages mit Deutschland wird diktiert durch die Interessen der Festigung des Friedens in Europa und der nötigen schnellsten Liquidierung der Kriegsfolgen, woran die Völker Europas sehr stark interessiert sind, darunter auch das deutsche Volk. Der Abschluss eines Friedensvertrages mit Deutschland erfordert, dass der bestehenden Teilung Deutschlands ein Ende bereitet wird, damit Deutschland wiedererrichtet wird, wie dies in den Potsdamer Beschlüssen vorgesehen ist, in der Form eines einheitlichen, demokratischen, friedliebenden Staates, was Deutschland den Weg zur Teilnahme an der friedlichen Zusammenarbeit mit anderen Staaten auf der Grundlage der Gleichberechtigung eröffnet. Es versteht sich, dass dies bedeutet, dass in Deutschland eine einheitliche gesamtdeutsche Regierung gebildet werden muss, auf der Grundlage freier Wahlen, ohne Einmischung von außen, mit der auch der Friedensvertrag unterzeichnet wird."
RGASPI, f. 82, op. 2, d. 1170, S. 75f., 6. 3. 1952, Entwurf der Note, Gromyko an Molotov.

den beigefügten Entwurf für die Grundlagen eines Friedensvertrages mit Deutschland zur Prüfung vor.

Die sowjetische Regierung schlägt vor, diesen Entwurf zu erörtern, und erklärt sich gleichzeitig bereit, auch andere eventuelle Vorschläge zu dieser Zeit zu prüfen.

Die Regierung der UdSSR rechnet damit, in kürzester Frist eine Antwort der Regierung der USA auf den oben erwähnten Vorschlag zu erhalten.

Gleichlautende Noten hat die sowjetische Regierung auch an die Regierungen Großbritanniens und Frankreichs gerichtet.

Moskau „10" März 1952.

An die Botschaft der Vereinigten Staaten von Amerika
Moskau

Dokument 50

RGASPI, f. 82, op. 2, d. 1170, S. 98–100, 10.3.1952

Entwurf der sowjetischen Regierung über einen Friedensvertrag mit Deutschland

Seit Beendigung des Krieges mit Deutschland sind fast sieben Jahre vergangen, jedoch hat Deutschland immer noch keinen Friedensvertrag, es ist gespalten und befindet sich gegenüber anderen Staaten in einer nicht gleichberechtigten Situation. Diesem unnormalen Zustand muss ein Ende gesetzt werden. Das entspricht dem Willen aller friedliebenden Völker. Ohne den schnellsten Abschluss eines Friedensvertrages mit Deutschland kann eine gerechte Behandlung der rechtmäßigen nationalen Interessen des deutschen Volkes nicht gewährleistet werden.

Der Abschluss eines Friedensvertrages mit Deutschland ist von großer Bedeutung für die Festigung des Friedens in Europa. Ein Friedensvertrag mit Deutschland wird die endgültige[203] Lösung der Fragen ermöglichen, die infolge des Zweiten Weltkrieges entstanden sind. An einer Lösung dieser Fragen sind die europäischen Staaten, die unter der Hitleraggression gelitten haben, besonders die Nachbarn Deutschlands, zutiefst interessiert. Der Abschluss eines Friedensvertrages mit Deutschland wird zu einer Besserung der internationalen Gesamtlage und damit zur Herstellung eines dauerhaften Friedens beitragen.

Die Notwendigkeit, den Abschluss eines Friedensvertrages mit Deutschland zu beschleunigen, wird dadurch diktiert, dass die Gefahr einer Wiederherstellung des deutschen Militarismus, der zwei Weltkriege entfesselt hat,[204] nicht beseitigt ist, weil die entsprechenden Beschlüsse der Potsdamer Konferenz immer noch nicht durchgeführt sind. Ein Friedensvertrag mit Deutschland soll gewährleisten, dass ein Wiederaufleben des deutschen Militarismus und einer deutschen Aggression unmöglich wird.

---

[203] Das Wort „endgültige" wurde von Molotov im oben erwähnten ersten Entwurf Gromykos vom 6.3.1952 eingefügt. RGASPI, f. 82, op. 2, d. 1170, S. 77.
[204] Anscheinend sorgte dieser Passus bei der Ausformulierung für Diskussionen. Molotov hatte ihn erstmals in den ersten Entwurf Gromykos vom 6.3.1952 handschriftlich eingefügt. Im genauen Wortlaut hieß es: „der zweimal den Frieden in Europa zerstört und sowohl den Ersten als auch den Zweiten Weltkrieg entfesselt hat". Ebd. Im zweiten Entwurf vom 6.3. strich Molotov den Passus wieder. Seine letzte Korrektur entsprach der Endfassung. Ebd., S. 87.

Der Abschluss eines Friedensvertrages mit Deutschland wird für das deutsche Volk die Bedingungen eines dauerhaften Friedens herbeiführen, die Entwicklung eines Deutschlands als eines einheitlichen, unabhängigen, demokratischen und friedliebenden Staates in Übereinstimmung mit den Potsdamer Beschlüssen fordern und dem deutschen Volk die Möglichkeit einer friedlichen Zusammenarbeit mit anderen Völkern sichern.

Davon ausgehend, haben die Regierungen der UdSSR, der Vereinigten Staaten von Amerika, Großbritanniens und Frankreichs beschlossen, unverzüglich mit der Ausarbeitung eines Friedensvertrages mit Deutschland zu beginnen.

Die Regierungen der UdSSR, der USA, Großbritanniens und Frankreichs sind der Meinung, dass die Vorbereitung eines Friedensvertrages unter Beteiligung Deutschlands, vertreten durch eine gesamtdeutsche Regierung, erfolgen muss, und dass der Friedensvertrag mit Deutschland auf folgenden Grundlagen aufgebaut sein muss:

Grundlagen des Friedensvertrages mit Deutschland

Die Teilnehmer
Großbritannien, die Sowjetunion, die USA, Frankreich, Polen, die Tschechoslowakei, Belgien, Holland und die anderen Staaten, die sich mit ihren Streitkräften am Krieg gegen Deutschland beteiligt haben.

Politische Leitsätze
1. Deutschland wird als einheitlicher Staat wiederhergestellt. Damit wird der Spaltung Deutschlands ein Ende gemacht, und das geeinte Deutschland gewinnt die Möglichkeit, sich als unabhängiger, demokratischer, friedliebender Staat zu entwickeln.
2. Sämtliche Streitkräfte der Besatzungsmächte müssen spätestens ein Jahr nach Inkrafttreten des Friedensvertrages aus Deutschland abgezogen werden. Gleichzeitig werden sämtliche ausländische Militärstützpunkte auf dem Territorium Deutschlands liquidiert.
3. Dem deutschen Volk müssen die demokratischen Rechte gewährleistet sein, damit alle unter deutscher Rechtsprechung stehenden Personen ohne Unterschied der Rasse, des Geschlechtes, der Sprache oder der Religion die Menschenrechte und die Grundfreiheiten genießen, einschließlich der Redefreiheit, der Pressefreiheit, des Rechtes der freien Religionsausübung, der Freiheit der politischen Überzeugung und der Versammlungsfreiheit.
4. In Deutschland muss den demokratischen Parteien und Organisationen freie Betätigung gewährleistet sein; sie müssen das Recht haben, über ihre inneren Angelegenheiten frei zu entscheiden, Tagungen und Versammlungen abzuhalten, Presse- und Publikationsfreiheit zu genießen.
5. Auf dem Territorium Deutschlands dürfen Organisationen, die der Demokratie und der Sache der Erhaltung des Friedens feindlich sind, nicht bestehen.
6. Allen ehemaligen Angehörigen der deutschen Armee, einschließlich der Offiziere und Generäle, allen ehemaligen Nazis, mit Ausnahme derer, die nach Gerichtsurteil eine Strafe für von ihnen begangene Verbrechen verbüßen, müssen die gleichen bürgerlichen und politischen Rechte wie allen anderen deutschen Bürgern gewährt werden zur Teilnahme am Aufbau eines friedliebenden, demokratischen Deutschland.
7. Deutschland verpflichtet sich, keinerlei Koalitionen oder Militärbündnisse einzugehen, die sich gegen irgendeinen Staat richten, der mit seinen Streitkräften am Krieg gegen Deutschland teilgenommen hat.

Das Territorium
Das Territorium Deutschlands ist durch die Grenzen bestimmt, die durch die Beschlüsse der Potsdamer Konferenz der Großmächte festgelegt wurden.

Wirtschaftliche Leitsätze
Deutschland werden für die Entwicklung seiner Friedenswirtschaft, die der Hebung des Wohlstandes des deutschen Volkes dienen soll, keinerlei Beschränkungen auferlegt.

Deutschland werden auch keinerlei Beschränkungen in Bezug auf den Handel mit anderen Ländern, die Seeschifffahrt und den Zutritt zu den Weltmärkten auferlegt.

Militärische Leitsätze
1. Es wird Deutschland gestattet sein, eigene nationale Streitkräfte (Land-, Luft- und Seestreitkräfte) zu besitzen, die für die Verteidigung des Landes notwendig sind.
2. Deutschland wird die Erzeugung von Kriegsmaterial und -ausrüstung gestattet werden, deren Menge oder Typen nicht über die Grenzen dessen hinausgehen dürfen, was für die Streitkräfte erforderlich ist, die für Deutschland durch den Friedensvertrag festgesetzt sind.

Deutschland und die Organisation der Vereinten Nationen
Die Staaten, die den Friedensvertrag mit Deutschland abgeschlossen haben, werden das Ersuchen Deutschlands um Aufnahme in die Organisation der Vereinten Nationen unterstützen.

II. Der österreichische „Kurzvertrag" vom 13. März 1952 und die deutsche Frage

> „Nicht die Aufmerksamkeit [...] hinsichtlich der deutschen [...] Frage schwächen"

Die unscheinbare Österreichfrage war im frühen Kalten Krieg für die Großmächte in hohem Maß ein Testfeld, um weiterreichende Absichten der Gegenseite auszuloten. Im Jahr 1949 ergab sich erstmals die reelle Möglichkeit eines Abzugs der alliierten Besatzungstruppen aus Österreich. Nach dem Bruch Titos mit Stalin Mitte 1948 war das vorgeblich größte Hindernis für den Abschluss des österreichischen Staatsvertrages, die Frage der österreichisch-jugoslawischen Grenze, auf der Tagung in Paris aus dem Weg geräumt worden. Die UdSSR unterstützte die jugoslawischen Gebietsansprüche, die sich zuletzt auf ein kleines Gebiet in Kärnten beschränkt hatten, nicht mehr.[1] Der österreichische Staatsvertrag, über den man seit 1947 verhandelt hatte, wäre beinahe unter Dach und Fach gebracht worden. Am 20. Juni 1949, dem letzten Konferenztag des in Paris zusammengetretenen Rates der Außenminister, verlautbarten die vier Großmächte, den österreichischen Staatsvertrag bis zum 1. September unterschriftsreif machen zu wollen. Die Sonderbeauftragten für den österreichischen Staatsvertrag sollten die noch verbliebenen Artikel aushandeln.[2] Die Sowjets trafen in der Folge in Österreich Maßnahmen, die bereits Zeitgenossen vermuten ließen, dass Stalin den Abschluss des Staatsvertrages ernsthaft anstrebte. Nachdem sich US-Präsident Truman am 26. Oktober 1949 endlich über die Bedenken des Verteidigungsministeriums hinweggesetzt und sein Einverständnis für den Abschluss des Staatsvertrages gegeben hatte, war es aber schon wieder zu spät. Zwei Tage zuvor, am 24. Oktober, hatte das Politbüro die sowjetischen Unterhändler angewiesen, die Verhandlungen bei der nächsten sich bietenden Möglichkeit abzubrechen.[3] Wollte Stalin tatsächlich die sowjetische Besatzung Ostösterreichs 1949 aufgeben oder wollte er nur den Anschein erwecken, er meinte es ernst, um den Westen „nervös" zu machen?[4]

Österreich als Konsolidierungsfaktor des Ostblocks

Der Kreml war im Herbst 1949 plötzlich, als hätte man es nicht früher gewusst, intern zur „Einsicht" gelangt, dass ihn der Abschluss des Staatsvertrages im Weiteren des Rechtes zur Truppenstationierung in Ungarn und Rumänien berauben würde. Die offen zur Schau gestellte Zustimmungsbereitschaft der Westmächte (der US-Präsident hatte bis dahin aller-

---

[1] Karner/Ruggenthaler, „Eine weitere Unterstützung der jugoslawischen Gebietsforderungen bringt uns in eine unvorteilhafte Lage".
[2] Vgl. Stourzh, Um Einheit und Freiheit, S. 154f.; Cronin, Eine verpasste Chance?, S. 347–351.
[3] Siehe dazu im Detail meine Ausführungen in Ruggenthaler, Warum Österreich nicht sowjetisiert wurde, S. 649–726; Karner/Ruggenthaler, Stalin und Österreich, S. 120f.
[4] Vgl. dazu Stalins Mitteilung an Pieck, in der er seine Zufriedenheit über die Reaktionen der Westmächte auf die Verhandlungen in Paris über Österreich zum Ausdruck brachte. Stalins „Einschätzungen" zufolge hätten die Westmächte wegen „des Risiko[s], Frieden zu bekommen, [...] schon sehr nervös reagiert". Loth, Die Sowjetunion und die deutsche Frage, S. 91.

dings noch kein „grünes Licht" gegeben!) ließ Stalin annehmen, der Westen beabsichtige mit einem solchen Schritt auch eine Unterstützung für Jugoslawien.[5] Die daraufhin von der sowjetischen Seite verfolgte Junktimierung der österreichischen Frage mit der Triest-Frage und schließlich der deutschen Frage sowie die wiederholten Forderungen nach einer Entnazifizierung und Entmilitarisierung Österreichs torpedierten in der Folge jede Abschlussmöglichkeit des österreichischen Staatsvertrages. All dies musste „wiederholt für die Einbremsung der Staatsvertragsverhandlungen herhalten".[6] Für die 1950 anberaumten Sitzungen der Sonderbeauftragten gab Stalin keinen Verhandlungsspielraum.[7] Er konnte aus zumindest zwei Gründen ab Herbst 1949 die sowjetische Besatzung Ostösterreichs nicht aufgeben: Neben der Paranoia Stalins, der die demonstrierte Bereitschaft der Westmächte, den österreichischen Staatsvertrag abschließen zu wollen, als politische Unterstützung für Tito interpretierte,[8] bekam die Besatzung Ostösterreichs eine zunehmende Bedeutung für die Konsolidierung des Ostblocks, und zwar an zwei Flanken: für Ungarn und Rumänien sowie für die DDR. Auf der einen Seite hätte ein Abschluss des Staatsvertrages mit Österreich unmittelbar nach Gründung der DDR freilich viele Kräfte dazu ermuntern können, nach einer ähnlichen Lösung für Deutschland zu streben. Vielleicht war es gerade das, was Stalin wünschte: kein Abschluss mit Österreich, um sein eigentliches Ziel, die Konsolidierung der DDR, zu erreichen, andererseits jedoch den Anschein aufrechtzuerhalten, in der nebensächlichen österreichischen Frage verhandlungsbereit zu sein. Stalin war nicht ernsthaft an einer Umsetzung des Friedensvertrages mit Italien in Bezug auf die Triest-Frage (Einsetzung eines UN-Hochkommissars) interessiert.[9] Triest war eine Trumpfkarte, die die UdSSR zu jeder Zeit zücken konnte, um den Vertrag mit Österreich nicht abschließen zu müssen und den Verbleib Ungarns und Rumäniens im sowjetischen Orbit nicht zu gefährden.[10]

Infolge der sich dahinschleppenden Staatsvertragsverhandlungen vertrat die KPÖ 1950 erstmals Neutralitätsparolen.[11] Es ist eher unwahrscheinlich, dass die KPÖ dabei Rücken-

---

[5] Ruggenthaler, Warum Österreich nicht sowjetisiert wurde, S. 680.
[6] Bischof, Karl Gruber und die Anfänge des „Neuen Kurses" in der österreichischen Außenpolitik 1952/53, S. 144; Stourzh, Um Einheit und Freiheit, S. 178. In den Pariser Vorverhandlungen der stellvertretenden Außenminister hatte sich Gromyko an die Devise des Politbüros zu halten, derzufolge er im Falle des Einbringens der Österreichfrage als eigenen Punkt für die Außenministerkonferenz durch die Westmächte auf der Erörterung der Triest-Frage als Tagesordnungspunkt zu bestehen hatte. RGASPI, f. 17, op. 162, d. 45, S. 187 und 213f.; ebd., op. 163, d. 1580, S. 141, Politbüro-Beschluss 89 (81-op) vom 28. 3. 1951.
[7] Ruggenthaler, Warum Österreich nicht sowjetisiert wurde, S. 683–685.
[8] Ebd.
[9] Triest und sein „Hinterland" Istrien waren seit 1945 Streitpunkt zwischen Jugoslawien, Italien und den Westalliierten. 1945 zog Tito seine Truppen aus Triest erst nach der Zusicherung der Westmächte, die Triester Frage auf Verhandlungsweg zu lösen, zurück. Der Friedensvertrag mit Italien sah in seinen Bestimmungen für Triest die Einsetzung eines UN-Hochkommissars vor. Nach dem Bruch Titos mit Stalin und der Annäherung Jugoslawiens an den Westen wurde die Triest-Frage unter Ausbootung der Sowjetunion entschieden. Triest wurde Italien zugeschlagen, Istrien Jugoslawien. Die UdSSR hatte in der Folge bei den Verhandlungen um den österreichischen Staatsvertrag ein völkerrechtlich überzeugendes Argument. Der Verweis auf einen möglichen Vertragsbruch der Westmächte in der Österreichfrage bot der UdSSR ab 1949/50 eine ideale Möglichkeit, Staatsvertragsverhandlungen nicht zuzustimmen. Zu Triest siehe Stourzh, Um Einheit und Freiheit, S. 178f. Zur Triest-Frage 1945 siehe insbesondere Gibianskij, Stalin i triestskoe protivostojanie 1945g.
[10] Ruggenthaler, Warum Österreich nicht sowjetisiert wurde, S. 686.
[11] Siehe dazu Stourzh, Um Einheit und Freiheit, S. 267; Karner/Ruggenthaler, Stalin und Österreich, S. 124f.

deckung aus Moskau hatte. Der erste Vorstoß in Richtung Neutralität dürfte vom sowjetischen Politvertreter, Michail Koptelov, und dem späteren stellvertretenden Hochkommissar in Österreich, Georgij Cinev, initiiert worden sein. Sie beide hatten zu dieser Zeit einen „Lösungsvorschlag der österreichischen Frage" im sowjetischen Außenministerium eingebracht, demzufolge Österreich verpflichtet werden sollte, „keinem militärisch-politischem Block beizutreten".[12] Der Leiter der auch für Österreich zuständigen Dritten Europäischen Abteilung des sowjetischen Außenministeriums, Michail Gribanov, der nach Wilfried Loth so vehement 1951/52 für eine Neutralisierung Deutschlands eingetreten sein soll,[13] reagierte jedoch ablehnend, weil derartige Verpflichtungen „in gewissem Maße eine diskriminierende Haltung gegenüber Österreich" bedeuten würden und die Westmächte zum Schluss kommen könnten, dass die UdSSR eine „große Unruhe" angesichts der entstehenden NATO ergreife.[14] Beachtenswert ist die Wortwahl Gribanovs. Im Friedensvertragsvorschlag in der Stalin-Note vom 10. März 1952 sollte Deutschland sehr wohl verpflichtet werden, „keinerlei Koalitionen oder Militärbündnisse einzugehen".[15]

Im Hinblick auf die deutsche Frage bleibt festzuhalten, dass Moskau 1950/51 in der Österreichfrage formell zwar gesprächsbereit blieb, inhaltlich jedoch keine Fortschritte wünschte.[16] Im Januar 1952 fiel schließlich auch für lange Zeit die Gesprächsbereitschaft weg. Der sowjetische Vertreter in London wiederholte gegenüber den Westmächten programmgemäß die alten sowjetischen Forderungen und erklärte,[17] an der für den nächsten Tag, dem 21. Januar, anberaumten Sitzung der Sonderbeauftragten nicht teilnehmen zu

---

[12] AVP RF, f. 66, op. 29, p. 49, d. 11, S. 25–27, Gribanov an Vyšinskij zu den Vorschlägen Cinevs und Koptelovs, 28. 2. 1950 (Dokument 51).
[13] Loth, Die Entstehung der „Stalin-Note". Das Zurückweisen dieser ersten quellenmäßig belegbaren, sowjetintern diskutierten „Neutralisierungsvorschläge" durch Gribanov zeigt zudem, dass Gribanov in keiner Weise in Entscheidungsprozesse der sowjetischen Österreichpolitik involviert war, ebenso wenig der Apparat des sowjetischen Hochkommissars in Wien. Im Oktober 1949 hatte Stalin die Staatsvertragsverhandlungen abbrechen lassen. Er war zu diesem Zeitpunkt nicht zur Aufgabe der sowjetischen Besatzung Ostösterreichs bereit. Anfang 1950 schlug der stellvertretende sowjetische Hochkommissar „Lösungsvorschläge" für die Österreichfrage vor. Hätte Gribanov die Position Stalins gekannt, hätte er die Vorschläge nicht mit inhaltlichen Begründungen zurückweisen müssen, die im Vergleich zur ein Jahr später gestarteten „Initiative" in der Deutschlandfrage geradezu äußerst bizarr erscheinen. Österreich sollte durch Bündnisfreiheit nicht diskriminiert werden, Deutschland ein Jahr später sehr wohl! Die wesentlichste Rolle in der sowjetischen Österreichpolitik nach Stalin spielten Gromyko und Molotov. Ihre Vorschläge in der Österreichfrage wurden generell von Stalin angenommen. Freilich handelten sie nach seinen Prämissen und im Einklang seiner prinzipiellen Zielvorgaben. Neben den Politbüromitgliedern dürften nur Vyšinskij als Außenminister, sein Stellvertreter Zorin und Zarubin als Sonderbeauftragter für die Staatsvertragsverhandlungen über interne Denkweisen der sowjetischen Führung im Hinblick auf die Österreichpolitik involviert gewesen sein. Siehe dazu Ruggenthaler, Warum Österreich nicht sowjetisiert wurde.
[14] AVP RF, f. 66, op. 29, p. 49, d. 11, S. 25–27, Gribanov an Vyšinskij zu den Vorschlägen Cinevs und Koptelovs, 28. 2. 1950 (Dokument 51).
[15] Ebd. Die Übernahme dieser zentralen Forderung der Neutralistenbewegung empfahlen im Februar 1951 Čujkov und Semenov. Siehe dazu Kapitel I.
[16] In einem Entwurf über die weitere Vorgehensweise in der Österreichfrage für Stalin ging Gromyko davon aus, „dass wir zum jetzigen Zeitpunkt an einer Beschleunigung des Abschlusses des österreichischen Vertrages nicht interessiert sind". RGASPI, F 82, op. 2, d. 1115, S. 38, Gromyko an Stalin, Entwurf für Molotov, Januar 1952. Das fertiggestellte Dokument erging nach mehreren Korrekturen durch Molotov am 16. 1. 1952 an Stalin und beinhaltete nur mehr die weitere diplomatische Strategie. Ebd., S. 62–64. Hierzu genauer in Ruggenthaler, Warum Österreich nicht sowjetisiert wurde, S. 698f.
[17] Siehe hierzu den entsprechenden Politbüro-Beschluss vom 17. 1. 1952, RGASPI, f. 17, op. 162, d. 48, S. 13 und 63f. (Dokument 54).

können. In einer Note beschuldigten die Westmächte die UdSSR, den Abschluss des österreichischen Staatsvertrages seit zwei Jahren zu blockieren. Der Kreml antwortete darauf nicht einmal und gab monatelang offiziell keine Stellungnahme mehr zu Österreich ab. Dies geschah just in jenen Wochen, in denen er angeblich Gesprächsbereitschaft hinsichtlich Deutschlands bekundete und geradezu enthusiastisch Pläne für dessen Neutralisierung geschmiedet haben soll.

An dieser Stelle sei zudem darauf verwiesen, dass jedoch nicht der Tod Stalins der Wendepunkt in der sowjetischen Österreichpolitik war,[18] sondern eine Neutralisierung Österreichs unter gewissen Umständen unter Stalin möglich gewesen wäre.[19] Spätestens mit der Konsolidierung der DDR war der Weg dazu aus sowjetischer Sicht frei. An der Südostflanke hatte sich nichts geändert. Im Gegenteil, Tito wurde von den Westmächten noch stärker hofiert. Berichte über NATO-Pläne mit Jugoslawien, die Zusicherung Titos an die Amerikaner, im Kriegsfall mit der UdSSR Militärbasen in Jugoslawien zur Verfügung zu stellen und angebliche Kriegsvorbereitungen Jugoslawiens gegen die UdSSR und die „Länder der Volksdemokratie",[20] aber auch Absichten der NATO im Hinblick auf Dänemark und besonders Norwegen ließen in Moskau die Alarmglocken schrillen.[21] Als Aufmarschgebiet gegenüber Jugoslawien wäre Ostösterreich weiter vonnöten gewesen, dennoch – und hierzu gab es bislang lediglich Hinweise[22] – war eine (militärische) Neutralisierung Österreichs nunmehr, nach der Konsolidierung der DDR infolge der „Notenschlacht" 1952, möglich und

---

[18] Diesen Standpunkt vertritt auch Gerald Stourzh. Siehe zuletzt Stourzh, Der österreichische Staatsvertrag in den weltpolitischen Entscheidungsprozessen, S. 973f. Wolfgang Mueller ist dagegen anderer Meinung. Siehe Mueller, Gab es eine verpasste Chance?, S. 116.

[19] Chruščev verwies darauf in der Schlussrede der Plenartagungen des ZK der KPdSU im Juli 1955. Er erinnerte daran, dass bereits Stalin etwa ein Jahr vor seinem Tod mehrmals gefragt habe, warum der Vertrag mit Österreich nicht abgeschlossen werde. Stourzh, Um Einheit und Freiheit, S. 458f.; CWIHP, Nr. 10, S. 42f.

[20] RGASPI, f. 82, op. 2, d. 1374, S. 169–214. Politbericht der sowjetischen Botschaft in Belgrad über das 3. Quartal des Jahres 1951. Gromyko übersandte den Bericht am 11.1.1952 Stalin. Dem Politbericht zufolge war „die Politik der jugoslawischen Regierung in diesem Zeitraum nach wie vor auf die Vorbereitung Jugoslawiens an einem Krieg gegen die UdSSR und die Länder der Volksdemokratie ausgerichtet". „Dies drückte sich insbesondere", so der Bericht, „in der weiteren Militarisierung des Landes, in den Versuchen der Festigung des faschistischen administrativen Staatsapparates, der Armee und Polizei aus."

[21] RGASPI, f. 82, op. 2, d. 1043, S. 198, Berichterstattung Zorins an Stalin und alle Mitglieder des Achterkollegiums sowie an Suslov, Vyšinskij, Grigor'jan, Bogomolov und Puškin, 5.6.1952 (Dokument 65); ebd., S. 248, Berichterstattung Tugarinovs an Malenkov, Bulganin, Vyšinskij und Vasilevskij, 11.7.1952 (Dokument 120); ebd., S. 360, Berichterstattung Ignat'evs an Malenkov, Berija und Bulganin, 4.10.1952. Zwei Analysen der KI gleichen Inhalts über die NATO-Pläne mit Nordeuropa vom 23.8. und 24.11.1952 finden sich bei Zubok, Soviet Intelligence and the Cold War, S. 458. Im Falle Dänemarks gelang es dem Kreml, keine US-Luftstützpunkte zuzulassen. Mastny, Die NATO im sowjetischen Denken und Handeln, S. 419. Besonders die Position Norwegens erregte im Kreml aufgrund der gemeinsamen Grenze Unruhe. Nach der Aufnahme Griechenlands und der Türkei in die NATO verstärkte der Kreml seine Bemühungen, einen Beitritt Jugoslawiens zu verhindern. Egorova, NATO i evropejskaja bezopasnost', S. 299, 302 und 309. Auf der Berliner Außenministerkonferenz sah sich Österreich mit der sowjetischen Forderung nach Militärstützpunkten konfrontiert. Siehe dazu Stourzh, Um Einheit und Freiheit, S. 301–319.

[22] Stourzh, Der österreichische Staatsvertrag in den weltpolitischen Entscheidungsprozessen, S. 973f. Inwieweit die militärische Neutralisierung Österreichs 1955 auch einem politischen Entgegenkommen der neuen Kremlführung im Versöhnungsprozess mit Tito entgegenkam, gilt es noch zu erforschen. Nach einem Zeugnis Bruno Kreiskys soll Belgrad als Bedingung für eine Aussöhnung die Lösung der Österreichfrage an erste Stelle gesetzt haben. Ebd., S. 979f.

aus der Sicht des Kremls vorteilhaft. Möglich deshalb, weil die deutsche Frage „gelöst" war und Stalin nach dem Bruch mit Tito das Interesse an Italien verloren hatte.[23] Infolgedessen war auch eine Besatzung Österreichs nicht mehr von primärer Bedeutung. Ungeklärt bleibt allerdings weiterhin der Einfluss Molotovs im Kreml in dieser Frage, der sowohl vor als auch nach Stalins Tod gegen eine Neutralisierung Österreichs auftrat. Die Gründe hierfür dürften einerseits die Notwendigkeit einer Besatzung Österreichs als Druckmittel gegen Tito sein, andererseits in Molotovs Überzeugung zu sehen sein, die Westmächte strebten eine analoge Lösung zu Deutschland mittels eines separaten Vertrages mit Österreich an.[24]

Die Vorteile einer Neutralisierung Österreichs lagen freilich bereits auch vor Stalins Tod auf der Hand. Es galt, und dies waren die wichtigsten Motive für den Abschluss des Staatsvertrages 1955, einen „Anschluss" Österreichs bzw. des Westteils des Landes an Deutschland und folglich die Einbindung in die NATO zu verhindern. Die Spaltung der NATO durch einen neutralen Keil in Mitteleuropa (Schweiz und Österreich) stellte für den Kreml zudem ein angenehmes „Nebenprodukt" dar.[25] Molotov musste schlussendlich dem Druck Nikita Chruščevs und Anastas Mikojans nachgeben. Ab 1949 hatte der Kreml die Österreichfrage mit der Triestfrage junktimiert, nach einem Zeugnis Mikojans infolge der sich verschärfenden internationalen Lage, die einen Abzug aus Österreich unmöglich machte. Molotov war den Erinnerungen Chruščevs zufolge auch noch nach der Lösung der Triestfrage zwischen Italien und Jugoslawien gegen eine Freigabe Ostösterreichs,[26] vermutlich wegen seiner unveränderten Haltung zu Tito. In der Deutschland- und Österreichpolitik waren die Ziele vor und nach dem Tod Stalins dieselben geblieben. Mit der Neutralisierung Österreichs sollte ein neuer „Anschluss" verhindert werden, und damit eine Stärkung Westdeutschlands. Nicht zuletzt hatte sich Molotov bei der Unterzeichnung des österreichischen Staatsvertrages am 15. Mai 1955 an die Direktive zu halten, über die deutsche Frage keine Verhandlungen mit den westlichen Außenministern zu führen.[27] An diese Direktive hielt er sich wohl widerstandslos, sie war in seinem Sinne, im Gegensatz zur Freigabe Ostösterreichs, auch wenn er mit sachlichen Argumenten überzeugt worden sein soll.[28]

Die Österreichfrage als Spielkarte der Weltpolitik

Drei Tage nach der Stalin-Note unternahmen die Westmächte eine scheinbare „Initiative" in der Österreichfrage. Am 13. März 1952 unterbreiteten sie der sowjetischen Seite einen neuen Vorschlag, den sogenannten Kurzvertrag.[29] Diesem Vorschlag zufolge sollten sich die

---

[23] Zaslavskij, Lo stalinismo e la sinistra italiana dal mito dell'Urss alla fine del comunismo.
[24] Letztere Auffassung vertritt Zubok. Vgl. Zubok, Soviet Intelligence and the Cold War, S. 458 und 460.
[25] Mastny, Die NATO im sowjetischen Denken und Handeln, S. 440f.; Thoß, NATO-Strategie und nationale Verteidigungsplanung, S. 258 und 278.
[26] Stourzh, Um Einheit und Freiheit, S. 454–456.
[27] Stourzh, Um Einheit und Freiheit, S. 478; zuletzt ders., Der österreichische Staatsvertrag in den weltpolitischen Entscheidungsprozessen, S. 990f.
[28] So Mikojan am Juli-Plenum der KPdSU. Siehe dazu das Stenogramm der Juli-Plenarsitzung des ZK der KPdSU. Abgedruckt in Karner/Stelzl-Marx/Tschubarjan (Hrsg.), Die Rote Armee in Österreich, S. 841–843.
[29] Zum Kurzvertrag (Dokument 58) siehe generell die zahlreichen Arbeiten von Günter Bischof. Unter Berücksichtigung des Standes der Forschung zuletzt Bischof, „Recapturing the Initiative" and „Negotiating from Strength", S. 217–247 und die dort zitierte Literatur. Die sowjetischen Akten (Politbüro-

vier Besatzungsmächte verpflichten, Österreich innerhalb von 90 Tagen nach Inkrafttreten zu räumen (daher auch „Räumungsprotokoll" genannt). Alle bisher ungelösten Verhandlungspunkte fanden im „Kurzvertrag" keine Erwähnung mehr. Die „Initiative" der Westmächte, vehement von Washington betrieben, diente jedoch allem „anderen als österreichischen Zwecken".[30] Was für die Öffentlichkeit zunächst als unmittelbare Reaktion auf die sowjetische „Initiative" in der deutschen Frage erscheinen mochte, war allerdings von langer Hand vorbereitet worden. Die Konferenz der Außenminister der USA, Großbritanniens und Frankreichs in Washington vom 12. bis 14. September 1951 hielt im Schlusskommuniqué fest, es gebe keinen Grund für eine weitere Verzögerung in der Frage des österreichischen Staatsvertrages.[31] Wenige Tage später lag dem österreichischen Botschafter in Washington ein Entwurf eines im US-Außenamt vorbereiteten gekürzten Staatsvertrages vor. In einer ersten Analyse kam Botschafter Kleinwächter bereits zu dem Schluss, dass die Sowjets diesen Vorschlag wohl kaum annehmen könnten. Er erkannte bereits, dass der eigentliche Hintergrund der neuen Initiative der Westmächte die deutsche Frage war.[32]

Der Präsentation des „Kurzvertrages" vorangegangen war die vorerst letzte Ladung zu einer Sitzung der Sonderbeauftragten für die Verhandlungen zum österreichischen Staatsvertrag im Januar 1952.[33] Dem sowjetischen Außenamt und Molotov war, obwohl das MGB über diesbezügliche Informationen verfügte, nicht bekannt, dass die Westmächte bereits einen neuen Schachzug mittels des „Kurzvertrages" planten. MGB-Chef Ignat'ev berichtete in dieser Phase Molotov und Gromyko in der Österreichfrage lediglich über die Gespräche des US-Sonderbeauftragten für den österreichischen Staatsvertrag, Samuel Reber, mit den drei Hochkommissaren in Wien.[34] Den Inhalt der Gespräche entnahm das MGB der Berichterstattung des französischen Hochkommissars an sein Außenministerium. Reber selbst würde „sehr weit" gehen und den Sowjets entgegenkommen, doch die US-Regierung habe sich in der Österreichfrage noch nicht endgültig festgelegt, sie werde jedoch jegliche sowjetische Vorschläge zurückweisen, die „neuen Zugeständnissen" seitens der USA gleichkämen. Die Hochkommissare hätten, so Ignat'ev, Übereinkunft darüber erzielt, „besser diesen Vertrag zu unterzeichnen", sprich die Besatzung Österreichs zu beenden, als den gegenwärtigen Zustand aufrechtzuerhalten.[35] Gromyko wurde darüber am 9. Januar in Kenntnis gesetzt. Er hatte bei den Vorbereitungen zur von den USA anberaumten Sitzung der Sonderbeauftragten für den österreichischen Staatsvertrag davon auszugehen, dass die Westmächte gegebenenfalls zum Abschluss des österreichischen Staatsvertrages bereit wären.

Beschlüsse aus der „Sondermappe" und dem Molotov-Bestand zu Österreich) wurden zum „Kurzvertrag" erstmals ausgewertet in meiner Darstellung in Ruggenthaler, Warum Österreich nicht sowjetisiert wurde, S. 698–701.
[30] Gehler, Kurzvertrag für Österreich?, S. 253; Stourzh, Um Einheit und Freiheit, S. 184–192.
[31] Gehler, Kurzvertrag für Österreich?, S. 244.
[32] Ebd.
[33] Vgl. Stourzh, Um Einheit und Freiheit, S. 183.
[34] Aufgrund der Tatsache, dass das sowjetische Außenamt und das Politbüro nachweislich nicht über den „Kurzvertrag" informiert waren, kann man den Schluss ziehen, dass die Berichterstattungen des MGB an Molotov zumindest in den die Politik gegenüber Österreich betreffenden Fragen über Vollständigkeitscharakter verfügen. Siehe RGASPI, f. 82, op. 2, d. 1041, 1042, 1043. In den Akten selbst sind alle Seiten zugänglich; eine wie in allen anderen Staaten übliche Vorauswahl dürfte sicherlich stattgefunden haben, im Falle Österreichs ist eine solche in Bezug auf die Politik jedoch nicht auszumachen.
[35] RGASPI, f. 82, op. 2, d. 1042, S. 7, Berichterstattung Ignat'evs an Gromyko, 9.1.1952 (Dokument 53).

Eine Woche später wandte sich Gromyko mit einem an Stalin adressierten Entwurf an Molotov: „Davon ausgehend, dass wir zum jetzigen Zeitpunkt an einer Beschleunigung des Abschlusses des österreichischen Vertrages nicht interessiert sind",[36] empfahl Gromyko als Bedingung zu einer Zustimmung zu einer weiteren Sitzung die Missachtung des italienischen Friedensvertrages durch die Westmächte bezüglich Triest und die Frage der Entnazifizierung und Entmilitarisierung zu erörtern. Gromyko ging davon aus, dass im Falle weiterer Verhandlungen die Westmächte alle Hindernisse für einen Abschluss des österreichischen Staatsvertrages aus dem Weg räumen würden, um letztlich der UdSSR die Schuld am Platzen der Verhandlungen aufzubürden.[37] Der Kreml befand sich wahrlich in einer Zwickmühle. Das Politbüro erteilte daher eine Direktive,[38] der zufolge der sowjetische Vertreter in London die sowjetischen Forderungen (Triest, Entnazifizierung, Entmilitarisierung) wiederholte und erklärte, er könne an der für den 21. Januar 1952 anberaumten Sitzung der Sonderbeauftragten nicht teilnehmen. Der Kreml reagierte schließlich darauf, wie oben bereits erwähnt, gar nicht mehr.[39] Es bedurfte also nicht des „Kurzvertrages", um von westlicher Seite den Sowjets Munition und Vorwände zu liefern, die Verhandlungen der Sonderbeauftragten in der Österreichfrage Anfang 1952 endgültig abzubrechen. Moskau war nicht bereit, über Österreich zu reden.

Der im Sommer 1951 vom „Austrian Desk" des State Department ausgedachte „abbreviated treaty"[40] stieß in österreichischen Diplomatenkreisen sowie auch in London und Paris auf Unbehagen, man fürchtete negative sowjetische Reaktionen.[41] Auf der NATO-Tagung in Lissabon im Februar 1952, auf der die Aufnahme Griechenlands und der Türkei in die NATO beschlossen wurde, erreichte die französische Seite noch die Einbringung eines expliziten Anschlussverbots Österreichs.[42] Die Franzosen waren von Anfang an bemüht, die Sowjets wissen zu lassen, dass ihre Zustimmung zum „Kurzvertrag" nur unter dieser Bedingung erfolgt sei und dass den Sowjets der Weg zurück an den Verhandlungstisch jederzeit offenstehen sollte. Zwischen dem 29. Februar und 15. März 1952 sollte schließlich der „Kurzvertrag" in Moskau deponiert werden. Die Österreicher mussten sich wohl oder übel mit dem Vorschlag einverstanden erklären und die drei Westmächte gaben sich demonstrativ einig.[43] Mit dem „Kurzvertrag" wollte allen voran Washington die sowjetischen Absichten in der deutschen Frage „prüfen". Die Amerikaner erhofften sich damit, im Falle einer Ablehnung des Kurzvertrages durch Moskau die „mangelnde Ernsthaftigkeit der Deutschland-

---

[36] Ruggenthaler, Warum Österreich nicht sowjetisiert wurde, S. 698; RGASPI, f. 82, op. 2, d. 1115, S. 62–64, Gromyko an Stalin, 16.1.1952. Entwürfe mit Ausbesserungen Molotovs, ebd., S. 38f. und S. 67–69.
[37] Ebd. Bereits im Spätsommer 1951 hatte das sowjetische Außenministerium vernommen, Washington habe die Absicht, die Verhandlungen über den österreichischen Staatsvertrag wieder aufzunehmen, und werde Österreich bei der Lösung der Schuldenfrage mit der UdSSR finanzielle Hilfe leisten. RGASPI, f. 82, op. 2, d. 1041, S. 153, Berichterstattung Zorins an Gromyko, 1.8.1951 (Dokument 52).
[38] RGASPI, f. 17, op. 162, d. 48, S. 13 und 63f., Politbüro-Beschluss P 85 (283-op) vom 17.1.1952 (Dokument 54).
[39] Ruggenthaler, Warum Österreich nicht sowjetisiert wurde, S. 699; Stourzh, Um Einheit und Freiheit, S. 183.
[40] Bischof, Austria in the First Cold War, S. 123–129; Bischof, Karl Gruber und die Anfänge des „Neuen Kurses" in der österreichischen Außenpolitik 1952/53, S. 146.
[41] Gehler, Kurzvertrag für Österreich?, S. 248f.
[42] Bischof, Karl Gruber und die Anfänge des „Neuen Kurses" in der österreichischen Außenpolitik 1952/53, S. 147; zuletzt Bischof, „Recapturing the Initiative" and „Negotiating from Strength", S. 243.
[43] Gehler, Kurzvertrag für Österreich?, S. 248–250.

vorschläge Stalins" zu beweisen. Eine bizarr erscheinende Logik,[44] aber wohl keine falsche. Der „Kurzvertrag" war von langer Hand vorbereitet worden und nicht als Antwort auf die Stalin-Note zu verstehen. Er war ein reines Propagandainstrument bzw. sollte den Zweck verfolgen, „abzutesten", inwieweit Stalin in der Deutschland-Frage gesprächsbereit war. Der „Kurzvertrag" wurde allerdings so formuliert, dass der Westen sicher sein konnte, dass Moskau ihn von vornherein ablehnen würde. Er wurde von den Amerikanern gegen anfänglichen Widerstand der Briten und Franzosen durchgesetzt. Auf eine Neutralisierung Österreichs konnte sich der Kreml zu diesem Zeitpunkt (noch) nicht einlassen. Zudem sah der „Kurzvertrag" ja sogar die Option der freien Bündniswahl vor.

Am 10. März kam schließlich der Kreml dem Westen, ohne jedoch über dessen „Kurzvertrags"-Absichten informiert gewesen zu sein,[45] mit der Stalin-Note und dem vermeintlichen Neutralisierungsangebot für Deutschland zuvor. Drei Tage später überbrachten die Botschafter der drei Westmächte im sowjetischen Außenministerium den „Kurzvertrag".[46]

Der „Kurzvertrag" vom 13. März dürfte im Kreml zunächst für einige Irritationen gesorgt haben. Nicht anders ist es zu erklären, dass Valerijan Zorin erst am 19. März der sowjetischen Führung einen erklärenden Bericht darüber erstattete, was es mit dem „Kurzvertrag" auf sich hatte. Erst jetzt – Hinweise über eine frühere Berichterstattung finden sich nicht und können, wie in der Folge zu zeigen sein wird, ausgeschlossen werden[47]– trug er Molotov vor, dass einer Note der französischen Botschaft in Washington an das französische Außenministerium vom 14. September 1951 zufolge auf der Konferenz der drei Außenminister der USA, Großbritanniens und Frankreichs am 13. September der amerikanische Außenminister Acheson die Einbringung des „Kurzvertrages" in die österreichischen Staatsvertragsverhandlungen vorgeschlagen hatte, um „die sowjetische Regierung in eine ‚schwierige Lage' zu versetzen".[48] Die Molotov vorgetragene Analyse Zorins stützt den Verdacht, dass er erst jetzt, nach vermutlich gezielter Beauftragung des MGB,[49] nach entsprechenden abgefangenen Informationen zu suchen bzw. bei „Vertrauenspersonen" im französischen Außenministerium nachzufragen,[50] vom „Kurzvertrag" erfuhr. Er erklärte Molotov:

---

[44] Ebd., S. 253.
[45] Die sowjetische Führung war jedoch nicht nur in keiner Weise über die wahren Absichten des „Kurzvertrages" informiert, es finden sich in sämtlichen, zur Verfügung stehenden Rapporten über die 9. Tagung des NATO-Rates nicht einmal Meldungen darüber, dass die Westmächte „neue Vorschläge" in der Österreichfrage öffentlich angekündigt hatten. Zu den Österreichberatungen in Lissabon siehe Bischof, Karl Gruber und die Anfänge des „Neuen Kurses" in der österreichischen Außenpolitik 1952/53, S. 146f.
[46] RGASPI, f. 82, op. 2, d. 1115, S. 95–109.
[47] Auch in allen Berichterstattungen über die Lissabonner Tagung des NATO-Rates, auf der die Übermittlung des „Kurzvertrages" an die UdSSR beschlossen wurde, ist keine Rede vom „Kurzvertrag". RGASPI, f. 82, op. 2, d. 1042, S. 58, Berichterstattung Zorins an alle Mitglieder des Achterkollegiums sowie an Vyšinskij, Vasilevskij, Gromyko und Grigor'jan, 2.3.1952 (Dokument 47); RGASPI, f. 82, op. 2, d. 1170, S. 48–52, Gromyko an Stalin, Entwurf an Molotov, 3.3.1952 (Dokument 48); RGASPI, f. 82, op. 2, d. 1042, S. 77, Ignat'ev an alle Mitglieder des Achterkollegiums und Vyšinskij, 17.3.1952 (Dokument 80); RGASPI, f. 82, op. 2, d. 1042, S. 76, Ignat'ev an alle Mitglieder des Achterkollegiums und Vyšinskij, 17.3.1952 (Dokument 81).
[48] RGASPI, f. 82, op. 2, d. 1042, S. 82, Berichterstattung Ignat'evs an alle Mitglieder des Achterkollegiums sowie an Vyšinskij und Zorin, 19.3.1952 (Dokument 61).
[49] Hiervon zeugt die oben genannte Analyse Zorins auf der Basis französischer Telegramme vom September 1951. Ebd.
[50] Dies belegen Informationen aus den „Führungskreisen" des französischen Außenministeriums vom 18. März 1952 (fünf Tage nach Übergabe des „Kurzvertrages"), wobei unklar bleibt, ob die Franzosen

„Die Regierungen der Westmächte legten bei der Übergabe der Note zum Österreichvertrag Eile an den Tag: ihre Botschafter in Moskau versuchten beharrlich, einen Empfang im Außenministerium der UdSSR ausgerechnet am 13. März, also sofort nach der Veröffentlichung der sowjetischen Note über die Grundlagen eines Friedensvertrages mit Deutschland, zu erreichen. Mit ihrer Note zum Österreichvertrag versuchten die Westmächte, die Aufmerksamkeit der öffentlichen Meinung in der Welt von der neuen wichtigen Initiative der UdSSR in der deutschen Frage abzulenken."[51] Mit diesem Wissen war Zorin nunmehr klar, dass die Westmächte geplant hatten, den „Kurzvertrag" in die für den 21. Januar 1952 anberaumte Sitzung einzubringen. Im Januar 1952 war der sowjetischen Führung allerdings nichts vom „Kurzvertrag" bekannt gewesen. Dies lässt sich aufgrund der Tatsache beweisen, dass, wie oben dargelegt, das sowjetische Außenministerium bei den internen Vorbereitungen für diese Sitzung davon ausgegangen war, dass „alle übrigen Artikel ausverhandelt werden könnten" und der österreichische Staatsvertrag unterschriftsreif sein würde.

Schweigephase des Kremls zu Österreich

Da der Kreml Anfang 1952 nicht am Abschluss des österreichischen Staatsvertrages interessiert war, ließ er seinen Sonderbeauftragten, wie erwähnt, zur anberaumten Sitzung erst gar nicht erscheinen. Das sowjetische Außenministerium wusste nichts von der geplanten Präsentation des „Kurzvertrages" durch die Westmächte, d. h. das war nicht, wie früher oftmals vermutet, der Grund, warum die Sowjets nicht am Verhandlungstisch erschienen. Zu diesem Zeitpunkt war der Kreml generell an einem Abschluss des Staatsvertrages nicht interessiert.[52] Die Briten kamen damals zu dem Schluss, dass die Sowjets vor dem geplanten diplomatischen Manöver des „Kurzvertrages" gewarnt worden sein mussten. Indische Diplomaten hatten nämlich die Briten informiert, die Sowjets seien nicht zur Sitzung in London erschienen, um den Amerikanern nicht die Möglichkeit zu geben, den „Kurzvertrag" zu präsentieren, sondern ihn als „unilateralen Akt der Westmächte" erscheinen zu lassen. Dem war nicht so. Die indischen „Informationen" waren nicht mehr als eigene Interpretationen der sowjetischen Politik.[53]

Auch wenn das MGB in der Frage des „Kurzvertrages" eindeutig versagt und der sowjetischen Führung Ende 1951, Anfang 1952 nichts über das geplante westliche diplomatische Manöver des „Kurzvertrages" berichtet hatte, war dies für die weitere Vorgehensweise des Kremls in der Deutschland- und Österreichpolitik nicht weiter tragisch. Moskau war zumindest bis zum Frühjahr 1952 ohnedies nicht bereit, Österreich zu „neutralisieren". Noch stand einer „Neutralisierung" Österreichs mindestens eine Frage im Weg, nämlich die deutsche. Hätte man sich über die „Neutralisierung" Österreichs mit den Westmächten einigen können – und das wollte man nicht – hätte man ein Modell für Deutschland geschaffen. Nunmehr legte der Kreml in der Österreich-Frage, übrigens erstmals im Laufe der Staatsvertragsverhandlungen, nicht einmal mehr formale Gesprächsbereitschaft an den Tag.

---

von sich aus an die Sowjets herantraten, um sie über ihre Position bei der „Kurzvertrags"-Initiative zu informieren. Siehe RGASPI, f. 82, op. 2, d. 1042, S. 78, 18. 3. 1952 (Dokument 59).
[51] RGASPI, f. 82, op. 2, d. 1042, S. 82, Berichterstattung Zorins an alle Mitglieder des Achterkollegiums sowie an Vyšinskij und Gromyko, 19. 3. 1952 (Dokument 61).
[52] Dazu ausführlicher in Ruggenthaler, Warum Österreich nicht sowjetisiert wurde, S. 698–701.
[53] Bischof, „Recapturing the Initiative" and „Negotiating from Strength", S. 242f.

Zorin zog gegenüber Molotov den Schluss, dass ein Zurückweisen des „Kurzvertrages" die Übergabe der Österreich-Frage an die UNO zur Folge haben könne. Er zog zudem in Betracht, die Westmächte könnten mit einer einseitigen Deklaration zu Österreich auftreten und mit dem Abzug ihrer Truppen aus den Besatzungszonen Österreichs beginnen, was zugleich den Abzug der sowjetischen Truppen aus Ostösterreich bedingen würde.[54]

Im Falle Deutschlands war dem Kreml klar, dass eine solche Variante von den Westmächten nicht ins Kalkül gezogen wurde. Alles in allem eine prekäre Lage für Moskau. In der Österreichfrage spielte der Kreml in der Folge auf Zeit, er konnte freilich auch nichts anderes tun. Man wusste nunmehr, dass der „Kurzvertrag" keine direkte Antwort auf die Stalin-Note vom 10. März war, der Westen diesen allerdings dazu verwenden wollte, um die öffentliche Meinung von der deutschen Frage abzulenken. So war es für Moskau das Beste, auf den „Kurzvertrag" erst gar nicht zu reagieren. Die Österreichfrage war zu gefährlich geworden. Hätte Stalin 1951/52 tatsächlich eine „Neutralisierung" Deutschlands gewollt, hätte er die vermeintlich kleine Österreichfrage längst vom Tisch nehmen können. Günter Bischof wies bereits 1991 auf die bis dahin in der Historiographie nicht beachtete – und bis heute stark vernachlässigte – Interdependenz der sowjetischen Stalin-Noten mit der westlichen Note, die dem Kreml den Kurzvertrag präsentierten, hin.[55] Die österreichische Frage konnte aus sowjetischer Sicht frühestens dann gelöst werden, wenn die Teilung Deutschlands unwiderruflich geworden war.[56] Vorläufig aber musste Moskau aus seiner Sicht in der Österreichfrage noch künstlich Hindernisse produzieren, vor allem bei der Forderung nach Entnazifizierung und Entmilitarisierung und in der Triest-Frage.[57]

Nach fast zwei Monaten fragten die Westmächte am 9. Mai 1952 auf diplomatischem Weg im sowjetischen Außenministerium nach und baten „bei erstbester Möglichkeit den Standpunkt im Zusammenhang mit den Vorschlägen zur Österreichregelung mitzuteilen".[58] Die Sowjets konnten auch jetzt noch keine Antwort darauf geben. Jede andere Antwort als eine positive wäre für alle Seiten überraschend gewesen. Moskau konnte zu dieser Zeit kein paralleles Neutralisierungs-„Angebot" zu Österreich richten. Dies hätte freilich die zur Schau getragene Gesprächsbereitschaft in der deutschen Frage untermauert. Nach Erhalt der Urgenz vom 9. Mai wandte sich Vyšinskij drei Tage später an Stalin und empfahl, nicht die auf die Erörterung der deutschen Frage gerichtete Aufmerksamkeit zu schwächen: „Ich würde

---

[54] RGASPI, f. 82, op. 2, d. 1042, S. 82, Berichterstattung Zorins an alle Mitglieder des Achterkollegiums sowie an Vyšinskij und Gromyko, 19.3.1952 (Dokument 61).

[55] Bischof, Karl Gruber und die Anfänge des „Neuen Kurses" in der österreichischen Außenpolitik 1952/53, S. 147–149.

[56] Bischof, „Recapturing the Initiative" and „Negotiating from Strength", S. 219.

[57] Dem Kreml ging es dem Wesen nach weder um die Triester Frage, noch um Entnazifizierung oder Entmilitarisierung. Richtig eingeschätzt wurde dies bereits 1991 von Bischof, Karl Gruber und die Anfänge des „Neuen Kurses" in der österreichischen Außenpolitik 1952/53, S. 144. Von Interesse ist diesbezüglich die von Gribanov vorgeschlagene weitere Vorgehensweise in der Österreichfrage ab Anfang 1950. Gribanov legte Argumente dar, mithilfe derer ein Abschluss des Staatsvertrages verzögert werden konnte. Wie der weitere Verlauf der Verhandlungen zeigt, nahm sich die sowjetische Diplomatie dieser Strategie an. AVP RF, f. 66, op. 29, p. 49, d. 11, S. 25–27, Gribanov an Vyšinskij, 28.2.1950 (Dokument 51). Zur internen sowjetischen Positionierung und Vorbereitung auf die Staatsvertragsverhandlungen siehe Ruggenthaler, Warum Österreich nicht sowjetisiert wurde, S. 698–705; Michael Gehler meinte diesbezüglich bereits 1994, Stalin hätte mit der Lösung der Österreichfrage die Chance gehabt, angebliche Gesprächsbereitschaft in der deutschen Frage zu untermauern, doch hätten dies die Westmächte mit ihrer starren Beharrung auf dem „Kurzvertrag" erschwert. Gehler, Kurzvertrag für Österreich?, S. 277. Denselben Schluss zieht Zubok in seiner Abhandlung Soviet Intelligence and the Cold War, S. 452.

[58] RGASPI, f. 82, op. 2, d. 1115, S. 110, Vyšinskij an Stalin, 12.5.1952 (Dokument 63).

es für zielführend halten, im Grunde auf die Note [...] über einen Kurzvertrag für Österreich zum gegenwärtigen Zeitpunkt keine Antwort zu geben, um nicht die Aufmerksamkeit für die Erörterung der deutschen Frage, die, wie bekannt ist, auch die Regierungen der USA, Englands und Frankreichs anstreben, zu schwächen."[59]

Besonders im Jahr 1952 wurde offensichtlich, dass Österreich ein Spielball der Weltpolitik im Kalten Krieg war. Der Westen wollte mit der Österreich-Frage Stalin daraufhin abtesten, ob er tatsächlich in der deutschen Frage gesprächsbereit war. Der Kreml wiederum erlegte sich das Gebot auf, über Österreich zu schweigen, um keine Modellfalllösung für Deutschland ins Spiel zu bringen. Österreich diente als Testobjekt, um die Absichten der jeweils anderen Seite herauszufinden. Die Westmächte hatten in ausreichendem Maße „ausgelotet", wozu Stalin bereit war und wie weit er gehen würde.

Die seit Ende 1945 demokratisch gewählten österreichischen Koalitionsregierungen aus ÖVP und SPÖ (bis Ende 1945 mit einem Drittel Kommunisten, bis 1947 mit einem KPÖ-Minister) wurden von den sowjetischen Politvertretern seit den Novemberwahlen 1945, bei denen die KPÖ mit knapp fünf Prozent Stimmenanteil ein desaströses Wahlergebnis einfuhr, als westliche Marionetten angesehen, die sich zusehends proamerikanisch entwickelten und mit lauter amerikanischen und britischen Agenten besetzt seien.[60] Der „geheime Verbündete"[61] der Westmächte war in den Augen des Kremls keineswegs ein geheimer Partner des Westens, sondern offen gegen die Sowjetunion ausgerichtet. Die NATO-Erweiterung Anfang der 1950er Jahre wurde vom Kreml wohl mit großer Sorge beobachtet.[62] Zumindest sowjetische Diplomaten zogen die Möglichkeit der Aufnahme Österreichs bzw. die Integration von Teilen Österreichs in die NATO in Betracht.[63] Der sowjetische Hochkommissar in Österreich, Vladimir Sviridov, unterstützte 1952 daher auch noch nicht den Neutralisierungsgedanken im Hinblick auf Österreich. Anfang 1952, vor der endgültigen Konsolidierung der DDR, war dieser aus sowjetischer Sicht unvorteilhaft; man befürchtete, die Neutralisierung würde letztlich nicht nur zu einer Westorientierung des Landes, die ohnedies voll im Gang war, sondern auch zur militärischen Integration in die NATO münden. Sviridovs Meinung nach verhinderte dies jedoch die entschiedene Haltung der österreichischen Koalitionsregierung gegen eine Teilung des Landes, zu der es infolge der amerikanischen

---

[59] Ebd., S. 110, Vyšinskij an Stalin, 12.5.1952. Interessant in diesem Zusammenhang erscheint die Deutung des „Kurzvertrages" in einem internen Tätigkeitsbericht des sowjetischen Hochkommissars Vladimir Sviridov an das ZK der KPdSU. Darin bezeichnete er den Kurzvertrag als amerikanisches „Manöver", das den endgültigen Abbruch der Staatsvertragsverhandlungen zum Ziel hatte und „das Land vor die Perspektive einer langen Besatzung und einer möglichen Teilung" führen sollte. Zweifelsohne war der Kurzvertrag gegen die Interessen der UdSSR gerichtet, doch das war für Vyšinskij in seinen Berichten an Stalin, wie oben dargelegt, nicht das entscheidende Argument. Vyšinskij empfahl Stalin sogar, den Erhalt der Vorschläge zum „Kurzvertrag" zu bestätigen. Ebd., S. 112.
[60] Ruggenthaler, Warum Österreich nicht sowjetisiert wurde, S. 662.
[61] Diesen Ausdruck, dass Österreich „so etwas wie zum geheimen Verbündeten des Westens" wurde, prägte Gerald Stourzh. Siehe dazu Bischof, Österreich – ein „geheimer Verbündeter" des Westens?, S. 425.
[62] RGASPI, f. 82, op. 2, d. 1041–1043 (Dokumente 65, 66, 71 und 120).
[63] Zorin analysierte vor Molotov das Vorgehen der USA am Balkan „zum Zwecke der Festigung eines antisowjetischen Aufmarschgebietes am Mittelmeer" und schloss den Einschluss Italiens und Österreichs nicht aus. RGASPI, f. 82, op. 2, d. 1043, S. 198, Berichterstattung Zorins an Stalin sowie die Mitglieder des Achterkollegiums sowie an Suslov, Vyšinskij, Grigor'jan, Bogomolov und Puškin, 5.6.1952 (Dokument 65). Vgl. dazu auch die Berichte des KI an Stalin vom 23.8.1952, demzufolge die USA auch mit Österreich ein Separatabkommen anstrebten und das Land in die NATO integrieren möchten. Zubok, Soviet Intelligence and the Cold War, S. 458.

militärischen Absichten mit Österreich gekommen wäre. Die Amerikaner, so Sviridov, beabsichtigten den Anschluss Westösterreichs an Bayern, was zu einer Stärkung Westdeutschlands und damit der Position der USA in Europa geführt hätte. Hier seien sie jedoch auf französischen und britischen Widerstand gestoßen. Zudem betonte Sviridov die strategische Bedeutung Westösterreichs für die Versorgung amerikanischer Truppen in Bayern von Triest aus. Er kam zu dem Schluss, dass „die USA die Frage des österreichischen Vertrages in der Absicht des Anschlusses des Territoriums Österreichs an den Atlantikblock und nicht auf der Grundlage seiner Neutralität oder Unabhängigkeit interessiert".[64]

Finnlandlösung für Österreich?

Die österreichischen Diplomaten und Politiker hatten frühzeitig erkannt, dass Österreich zu einem Spielball der westlichen Deutschlandpolitik geworden war und der „Kurzvertrag" allem anderen als österreichischen Zwecken diente. Wohl oder übel sah man sich dennoch genötigt, die westlichen „Vorschläge" mitzutragen. Nachdem das österreichische Problem nach der Stalin-Note international völlig von der Bühne verschwunden war, sah man in Wien nur mehr den Ausweg, die lange gehegten Pläne der Übergabe der Österreichfrage an die UNO zu forcieren und umzusetzen, wenn auch in engster Fühlungnahme vor allem mit Washington. Dennoch begann sich nunmehr in Wien ein Kreis an Politikern, allen voran unter dem ÖVP-Vorsitzenden und späteren Bundeskanzler Julius Raab, herauszukristallisieren, der die unumstrittene Ausrichtung der österreichischen Außenpolitik auf die USA und die damit einhergehende offene Konfrontation mit der UdSSR angesichts des Stillstandes in der Österreichfrage ablehnte. Noch lange bevor Julius Raab im Juni 1953 seine berühmte Feststellung traf, dass es sinnlos sei, „wenn man dem russischen Bären, der mitten im österreichischen Garten drinnen steht, immer wieder durch laut tönende Sonntagsreden in den Schwanzstummel zwickt",[65] sendete er bereits deutliche Signale nach Moskau. Am 23. Februar 1952, wenige Wochen nach dem ersten außerordentlichen Bundesparteitag der ÖVP („Parteitag der neuen Konzepte"),[66] gab der ominöse Führer der „Demokratischen Union" (DU), Josef Dobretsberger, 1947 als angeblicher sowjetischer Wunschkandidat für den Posten des österreichischen Bundeskanzlers im Zuge der „Figl-Fischerei" kolportiert und aufgrund seiner Tätigkeit als „Sowjetsberger" abgestempelt,[67] Raab zu verstehen, er müsse ein „zweiter Kekkonen" werden und der Weg Österreichs „aufs

---

[64] RGASPI, f. 17, op. 137, d. 918, S. 74–201, hier S. 104, Bericht über die Arbeit des sowjetischen Teils der Alliierten Kommission und der politischen Vertretung der UdSSR in Österreich für das Jahr 1952, Wien, 29. 2. 1953, Sviridov und Kudrjavcev an das ZK der VKP(b), z. H. A. Smirnov.
[65] Stourzh, Um Einheit und Freiheit, S. 225.
[66] Reichhold, Julius Raab als Bundesparteiobmann, S. 203. Zu ersten kritischen Stimmen innerhalb der ÖVP gegen die Parteiführung kam es nach der Bundespräsidentenwahl im Mai 1951. Die danach intern vorgebrachte offene Kritik an der Parteiführung führte schließlich zur „sukzessiven Übernahme der Parteiführung durch den Wirtschaftsflügel um Julius Raab". Karner, Die Österreichische Volkspartei. Ein Abriss ihrer Entwicklung 1945–1995, S. 38.
[67] Die in die Geschichte als einer der größten innenpolitischen Skandale der jungen Zweiten Republik eingegangenen geheimen Gespräche zwischen Ernst Fischer von der KPÖ und Bundeskanzler Figl („Figl-Fischerei") wurden lange Zeit als sowjetischer Versuch gewertet, in Österreich die Regierung sowjetfreundlich umzubilden. Fischer handelte jedoch eigenmächtig, sogar ohne Rücksprache mit seinen Parteigenossen. Dobretsberger wurde zu dieser Zeit in sowjetischen Berichten noch als westlicher Spion bezeichnet. Siehe dazu Ruggenthaler, Warum Österreich nicht sowjetisiert wurde, S. 667–669.

Haar genau mit dem Weg Finnlands zusammenfallen". Raab bat daraufhin Dobretsberger, auf seiner bevorstehenden Reise zur Wirtschaftskonferenz nach Moskau Vertretern des sowjetischen Außenministeriums mitzuteilen, „dass es in der ÖVP eine Gruppe von Leuten gibt [...], die den Weg der Neutralisierung Österreichs suchen, ohne es hierbei in ein Land der Volksdemokratie umzuwandeln".[68]

Wer den Stein ins Rollen brachte, muss vorerst ungeklärt bleiben. In Bezug auf Skandinavien gab der Kreml den Finnen in dieser Zeit klar zu verstehen, dass er einer Neutralisierung skandinavischer Länder Gutes abgewinnen könnte.[69] Schweden gab diesbezüglich sicherlich ein gutes Beispiel ab, auch wenn die sowjetisch-schwedischen Beziehungen infolge von Luftraumverletzungen, die der Kreml Stockholm vorwarf, in dieser Zeit schwer belastet waren.[70]

Es ist möglich, dass Dobretsberger im Falle Österreichs nicht selbst die Initiative ergriffen hatte, Beweise hierfür liegen allerdings keine vor. Dobretsberger unterhielt in der Folge enge Kontakte mit den Sowjets und der KPÖ, die selbst als Folge der sich dahinschleppenden Staatsvertragsverhandlungen ab 1950 eine Neutralitätslösung für Österreich propagierte und dies nach der Stalin-Note vom 10. März 1952 intensivierte.[71] 1948 hatte sich erstmals die Neutralitätsparole im Parteiprogramm der DU wiedergefunden.[72] Finnland galt bekanntermaßen ein erheblich größeres Interesse des Kremls als Österreich, dennoch blieb es dem skandinavischen Land aus vielerlei Gründen erspart, ein sowjetischer Satellitenstaat zu werden. 1948 hatte sich Stalin mit dem Abschluss eines sowjetisch-finnischen Freundschaftsvertrages zufriedengegeben.[73]

Im Frühjahr und Sommer 1952, als die Notenschlacht zwischen West und Ost in vollem Gange war, mehrten sich schließlich Berichte über das Abbröckeln der österreichischen

---

[68] RGASPI, f. 82, op. 2, d. 1042, S. 101, Berichterstattung Ignat'evs an Malenkov und Vyšinskij, 31. 3. 1952 (Dokument 62). Dobretsberger propagierte in der Folge das Beispiel Finnlands. Am 13. 9. 1953 unterstrich er in einer Rede auf der Tagung des Präsidiums der Volksopposition den Neutralitätsgedanken, „der am Beispiel F i n n l a n d s den Beweis seiner Notwendigkeit und Durchführbarkeit erbracht hat". Dobretsberger, Neutralität, S. 14. In heutiger Kenntnis der internen sowjetischen Positionierung in der Österreichfrage lesen sich die Forderungen Dobretsbergers wie die eines instrumentalisierten Sprachrohrs des Kremls. Die Rolle Dobretsbergers auf dem Weg Österreichs zur Neutralität, insbesondere seine Vermittlertätigkeit zwischen Kreml und der österreichischen Regierung, gilt es in Zukunft genauer zu untersuchen.

[69] Am 10. 1. 1951 wies das Politbüro den sowjetischen Botschafter in Finnland an, einen Grund für ein Gespräch mit Kekkonen zu suchen und „in der Form einer zweiten Frage" das „Thema der Neutralität" zu berühren. Der sowjetische Botschafter sollte Kekkonen klar zu verstehen geben, dass sich der Kreml positiv zum „Zusammenschluss der nördlichen Staaten rund um die Idee der Neutralität" verhalte. Der Kreml ging hier direkt auf Kekkonens Initiative ein. Aus der Direktive an den sowjetischen Botschafter: „Sagen Sie, dass Sie die von ihnen [gemeint vermutlich den Finnen] berührte Frage der Neutralität im von Kekkonen dargelegten Plan überdacht haben und dass Sie zu den von ihnen dargelegten Gedanken über den Zusammenschluss der nördlichen Staaten rund um die Idee der Neutralität zum Zwecke der Festigung des Friedens und der nationalen Unabhängigkeit dieser Länder positiv eingestellt sind. Eine Initiative solcher Art könnte der Verbreitung des Ruheherdes im Norden, über die Kekkonen gesprochen hat, dienlich sein und würde einer Politik der Unterstützung und Festigung des Friedens entsprechen, die im Vertrag über Freundschaft, Zusammenarbeit und gegenseitiger Hilfe zwischen der UdSSR und Finnland [von 1948] zum Ausdruck kommt." RGASPI, f. 17, op. 162, d. 48, S. 12 und 60, Politbüro-Beschluss P 86 (240-op) vom 10. 1. 1951.

[70] RGASPI, f. 82, op. 2, d. 1364, 1365 und 1366.

[71] Stourzh, Um Einheit und Freiheit, S. 267.

[72] Autengruber, Kleinparteien in Österreich 1945 bis 1966, S. 171.

[73] Büttner, Sowjetisierung oder Selbständigkeit? Zum Vergleich der sowjetischen Finnland- und Österreichpolitik siehe Ruggenthaler, Warum Österreich nicht sowjetisiert werden sollte, S. 81–84.

Position eines bedingungslosen Unterstützens eines Konfrontationskurses gegenüber der UdSSR. Noch war es zu früh, dass der Kreml auf die von Wien ausgestreckten Fühler eingehen konnte, doch es war der Beginn jenes Prozesses, der schließlich im Herbst 1952, also noch zu Stalins Lebzeiten, zu ersten sowjetisch-österreichischen Gesprächen führte.[74]

Am 19. März 1952 meldete Zorin Molotov, dass dem ÖVP-Vorsitzenden Julius Raab bei seinem Besuch in Washington von den Amerikanern versprochen worden sei, Österreich „bald von den Russen zu erlösen" – eine in dieser Deutlichkeit bisher unbekannte „Zusicherung" der USA. Raab sei demnach geraten worden, für diesen Zeitpunkt über eine starke Regierung zu verfügen, auf die die USA dann zurückgreifen könne. Zorin brachte gegenüber Molotov seine Meinung zum Ausdruck, „dass im Falle des Zurückweisens des Entwurfes des ‚Kurzvertrages' durch die Sowjetunion die Westmächte gleichzeitig mit der Übergabe der Österreichfrage an die UNO und einer einseitigen Deklaration über die ‚Gewährung der Freiheit und Souveränität für Österreich' auftreten könnten, der zufolge der Abzug ihrer Truppen vom Territorium Österreichs den Abzug der sowjetischen Besatzungstruppen bedingt."[75] Dies war freilich lediglich eine theoretische Möglichkeit, das Österreich-Problem zu lösen. Außenminister Gruber hatte am 12. Februar 1952 in einer Sitzung des Nationalratsklubs der ÖVP eine solche Variante vollkommen ausgeschlossen. Sie sei „undenkbar" und „dies wäre das Ende Österreichs". In Wien war man sich bewusst, dass ein Abzug aller Alliierten Truppen einzig und allein mit einer zu erhoffenden weltpolitischen Entspannung möglich wäre.[76] Die bereits im Januar 1952 vorgenommene Regierungsumbildung in Wien charakterisierte Zorin als Einschlagen eines „harten" Kurses gegenüber der UdSSR und der KPÖ, als vorbereitende amerikanische Maßnahme zur Einbeziehung Österreichs in die NATO.[77] Der SPÖ sei zur Unterstützung der Maßnahmen für die „Verteidigung Europas gegen die UdSSR und ihre Verbündeten", wie allen sozialistischen Parteien Europas von der „Sozialistischen Internationale" im Dezember 1951 in Brüssel empfohlen worden, „unter allen Umständen für die ‚Verteidigung' und die Rüstung betreffenden Posten der Staatshaushalte" zu stimmen.[78] Die ÖVP sah man auf dem absteigenden Ast. Sie habe 1951 an Einfluss auf die Massen deutlich verloren. Deshalb, so Zorin, habe die ÖVP Anfang 1952 einen außerordentlichen Parteitag abgehalten, der explizit antisowjetischen Charakter getragen habe.[79] Im Mai 1952 schließlich kritisierte nach Einschätzung des politischen Vertreters Österreichs in Moskau, Norbert Bischoff, die Sowjetunion „erstmals seit Beginn [...] des ‚Kalten Krieges' [...] so offen" die österreichische Regierung.[80] Für Raab kam dies freilich einer politischen Unterstützung gleich.

---

[74] Vgl. hierzu Stourzh, Der österreichische Staatsvertrag in den weltpolitischen Entscheidungsprozessen, S. 973f. Im Sommer 1952 hatte die UdSSR nach der Einschätzung Norbert Bischoffs die österreichische Außenpolitik erstmals seit Ausbruch des Kalten Krieges „offen" kritisiert. RGASPI, f. 82, op. 2, d. 1043, S. 236, Berichterstattung Ignat'evs, 1.7.1952 (Dokument 68).
[75] RGASPI, f. 82, op. 2, d. 1042, S. 82, Berichterstattung Zorins an alle Mitglieder des Politbüros sowie an Vyšinskij und Gromyko, 19.3.1952 (Dokument 61).
[76] Gehler, Kurzvertrag für Österreich, S. 250.
[77] RGASPI, f. 82, op. 2, d. 1042, S. 51, Berichterstattung Zorins an Stalin und alle Mitglieder des Politbüros sowie an Vyšinskij und Gromyko, 23.2.1952 (Dokument 55).
[78] RGASPI, f. 82, op. 2, d. 1042, S. 78, Berichterstattung Ignat'evs an Malenkov und Zorin, 18.3.1952 (Dokument 60).
[79] RGASPI, f. 82, op. 2, d. 1042, S. 61, Berichterstattung Ignat'evs an Stalin und alle Mitglieder des Politbüros, 1.3.1952 (Dokument 56).
[80] RGASPI, f. 82, op. 2, d. 1043, S. 236, Berichterstattung Ignat'evs, 1.7.1952.

Österreich geht zur UNO

Bundeskanzler Figl verfocht in der Folge die Übergabe der Österreichfrage an die UNO. Moskau war bekannt, dass die österreichische Regierung diesen Schritt nicht ohne Abstimmung mit den Westmächten realisieren würde.[81] Die spätere Brasilien-Initiative der Einbringung der Österreichfrage auf die Tagesordnung der 7. UN-Vollversammlung[82] betrachtete man als amerikanisches Unternehmen,[83] die Franzosen hätten jedoch vorgeschlagen, die UNO-Initiative nicht „wie ein Manöver gegen die UdSSR aussehen" zu lassen.[84] Offiziell blieb die UdSSR in der Österreichfrage inaktiv und beobachtete die Entwicklung. Am 7. Juni 1952 berichtete MGB-Chef Ignat'ev Molotov über eine Rede Raabs, in der der ÖVP-Chef proklamiert habe, sich „in keinem Fall fürchten zu dürfen, gegen die Amerikaner aufzutreten [...] und die vorhandenen Sympathien in Österreich für Russland zu berücksichtigen".[85] Einige Tage später, am 18. Juni, analysierte Zorin vor Molotov die in letzter Zeit vor sich gegangenen Veränderungen in der österreichischen Regierung infolge des „Kurzvertrages".[86] Ignat'ev berichtete am 29. Juli, nach der Meinung Raabs sei der „Kurzvertrag" „ein billiges Hilfsmittel" der USA gegen die UdSSR und die Amerikaner wüssten generell nicht, „was sie wollen". Zudem stünde die Außenpolitik der USA im Zeichen des Wahlkampfes. Bis zu dessen Abschluss sollte die österreichische Regierung den „Anschein erwecken", als erfülle sie „alle Anweisungen der Amerikaner". Tatsächlich sollte man alle größeren Maßnahmen auf die Zeit nach den Präsidentenwahlen verschieben.[87] Mitte August 1952 vermeldete MGB-Chef Ignat'ev, Acheson habe von der österreichischen Regierung verlangt, die Gründung einer österreichischen Armee zu beschleunigen, um „das Vakuum zwischen Jugoslawien und Westdeutschland aufzufüllen".[88] Wien kam dem bekanntermaßen nach. Die Gründung der B-Gendarmerie,[89] des Vorläufers des österreichischen Bundesheeres, und die Anlegung von Waffenlagern in Österreich durch die amerikanischen und britischen Geheimdienste sind ein Produkt der Ost-West-Konfrontation des frühen Kalten Krieges.[90]

---

[81] RGASPI, f. 82, op. 2, d. 1042, S. 187, Berichterstattung Ignat'evs an Malenkov, Vyšinskij und Zorin, 29.5.1952 (Dokument 64).
[82] Siehe hierzu Eisterer, Die brasilianische UNO-Initiative 1952; Leidenfrost, Die UNO als Forum für den österreichischen Staatsvertrag?
[83] RGASPI, f. 82, op. 2, d. 1043, S. 299, Berichterstattung Tugarinovs an Stalin und alle Mitglieder des Politbüros sowie an Suslov, Vyšinskij, Grigor'jan, Puškin und Podcerob, 23.8.1952 (Dokument 73). Das State Department gab den Österreichern zu verstehen, dass Brasilien für die Einbringung einer UNO-Resolution geeignet war. Auch Mexiko, das 1938 im Völkerbund gegen den „Anschluss" Österreichs protestiert hatte, übernahm die Initiative, brachte schlussendlich jedoch nicht selbst die Österreichfrage vor die UNO. Siehe hierzu Müller, Die versäumte Freundschaft, S. 228–243.
[84] RGASPI, f. 82, op. 2, d. 1043, S. 288, Berichterstattung Ignat'evs an Malenkov und Vyšinskij, 15.8.1952 (Dokument 72).
[85] RGASPI, f. 82, op. 2, d. 1043, S. 200, Berichterstattung Ignat'evs an Malenkov und Vyšinskij, 7.6.1952 (Dokument 66).
[86] RGASPI, f. 82, op. 2, d. 1043, S. 215, Berichterstattung Zorins an Vyšinskij und Puškin, 18.6.1952 (Dokument 67).
[87] RGASPI, f. 82, op. 2, d. 1043, S. 268, Berichterstattung Ignat'evs an Malenkov, Berija, Bulganin und Vyšinskij, 29.7.1952 (Dokument 69).
[88] RGASPI, f. 82, op. 2, d. 1043, S. 286, Berichterstattung Ignat'evs an Stalin und alle Mitglieder des Politbüros und Vyšinskij, 14.8.1952 (Dokument 71).
[89] Siehe hierzu zuletzt Blasi/Schneider/Schmidl (Hrsg.), B-Gendarmerie, Waffenlager und Nachrichtendienste. Der militärische Weg zum Staatsvertrag.
[90] Ebd., insbesondere folgende Beiträge: Blasi/Etschmann, Überlegungen zu den britischen Waffenlagern in Österreich; und Ortner, Die amerikanischen Waffendepots in Österreich.

Erst am 14. August 1952 lehnte Moskau den „Kurzvertrag" in einer Note ab,[91] schlug aber eine Wiederaufnahme der Staatsvertragsverhandlungen auf der Basis des alten Vertragsentwurfes vor. Vier Tage zuvor hatte Ignat'ev Molotov ausführlich Bericht über den Telegrammverkehr zwischen dem Wiener Außenamt und dem politischen Vertreter in Moskau des Jahres 1952 erstattet. Bischoff hatte demzufolge Außenminister Gruber dargelegt, die Sowjetunion plane keinen Angriffskrieg auf Europa bzw. keinen Dritten Weltkrieg.[92] Aus Geheimdienstinformationen vernahm der Kreml, dass Washington nicht zu weiteren Verhandlungen über Österreich auf der Basis des alten Staatsvertragsentwurfes bereit sein werde und auf der Übergabe der Österreichfrage an die UNO bestand.[93] Am 24. September lehnte Moskau den „Kurzvertrag" ein zweites Mal ab.[94] Nun war die Gesprächsbereitschaft des Kremls wieder da, zumindest pro forma. Im Herbst 1952 konnte die UdSSR nunmehr wieder leichten Herzens Gesprächsbereitschaft in der Österreichfrage bekunden – sofern der „Kurzvertrag" kein Thema mehr sein würde; denn die Teilung Deutschlands war unumkehrbar geworden und ein sozialistischer Staat in Ostdeutschland gefestigt.

Am 20. Dezember nahm die UN-Generalversammlung eine Resolution mit der Forderung des raschen Abschlusses des österreichischen Staatsvertrages an.[95] Die sowjetische Delegation hatte die Direktive, sich an der Abstimmung nicht zu beteiligen.[96] Sie hatte zuvor auch nicht verhindern können, dass die Österreich-Frage auf die Tagesordnung der UNO-Vollversammlung kam.[97]

Die Teilung Deutschlands ebnete schließlich aus der Sicht des Kremls den Weg für eine „Neutralisierung" Österreichs. Neutralität für Österreich war von größerem Nutzen als eine

---

[91] Die entsprechenden Antworten wurden von Vyšinskij im Juli vorbereitet und Molotov zweimal zur Korrektur vorgelegt, ehe sie Stalin vorgelegt wurden. RGASPI, f. 82, op. 2, d. 1115, S. 113–119, Vyšinskij an Molotov mit der Bitte um Anweisungen, 31. 7. 1952; ebd., S. 120–127, Vyšinskij an Molotov mit der Bitte um Anweisungen, 5. 8. 1952. Am 14. 8. 1952 beschloss das Politbüro die Note. RGASPI, f. 17, op. 163, d. 1627, S. 140–146, Politbüro-Beschluss P 89 (74) vom 14. 8. 1952.

[92] RGASPI, f. 82, op. 2, d. 1043, S. 282, Berichterstattung Ignat'evs, 10. 8. 1952 (Dokument 70). Bischoff sah sich im österreichischen Außenministerium dem Vorwurf ausgesetzt, er habe in seiner Zeit als politischer Vertreter (und später Botschafter) in der UdSSR den Realitätssinn verloren. Seine politischen Berichte sind durchwegs gekennzeichnet von Sympathie gegenüber Land und Volk sowie den „Errungenschaften" der Sowjetunion. Die österreichische Regierung vertraute dennoch stets Bischoff. Den Erinnerungen seines damaligen Sekretärs zufolge, Herbert Grubmayr, und des persönlichen Sekretärs des österreichischen Bundeskanzlers Raab, Ludwig Steiner, war Bischoff davon überzeugt, jedes Wort bzw. jede geschriebene Zeile in der österreichischen Botschaft werde abgehört und mitgeschnitten. Im internsten Kreis soll sich Bischoff des Öfteren antisowjetisch geäußert haben. An dieser Stelle danke ich Herrn Botschafter Dr. Ludwig Steiner und Herrn Botschafter Dr. Herbert Grubmayr für diese Hinweise und viele interessante Gespräche. Ein Smerš-Bericht vor der Entsendung Bischoffs nach Moskau bestätigt die antisowjetische Einstellung Bischoffs vor seinem Amtsantritt in Moskau 1946. AVP RF, f. 06, op. 8, p. 22, d. 305, S. 39f. Siehe auch Grubmayr, Norbert Bischoff, Beschaffer des Staatsvertrages und/oder „unguided missile" am österreichischen Polithimmel?, S. 376–379.

[93] RGASPI, f. 82, op. 2, d. 1043, S. 314, Berichterstattung Rumjancevs, 2. 9. 1952 (Dokument 74).

[94] RGASPI, f. 17, op. 3, d. 1096, S. 151–153, Politbüro-Beschluss P 89 (316) des ZK der VKP(b) vom 27. 9. 1952. Entwurf der 1. Note an Stalin in RGASPI, f. 82, op. 2, d. 1115, S. 128–135, Entwurf der 2. Note in ebd., S. 152–158. Zur Ablehnung des Kurzvertrages durch die UdSSR siehe Stourzh, Um Einheit und Freiheit, S. 187.

[95] Eisterer, Die brasilianische UNO-Initiative 1952, S. 354.

[96] RGASPI, f. 17, op. 162, d. 48, S. 149 und 154–175, hier S. 167f., Politbüro-Beschluss P 86 (319-op) vom 29. 9. 1952, Anweisungen für die sowjetische Delegation der VII. UNO-Vollversammlung. Siehe auch RGASPI, f. 82, op. 2, d. 1083, S. 114, 133 und 154, Direktivenentwürfe Vyšinskijs an Molotov, September 1952.

[97] Eisterer, Die brasilianische UNO-Initiative 1952, S. 351–354.

Teilung des kleinen Landes, die am Ende wiederum zu einer Stärkung Westdeutschlands geführt hätte. Westösterreich wäre wohl allein kaum lebensfähig gewesen. Der Kreml hatte seine Ziele in Mitteleuropa erreicht: Deutschland würde auf lange Zeit nicht wieder erstarken: die unwiderrufliche Teilung des Landes und die militärische „Neutralisierung" Österreichs waren hierzu die wichtigsten Mittel. Ob es sich hierbei freilich um ein Mindest- oder gar Maximalziel der sowjetischen Außenpolitik der Nachkriegszeit handelte, ist eine andere Frage.

Alles in allem war der „Kurzvertrag", der eindeutig gegen die Interessen der UdSSR gerichtet war (dies hielt auch Molotov in seinen ersten Korrekturen auf dem von Vyšinskij vorgelegten Papier fest),[98] ein für die Sowjets weiteres, geradezu ideales diplomatisches Mittel zum Zweck, nicht in Staatsvertragsverhandlungen eintreten zu müssen. Der Westen wollte mit der Österreich-Frage die sowjetischen Absichten in der Deutschland-Frage abtesten. Vyšinskij hatte im Zuge der „Notenschlacht" Stalin darauf hingewiesen, dass ja auch der Westen in erster Linie an der deutschen Frage interessiert sei. Eine Lösung des Österreichproblems hätte freilich nicht nur die Gesprächsbereitschaft Stalins, die ja in der deutschen Frage in den vielen Noten 1952 scheinbar zutage getreten war, bekräftigt, sondern auch gezeigt, dass sie zu konkreten Ergebnissen führen könnte. Stalin konnte 1952 nicht über Österreich verhandeln lassen und folglich eine mögliche „Modellfall"-Lösung für Deutschland schaffen. Österreich war aus der Sicht des Kremls zweifacher Konsolidierungsfaktor des Ostblocks: in erster Linie als Legitimation für die sowjetische Truppenpräsenz in Ungarn und Rumänien, darüber hinaus hätten sich in Deutschland unweigerlich Stimmen nach einer ähnlichen Lösung erhoben und letztlich die Existenz der DDR ernsthaft gefährdet.

Deutschland wurde geteilt, Österreich nicht. Ostdeutschland wurde sowjetisiert, in der sowjetischen Besatzungszone in Ostösterreich wurden nie Sowjetisierungsmaßnahmen ergriffen. Dennoch: sowohl die sowjetische Deutschland- als auch die Österreichpolitik unterlagen denselben Prämissen. Hier die forcierte Teilung und Sowjetisierung, dort keine Teilung und keine Sowjetisierung – beiden Konstanten liegen sowjetische sicherheitspolitische Interessen zugrunde. In Ostdeutschland war der Aufbau des Sozialismus in erster Linie Mittel zum Zweck. Sicherheitspolitische Ziele deckten sich hier freilich zugleich mit ideologischen, sie gingen Hand in Hand. In Österreich konnte nicht nur, sondern es musste auf die ideologische Komponente verzichtet werden, um prioritäre Ziele umzusetzen.[99] Stalin hatte sich einer ausgeklügelten Taktik bedient. Und seine Nachfolger führten seine Außenpolitik fort. Auch nach dem Abschluss des Staatsvertrages mit Österreich am 15. Mai 1955 sollte Österreich kein Modellfall für Deutschland werden.[100] Außenminister Molotov, der direkt aus Warschau, wo der Warschauer Pakt unterzeichnet worden war, nach Wien an-

---

[98] „‚Kurzvertrag' – Verletzung der Rechte der UdSSR (nach dem Potsdamer Abkommen)." RGASPI, f. 82, op. 2, d. 1115, S. 114. Entwurf einer Antwortnote zum „Kurzvertrag" an die Westmächte von Vyšinskij mit handschriftlichen Anweisungen Molotovs, 31. 7. 1952.

[99] Siehe hierzu bereits meine Ausführungen, allerdings nur auf der Basis der Österreich-Akten des Molotov-Bestandes in Ruggenthaler, Warum Österreich nicht sowjetisiert wurde, S. 700–705.

[100] Siehe hierzu die nach wie vor gültigen Analysen und Rückschlüsse bei Thoß, Modellfall Österreich? Die sowjetische Besatzung Österreichs war allerdings keine Belastung für Stalin. Vgl. Naimark, Stalin and Europe in the Postwar Period, S. 56. Unter gewissen Umständen wäre, wie oben ausgeführt, ein Abschluss des österreichischen Staatsvertrages auch unter Stalin möglich gewesen. Zur Neutralisierung Österreichs bedurfte es nicht des Todes Stalins, sondern wohl der Konsolidierung der DDR. Zwischen 1949 und 1952 hätte Stalin zu einer solchen seine Zustimmung allerdings nicht gegeben. Vgl. ebd.

reiste, hatte sich an die Weisung des Präsidiums des ZK zu halten, in Wien mit den Westmächten nicht über die deutsche Frage zu sprechen.[101] Ein verlockendes Angebot des Kremls an die Adresse der Westdeutschen blieb diesmal und in der Folge aus, auch wenn die sowjetische Presse Andeutungen machte, „dass Deutschland aus den Moskauer Verhandlungen mit Österreich [im April 1955] nützliche Schlüsse ziehen kann".[102]

---

[101] Stourzh, Der österreichische Staatsvertrag in den weltpolitischen Entscheidungsprozessen, S. 991.
[102] Radio Moskau am 4.5.1955. Zitiert nach Thoß, Modellfall Österreich?, S. 134.

Dokumente

Dokument 51

AVP RF, f. 66, op. 29, p. 49, d. 11, S. 25–27, 28.2.1950

An Genossen A. Ja. Vyšinskij

Schlussfolgerung zum Vorschlag der Gen. Cinev und Koptelov über die Einfügung eines neuen, zusätzlichen Artikels in den Entwurf des Österreichvertrages[103]

Die Gen. Cinev und Koptelov schlagen vor, in den Entwurf des Österreichvertrages einen neuen Artikel einzufügen, der Österreich verpflichtet, in keine militär-politischen Blöcke einzutreten, die gegen eine der Besatzungsmächte Österreichs gerichtet sind.

Die Einbringung eines solchen Vorschlags zur Erörterung durch die Sonderbevollmächtigten halte ich aus folgenden Gründen für nicht zielführend:
1. In keinem der fünf Verträge mit Italien, Finnland, Bulgarien, Rumänien und Ungarn gibt es solche Artikel. Deshalb würde die Einfügung eines entsprechenden Artikels in den Entwurf des Vertrages mit Österreich in gewissem Maße eine diskriminierende Haltung gegenüber Österreich bedeuten.
2. Unser Vorschlag über die Einfügung eines neuen Artikels in den Vertragsentwurf würde als Versuch der Begrenzung der Souveränität Österreichs ausgelegt werden.
3. Ein solcher Vorschlag kann von den Vertretern des anglo-amerikanischen Blocks als Bekundung großer Unruhe sowjetischer Vertreter vor dem Nordatlantikpakt ausgelegt werden.
4. Die Einbringung der Erörterung eines neuen Artikels unsererseits nach einigen Jahren der Erörterung des Vertragsentwurfs würde von den Anglo-Amerikanern und den Österreichern zur antisowjetischen Propaganda benutzt werden und uns dem Verdacht aussetzen, mittels ausgeklügelter Versuche, die Vorbereitung des Entwurfs des Österreichvertrages zu verzögern.
5. Eines der Hauptziele des Österreichvertrages ist die Nichtzulassung eines Bündnisses Österreichs mit Deutschland. Dies ist mit Artikel 4 des Vertragsentwurfes vorgesehen, der „ein politisches oder wirtschaftliches Bündnis zwischen Österreich und Deutschland" in welcher Form auch immer verbietet.

Die 3. Europäische Abteilung schlägt vor, dass man in unserer weiteren Vorgehensweise in der Frage der Vorbereitung des Entwurfs des Österreichvertrages von folgendem ausgehen könnte:
1. Gen. Zarubin besteht weiterhin auf der Erörterung der Artikel, über die noch keine Übereinkunft erzielt wurde /16, 27, 35-bis, 42 und 48/ und auf der Annahme unserer Vorschläge zu allen diesen Artikeln.

Im Falle der Erzielung einer Übereinkunft zu den genannten Artikeln kann Gen. Zarubin sein Einverständnis zur Arbeit des Redaktionskollegiums geben, die eine gewisse Zeit in Anspruch nimmt.

---

[103] Am linken Rand der handschriftliche Vermerk: „Zu den Akten. M[ichail]. G[ribanov]. 7.III.50".

2. In Wien könnte man Verhandlungen mit der österreichischen Regierung zur Regelung der gegenseitigen Ansprüche beginnen, die einige Monate in Anspruch nehmen werden /Vereinbarung der Nomenklatur der Waren, die von uns an Österreich geliefert werden, der Preise, der Bedingungen der Warenlieferungen usw./

3. Es wäre zielführend, dass unsere Vertreter im Alliierten Rat wieder die Frage der Notwendigkeit eines Berichtes der österreichischen Regierung über die Durchführung der Entmilitarisierung und Entnazifizierung zur Erörterung bringen (diese Frage brachten sie auf Anweisung des Außenministeriums der UdSSR am 9.XII.49 ein).

Im Falle einer neuerlichen Ablehnung dieses Vorschlags von uns durch die Vertreter der Westmächte könnten wir diese Tatsache zur weiteren Entlarvung der aggressiven Politik der Westmächte in Bezug auf Österreich benutzen.

Wenn dieser Vorschlag auf der Sitzung des Alliierten Rates abgelehnt wird, könnte Gen. Zarubin den Sonderbeauftragten vorschlagen, vom Alliierten Rat in Österreich mit entsprechender Begründung einen Bericht über die Erfüllung des Programms der Entmilitarisierung und der Entnazifizierung Österreichs zu erbitten.

Da es in Österreich tatsächlich zu einem Aufleben der Tätigkeiten verschiedener neofaschistischer Organisationen kommt und das militärisch-industrielle Potential erhalten und sogar weiterentwickelt wird, können wir durch die Frage nach den Ergebnissen der Entmilitarisierung und Entnazifizierung die Grundlage für eine zukünftige Erklärung darüber schaffen, dass die Verletzung der vierseitigen Beschlüsse über die Entmilitarisierung und Entnazifizierung durch die österreichische Regierung ein neues ernsthaftes Hindernis zur Beschleunigung der Vorbereitung des Entwurfs des Österreichvertrages ist.

M. Gribanov /M. Gribanov/

„28." Februar 1950

Dokument 52

RGASPI, f. 82, op. 2, d. 1041, S. 153, 1.8.1951

Zorin: Trägt vor, dass aus Wien Hinweise über die Absicht der Regierung der USA, die Verhandlungen in der Frage über den österreichischen Vertrag wieder aufzunehmen, eingetroffen sind. Darüber wird in einem geheimen Bericht gesprochen, den Gruber am 20. Juli d. J. von seinem politischen Vertreter in den USA erhalten hat. In diesem Bericht heißt es, dass zum Zwecke der Beschleunigung des Abschlusses des Vertrages die Regierung der USA bereit sei, der österreichischen Regierung finanzielle Hilfe zur Deckung der von der Sowjetunion gegenüber Österreich geltend gemachten Schulden zu erweisen.

(Erging an Gen. Gromyko).

Dokument 53

RGASPI, f. 82, op. 2, d. 1042, S. 7, 9.1.1952

Ignat'ev: Trägt den Inhalt des Telegramms vor, das vom Apparat des französischen Hochkommissars in Österreich an das Außenministerium Frankreichs am 15. Dezember 1951 gerichtet wurde. In dem Telegramm wird mitgeteilt, dass der Vertreter der USA bei der

Konferenz der Sonderbeauftragten für den österreichischen Staatsvertrag, Reber, während seines Wien-Aufenthaltes im Dezember 1951 den Hochkommissaren der Westmächte in Österreich erklärt hat, dass er beabsichtigte, die Konferenz der stellvertretenden Minister der vier Mächte lediglich auszunutzen, um im Falle ihres Scheiterns eine Möglichkeit zu einem Appell an die UNO in dieser Frage zu haben. Während der Verhandlungen Rebers mit den drei Hochkommissaren wurde Übereinstimmung darüber erzielt, „trotz der Unvollkommenheit des österreichischen Vertrages in seiner jetzigen Form den Vertrag besser zu unterschreiben, als die gegenwärtig existierende Lage aufrechtzuerhalten". Im Telegramm wird aufgezeigt, dass Reber selbst dazu geneigt ist, bezüglich der Annahme der „sowjetischen Variante" der Artikel, über die keine Übereinkunft erzielt wurde, „sehr weit" zu gehen, die Regierung der USA aber ihre Position in dieser Frage noch nicht endgültig festgelegt habe. Zudem wird in dem Telegramm vermerkt, dass die Regierung der USA beabsichtigt, jegliche sowjetische Vorschläge zurückzuweisen, deren Annahme „neue Zugeständnisse" seitens der USA bedeuten können.
Erging an Gen. Gromyko.

Dokument 54

RGASPI, f. 17, op. 162, d. 48, S. 13 und 63f., 17.1.1952
[Punkt] 283. – <u>Über die Anweisungen an Gen. Zarubin bezüglich des Außenministeriums Englands zur Frage über die Einberufung einer Konferenz der Sonderbeauftragten für die Vorbereitung des Vertrages mit Österreich.</u>
Den Entwurf der Anweisungen an Gen. Zarubin zu bestätigen (liegt bei). Den Brief Gen. Zarubins am 18., 19. Januar an das Außenministerium Englands zu schicken.
Auszüge ergingen an: die Gen. Molotov, Gromyko.

<u>Zu Pkt. 283(op) des Pr[otokolls] Nr. 85 des P[olit]b[üros]</u>
Str. geheim

Vordringlich

London
     An Zarubin

Nr. 1217–1219. <u>Erstens.</u> Schicken Sie Passant folgendes Schreiben.
„Ich bestätige den Erhalt Ihres Schreibens vom 28. Dezember 1951 zur Frage der Einberufung einer Konferenz der Sonderbeauftragten zur Vorbereitung des Staatsvertrages mit Österreich in London am 21. Januar und halte es für nötig, folgendes mitzuteilen.
Wie bekannt ist, brachte die sowjetische Delegation in der letzten Sitzung der Sonderbeauftragten den Vorschlag ein, in allen vier Zonen Österreichs eine Überprüfung der Umsetzung der Beschlüsse der vier Mächte über die Entmilitarisierung und Entnazifizierung durch die österreichische Regierung durchzuführen, damit der Alliierte Rat einen Bericht über die Ergebnisse dieser Überprüfung vorlegen kann. Eine solche Überprüfung wurde nunmehr noch notwendiger als früher.
Die sowjetische Delegation wies in den Sitzungen der Sonderbeauftragten mehrmals daraufhin, dass unter den gegebenen Umständen die Frage des Vertrages mit Österreich

nicht unabhängig von der Frage der Umsetzung der Verpflichtungen in Bezug auf den Friedensvertrag mit Italien durch die Regierungen Englands, der USA und Frankreichs geprüft werden darf. Dies betrifft die Schaffung eines Freien Territoriums Triest [Freistaat Triest], was bis jetzt wegen der gegensätzlichen Handlungen seitens der USA, Englands und Frankreichs noch nicht geschehen ist, Triest wurde hingegen in eine anglo-amerikanische Militärbasis umgewandelt. Welche Garantie gibt es unter solchen Umständen für die Umsetzung des vorzubereitenden Vertrages mit Österreich?

Im Zusammenhang mit dem Vorschlag über die Einberufung einer neuen Konferenz der Sonderbeauftragten bittet die Sowjetdelegation, die Zustimmung der Regierung Großbritanniens, und ebenso der Regierungen der USA und Frankreichs, mitzuteilen, auf dieser Konferenz der Sonderbeauftragten die oben genannten Vorschläge der sowjetischen Delegation über die Durchführung einer vierseitigen Überprüfung in Österreich und über die Umsetzung des Beschlusses über das Freie Territorium Triest zu prüfen.

Kopien des vorliegenden Schreibens wurden von mir auch den Vertretern der USA und Frankreichs auf der Konferenz der Sonderbeauftragten zur Vorbereitung des Entwurfes des österreichischen Vertrages übersandt."

Zweitens. Zu Ihrer Kenntnisnahme teilen wir mit, dass unsere Antwort auf den Vorschlag über die Einberufung der Konferenz der Sonderbeauftragten für den 21. Januar darauf abzielt, den Plan der drei Mächte, eine Konferenz zum Österreichvertrag vor Beendigung der Session der Generalversammlung durchzuführen, zu stören und damit den drei Mächten die Möglichkeit zu nehmen, bei Nichterlangung einer Übereinkunft die Frage des Österreichvertrages vor die Versammlung zu bringen, wie es bereits in der Presse verlautbart wurde.

Das Aufwerfen der Fragen durch uns im Schreiben an Passant über die Durchführung einer vierseitigen Überprüfung in Österreich und über Triest nötigt die drei Mächte, noch vor der Konferenz ihre Meinung zu diesen unseren Vorschlägen von politischer Bedeutung kundzutun, ohne ihnen dabei die Möglichkeit zu geben, die Angelegenheit des Österreichvertrages an Divergenzen zu einzelnen, zweitrangigen Punkten bezüglich dieses Vertrages festzumachen. Damit stärkt sich auch politisch unsere Position auf der Konferenz selbst.

Bestätigen Sie den Erhalt.
Telegraphieren Sie die Durchführung.

A. Gromyko

Dokument 55

RGASPI, f. 82, op. 2, d. 1042, S. 51, 23. 2. 1952
Zorin: Legt einen Bericht „Über die Lage im Lager der österreichischen Reaktion im Zusammenhang mit der Einbeziehung Österreichs in den aggressiven Block" vor, in dem es heißt, dass die Amerikaner einen Kurs zum Zusammenschluss der Kräfte der österreichischen Reaktion eingeschlagen haben, was seinen Ausdruck vor allem in den Maßnahmen zur Schaffung einer Regierung einer „starken Hand" in Österreich findet. Als Ergebnis der Umbesetzung des Kabinetts Figls im Januar d. J. wurden aus der Regierung einige, den Amerikanern nicht genehme Minister entfernt und an ihrer Stelle wurden unmittelbare amerikanische Schützlinge aus der Volkspartei ernannt. Die neue Regierung beabsich-

tigt einen „harten" Kurs in Bezug auf die UdSSR und die österreichischen demokratischen Kräfte zu führen und Maßnahmen zur Militarisierung Österreichs zu beschleunigen. Der Kurs auf den Zusammenschluss der österreichischen Reaktion findet seinen Ausdruck auch in der Vorbereitung einer neuen Massenpartei neofaschistischer Ausrichtung. Die Notwendigkeit der Gründung einer solchen Partei ergab sich als Folge des Umstandes, dass der „Verband der Unabhängigen", der früher das grundlegende legale neofaschistische Zentrum war, sich in letzter Zeit im Zustand einer tiefen Krise befand und seine Autorität in den Kreisen der ehemaligen Nationalsozialisten verlor. Die bedingungslose Unterstützung des amerikanischen Kurses durch die österreichischen Regierungsparteien schwächt sie zusehends in den Augen der Massen und kann zu einem Austritt gewöhnlicher Mitglieder und Anhänger aus diesen Parteien führen. Diese Umstände schaffen günstige Bedingungen zur Festigung des demokratischen Lagers und zur Erweiterung seines Einflusses in den Massen.

Erging an Gen. Stalin und die and. Genossen des Achterkollegiums, ebenso an Gen. Vyšinskij, Gromyko.

Dokument 56

RGASPI, f. 82, op. 2, d. 1042, S. 61, 1. 3. 1952

Ignat'ev: Teilt mit, dass im Jahr 1951 der Einfluss der österreichischen Volkspartei auf die Massen deutlich gesunken ist. Die deswegen in Besorgnis versetzte Führung der ÖVP hielt Anfang 1952 einen außerordentlichen Parteitag ab, auf dem eine Reihe demagogischer Beschlüsse angenommen wurden, die dazu auffordern, den Einfluss der Partei unter den Massen in erster Linie unter ehemaligen Nazis „zu festigen". Der Parteitag trug einen klar ausgedrückten antisowjetischen Charakter. Die speziell durchgeführte Wahl der Delegierten des Parteitages (die Delegierten des Parteitages werden in der Regel nicht gewählt, sondern ernannt) schloss die Möglichkeit des Aufkommens ernsthafter Unstimmigkeiten auf dem Parteitag aus. Die von der Parteiführung getroffenen Maßnahmen festigten die Positionen der führenden, offen proamerikanischen, von Raab geleiteten Parteispitze.

Erging an Gen. Stalin und die and. Genossen des Achterkollegiums.

Dokument 57

RGASPI, f. 82, op. 2, d. 1042, S. 68, 11. 3. 1952

Ignat'ev: Stellt den Text des vom Apparat des französischen Hochkommissars in Österreich im Juli 1951 erstellten Berichtes „Über die Politik der UdSSR in Österreich" vor. Was die Frage des Österreichvertrages betrifft, bringen die Verfasser des Berichtes die Vermutung zum Ausdruck, dass die UdSSR diesen Vertrag unterzeichnen würde, wenn sie überzeugt wäre, dass sich Österreich im Weiteren nicht dem Nordatlantikbündnis anschließt. Diese Position der UdSSR beruht angeblich nicht nur auf wirtschaftlichen, sondern auch auf politischen Vorteilen, die im Falle der Unterzeichnung des Vertrages mit Österreich eintreten würden. Nach der Meinung der Verfasser des Berichtes wäre ein Abzug der Truppen der Westmächte der allergrößte Vorteil für die UdSSR. Die UdSSR verhindert mit Hilfe des vierseitigen Kontrollsystems den Beitritt Österreichs zum Nordatlantikbündnis. Die Verfasser des Berichtes ziehen den Schluss, dass eine mögliche Teilung Österreichs in der gegenwärtigen internationalen Situation ebenso nicht den Interessen der sowjetischen Außenpolitik entspräche, wo sie doch den politischen und wirtschaftlichen Vorteilen, die die UdSSR schon gegenwärtig in Österreich hat, nichts hinzufügen könnte.

Dokument 58

„Kurzvertrag"
Quelle: Stourzh, Geschichte des Staatsvertrages, S. 220–222., 13. 3. 1952

Vorschlag der Regierungen der USA, Großbritanniens und Frankreichs für einen abgekürzten Staatsvertrag für Österreich

Präambel

Die Union der Sozialistischen Sowjetrepubliken, die Vereinigten Staaten von Amerika, das Vereinigte Königreich Großbritannien und Nordirland und Frankreich, in der Folge die Alliierten und Assoziierten Mächte genannt, einerseits und Österreich andererseits;

Im Hinblick darauf, dass Hitler-Deutschland am 13. März 1938 Österreich mit Gewalt annektierte und sein Gebiet dem Deutschen Reich einverleibte;

Im Hinblick darauf, dass in der Moskauer Erklärung vom 1. November 1943 die Regierungen der Union der Sozialistischen Sowjetrepubliken, des Vereinigten Königreichs und der Vereinigten Staaten von Amerika erklärten, dass sie die Annexion Österreichs durch Deutschland am 13. März 1938 als null und nichtig betrachten, und ihrem Wunsche Ausdruck gaben, Österreich als einen freien und unabhängigen Staat wiederhergestellt zu sehen, und dass das Französische Komitee der Nationalen Befreiung am 16. November 1943 eine ähnliche Erklärung abgab;

Im Hinblick darauf, dass als Ergebnis der alliierten Siege Österreich von der Gewaltherrschaft Hitler-Deutschlands befreit wurde;

Im Hinblick darauf, dass die Alliierten und Assoziierten Mächte und Österreich unter Berücksichtigung der Bedeutung der Anstrengungen, die das österreichische Volk zur Wiederherstellung und zum demokratischen Wiederaufbau seines Landes selbst machte und weiter zu machen haben wird, den Wunsch hegen, einen Vertrag abzuschließen, der Österreich als einen freien, unabhängigen und demokratischen Staat wiederherstellt, wodurch sie zur Wiederaufrichtung des Friedens in Europa beitragen;

Im Hinblick darauf, dass die Alliierten und Assoziierten Mächte und Österreich zu diesem Zwecke den Wunsch hegen, den vorliegenden Vertrag abzuschließen, um als Grundlage freundschaftlicher Beziehungen zwischen ihnen zu dienen und um damit die Alliierten und Assoziierten Mächte in die Lage zu versetzen, die Bewerbung Österreichs um Zulassung zur Organisation der Vereinten Nationen zu unterstützen;

Haben daher die unterfertigten Bevollmächtigten ernannt, welche nach Vorweisung ihrer Vollmachten, die in guter und gehöriger Form befunden wurden, über die nachstehenden Bestimmungen übereingekommen sind:

Artikel 1.
Wiederherstellung Österreichs als freier und unabhängiger Staat

Die Alliierten und Assoziierten Mächte anerkennen, dass Österreich als ein souveräner, unabhängiger und demokratischer Staat wiederhergestellt ist.

Artikel 2.
Bewahrung der Unabhängigkeit Österreichs

1. Die Alliierten und Assoziierten Mächte erklären, dass sie die Unabhängigkeit und territoriale Unversehrtheit Österreichs, wie sie gemäß dem vorliegenden Vertrag festgelegt sind, achten werden.
2. Die Alliierten und Assoziierten Mächte erklären, dass eine politische oder wirtschaftliche Vereinigung zwischen Österreich und Deutschland (Anschluss) verboten ist. Österreich anerkennt voll und ganz seine Verantwortlichkeiten auf diesem Gebiet.

Artikel 3.

Die Grenzen Österreichs sind jene, die am 1. Jänner 1938 bestanden haben.

Artikel 4.
Zurückziehung der alliierten Streitkräfte

1. Das Übereinkommen über den Kontrollapparat in Österreich vom 28. Juni 1946 verliert mit dem Inkrafttreten des vorliegenden Vertrages seine Wirksamkeit.
2. Mit dem Inkrafttreten des vorliegenden Vertrages hört die gemäß § 4 des Abkommens über Besatzungszonen in Österreich und die Verwaltung der Stadt Wien vom 9. Juli 1945 errichtete interalliierte Regierungsbehörde (Komendatura) auf, irgendwelche Funktionen hinsichtlich der Verwaltung der Stadt Wien auszuüben. Das Übereinkommen über die Besatzungszonen in Österreich tritt mit der Beendigung der Räumung Österreichs durch die Streitkräfte der Alliierten und Assoziierten Mächte und jedenfalls mit dem Ablauf von 90 Tagen, angefangen vom Inkrafttreten des vorliegenden Vertrages, außer Kraft.
3. Die Streitkräfte der Alliierten und Assoziierten Mächte und die Mitglieder der Alliierten Kommission für Österreich werden so bald wie möglich und jedenfalls innerhalb von 90 Tagen, angefangen vom Inkrafttreten des vorliegenden Vertrages, aus Österreich zurückgezogen.
4. Die österreichische Regierung wird den Streitkräften der Alliierten und Assoziierten Mächte und den Mitgliedern der Alliierten Kommission für Österreich bis zu ihrer Zurückziehung aus Österreich alle Rechte, Immunitäten und Erleichterungen gewähren, die ihnen unmittelbar vor dem Inkrafttreten des vorliegenden Vertrages zustanden.
5. Die Alliierten und Assoziierten Mächte verpflichten sich, der österreichischen Regierung innerhalb des festgesetzten Zeitraumes von 90 Tagen zurückzustellen:
   a) alle Zahlungsmittel, die den Alliierten und Assoziierten Mächten für Okkupationszwecke kostenlos zur Verfügung gestellt worden und im Zeitpunkt der Beendigung der Zurückziehung unverausgabt geblieben sind;
   b) alles österreichische Eigentum, das von alliierten Streitkräften oder von der Alliierten Kommission requiriert wurde und sich noch in deren Besitz befindet.

Artikel 5.
Reparationen

Von Österreich werden keine Reparationen verlangt, die sich aus dem Bestehen eines Kriegszustandes in Europa nach dem 1. September 1939 ergeben.

Artikel 6.
Kriegsbeute – Deutsches Eigentum in Österreich

Jede der Alliierten und Assoziierten Mächte soll innerhalb des in Artikel 4 festgesetzten Zeitraumes von 90 Tagen alles Eigentum – unbewegliches und bewegliches jeder Art –, das sich als deutsches Eigentum oder Kriegsbeute in Österreich in ihrem Besitz befindet oder von ihr beansprucht wird, an Österreich zurückgeben.

Artikel 7.
Beitrittsklausel

1. Jedes Mitglied der Vereinten Nationen, das sich mit Deutschland im Kriegszustand befunden hat, den Status einer Vereinten Nation am 8. Mai 1945 besaß und nicht Signatar des vorliegenden Vertrages ist, kann dem Vertrag beitreten und ist nach Beitritt für die Zwecke des Vertrages als Assoziierte Macht anzusehen.
2. Die Beitrittsurkunden werden bei der Regierung der Union der Sozialistischen Sowjetrepubliken hinterlegt werden und treten mit der Hinterlegung in Kraft.

Artikel 8.
Ratifizierung

Der vorliegende Vertrag, dessen russischer, englischer und französischer Text authentisch ist, soll ratifiziert werden. Er tritt unmittelbar nach Hinterlegung der Ratifikationsurkunden durch die Union der Sozialistischen Sowjetrepubliken, durch das Vereinte Königreich Großbritannien und Nordirland, durch die Vereinigten Staaten von Amerika und durch Frankreich einerseits und durch Österreich andererseits in Kraft. Die Ratifikationsurkunden werden in möglichst kurzer Zeit bei der Regierung der Union der Sozialistischen Sowjetrepubliken hinterlegt werden.

Der Vertrag wird bezüglich jeder Alliierten oder Assoziierten Macht, die gemäß Artikel 7 dem Vertrage beitritt und deren Ratifikationsurkunde hienach hinterlegt wird, am Tag der Hinterlegung in Kraft treten.

Der vorliegende Vertrag wird in den Archiven der Regierung der Union der Sozialistischen Sowjetrepubliken hinterlegt werden, die jedem der Signatarstaaten beglaubigte Abschriften übermitteln wird.

Dokument 59

RGASPI, f. 82, op. 2, d. 1042, S. 78, 18.3.1952

Ignat'ev: Teilt mit, dass entsprechend einer aus den Führungskreisen des französischen Außenministeriums erhaltenen Information auf der Konferenz der Außenminister der USA, Englands und Frankreichs zur Frage über den österreichischen Staatsvertrag der Beschluss gefasst wurde, den ehemaligen Vertragsentwurf lediglich als einen Expertenentwurf zu werten, der die Regierungen der Westmächte zu nichts verpflichtet. Gemäß denselben Angaben unterschied sich während dieser Verhandlungen die Position Frankreichs im Zusammenhang mit dem Entwurf des „Kurzvertrages" von den Positionen der USA und Englands. Die Amerikaner meinten, dass die sowjetische Regierung vor die Alternative gestellt werden müsse, den Entwurf des „Kurzvertrags" in der Form, in der er von den Westmächten entworfen wurde, anzunehmen oder abzulehnen. Die Franzosen hingegen hielten es für notwendig, der UdSSR „die Tür offen" zu halten, um notfalls zum ehemaligen Entwurf zurückkehren zu können. Ungeachtet der Einwände der Amerikaner und Engländer bestanden die Franzosen darauf, im Text des „Kurzvertrages" einen Artikel bezüglich des Verbotes eines neuen „Anschlusses" einzubauen.

Erging an Gen. Stalin und die and. Genossen des Achterkollegiums, ebenso an die Gen. Vyšinskij und Zorin.

Dokument 60

RGASPI, f. 82, op. 2, d. 1042, S. 78, 18. 3. 1952

Ignat'ev: Trägt vor, dass der Vorsitzende der Sozialistischen Partei Österreichs (SPÖ), Schärf, im September 1951 der Parteiführung die Beschlüsse des Rates der „Sozialistischen Internationalen" mitteilte, der im Dezember 1951 in Brüssel abgehalten wurde. Schärf erklärte, dass die „Sozialistische Internationale" prinzipiell für „die Verteidigung Europas gegen die UdSSR und ihre Verbündeten" eintrete. Im Zusammenhang damit empfahl der Rat der „Internationalen" allen sozialistischen Parteien unter allen Umständen für die die „Verteidigung" und Rüstung betreffenden Posten der Staatshaushalte zu stimmen. Nach der Erklärung Schärfs wies der Rat der „Internationalen" die USA auf die Notwendigkeit der Entfaltung der Propaganda unter den Parteimitgliedern und Wählern hin, um von ihnen Unterstützung in der Remilitarisierung zu erringen. Schärf informierte die Führung der SPÖ darüber hinaus über den Beschluss des Rates bezüglich der Gründung der „Internationalen Hilfsorganisation für Arbeiter". Dieser Organisation wurde die Aufgabe gestellt, Emigranten, die „gezwungen sind, Zuflucht im Ausland zu suchen", Hilfe zu erweisen.

Erging an Gen. Malenkov und Zorin.

Dokument 61

RGASPI, f. 82, op. 2, d. 1042, S. 82, 19. 3. 1952

Zorin: Trägt vor, dass entsprechend einer noch am 14. September 1951 ergangenen Mitteilung des französischen Botschafters in Washington, Bonnet, an das Außenministerium Frankreichs während der Erörterung der österreichischen Frage am 13. September durch die Außenminister der USA, Englands und Frankreichs, Acheson vorschlug, auf der nächsten Sitzung der Sonderbeauftragten für den österreichischen [Staats]vertrag die „Kurz"-Variante des Vertrages, die alle früher im Zuge der Verhandlungen gemachten Zugeständnisse der Westmächte an die Sowjetunion annullierte, vorzubringen. Das Ziel dieses amerikanischen Vorschlages bestand nach den Worten Bonnets darin, die sowjetische Regierung in eine „schwierige Lage" zu versetzen. Morrison bestand damals darauf, sich mit der Verwirklichung des amerikanischen Planes nicht zu beeilen. Wie der Vorsitzende der Österreichischen Volkspartei, Raab, im engen Kreis im September 1951 mitteilte, versprachen ihm die Amerikaner, in den nächsten Monaten „Österreich von den Russen zu erlösen" und es in das System des Nordatlantikbündnisses einzubeziehen. Nach der Meinung der Amerikaner zeugt, wie Raab sagte, „die schwache Reaktion der UdSSR im Zusammenhang mit dem japanischen Vertrag" davon, dass die Sowjetunion nicht wegen Österreich einen Krieg beginnen will. Raab wies ferner darauf hin, dass die Amerikaner bis zu diesem Zeitpunkt in Österreich „eine starke Regierung" haben möchten, die fähig ist, „passiven Widerstand" gegen die Anordnungen der sowjetischen Besatzungsmacht zu leisten. Bis Ende 1951 wurde der amerikanische Vorschlag zur Frage des Österreichvertrages endgültig zwischen den drei Westmächten abgestimmt gebracht, danach schlugen sie auch vor, am 21. Januar d. J. die nächste Konferenz der 4 Sonderbeauftragten einzuberufen, in der Absicht, auf dieser Konferenz die „Kurz"-Variante des Vertrages einzubringen. Die Regierungen der Westmächte legten bei der Übergabe der Note zum Österreichvertrag Eile an den Tag: ihre Botschafter in Moskau versuchten beharrlich, einen Empfang im Außenministerium der UdSSR ausgerechnet am 13. März, also sofort nach der Veröffentlichung der sowjetischen Note über die Grundlagen eines Friedensvertrages mit Deutschland, zu erreichen. Mit ihrer Note zum Österreichvertrag versuchten die Westmächte, die Aufmerksamkeit der öffentlichen Meinung in der Welt von der neuen wichtigen Initiative der UdSSR in der deutschen Frage abzulenken. Gen. Zorin brachte seine Meinung zum Ausdruck, dass im Falle der Zurückweisung des Entwurfes des „Kurzvertrages" durch die Sowjetunion die Westmächte gemeinsam mit der Übergabe der Österreichfrage an die UNO mit einer einseitigen Deklaration über die „Gewährung der Freiheit und Souveränität für Österreich" auftreten könnten, der zufolge der Abzug ihrer Truppen vom Territorium Österreichs den Abzug der sowjetischen Besatzungstruppen bedingt.

Erging an alle Mitglieder des Achterkollegiums, ebenso an die Gen. Vyšinskij und Gromyko.

Dokument 62

RGASPI, f. 82, op. 2, d. 1042, S. 101, 31. 3. 1952

Ignat'ev: Teilt mit, dass der Führer der österreichischen „Demokratischen Union" Dobretsberger im Gespräch mit dem Vorsitzenden der österreichischen Volkspartei, Raab, am 23. Februar d. J. erklärte, dass der Weg Österreichs „aufs Haar genau mit dem Weg Finnlands zusammenfallen muss und Raab ein zweiter Kekkonen werden muss. Hierfür sei ein Wechsel des Außenministers nötig, ein Abgang vom amerikanischen Kurs mittels Absage von Rohstofflieferungen für die Rüstung des Westens und ein Protest gegen den Bau von Flugplätzen in Salzburg." Raab bat Dobretsberger, Vertretern des Außenministeriums der UdSSR in Moskau, wohin Dobretsberger zur internationalen Wirtschaftskonferenz fährt, mitzuteilen, dass es in der ÖVP eine Gruppe von Leuten gibt – Raab, Steinböck, Strommer und and. –, die den Weg der Neutralisierung Österreichs suchen, ohne es hierbei in ein Land der Volksdemokratie umzuwandeln. Raab erklärte, dass der Präsident Österreichs, Körner, ständig die Idee der Neutralisierung des Landes und der Notwendigkeit des Aufbaus eines gegenseitigen Verständnisses mit der UdSSR hervorhebt. Dobretsberger vertritt die feste Überzeugung, dass es in der ÖVP eine „ständig anwachsende Gruppe von Funktionären gibt, die ein Ende des Kalten Krieges und einen Kompromiss mit der UdSSR will. Hierzu zählen Kristofic-Binder und die Mehrheit der Wiener und niederösterreichischen Industriellen.

Erging an die Gen. Malenkov und Vyšinskij.

Dokument 63

RGASPI, f. 82, op. 2, d. 1115, S. 110, 12.5.1952

Kopie[104]
Str. Geheim, Ex. Nr. 2

An Genossen I. V. Stalin

Am 9. Mai schickten die Botschaften der USA, Englands und Frankreichs an das Außenministerium der UdSSR identische Noten, in welchen sie die sowjetische Regierung bitten, „bei erster Möglichkeit ihren Standpunkt im Zusammenhang mit den Vorschlägen zur Österreichregelung" mitzuteilen.
 Gemeint ist der Vorschlag der drei Mächte in der Note vom 13. März d. J. über den sog. Kurzvertrag für Österreich.
 Ich würde es für zielführend halten, auf die Note der Regierungen der drei Mächte vom 13. März über einen Kurzvertrag für Österreich sachlich zum gegenwärtigen Zeitpunkt keine Antwort zu geben, um nicht die Aufmerksamkeit hinsichtlich der Erörterung der deutschen Frage, die bekanntlich auch die Regierungen der USA, Englands und Frankreichs anstreben, zu schwächen.
 Auf die Noten der Regierungen der drei Mächte vom 9. Mai [sollten] an die Botschaften der USA, Englands und Frankreichs in Moskau Antwortnoten formalen Charakters, deren Entwurf beiliegt,[105] geschickt werden.
 Beschlussentwurf liegt bei.[106]
 Bitte zu prüfen.

A. Vyšinskij

12. Mai 1952
Für die Richtigkeit: [Unterschrift unleserlich]

Kopien ergingen an die Genossen Molotov, Malenkov, Berija, Mikojan, Kaganovič, Bulganin, Chruščev
347-VK
Abgedr. in 10 Ex.[107]

Dokument 64

RGASPI, f. 82, op. 2, d. 1042, S. 187, 29.5.1952
Ignat'ev: Legt den gekürzten Text des Telegramms des Stellvertreters des französischen Hochkommissars in Österreich, Lalouette, an das Außenministerium Frankreichs vom 17. Mai d. J. zur Frage über die Verhandlungen des österreichischen Kanzlers Figl in London

---

[104] Daneben ein durchgestrichenes handschriftliches Kreuz Molotovs. Auf der linken Seite der Verweis „Zu den Akten".
[105] Wird hier nicht abgedruckt.
[106] Wird hier nicht abgedruckt.
[107] Links unten Eingangsstempel: Sekretariat V. M. Molotov, *12. V. 1952*, Eingangsnummer: *6327ss*.

im Mai d. J. vor. In dem Telegramm wird mitgeteilt, dass, nach den Worten des englischen Hochkommissars in Österreich, Caccia, der Figl nach London begleitet, Figl den Engländern folgende Fragen stellen wird: <u>Über den Staatsvertrag.</u>[108] Figl bat die Regierung Großbritanniens weiter zusammen mit den Regierungen der USA und Frankreichs zu versuchen, den Abschluss des Österreichvertrages zu erreichen. Englische Politiker gaben Figl entsprechende Beteuerungen. <u>Über das mögliche Herantreten Österreichs an die UNO.</u>[109] Figl erklärte, dass, wenn die Verhandlungen über den Staatsvertrag wieder in eine Sackgasse führen, die österreichische Regierung beabsichtige, sich an die UNO zu wenden. Hierbei sagte er, dass sie dies vermutlich frühestens im Herbst d. J. umsetzen würde. Die englischen Vertreter verhielten sich hierzu angeblich ziemlich zurückhaltend. Sie wiesen auf die Schwierigkeiten bei der Wahl des geeigneten Moments für einen Appell an die UNO hin, ebenso darauf, dass dieser Appell eine entsprechende Reaktion seitens der UdSSR hervorrufen kann. Es wurde entschieden, dass die österreichische Regierung keinerlei Schritte in diese Richtung unternehmen wird, ohne sie mit den Vertretern der drei westlichen Länder abgestimmt zu haben.

Erging an die Gen. Malenkov, Vyšinskij und Zorin.

Dokument 65

RGASPI, f. 82, op. 2, d. 1043, S. 198, 5.6.1952

Zorin: Stellt einen Bericht „Über die Vorbereitung zur Gründung eines aggressiven militärisch-politischen Blocks auf dem Gebiet des Balkans" vor. Zum Zwecke der Festigung eines antisowjetischen Aufmarschgebietes am Mittelmeer versuchen die Führungskreise der USA gegenwärtig, neben dem Kommando in Mittelost einen militär-politischen Block, der mit dem Nordatlantikbündnis verbunden ist, aus Jugoslawien, Griechenland und der Türkei zu schaffen, an dem auch Italien und Österreich beteiligt sein könnten. Der Plan zur Schaffung eines solchen Blocks wurde von den Amerikanern schon vor langem vorgeschlagen, die praktische Verwirklichung dieses Plans stieß aber auf anglo-amerikanische Unstimmigkeiten und auf Widersprüche unter den Mitgliedsländern des geplanten Blocks. Die Amerikaner streben danach, dass der geplante Block eng mit dem Nordatlantikbündnis verbunden ist und einen bestimmten Teil an allgemeinen Aufgaben dieses Bündnisses in südeuropäischer strategischer Richtung übernimmt, die Engländer hingegen sind daran interessiert, den jugoslawisch-griechisch-türkischen Block vor allem an das Kommando in Mittelost zu binden und das Militärpotential der Teilnehmer dieses Blockes zur Festigung des Zugangs zum Mittleren Osten zu nutzen. Die Engländer treten ebenso gegen die Absicht der Amerikaner auf, dem geplanten Block Spanien anzuschließen, weil sie fürchten, dass das zum Verlust der englischen Kontrolle über Gibraltar führen wird. Die nach dem Krieg entstandenen Spannungen in den Beziehungen zwischen Griechenland und Jugoslawien, Griechenland und der Türkei erwiesen sich ebenso als großes Hindernis auf dem Weg zur Schaffung eines militärisch-politischen Blocks auf dem Balkan. Der Kampf zwischen Italien und Jugoslawien um Triest verhinderte die Organisation von Verhandlungen über die Teilnahme Italiens an diesem Block. Indem die Amerikaner danach strebten, diese Hindernisse aus dem Weg zu räumen, unternehmen sie Maßnahmen zur Glättung der Gegensätze

---

[108] Im Original unterstrichen.
[109] Im Original unterstrichen.

zwischen den vorgesehenen Mitgliedern des Blocks. Den Amerikanern gelang es, eine politische und wirtschaftliche Annäherung zwischen Griechenland und Jugoslawien und ebenso zwischen Griechenland und der Türkei zu erreichen. Auch die jugoslawisch-türkischen Beziehungen festigten sich. Dies erlaubte den Amerikanern, Anfang d. J. zur Organisation dreiseitiger griechisch-türkisch-jugoslawischer Verhandlungen überzugehen. Die Frage der Gründung des jugoslawisch-griechisch-türkischen Blocks wurde während des Aufenthaltes der griechischen Regierungsdelegation in Ankara (Februar d. J.), bei den Verhandlungen der türkischen Regierungsdelegation in Athen (Mai d. J.) und beim Besuch Eisenhowers im März in Griechenland und der Türkei erörtert. Die Hauptaufgabe der Verhandlungen zwischen den Mittelmeerländern ist die Suche nach einer Form, Jugoslawien in den geplanten Block einzubeziehen. Die Schwierigkeit für die Amerikaner bei dieser Aufgabe besteht darin, dass ein direkter Einschluss Jugoslawiens in die aggressive Union mit Griechenland und der Türkei zu einer endgültigen Sprengung der Position der Tito-Clique innerhalb des Landes führen könnte, was für die Amerikaner nicht wünschenswert ist.

Erging an Gen. Stalin und die and. Genossen des Achterkollegiums, ebenso an die Gen. Suslov, Vyšinskij, Grigor'jan, Bogomolov und Puškin.

Dokument 66

RGASPI, f. 82, op. 2, d. 1043, S. 200, 7. 6. 1952
Ignat'ev: Trägt vor, dass die Führer der Österreichischen Volkspartei in ihren Reden am 24. April d. J. auf der Konferenz der zentralen Organe der ÖVP die innenpolitische Lage des Landes äußerst negativ skizziert haben. So erklärte der Vorsitzende der Partei, Raab, dass „die innenpolitische Lage Österreichs noch nie so labil war wie jetzt". Raab erklärte, dass die ÖVP alle nötigen Maßnahmen treffen muss, um die Macht in ihren Händen zu halten, wozu sie vor allem ihren Einfluss auf die Massen mittels der Heranziehung verschiedener reaktionärer Organisationen und besonders der Geistlichkeit und ehemaliger Nazis an ihre Seite stärken. Nach der Meinung Raabs muss die Partei die Propaganda von Grund auf ändern und berücksichtigen, dass „die Angstpropaganda vor der Volksdemokratie" nicht mehr populär ist. Raab erklärte, dass „wir in keinem Fall fürchten dürfen, gegen die Amerikaner aufzutreten, weil sie sich erstens ebenso wie die anderen in der Österreichfrage nicht von der Stelle bewegen, und zweitens müssen wir die vorhandenen Sympathien in Österreich für Russland berücksichtigen".

Erging an die Gen. Malenkov und Vyšinskij.

Dokument 67

RGASPI, f. 82, op. 2, d. 1043, S. 215, 18. 6. 1952
Zorin: Trägt vor, dass in der Position der österreichischen Regierung zur Frage des Österreichvertrages in der letzten Zeit Veränderungen vor sich gingen. Die österreichische Regierung hatte früher ihre Zustimmung zu dem Vertragsentwurf, der als Resultat der vierseitigen Verhandlungen vorbereitet worden war, gegeben. Nach der Veröffentlichung der „gekürzten" Variante des Vertrages im März d. J. nahmen österreichische Staatsmänner davon Abstand, ihre Meinung zum Gehalt dieser Variante kundzutun. Dies rief die Unzufriedenheit

der Amerikaner hervor, die forderten, dass die österreichische Regierung offiziell die „gekürzte" Variante des Vertrages unterstütze. Am 2. April trat Außenminister Gruber im Parlament auf und unterstützte lediglich in mittelbarer Form die „gekürzte" Variante. Die Wendung in der Taktik der österreichischen Regierung, die offensichtlich von den Amerikanern inspiriert wurde, ging im Mai vor sich, während einer Reise Figls, der mit einer Reihe von Erklärungen bedingungslos die „gekürzte" Variante des Vertrages guthieß. Er unterstrich, dass, wenn die UdSSR Verhandlungen auf der Grundlage der „gekürzten" Variante nicht zustimmt, Österreich auf die Überantwortung der Österreichfrage an die UNO bestehen werde. Der Übergang der österreichischen Regierung zur offenen Unterstützung der „gekürzten" Variante verfolgt offensichtlich das Ziel, einen Boden für weitere separate Tätigkeiten der Amerikaner in der Österreichfrage vorzubereiten. Nach den vorliegenden Angaben trifft der amerikanische Plan auf einige Einwände seitens der Engländer. Insbesondere die Engländer halten es für unmöglich, die Österreichfrage an die UNO zu übergeben.

Erging an die Gen. Vyšinskij und Puškin.

Dokument 68

RGASPI, f. 82, op. 2, d. 1043, S. 236, 1. 7. 1952

Ignat'ev: Trägt die Übersetzung der Mitteilung des politischen Vertreters Österreichs in der UdSSR, Bischoff, vom 20. Mai d. J., adressiert an den Außenminister Österreichs, Gruber, vor, in der es heißt, dass Gen. Zorin auf einem Empfang in der schwedischen Botschaft auf die Bemerkung des schwedischen Botschafters darüber, dass Figl Geld in Amerika suche, zur Antwort gab: „Das ist seine persönliche Angelegenheit. Aber das, was er sagt, ist eine öffentliche Angelegenheit." Bischoff antwortete, dass erstmals seit Beginn der Erklärung des „Kalten Krieges" ein verantwortlicher Mitarbeiter des Außenministeriums so offen seine kritischen Bemerkungen bezüglich der Auftritte eines Mitglieds der österreichischen Regierung zum Ausdruck brachte.

Erging nur an Gen. Molotov.

Dokument 69

RGASPI, f. 82, op. 2, d. 1043, S. 268, 29. 7. 1952

Ignat'ev: Trägt Mitteilungen über Aussagen des Vorsitzenden der Führungsorgane der Österreichischen Volkspartei, Raab, auf der Sitzung der Parteiführung am 21. Juni d. J. vor. Raab erklärte, dass der „Kalte Krieg" zwischen der UdSSR und den USA gegenwärtig einen „Kulminationspunkt" erreicht und Österreich ein „propagandistischer Vorposten der USA" in diesem Krieg geworden ist. Nach der Meinung Raabs ist die Forderung der Amerikaner über den Abschluss des „Kurz-Staatsvertrages" und über die Aufnahme Österreichs in die UNO „billiges Hilfsmittel", das die USA gegen die UdSSR benutzen. Raab bemerkte, dass er nach der Rückkehr des Kanzlers aus den USA mit ihm über die amerikanische Österreichpolitik gesprochen habe und er den Eindruck gewann, dass „die Amerikaner nicht wüssten, was sie wollen". Nach der Meinung Raabs existieren im Kreis der politischen Verantwortlichen, die die Außenpolitik der USA bestimmen, einige Gruppen. Die stärkste von ihnen ist die Gruppe, die mit den „amerikanischen Juden" verbunden ist. Diese Gruppe „ist an der Durchführung einer Kriegshysterie interessiert", auch wenn sie keinen echten Krieg wünschen, da sie an der Vorbereitung eines neuen Krieges mehr verdient, als sie an einem Krieg selbst verdienen kann". Die zweite Gruppe besteht aus den Befürwortern Eisenhowers, die zum Ziel hat, ihren Kandidaten als Präsidenten durchzubringen und dann einen Krieg zu beginnen". Raab bemerkte ferner, dass es in den USA auch eine Gruppe von Isolationisten gibt, deren Kraft gegenwärtig nicht einzuschätzen ist. Die Vertreter dieser Gruppe sind organisatorisch schwach geeint, ihre Politik findet aber Unterstützung bei den Gewerkschaftsmitgliedern. Abschließend wies Raab darauf hin, dass bis zur Klärung der Präsidentenwahlergebnisse in den USA die führenden Funktionäre Österreichs den „Anschein erwecken" werden, dass sie alle Anweisungen der Amerikaner erfüllen, in Wirklichkeit aber „die Durchführung aller großen Maßnahmen auf eine spätere Zeit verschieben, wenn klar ist, wer in den USA siegt".

Erging an die Gen. Malenkov, Berija, Bulganin, Vyšinskij.

Dokument 70

RGASPI, f. 82, op. 2, d. 1043, S. 282, 10.8.1952
Ignat'ev: Legt Übersetzungen von Dokumenten vor, die vom politischen Vertreter Österreichs in der UdSSR, Bischoff, an seinen Außenminister gerichtet wurden.

In einer Mitteilung vom 19. Februar d. J. kommentierte Bischoff den Misserfolg des amerikanischen Versuchs, die russische Emigration zu vereinen. Er merkte an, dass „die Emigration nichts anderes sein kann, als ein Geheimdienst jener, die mittels entsprechender Subventionen ihr wieder die Möglichkeit gegeben hat, zu existieren und ihre eigene „Politik" zu entfalten.["]

In der Mitteilung vom 17. Februar d. J. wies Bischoff betreffs der Erklärung Kirks, des zum Repräsentanten des „Amerikanischen Komitees zur Befreiung der Völker Russlands" gewählten ehemaligen amerikanischen Botschafters, über die „antibolschewistischen Positionen der überwältigenden Mehrheit des russischen Volkes" darauf hin, dass Kirk diese Meinung „erst nach seiner Abreise aus der UdSSR gewinnen konnte, möglicherweise in Paris, wo er in der Funktion eines ‚Experten' der US-Delegation bei der UNO hinzugezogen wurde, oder in den USA selbst". Die Frage einschätzend, mit welchem Ziel Führungskreise der USA Erklärungen über „die Unhaltbarkeit der inneren Lage der UdSSR" abgeben, zieht Bischoff den Schluss, dass „sie auf diese Weise agieren, wenn sie propagandistisch einen aggressiven Angriffskrieg gegen die Sowjetunion vorbereiten wollen, der für einen bestimmten Moment vorgesehen ist und dem einfachen Mann in der westlichen Welt als moralisch berechtigt dargestellt wird und gleichzeitig nicht mit besonderen Opfern und Schwierigkeiten verbunden ist".

In der Mitteilung vom 5. April d. J. legt Bischoff sein Gespräch mit Radchakrishnan dar, der eben erst aus England zurückgekehrt ist, wo er Gespräche mit bedeutenden Politikern führte. Die Essenz dieser Gespräche war die Überzeugung davon, dass „die englische Regierung aufrichtig bestrebt ist, die internationale Atmosphäre zu entspannen, aber mit dem Pentagon kann man halt nichts machen". „Das sich verbreitende Eingeständnis einer wachsenden Abhängigkeit Englands von einer solchen besorgniserregenden Politik Amerikas", sagte Radchakrishnan, „führt gemeinsam mit der erzwungenen Senkung des Lebensstandards im Land, die durch den Rüstungswettlauf hervorgerufen wird, zu einer Stärkung der antiamerikanischen Stimmung im englischen Volk, besonders unter der universitären Jugend und anderen Intelligenzschichten."

Der Außenminister Österreichs, Gruber, teilte Bischoff in einem Brief am 28. April d. J. mit, dass das österreichische Außenministerium „aus gänzlich seriösen Quellen Hinweise erhalten hat, dass sich die Sowjetunion auf den 3. Weltkrieg vorbereitet und dass im Zusammenhang damit die berühmte Note in Bezug auf Deutschland, die vor allem als taktischer Zug im Kampf um die öffentliche Meinung in Deutschland zu sehen ist, sehr ernste Ziele verfolgt. Diese Meinung begründet sich auch mit den mit besonderer Energie durchgeführten Arbeiten zum Wiederaufbau der nach wie vor im zerstörten Zustand befindlichen Eisenbahnlinien und Straßen in den Gebieten eines möglichen Angriffs auf den Westen." Gruber erbat Bischoff um seine Meinung in der genannten Frage. Bischoff teilt in seiner Antwort am 10. Mai d. J. mit, dass von ihm „keine Hinweise darauf, dass die UdSSR die Absicht hat, einen aggressiven Krieg zu beginnen, bemerkt wurden". Bischoff merkt an, dass „die Sowjetunion gegenwärtig verhältnismäßig weniger Rüstungsanstrengungen an den Tag legt als durchschnittlich während des Zeitraumes des III. Fünfjahresplans, gar nicht zu reden von dem Krieg von 1940, als der Anteil der Rüstung um weniger als ein Drittel das spezifische Gewicht der Militärausgaben in der Gegenwart überschritt". Bischoff wies ferner daraufhin, dass „die Sowjetunion zur Erreichung des Kommunismus buchstäblich nichts von der kapitalistischen Welt braucht als die Erhaltung des Friedens". In der Mitteilung vom 16. Mai d. J. informiert Bischoff darüber, dass „sich aus Beobachtungen, die von neutraler Seite in den allerletzten Wochen angestellt wurden, klar ergibt, dass in Polen, der Tschechoslowakei und Ungarn keine besondere militärische Tätigkeit festgestellt wurde".

Erging an alle Mitglieder des Achterkollegiums.

Dokument 71

RGASPI, f. 82, op. 2, d. 1043, S. 286, 14. 8. 1952

Ignat'ev: Trägt vor, dass Anfang Juli d. J. Acheson seiner Auffassung nach von der österreichischen Regierung verlangte, die Gründung einer österreichischen Armee zu beschleunigen, um „das Vakuum zwischen Jugoslawien und Westdeutschland aufzufüllen". Die österreichische Regierung gründete im Juli d. J. das „Komitee der Streitkräfte", als dessen Vorsitzender der Staatssekretär des Innenministeriums, Graf, fungiert. Am 21. Juli d. J. fand im Innenministerium eine Konferenz der Chefs der Bundesländergendarmerieabteilungen statt, auf der beschlossen wurde: 1) Die Gendarmerie-Schulen, die den Bundesländergendarmerieabteilungen zur Verfügung stehen, und die Sonderformationen der Gendarmerie unter die Leitung des „Komitees der Streitkräfte" zu übergeben; aus den Mannschaften dieser Schulen und Sonderformationen der Gendarmerie militärische Untereinheiten zu gründen, die Gendarmeriebataillone genannt werden; 2) die Gendarmeriebataillone ausschließlich mit amerikanischen Waffen zu bewaffnen.

Erging an Gen. Stalin und die and. Genossen des Achterkollegiums, ebenso an Gen. Vyšinskij.

Dokument 72

RGASPI, f. 82, op. 2, d. 1043, S. 288, 15. 8. 1952

Ignat'ev: Trägt vor, dass Ende Juli d. J. das Außenministerium Frankreichs und das State Department Noten zur Frage über den österreichischen Staatsvertrag austauschten. Die

Franzosen schlugen vor, dass die Frage des Vertrages von Ländern, die formal nicht an ihm interessiert sind und keine Mitglieder des Nordatlantikbündnisses sind, zur Prüfung in die UNO eingebracht wird, da anderenfalls „dies wie ein Manöver gegen die UdSSR aussehen kann". Das State Department und das Außenministerium Frankreichs kamen zu folgendem Schluss: a) die Frage über den österreichischen Vertrag wird von Ländern, die formal nicht am Abschluss dieses Vertrages interessiert sind, zur Prüfung durch die Generalversammlung in der Form eines eigenen Tagesordnungspunktes eingebracht. Die Prüfung dieser Frage in der UNO hat „die Annahme einer Empfehlung der Generalversammlung, die der UdSSR, den USA, Großbritannien und Frankreich empfiehlt, die Verhandlungen zur Frage über den Abschluss des österreichischen Vertrages zu beschleunigen", zum Ziel.
  Erging an die Gen. Malenkov, Vyšinskij.

Dokument 73

RGASPI, f. 82, op. 2, d. 1043, S. 299, 23. 8. 1952
Tugarinov (KI): Teilt mit, dass Brasilien und eine Reihe anderer kleiner Mitgliedsländer der UNO beabsichtigen, die Frage des österreichischen Vertrages auf die Tagesordnung der 7. Sitzung der UNO-Generalversammlung zu setzen. Tatsächlicher Initiator des Einbringens der österreichischen Frage in die UNO ist die Regierung der USA, die die Vorbereitung dieses Schrittes noch im März d. J. in Angriff nahm. Nach der Veröffentlichung der Note der drei Mächte an die Sowjetunion vom 13. März d. J. über den „Kurzvertrag" forderten die Amerikaner von der österreichischen Regierung, dass sie erklärte, dass im Falle eines Ablehnens des Vorschlages der drei Mächte durch die Sowjetunion, die Österreichfrage an die UNO übergeben werden muss. Am 15. August d. J. erklärte nach der Veröffentlichung der sowjetischen Antwortnote zur Österreichfrage der stellvertretende Staatssekretär der USA, McDermott, offiziell, dass die Regierung der USA es für zielführend erachtet, die Österreichfrage an die UNO zu übergeben. Noch im Mai d. J. trat die Regierung der USA mit der englischen und französischen Regierung zur Frage über die Übergabe der Österreichfrage an die UNO in Verhandlungen. Die Engländer und Franzosen widersprachen zunächst dem amerikanischen Vorschlag. Unter amerikanischem Druck jedoch erklärten sich die Regierungen Englands und Frankreichs einverstanden, ihre Einwände gegen den amerikanischen Plan aufzuheben. Hierbei bestanden sie darauf, dass ein Appell an die UNO nicht von den drei Westmächten ausgehen solle, sondern von Ländern, die nicht unmittelbar am Abschluss des österreichischen Vertrages interessiert sind. Die Amerikaner erklärten sich angeblich mit dieser Forderung einverstanden. Die Regierung Österreichs erklärte unter dem Druck der USA offiziell die Nützlichkeit der Einbringung der Österreichfrage in die UNO. Zugleich sind die österreichischen Führungskreise ernsthaft beunruhigt über mögliche Folgen von separaten Aktionen der Westmächte in der Österreichfrage für Österreich. Nach inoffiziellen Mitteilungen erklärte Figl während der Verhandlungen in den USA im Mai d. J., dass sich Österreich eher einverstanden erklärt, „die Lasten einer vierfachen Besatzung zu tragen, als in zwei Teile gespalten zu werden".
  Erging an Gen. Stalin und die and. Genossen des Achterkollegiums, ebenso an die Gen. Suslov, Vyšinskij, Grigor'jan, Puškin, Podcerob.

Dokument 74

RGASPI, f. 82, op. 2, d. 1043, S. 314, 2.9.1952
Rumjancev (KI): Legt eine „Übersicht internationaler Ereignisse im August d. J." vor. [...]¹¹⁰
<u>Bezüglich der sowjetischen Note vom 23. August d. J. zur deutschen Frage</u>¹¹¹ heißt es im Überblick, dass die in dieser Note enthaltenen Vorschläge die Regierungen der USA, Englands und Frankreichs in eine schwierige Lage versetzt haben und die Positionen der Befürworter einer Lösung der deutschen Frage auf vierseitiger Ebene bestärkt haben. Fast alle amerikanischen Zeitungen und am meisten die reaktionäre Presse der westlichen Länder versuchen den Eindruck einer Übereinstimmung zwischen den USA, England und Frankreich in der Frage der Einschätzung der Note zu vermitteln. Diese Zeitungen bekräftigen, dass die Note „propagandistischen" Charakter trägt, „nichts Neues beinhaltet" und deshalb von den Westmächten abgewiesen werden muss. Viele bourgeoise Zeitungen Englands und Frankreichs unterstreichen jedoch, dass eine Ablehnung der Prüfung der sowjetischen Vorschläge ein „großer Fehler" wäre. In Westdeutschland unterstützten einige Bundestagsabgeordnete, darunter Mitglieder der Bonner Regierungskoalition, unter dem Druck der öffentlichen Meinung die Vorschläge der UdSSR.

Über die sowjetische Note vom 14. August zur Frage des Staatsvertrages mit Österreich heißt es in der Übersicht, dass die Regierung der USA den Vorschlag der sowjetischen Regierung über die Wiederaufnahme vierseitiger Verhandlungen zu Österreich feindselig aufgenommen hat und auf der Notwendigkeit der Übergabe der österreichischen Frage an die UNO besteht. Erst unter Druck der Amerikaner erklärten sich auch die Regierungen Englands und Frankreichs einverstanden, den Plan der Übergabe der österreichischen Frage an die UNO zu unterstützen, auch wenn sie Zweifel an der Zweckmäßigkeit dieser Fragestellung an die UNO zum Ausdruck brachten.

---

[110] Erster Absatz über Reaktionen der ausländischen Presse auf den Beschluss des Plenums des ZK der VKP(b) über die Einberufung des 19. Parteitages der VKP(b). Zweiter Absatz über die Reaktionen der „bourgeoisen Presse" auf die Ankunft der chinesischen Regierungsdelegation in der UdSSR.
[111] Im Original unterstrichen.

III. Zur sowjetischen Deutschlandpolitik nach der Stalin-Note

„Wir haben eben unser Deutschland geschaffen"

Während die Dritte Europäische Abteilung aufmerksam die westlichen Reaktionen auf die Stalin-Note vom 10. März verfolgte,[1] berichtete das MGB der Sowjetführung den Umständen entsprechend häufig über den Fortlauf der internen Beratungen und Diskussionen der Westmächte. Die generell stets mit einigen Tagen Verzögerung erfolgten Rapporte Ignat'evs[2] setzten hinsichtlich der Reaktion auf die Stalin-Note ca. eine Woche später ein. Am 17. März berichtete Ignat'ev über eine Pressekonferenz des Leiters der Presseabteilung des französischen Außenministeriums, de Leusse. Am Rande soll de Leusse „im privaten Gespräch" erklärt haben, dass „die Russen das Ziel verfolgen, Zeit zu gewinnen. Aber auch wir gewinnen Zeit, wenn wir uns mit ihnen streiten."[3] Mit Moskau sympathisierende Kreise im Quai d'Orsay gaben den Sowjets hingegen auch klar zu verstehen, dass es die Amerikaner waren, die jede Art von Verhandlungen mit den Sowjets ablehnten und die Franzosen dazu gedrängt hatten, dem „Kurzvertrag" zu Österreich zuzustimmen. Die von MGB-Chef Ignat'ev nicht näher definierten Kreise gaben zu verstehen, dass Washington „die sowjetische Regierung vor die Alternative" stellen wollte, den Entwurf des „Kurzvertrages" „in der Form, in der er von den Westmächten entworfen wurde anzunehmen oder abzulehnen". Ignat'ev weiter: „Die Franzosen hielten es für notwendig, der UdSSR ‚die Tür offen' zu halten, um notfalls zum ehemaligen Entwurf [des österreichischen Staatsvertrages] zurückkehren zu können."[4] Gewisse französische Kreise brachten auf diese Weise gegenüber dem alten Bündnispartner wohl ihr Unbehagen über die offizielle französische Außenpolitik zum Ausdruck. Georges-Henri Soutou zufolge gab es „nur wenige Verantwortliche" im Quai d'Orsay, „die eine Neutralisierung Deutschlands innerhalb einer neuen europäischen Sicherheitsordnung, wie sie von Moskau zwischen 1952 und 1955 propagiert wurde, als annehmbar" bezeichneten. Generell war „für Frankreich die Möglichkeit eines wiedervereinigten und ungebundenen Deutschlands die Schreckensversion par excellence". Die Doktrin der doppelten Sicherheit auf der Basis einer dauerhaften Teilung Deutschlands (und dies, so Soutou, „in stiller Rückversicherung mit Moskau")[5] ermöglichte die Lösung zweier Probleme „mit einem Schlag": Die Westintegration der BRD garantierte gleichzeitig Sicherheit gegenüber der Sowjetunion.[6] Aus denselben Gründen war Frankreich auch stets

---

[1] Loth, Die Entstehung der „Stalin-Note", S. 57.
[2] Dazu generell RGASPI, f. 82, op. 2, d. 1042 und 1043.
[3] RGASPI, f. 82, op. 2, d. 1042, S. 76, Berichterstattung Ignat'evs an alle Mitglieder des Achterkollegiums sowie an Vyšinskij und Zorin, 17.3.1952 (Dokument 79).
[4] RGASPI, f. 82, op. 2, d. 1042, S. 78, Berichterstattung Ignat'evs an Stalin und alle Mitglieder des Achterkollegiums sowie an Vyšinskij und Zorin, 18.3.1952 (Dokument 59).
[5] Siehe hierzu die der sowjetischen Seite offen kundgetanen Befürchtungen des ehemaligen französischen Verteidigungsministers im Juli 1952. RGASPI, f. 82, op. 2, d. 1043, S. 243, Berichterstattung Ignat'evs an Malenkov, Berija und Bulganin, 10.7.1952 (Dokument 119).
[6] Soutou, Frankreich und der Albtraum eines wiedervereinigten und neutralisierten Deutschlands, S. 265f. Zur Einschätzung der Stalin-Note nach dem 10. März siehe Meyer-Landrut, Frankreich und die deutsche Einheit, S. 36–47 und S. 74–88.

vehement für ein „Anschluss"-Verbot Österreichs bzw. von Teilen Österreichs an (West)-Deutschland aufgetreten.[7] Gegenüber Moskau unterstrichen die nicht näher genannten „Führungskreise" in Paris, dass sie gegenüber Washington und London darauf bestanden hätten, im „Kurzvertrag" einen eigenen Artikel bezüglich des „Anschluss"-Verbotes einzubringen.[8]

Einen Tag nach der Stalin-Note vom 10. März wandte sich die für die Prüfung gesamtdeutscher Wahlen eingesetzte UNO-Kommission an Grotewohl. Dieser übermittelte am 13. März das diesbezügliche Telegramm an Čujkov und bezeichnete die Forderung der Kommission „als Versuch einer unbegründeten Einmischung der UNO in innerdeutsche Fragen".[9] Semenov informierte am 13. März Gromyko über den Sachverhalt und erklärte, die DDR-Regierung hätte bereits im Dezember 1951 „mündlich dem speziell geschaffenen UNO-Komitee [...] ihren ablehnenden Standpunkt zum Einmischungsversuch der UNO" dargelegt, was zudem am 9. Januar 1952 mit einem Beschluss der Volkskammer bekräftigt worden sei.[10] Am 17. März 1952 übermittelte Vyšinskij ein die Frage der UNO-Kommission betreffendes Schreiben an Stalin. Darin empfahl er Stalin, auf die Forderungen der UNO-Kommission überhaupt nicht einzugehen und auch keine schriftliche Stellungnahme abzugeben, da ein „Briefverkehr mit der UNO-Kommission" einer Anerkennung derselben gleichkäme. Die sowjetische Delegation habe auf der VI. UN-Generalversammlung ohnedies bereits ihre Meinung kundgetan und verlautbart, dass die UNO-Kommission dem Artikel 107 der UN-Charta widerspreche. Zudem habe die DDR-Regierung am 28. Februar und Grotewohl am 14. März bekräftigt, dass die UNO-Kommission nicht nötig sei und keine Rechtsgrundlage habe. Vyšinskij zog den Schluss, dass somit „die Regierung der DDR der UNO-Kommission faktisch eine Antwort gegeben hat" und die Sowjetische Kontrollkommission keine Antwort geben sollte.[11] Am 21. März segnete das Politbüro Vyšinskijs Vorschläge in dieser Frage ab.[12]

Am 19. und am 21. März berichtete MGB-Chef Ignat'ev über die am Tag nach der Notenübergabe einberufene Konferenz von Adenauer und den drei Hohen Kommissaren am 11. März. Dem Telegramm des französischen Hohen Kommissars, André François-Poncet, an das Außenministerium in Paris zufolge habe Adenauer in der Konferenz darauf hingewiesen, dass die Note an die Westmächte gerichtet sei und auch diese zu antworten hätten. François-Poncets hatte nach Paris berichtet, dass Adenauer nicht seine Hoffnung darauf verbarg, dass die Antwort schnell gegeben werden würde und dass diese ablehnend sein

---

[7] Siehe zuletzt Angerer, Französische Freundschaftspolitik in Österreich nach 1945, insbes. S. 134–138.
[8] RGASPI, f. 82, op. 2, d. 1042, S. 78, Berichterstattung Ignat'evs an Stalin und alle Mitglieder des Achterkollegiums sowie an Vyšinskij und Zorin, 18.3.1952 (Dokument 59). Zum französischen Beharren auf das „Anschluss"-Verbot siehe Bischof, „Recapturing the Initiative" and „Negotiating from Strength", S. 243.
[9] Ersichtlich aus RGASPI, f. 82, op. 2, d. 1182, S. 99, Semenov an Gromyko, 13.3.1952.
[10] RGASPI, f. 82, op. 2, d. 1182, S. 99, Semenov an Gromyko, 13.3.1952. Durch die Ablehnung der UNO-Kommission Anfang 1952 hatte die SED-Führung die von ihr Ende 1951 „vorgeschlagenen" gesamtdeutschen Wahlen ad absurdum geführt. Siehe zuletzt Zarusky, Einführung, S. 8; Wettig, Die Note vom 10. März, S. 184. Der „Vorschlag" der Volkskammer beinhaltete einen Wahlgesetzentwurf, der eine Praxis nach DDR-Muster sicherstellte. Wettig, Die Deutschland-Note vom 10. März 1952, S. 791.
[11] RGASPI, f. 82, op. 2, d. 1182, S. 100f., Vyšinskij an Stalin, 17.3.1952. Zehn Tage später wandte sich die UNO-Kommission in dieser Frage an die SKK. Siehe dazu RGASPI, f. 82, op. 2, d. 1042, S. 99, 28.3.1952 (Dokument 87).
[12] RGASPI, f. 17, op. 162, d. 48, S. 81, Politbüro-Beschluss P 86 (118-op) vom 21.3.1952. Anweisungen an Čujkov und Semenov.

müsste.¹³ Über den Inhalt der zuvor abgehaltenen Kabinettssitzung rapportierte Ignat'ev, dass die Bonner Regierung die in der Stalin-Note vom Vortag enthaltenen Vorschläge folgendermaßen einschätzte: Erstens würde der Abzug der Besatzungsmächte eine „gefährliche Leere" mitten im Herzen Europas schaffen; zweitens bedeuteten die in der Sowjetnote verwendeten Termini „Freiheit" und „Demokratie" nicht dasselbe wie in der westlichen Hemisphäre; drittens könne keine Regierung eines vereinten Deutschlands einem Verzicht der deutschen Ostgebiete zustimmen; viertens seien die sowjetischen Vorschläge bezüglich einer deutschen Armee unaufrichtig, und fünftens sei in der sowjetischen Note keine Rede von einer gesamtdeutschen Regierung.¹⁴ Die sowjetische Führung forderte hierauf offensichtlich nähere Informationen ein. Zwei Tage später, am 21. März, legte Ignat'ev Molotov den Text des Telegramms des französischen Hochkommissars vor (er erging an alle Politbüromitglieder und an Vyšinskij).¹⁵ Aus dem Text gingen weitere Äußerungen Adenauers hervor, die sich auch im britischen Gesprächsprotokoll niederschlugen.¹⁶ Adenauer befürchtete, dass „sich die deutsche öffentliche Meinung durch den äußeren Reiz dieser Vorschläge verlocken lassen könnte, insbesondere durch den Vorschlag der Gründung einer Armee, die, im Übrigen, „Deutschland zu schaffen und zu erhalten nicht in der Lage ist", und mutmaßte, „ob nicht die Vorschläge eher an das französische Parlament und gleichzeitig an die äußerst rechten deutschen Kreise adressiert seien als an die Regierungen" der Westmächte. Zudem berichtete Ignat'ev, dass Adenauer seiner Hoffnung Ausdruck verliehen habe, dass „in jedem Fall die Antwort auf die sowjetische Note in kürzester Frist gegeben wird und dass diese Antwort die Perspektive der Einberufung einer Konferenz ausschließt".¹⁷

Die SED-Genossen in Moskau

Auf der Basis der bislang bekannten Dokumente kamen einige Historiker zu dem Schluss, dass Stalin erst zu dem Zeitpunkt, an dem klar wurde, dass der Westen sich nicht auf Verhandlungen in der deutschen Frage einlassen würde, also quasi in letzter Minute, den Weg für den „Aufbau des Sozialismus" in der DDR freigegeben habe. Mit der Veröffentlichung

---

¹³ RGASPI, f. 82, op. 2, d. 1042, S. 81, Berichterstattung Ignat'evs an Stalin und alle Mitglieder des Achterkollegiums sowie an Vyšinskij und Zorin, 19.3.1952 (Dokument 83). Adenauer hatte in den Sitzungen mit den Hohen Kommissaren bekräftigt, dass die Politik der BRD „trotz der sowjetischen Note unverändert fortgesetzt werde". Schwarz (Hrsg.), Die Legende von der verpassten Gelegenheit, S. 28. François-Poncet sandte am 11.3.1952 mindestens zwei Telegramme nach Paris. Nach Meyer-Landrut enthielt das erste als zentrale Aussage, „dass man sich durch die sowjetische Initiative nicht von den gemeinsamen Verhandlungen (um den Deutschlandvertrag) abbringen lassen sollte". Siehe Meyer-Landrut, Frankreich und die deutsche Einheit, S. 37. Inhaltlich entspricht dieser Bericht auch dem britischen Protokoll der Sitzung vom 11.2.1952. Siehe dazu Steininger, Deutsche Geschichte, Bd. 2, S. 185f. Siehe auch RGASPI, f. 82, op. 2, d. 1042, S. 76, Berichterstattung Ignat'evs an alle Mitglieder des Achterkollegiums sowie an Vyšinskij und Zorin, 17.3.1952 (Dokument 79).
¹⁴ RGASPI, f. 82, op. 2, d. 1042, S. 81, Berichterstattung Ignat'evs an Stalin und alle Mitglieder des Achterkollegiums sowie an Vyšinskij und Zorin, 19.3.1952 (Dokument 82).
¹⁵ RGASPI, f. 82, op. 2, d. 1042, S. 84, Berichterstattung Ignat'evs an alle Mitglieder des Achterkollegiums und Vyšinskij, 21.3.1952 (Dokument 84).
¹⁶ Siehe hierzu Steininger, Deutsche Geschichte, Bd. 2, S. 185f.
¹⁷ RGASPI, f. 82, op. 2, d. 1042, S. 84, Berichterstattung Ignat'evs an alle Mitglieder des Achterkollegiums und Vyšinskij, 21.3.1952 (Dokument 84). Zur Berichterstattung Ignat'evs über die Reaktionen in der SPD siehe ebd., S. 95, 28.3.1952 (Dokument 86); und ebd., d. 1043, S. 229, Berichterstattung Ignat'evs an Stalin und alle Mitglieder des Achterkollegiums, 27.6.1952 (Dokument 112).

erster entsprechender sowjetischer Quellen und der Tagebuchaufzeichnungen Piecks sahen sie sich darin bestätigt, dass sich Stalin erst zu diesem Zeitpunkt dafür entschieden hatte und die DDR-Führung aufforderte, einen „eigenen Staat" zu schaffen und den Schutz der Grenzen zu verstärken.[18] Dem widerspricht die bereits seit längerem bekannte Tatsache, dass Pieck, Grotewohl und Ulbricht Anfang April nach Moskau gekommen waren, um das Programm der II. SED-Parteikonferenz absegnen zu lassen. Dabei ging es, so Gerhard Wettig, nicht um eine „Verständigung über Deutschland, sondern [um] die Verschärfung des sozialistischen Kurses in der DDR".[19] Neue, bisher unbekannte Dokumente stützen dies und zeigen nunmehr, dass einerseits eine Verstärkung des Schutzes der Landesgrenzen der DDR dem Kreml bereits früher Sorgen bereitete, andererseits die SED-Führer bereits im Februar 1952, ca. einen Monat vor der Übergabe der Stalin-Note an die Westmächte, Stalin baten, zur Erörterung der im Juli anstehenden II. SED-Parteikonferenz nach Moskau kommen zu dürfen.[20]

Maßnahmen zur Umsetzung der Verstärkung der Grenzsicherung wurden freilich erst am für den Kreml günstigsten Zeitpunkt in die Wege geleitet. Am 9. Januar, zwei Monate vor der Übergabe der Stalin-Note, berichtete MGB-Chef Ignat'ev Stalin und allen Politbüromitgliedern, „über den nicht zufriedenstellenden Zustand der Bewachung der Demarkationsgrenze der Deutschen Demokratischen Republik".[21] Ignat'ev vermeldete eine Vielzahl an Grenzverletzungen, illegalen Grenzübertritten und Provokationen seitens der westlichen Besatzungsmächte. Die Grenzpolizei sei zu schlecht ausgerüstet und könne ihre Pflichten nicht ausreichend wahrnehmen. Zudem sei das Personal der Grenzpolizei „mit unzuverlässigen Elementen" durchsetzt, es mangele an Disziplin und es gebe Alkoholmissbrauch.[22] Molotov erhielt den Bericht (Exemplar Nr. 2) offensichtlich erst am 24. Januar[23] und erteilte Vyšinskij vier Tage später Instruktionen in dieser Frage. Über deren Inhalt sind leider keine Hinweise in den vorliegenden Molotov-Akten enthalten. Von Interesse sind allerdings Molotovs Notizen auf einem einige Tage später eingegangenen Bericht Gromykos. Gromyko erläuterte darin Molotov, dass entsprechend seiner Anweisung die Frage der Grenzverletzung durch amerikanische Soldaten am 21. Januar geprüft und ein offizieller Protest bei der amerikanischen Besatzungsmacht eingebracht worden sei. Weitere Schritte hielt er nicht für notwendig. Molotov vermerkte auf Gromykos Schreiben, was man tun könne, „damit sich solche Verletzungen nicht wiederholten", und fragte verwundert, warum denn an der Grenze „deutsche, und nicht sowjetische Soldaten" stünden. Das Wort „sowjetische" unterstrich Molotov zweimal.[24]

---

[18] Hierzu v. a. Steininger, Deutsche Geschichte, Bd. 2, S. 193f.; Badstübner/Loth (Hrsg.), Wilhelm Pieck – Aufzeichnungen zur Deutschlandpolitik 1945–1953, S. 395.
[19] Wettig, Die Deutschland-Note vom 10. März 1952 auf der Basis diplomatischer Akten, S. 802.
[20] RGASPI, f. 82, op. 2, d. 1185, S. 48, Grigor'jan an Stalin, 13.2.1952 (Dokument 35).
[21] RGASPI, f. 82, op. 2, d. 1182, S. 91–93, Ignat'ev an Stalin, Molotov, Malenkov, Berija, Bulganin, Mikojan und Chruščev, 9.1.1952 (Dokument 75); ebd., S. 94, Gromyko an Molotov, 9.1.1952 (Dokument 76).
[22] Ebd.
[23] Molotovs handschriftliche Datierung weist darauf hin. Auf dem Eingangsstempel ist der 28.1.1952 vermerkt. Ebd.
[24] Ebd. Die Abschottung der innerdeutschen Grenze war somit bereits zwei Monate vor dem Besuch der SED-Genossen klare Sache. Von diesem nunmehr bewiesenen Faktum ging Wettig stets aus. Siehe hierzu Wettig, Bereitschaft zu Einheit in Freiheit?, S. 229. Bonwetsch und Kudrjašov vermuteten unlängst ebenfalls, dass „Vorgespräche [...] ganz offenkundig zwischen Moskau, SKK und SED bereits gelaufen" waren. Bonwetsch/Kudrjašov, Stalin und die II. Parteikonferenz der SED, S. 177.

Am 31. März trafen Pieck, Ulbricht und Grotewohl, einen Monat früher als ursprünglich ins Auge gefasst,[25] in Moskau ein.[26] Die DDR-Spitze kam wohl mit einem Gefühl des Triumphes nach Moskau. Die von ihr über ein Jahr zuvor vorgeschlagene Strategie hatte vollends eingeschlagen. Ihre Initiative hatte „eine große Bewegung der Massen ausgelöst" und „die Westmächte und ihre Adenauerregierung in harte Bedrängnis" versetzt.[27] Genau das hatte sich die DDR-Führung, wie in Kapitel I. dargelegt, erhofft, nicht mehr und nicht weniger. Stalin konnte stolz auf sie sein. Das Ziel, das sich die ostdeutschen Genossen und der Kreml gesetzt hatten, war erreicht worden. Nun war der Weg frei, Schritt für Schritt offener zum Aufbau des Sozialismus in Ostdeutschland überzugehen. All jene Stimmen, die die SED deswegen als Vollstrecker der Teilung Deutschlands brandmarken würden, konnte man in Zukunft mit dem Verweis auf die sowjetische Friedensvertragsinitiative vom Frühjahr 1952 zum Verstummen bringen.

Nach ihrer Ankunft in Moskau wurden die SED-Führer zunächst von Vladimir Semenov sowie Andrej Smirnov, Deutschland- und Österreichexperte des sowjetischen Außenministeriums und nunmehr in der Außenpolitischen Kommission des ZK der VKP(b) tätig, empfangen. In einer ersten Besprechung legten Pieck, Ulbricht und Grotewohl dar, welche Fragen sie mit Stalin besprechen wollten: allen voran ging es um die Frage der Schaffung einer nationalen Armee![28]

Für Ulbricht war, wie in Kapitel I. dargelegt, klar, dass die Amerikaner die militärische Integration Westdeutschlands durchziehen würden. Für ihn, Pieck und Grotewohl war nunmehr der geeignete Augenblick gekommen, weitere Schritte zu unternehmen, um ihre eigene Macht zu festigen und die DDR zu konsolidieren. Die Unterzeichnung des „Generalvertrages" wurde von ihnen nicht in Frage gestellt. Nun, Anfang April in Moskau, ging es nur mehr darum, die weitere Vorgehensweise als Gegenmaßnahmen erscheinen zu lassen.

Semenov und Smirnov übermittelten Molotov die Standpunkte der DDR-Führer nach ihrer Ankunft schriftlich: „Gen. Pieck beabsichtigt, während des Gesprächs über gesamt-

---

[25] RGASPI, f. 82, op. 2, d. 1185, S. 48–50, Grigor'jan an Stalin, 13. 2. 1952 (Dokument 35).
[26] RGASPI, f. 82, op. 2, d. 1170, S. 123, Semenov und Smirnov an Molotov, 31. 3. 1952 (Dokument 91). Die bisher verborgen gebliebenen, fehlenden Protokoll-Teile der zwei Zusammenkünfte der SED-Führung mit der sowjetischen Führung wurden vor kurzem publiziert. Siehe hierzu Bonwetsch/Kudrjašov, Stalin und die II. Parteikonferenz der SED. Allerdings war den Autoren das hier zitierte Dokument unbekannt. Aus den bisher bekannten Quellen zogen sie den m. E. falschen Rückschluss, Stalin hätte die SED-Führung „belehrt". Die entsprechenden Stellen im Protokoll interpretieren die Autoren, als wären die SED-Führer „etwas verzagt" gewesen und hätten „auf die von ihnen selbst erzeugten pazifistischen Stimmungen in der Bevölkerung hinzuweisen" versucht. Ebd., S. 177.
[27] Zitiert nach Wettig, Die Stalin-Note vom 10. März 1952 als geschichtswissenschaftliches Problem, S. 161.
[28] Es war wohl nicht Stalin, der die Schaffung einer Armee ins Spiel brachte, und die SED-Genossen hatten erst nach der Besprechung „die Gunst der Stunde" erkannt. Steininger, Deutsche Geschichte, Bd. 2, S. 194. Auf der Basis der bisher bekannten Quellen (insbesondere der Pieck-Aufzeichnungen) ging dies freilich nicht hervor. Was Stalin Nenni über seine Absichten in der Deutschlandpolitik erzählte, kann als „Quelle" keinesfalls Auskunft über Stalins Außenpolitik geben. Siehe hierzu die kritische Analyse des russischen Historikers Leonid Gibianskij mit Beispielen von Aussagen Stalins gegenüber ausländischen Kommunisten, die eindeutig widerlegt werden können. Gibianskij, Osteuropa, S. 128-131. Die „Erinnerungen" Gromykos können ebenso in keiner Weise Rückschlüsse auf die wahren Ziele der sowjetischen Außenpolitik bieten. Gromyko zufolge hatte Adenauer eine historische Chance verspielt. Steininger, Deutsche Geschichte, Bd. 2, S. 341. Gromyko leugnete in seinen Erinnerungen beispielsweise auch die Existenz des geheimen Zusatzprotokolls des Hitler-Stalin-Paktes. Gromyko, Erinnerungen, S. 64f.

deutsche Fragen zu berichten. Eine seiner Fragen wird die Maßnahmen betreffen, die mit dem Abschluss des ‚Generalvertrages' zwischen der Bonner Regierung und den Westmächten in Zusammenhang stehen. Gen. Pieck denkt, dass es nach Abschluss des ‚Generalvertrages' und der Gründung westdeutscher Militäreinheiten notwendig wird, entsprechende Gegenmaßnahmen in der Deutschen Demokratischen Republik vorzunehmen und insbesondere die Frage der Schaffung einer deutschen Nationalarmee zu entscheiden."[29] Grotewohl, so Semenov und Smirnov, werde zu „Fragen des Staatsaufbaus in der Deutschen Demokratischen Republik" Bericht erstatten und „die Frage der Festigung der demokratischen Gesetzlichkeit und der Maßnahmen gegen die subversive Tätigkeit feindlicher Elemente (Durchführung öffentlicher Prozesse und Veröffentlichung von Urteilen geschlossener Prozesse u. a.)" ansprechen. Ulbricht habe die Absicht, wirtschaftliche Fragen und die „Frage der Bewaffnung der deutschen Volkspolizei mit Feuerwaffen" aufzuwerfen.

Zusammenfassend kann festgehalten werden, dass sich der Kreml und seine ostdeutschen Handlanger einer Strategie bedienten, die nach außen hin die Wahrnehmung erzeugen sollte, als seien die von Moskau getroffenen Maßnahmen beim Aufbau des Sozialismus und der Festschreibung der deutschen Teilung eine Antwortmaßnahme auf ein einseitiges Vorgehen der Westmächte in ihrer Deutschlandpolitik gewesen. Tatsächlich war weder der Übergang zu verschärften Sowjetisierungsmaßnahmen in der DDR noch eine verstärkte Grenzsicherung oder der Aufbau des Sozialismus in Ostdeutschland in der Umsetzung von heute auf morgen geplant. Die einschlägigen Forschungsarbeiten des letzten Jahrzehnts kamen generell zum Schluss, Stalin habe keinen „Masterplan" beim Aufbau seines Imperiums und der Konsolidierung der sowjetischen Macht über Mittelost- und Osteuropa gehabt, auch wenn er Minimalziele (besonders in der polnischen und Balkan-Frage) konsequent verfolgte. Ob die Konsolidierung der DDR und endgültige Einbeziehung in den Ostblock ein Minimal- oder ein Maximalziel für Stalin darstellte, ist eine andere Frage und bedarf in Zukunft weiterer Analysen. In der sowjetischen Vorgehensweise in der deutschen Frage 1951/52 sollte der Eindruck erweckt werden, als wäre jeder entscheidende Schritt eine Antwortmaßnahme auf die politisch-militärische Vorgehensweise der Westmächte, allen voran der Amerikaner, in ihrer Deutschlandpolitik. Dem war nicht so. Die sowjetische Strategie folgte 1951/52 einem ausgeklügelten Fahrplan, den die SED-Führer initiiert hatten.

Bevor Pieck, Ulbricht und Grotewohl in Moskau eintrafen, hatten sie im Vorfeld ihren Thesen-Entwurf für die für Juli anberaumte II. Parteikonferenz am 20. März,[30] folglich ohne die Antwort der Westmächte auf den Friedensvertrags-„Vorschlag" der sowjetischen Regierung abzuwarten, General Čujkov übermittelt.[31] Ulbricht bat Čujkov, „die Vorschläge des

---

[29] RGASPI, f. 82, op. 2, d. 1170, S. 123, Semenov und Smirnov an Molotov, 31. 3. 1952 (Dokument 91). Pieck hatte diesen Punkt in seinen Aufzeichnungen nur als Punkt 3 seines Besprechungs-„Planes" vermerkt. Badstübner/Loth (Hrsg.), Wilhelm Pieck – Aufzeichnungen zur Deutschlandpolitik 1945–1953, S. 383. Dies verleitete die Herausgeber zur Annahme, der Gesprächsablauf sei „völlig umgeworfen" worden. Die Fragen Friedensvertrag und Wiedervereinigung sollen nur am Rande besprochen worden sein. Priorität wurde demnach, nicht wie ursprünglich geplant, der Stärkung der DDR gegeben. Ebd., S. 399. Pieck vermerkte freilich nicht in seinen ohnedies nur fragmentarischen Aufzeichnungen, dass es „insbesondere" notwendig war, über die Frage der Gründung einer Nationalarmee eine Entscheidung zu fällen. Dieses Dokument beweist zudem, dass Pieck von der Unterzeichnung des Generalvertrages überzeugt war und keineswegs „vorsichtigen Optimismus hinsichtlich des Abschlusses des Friedensvertrages" hegte. Siehe Loth, Die Sowjetunion und die deutsche Frage, S. 152.
[30] Badstübner/Loth (Hrsg.), Wilhelm Pieck – Aufzeichnungen zur Deutschlandpolitik 1945–1953, S. 399.
[31] RGASPI, f. 82, op. 2, d. 1185, S. 52–109, hier S. 53, Ulbricht an Čujkov, 20. 3. 1952.

Entwurfes der Thesen zur zweiten Parteikonferenz und ebenso die Vorschläge des Politbüros zu einigen Problemen" mit diesem zu erörtern und dem ZK der VKP(b) zu übermitteln. Der erste Punkt der Thesenvorschläge betraf die weitere Vorgehensweise im „Kampf für einen Friedensvertrag", der zweite jene im Umgang mit dem „Generalvertrag".[32] Am 22. März 1952 übermittelte Ulbricht Čujkov zusätzlich Unterlagen zu Fragen der Wirtschaft.[33] Die Vorschläge der SED für die II. Parteikonferenz wurden anschließend in der Außenpolitischen Kommission geprüft. Am Tag des Eintreffens Piecks, Ulbrichts und Grotewohls in Moskau, dem 31. März, übermittelte Grigor'jan Stalin seine Bemerkungen zu den von Ulbricht dem ZK übermittelten Thesen.[34] Grigor'jans Bericht zufolge umfassten die Vorschläge der SED zwar den „Kampf für ein einheitliches, demokratisches und friedliebendes Deutschland", die Forderung nach einem Friedensvertrag für Deutschland und die Aufgaben der wirtschaftlichen und politischen Entwicklung der DDR und die weitere Entwicklung der SED „zu einer Partei neuen Typs",[35] dennoch, so Grigor'jan, sei der Entwurf nur oberflächlich zusammengestellt und die Formulierungen seien ungenau. Dies betraf zunächst die Bewertung der internationalen Lage, die fehlende Analyse der westdeutschen Wirtschaftslage. Im Zusammenhang „mit der neuen Etappe des Kampfes" sei es nötig, „unbedingt die Aufgaben der nationalen Befreiungsbewegung in Westdeutschland zu formulieren". Zudem seien die Thesen hinsichtlich der „politischen und wirtschaftlichen Festigung der Deutschen Demokratischen Republik als Basis des Kampfes für ein einheitliches Deutschland" schwach und unterstrichen zu wenig „die Bedeutung der Ausweitung der Verbindungen mit Ländern des demokratischen Lagers und der Festigung ihrer internationalen Autorität". Grigor'jan weiter: „Die Thesen widmen den Fragen des Staatsaufbaus der Deutschen Demokratischen Republik, der Notwendigkeit der Verbesserung der Arbeit der staatlichen Machtorgane, der Festigung der staatlichen Disziplin, dem Kampf mit dem Bürokratismus, der Verbesserung der Arbeit der Straforgane usw. große Aufmerksamkeit. Dennoch bedarf auch dieser Teil einer Überarbeitung im Zusammenhang mit der Ungenauigkeit vieler Formulierungen [...]". Zudem fehlte nach der Auffassung Grigor'jans eine Darlegung der „Aufgaben der Partei zur Überwindung der Sozialdemokratie" und des „Kampfes gegen die feindliche Ideologie" sowie des „Kampfes gegen trotzkistische, titoistische und andere Agenten des Feindes".[36]

Es bleibt festzuhalten, dass der Leiter der Außenpolitischen Kommission des ZK der VKP(b) bereits vor dem Eintreffen der Antwortnote der Westmächte auf die Stalin-Note die SED-Thesen erhalten und diese zu prüfen hatte. Keine Formulierung weist darauf hin, dass die inzwischen am 25. März eingetroffene, negative Antwortnote der Westmächte irgendwelchen Einfluss auf die Stellungnahme Grigor'jans gehabt hätte. Faktum ist, dass Grigor'jan selbst die Formulierungen der SED-Genossen bezüglich des Aufbaus des Sozialismus in der DDR zu wenig weit gingen, die bereits im Februar 1952 um einen Besuch in Moskau zur Vorbereitung der für Juli vorgesehenen II. SED-Parteikonferenz „gebeten" hatten. Es ist eine Legende, dass sich Stalin von den SED-Genossen die Zustimmung, nun endlich mit dem unumkehrbaren Aufbau des Sozialismus beginnen zu können, abringen ließ oder „erst

---

[32] RGASPI, f. 82, op. 2, d. 1185, S. 54f., Vorschläge des Politbüros der SED im Zusammenhang mit der Vorbereitung des 2. Parteitages.
[33] RGASPI, f. 82, op. 2, d. 1185, S. 105, Ulbricht an Čujkov, 22. 3. 1952.
[34] RGASPI, f. 82, op. 2, d. 1185, S. 110, Grigor'jan an Stalin, 31. 3. 1952.
[35] Ebd.
[36] Ebd., S. 112.

im allerletzten Moment diesen Kurs billigte". Pieck, Ulbricht und Grotewohl hatten beim Zusammentreffen mit Stalin in Moskau im April 1952 keineswegs eine „Gunst der Stunde" erkannt.[37] Alles verlief nach Plan.

Grigor'jan legte Stalin einen Entwurf bei, welche mündliche Antwort er den SED-Genossen während ihres Moskau-Aufenthaltes zu den Parteithesen geben könne: „Der Entwurf der Thesen umfasst grundsätzlich alle Fragen des gegenwärtigen politischen Lebens in Deutschland und konzentriert richtigerweise die Aufmerksamkeit der Partei auf die Aufgaben des Kampfes für ein einheitliches, demokratisches und friedliebendes Deutschland, für einen Friedensvertrag und für die weitere Festigung der Deutschen Demokratischen Republik. Dennoch ist eine Reihe von wichtigen Fragen, wie zum Beispiel die Frage des sowjetischen Entwurfes der Grundlagen eines Friedensvertrages mit Deutschland, der nächstfolgenden Aufgaben des staatlichen und wirtschaftlichen Aufbaus der Deutschen Demokratischen Republik, der organisatorischen und politischen Festigung der SED und des Kampfes mit der feindlichen Ideologie und den imperialistischen Agenten, schwach ausgearbeitet und unzureichend. Es wäre zielführend, die Thesen einer zusätzlichen sorgsamen Überarbeitung zu unterziehen."[38] Am 1. April traf die Sowjetführung erstmals mit Pieck, Grotewohl und Ulbricht zusammen.[39] Stalin fand deutlichere Worte: „Volksarmee schaffen – ohne Geschrei. Pazifistische Periode ist vorbei."[40]

Die zweite Stalin-Note

Während des Aufenthaltes der DDR-Führer in Moskau wurde am Text der Antwortnote auf die Note der Westmächte vom 25. März gefeilt. Mit der Ausarbeitung einer Antwortnote hatte Außenminister Vyšinskij in den Tagen nach Erhalt der Note der Westmächte vom 25. März begonnen.[41] Ein zweiter Entwurf ist mit dem 29. März datiert und erging direkt an

---

[37] Steininger, Deutsche Geschichte, Bd. 2, S. 194.
[38] RGASPI, f. 82, op. 2, d. 1185, S. 114, Grigor'jan an Stalin, 31.3.1952, Entwurf einer mündlichen Antwort an Pieck, Ulbricht und Grotewohl. Die „Thesen" wurden Stalin am 24.3.1952 durch Grigor'jan übermittelt (alle Politbüromitglieder erhielten eine Kopie). Ob Stalin das Dokument gelesen hat, lässt sich freilich nicht überprüfen. Bonwetsch und Kudrjašov meinen, Stalin seien diese Unterlagen vermutlich unbekannt gewesen. Siehe hierzu Bonwetsch/Kudrjašov, Stalin und die II. Parteikonferenz der SED, S. 176. Auch Molotov hatte eine Kopie erhalten, ungewöhnlicherweise allerdings keinen einzigen Vermerk auf dem über 50 Seiten starken Dokument vorgenommen. RGASPI, f. 82, op. 2, d. 1185, S. 58–109. Lediglich die Vorschläge des Politbüros der SED betreffend die Vorbereitung der II. Parteikonferenz hatte Molotov eingehend studiert. Ebd., S. 54–57.
[39] Loth, Stalins ungeliebtes Kind, S. 185; Badstübner/Loth (Hrsg.), Wilhelm Pieck – Aufzeichnungen zur Deutschlandpolitik 1945–1953, S. 382.
[40] Badstübner/Loth (Hrsg.), Wilhelm Pieck – Aufzeichnungen zur Deutschlandpolitik 1945–1953, S. 395; Wettig, Bereitschaft zu Einheit in Freiheit?, S. 228–234.
[41] Zur Übergabe der Antwortnoten der Westmächte siehe RGASPI, f. 82, op. 2, d. 1334, S. 67 f., aus dem Diensttagebuch Vyšinskijs, 25.3.1952 (Dokument 85). Siehe auch Steininger, Eine Chance zur Wiedervereinigung?, S. 53 f. Ob Vyšinskij bei der Notenübergabe (als Zeichen der Zufriedenheit, dass der Westen die sowjetischen Vorschläge ablehnt) gelächelt hat, kann freilich auch nicht mit sowjetischen Akten bestätigt werden. Siehe zuletzt Wettig, Die Note vom 10. März 1952, S. 181 f. Die Übersetzungen der Antwortnoten befinden sich in RGASPI, f. 82, op. 2, d. 1334, S. 69–80. Molotov unterstrich folgende Passagen: „Untersuchungskommission [...] ebenso in der sowjetischen Zone"; „frei Bündnisse einzugehen, die mit den Grundsätzen und Zielen der Vereinten Nationen im Einklang stehen"; „Voraussetzungen, die die Durchführung freier Wahlen erlauben und bis eine freie gesamtdeutsche Regierung gebildet worden ist"; „durch die Grenzen, die durch die Beschlüsse der Potsdamer Konferenz festgelegt

Stalin.⁴² Molotov und die Politbüro-Mitglieder erhielten eine Kopie. Der erste (undatierte) Entwurf ist um anderthalb Seiten kürzer als der zweite.⁴³ Molotov machte auf dem zweiten Entwurf zwei entscheidende Vermerke und gab damit wohl die Richtung vor, wie die Note zu verfassen sei: „a) <u>nicht</u>⁴⁴ unsere Grundlagen des F.[riedens]v[ertrages] mit D[eutschland] vorschlagen b) bin nicht einverstanden, sich an den Umständen festzubinden."⁴⁵

Am 6. April erstellte Vyšinskij einen weiteren Entwurf für Stalin, anscheinend ohne ihn vorab Molotov vorgelegt zu haben (dieser erhielt lediglich eine Kopie).⁴⁶ Am nächsten Tag, am 7. April, schickte er Stalin einen neuen, völlig überarbeiteten Entwurf und fügte im Begleitschreiben an Stalin hinzu, dieser sei mit Molotov abgestimmt.⁴⁷ Der Entwurf Vyšinskijs vom 6. April war generell in schärferem Ton gehalten. Die US-Regierung sollte mit klaren Worten aufgefordert werden, unverzüglich in Verhandlungen über einen deutschen Friedensvertrag einzutreten. Vyšinskij nahm in seinem Entwurf bereits Bezug auf gesamtdeutsche Wahlen. Molotov versah diese Stelle mit einem Fragezeichen, offensichtlich ein Hinweis, dass es diese Frage intern noch zu erörtern galt, ob sie in der Note erwähnt werden sollte. Im völlig überarbeiteten und der Endfassung bereits sehr nahe kommenden Entwurf vom 7. April brachte Molotov, obwohl diese Version von ihm abgesegnet war, noch einige weitere Korrekturen an.⁴⁸ Vyšinskij arbeitete die Korrekturen Molotovs ein und sandte den Entwurf am 8. April erneut an Stalin, erneut mit dem Hinweis, dieser sei mit Molotov abgestimmt. Ein in diesem Entwurf von Molotov eingefügter Absatz (den dieser noch zusätzlich mit einem handschriftlichen Kreuz versehen hatte) fand jedoch keinen Eingang mehr in die Endredaktion.⁴⁹ Molotov hielt es demnach für richtig, von den Westmächten zu verlangen, „dass die Regierungen der vier Mächte auf eine Durchführung von Maßnahmen, die neue Schwierigkeiten auf dem Weg der Beseitigung der andauernden Teilung Deutschlands und auf dem Weg einer friedlichen Regulierung mit Deutschland schaffen würden, verzichten".⁵⁰ Am 9. April stand der Notenentwurf auf der Tagesordnung des Politbüros.⁵¹ In der Politbürositzung wurde die Note noch erheblich umformuliert.⁵² Entgegen der üb-

---

wurden"; „Aufstellung nationaler deutscher Land-, Luft- und Seestreitkräfte"; [Vorschlag der sowjetischen Regierung zur Aufstellung nationaler deutscher Streitkräfte mit der Erreichung dieser Ziele] „nicht vereinbar". In der Folge fehlen 65 Dokumenten-Seiten in der Akte 1334, die im Zuge der Aktenöffnung aus Gesetzes wegen nicht frei gegeben wurden. Hierbei muss es sich – da alle Akten generell streng chronologisch abgelegt werden – um Dokumente aus dem Zeitraum Mitte April 1952 bis Ende Mai 1952 handeln. In der Akte 1170 allerdings finden sich die Dokumente der Vorbereitung der „2. Stalin-Note". Siehe dazu weiter unten. Ob es sich hierbei um Dokumente desselben Inhalts handelt, kann allerdings nicht überprüft werden, nicht zuletzt deshalb, weil auch im Bestandsverzeichnis die Bezeichnungen der Dokumente entfernt wurden.
⁴² RGASPI, f. 82, op. 2, d. 1170, S. 107–114, Vyšinskij an Stalin, 29. 3. 1952 (Dokument 90).
⁴³ RGASPI, f. 82, op. 2, d. 1170, S. 102–106, o. D. [zwischen dem 25. und 29. 3. 1952] (Dokument 89).
⁴⁴ Von Molotov im Original zweimal unterstrichen.
⁴⁵ RGASPI, f. 82, op. 2, d. 1170, S. 110, Vyšinskij an Stalin, 29. 3. 1952 (Dokument 90).
⁴⁶ RGASPI, f. 82, op. 2, d. 1170, S. 129–133, hier S. 129, Vyšinskij an Stalin, 6. 4. 1952.
⁴⁷ RGASPI, f. 82, op. 2, d. 1170, S. 134–138, Vyšinskij an Stalin, 7. 4. 1952; ebd., f. 17, op. 163, d. 1616, S. 136.
⁴⁸ Ebd.
⁴⁹ RGASPI, f. 82, op. 2, d. 1170, S. 145–149, Vyšinskij an Stalin, 8. 4. 1952.
⁵⁰ Ebd., S. 149, handschriftlich im Entwurf vom 7. 4. 1952; ebd., S. 118 (von Molotov beigelegter Notizzettel mit entsprechendem Vermerk, an welche Stelle der Absatz einzufügen sei).
⁵¹ RGASPI, f. 17, op. 163, d. 1616, S. 131–135, Politbüro-Beschluss P 87 (55) vom 9. 4. 1952.
⁵² Folgender Absatz wurde erst auf der Sitzung in den Notenentwurf eingefügt. Die Stilistik und eher undiplomatische, rüpelhafte Wortwahl spricht dafür, dass Stalin selbst diesen Absatz diktierte: „Es kann kein Zweifel darüber bestehen, dass es sowohl für die Sache des Friedens als auch für die deutsche

lichen Vorgehensweise, derzufolge Schriftstücke generell an das Außenministerium zur Umformulierung zurückgingen, wurde die Note noch in der Sitzung des Politbüros ausformuliert und fertiggestellt.

Am Abend des 7. April war, wie erwähnt, die sowjetische Führung zur zweiten Unterredung mit Ulbricht, Grotewohl und Pieck zusammengetroffen. Die DDR-Führer ließen sich jeden Schritt auf dem Weg zum Aufbau des Sozialismus von Stalin absegnen.[53] Nun konnten die SED-Führer dazu übergehen, offen „ihren eigenen Staat zu organisieren".[54] Quellenmäßig lässt sich nicht belegen, ob Stalin die SED-Führung über die anstehende sowjetische Note informierte. Im Gegensatz zu Molotov wollte er es wohl nicht mehr riskieren, einen, wie von Molotov vorgesehen, geradezu bittenden Appell in der zweiten Note an die Westmächte zu richten, keine neuen Erschwernisse „auf dem Weg der Beseitigung der andauernden Teilung Deutschlands" zu schaffen. Wie hätten die Westmächte wohl auf diese Passage reagiert? Stalin versicherte den SED-Genossen am 7. April, die sowjetische Regierung werde auch weiterhin Vorschläge „zu Fragen der Einheit Deutschlands machen".[55] Im gegebenen Moment war dies mit einer solchen Formulierung viel zu gefährlich. Welche Folgen es gehabt hätte, wären die Westmächte nun doch daran gegangen, das sowjetische „Angebot" auszuloten, bedarf keiner näheren Erläuterung. Stalin hätte sich selbst an die Wand gespielt.

Bei den vorliegenden Entwürfen der zweiten Stalin-Note handelt es sich zweifelsohne um eine wichtige Quelle für den Historiker. Es darf jedoch nicht außer Acht gelassen werden, dass freilich bereits der erste Entwurf zum Zwecke der Übergabe bzw. Veröffentlichung an die Westmächte verfasst wurde. Direkte Rückschlüsse auf die Absichten der Kreml-Führung lassen sich daher nicht ziehen. Liest man den ersten Entwurf, der aus der Feder Vyšinskijs stammen dürfte, so lässt sich gewisse Gereiztheit und gewisses Ärgernis herauslesen. Doch auch hierbei kann es sich nur um die subjektive Wahrnehmung des Historikers handeln. Der interessanteste Befund ist sicherlich, dass zumindest Vyšinskij die Antwortnote des Westens vom 25. März als Versuch der Amerikaner wertete, sich einer Antwort zu entziehen und nicht klar Stellung zu beziehen. Die Westmächte hatten den sowjetischen Vorschlag weder angenommen noch deutlich abgelehnt, den Ball sozusagen an die Sowjets zurückgespielt. Es kann nur im Bereich der Spekulation liegen, ob man sich in Moskau eine klare Antwort erhofft hatte. Wie in Kapitel I. dargelegt, erhoffte sich der Kreml mit der Übergabe der Vorschläge zu einem Friedensvertrag mit Deutschland, die „Lage der Westmächte und der Bonner Regierung zu verkomplizieren". Im ersten Entwurf ist wiederholt die Rede von der

---

Nation bedeutend besser wäre, solche für die Verteidigung bestimmte Streitkräfte zu schaffen, als in Westdeutschland Söldnergruppen der Revanchepolitiker mit hitlerfaschistischen Generälen an der Spitze aufzustellen, die bereit sind, Europa in den Abgrund eines dritten Weltkrieges zu stürzen." Weitere Umformulierungen waren in erster Linie stilistischer Natur. Ebd., S. 134.

[53] Hierzu zuletzt Bonwetsch/Kudrjašov, Stalin und die II. Parteikonferenz der SED, S. 199–206.

[54] Die angebliche „Aufforderung" Stalins an die SED-Führer, nunmehr einen eigenen Staat „zu organisieren", setzt nicht „logisch voraus, dass Stalin bislang der Auffassung gewesen war, eine solche Notwendigkeit bestehe nicht, dass er die DDR also bis dahin nur als ein kurzfristiges Provisorium betrachtet hatte". Pieck rechnete auch nicht mit „der Möglichkeit des Abschlusses eines Friedensvertrages". Siehe Loth, Die Sowjetunion und die deutsche Frage, S. 171. Stalin brachte in der Unterredung lediglich die weitere Vorgehensweise, die den SED-Führern ohnedies klar war, auf den Punkt. Pieck war zudem von der Unterzeichnung einer separaten Lösung der deutschen Frage durch die Westmächte ausgegangen. Siehe hierzu RGASPI, f. 82, op. 2, d. 1170, S. 123, Semenov und Smirnov an Molotov, 31. 3. 1952 (Dokument 91).

[55] Ebd., S. 206.

Schaffung „eigener nationaler Streitkräfte" für Deutschland. Der USA sollte eine doppelzüngige Politik unterstellt werden. Einerseits schafften sie westdeutsche Militärformationen, andererseits seien sie gegen nationale Streitkräfte für Deutschland. Die SED-Führung war davon ausgegangen, dass sich die USA vom Remilitarisierungskurs und dem Aufbau westdeutscher Militäreinheiten nicht abbringen lassen werden. Es ging nicht darum, in der Folge nach Formulierungen zu suchen, die die USA zur deutschen Frage an den Verhandlungstisch bringen würden, sondern um das Gegenteil.[56] Auch die Antwortnote der Westmächte vom 25. März war taktisch ausgeklügelt. Ihr galt es ebenso zu begegnen, ohne Gefahr zu laufen, am Ende als Verlierer der „Notenschlacht" und als Hauptschuldiger für die endgültige Teilung Deutschlands dazustehen.

Die Westmächte ließen sich ihrerseits nunmehr mehr als einen Monat Zeit, um auf die sowjetische Note vom 9. April zu antworten.[57] Nach Rolf Steininger war die zweite Antwort als „Verzögerungsoperation" gedacht und „sollte nach Meinung Edens so abgefasst sein, dass sie ihre Wirkung auf den ‚Mann auf der Straße in der freien Welt' nicht verfehlte".[58] Die Verhandlungen um den EVG- und „Generalvertrag" befanden sich in der Endphase. Die Westmächte ließen sich wegen der vorgeblichen sowjetischen Gesprächsbereitschaft der Sowjets nicht aus dem Konzept bringen.

Doch auch die Sowjets folgten nach dem 10. März 1952 weiter ihrem deutschlandpolitischen Aktionsplan. Für die Vorbereitungsphase der zweiten sowjetischen Note vom 9. April sind keine Geheimdienstberichte des MGB über die Reaktionen in den Regierungskreisen der Westmächte belegbar. Es finden sich auch keine Hinweise darauf, dass Molotov – wie des Öfteren von ihm praktiziert – zusätzliche Informationen von Ignat'ev einforderte. Erst einen Tag nach der zweiten sowjetischen Note rapportierte MGB-Chef Ignat'ev der sowjetischen Führung über die Reaktionen auf die erste sowjetische Note im Westen. Er berichtete über Adenauers Bestreben, so rasch wie möglich den Generalvertrag unterzeichnen zu wollen, und über die von der USA betriebenen „Politik der Härte" in der deutschen Frage sowie über panikartige Stimmung in Westberlin im Falle einer erneuten sowjetischen Blockade Berlins, die als sowjetische Antwortmaßnahme auf die Unterzeichnung des Generalvertrages erwartet werde.[59] Über die Reaktionen im State Department auf die erste sowjetische Note berichtete der MGB-Chef, dass „keine Einigkeit über die sowjetische Note" vom

---

[56] Gegen Ende des zweiten Zusammentreffens der SED-Führung mit Stalin am 7.4.1952 abends hatte der Kreml-Chef angekündigt, dass „auch wir […] weiterhin Vorschläge zu Fragen der Einheit Deutschlands machen, um die Amerikaner zu entlarven". Bonwetsch/Kudrjašov, Stalin und die II. Parteikonferenz der SED, S. 177 und 206. Dem bei Bonwetsch und Kudrjašov abgedruckten Protokoll der Unterredung kann nicht entnommen werden, dass die DDR-Führung überrascht war, dass die Einheitsperspektive nunmehr hinfällig sei, wie dies Bonwetsch und Kudrjašov konstatieren. Vielmehr liest sich das Protokoll in Kenntnis der Vorgeschichte der Stalin-Note(n) nunmehr als Teil des Ganzen. Die SED-Führung war nach Moskau gekommen, um den Fahrplan zum Aufbau des Sozialismus mit Stalin abzusprechen. In diesem Lichte erscheint es nur logisch, dass Grotewohl abschließend Stalin fragte, welche Haltung die Regierung der DDR denn nunmehr offiziell zur Frage der Wiederherstellung der Einheit Deutschlands einnehmen sollte. Stalin antwortete, man müsse die Propaganda fortsetzen [!] und kündigte dabei indirekt die zwei Tage später übergebene zweite Stalin-Note der DDR-Führung an.
[57] Zum genauen Wortlaut der zweiten sowjetischen Note siehe Dokument 92.
[58] Steininger, Deutsche Geschichte, Bd. 2, S. 184.
[59] RGASPI, f. 82, op. 2, d. 1042, S. 178, Berichterstattung Ignat'evs an alle Mitglieder des Achterkollegiums und Vyšinskij, 25.5.1952 (Dokument 99); RGASPI, f. 82, op. 2, d. 1042, S. 187, Berichterstattung Ignat'evs an Malenkov, Berija, Bulganin, Vyšinskij und Zorin, 29.5.1952 (Dokument 100); RGASPI, f. 82, op. 2, d. 1043, S. 224, Berichterstattung Ignat'evs an alle Mitglieder des Achterkollegiums und Vyšinskij, 25.6.1952 (Dokument 109).

10. März bestünde.⁶⁰ Viele hohe Beamte, so Ignat'ev, bekräftigten, „dass die Note der UdSSR nichts Neues brächte und ‚noch ein Manöver' darstellte, das darauf ausgerichtet sei, zu versuchen, die Einbeziehung Westdeutschlands in die ‚Atlantische Gemeinschaft' zu stören". „Einige Experten" hingegen seien der Ansicht, die Note sei ernsthafter als die früheren Noten.⁶¹ Am 15. Mai 1952 erstattete der stellvertretende MGB-Minister, S. Savčenko,⁶² Bericht über die „Verschärfung der Widersprüche zwischen den Westmächten und der Bonner Regierung im Zusammenhang mit den sowjetischen Vorschlägen bezüglich des Friedensvertrages mit Deutschland". Savčenko legte Malenkov, Vyšinskij und Zorin dar, die USA hätten nach dem 10. März „Maßnahmen zur Beschleunigung der Verhandlungen über den Abschluss des ‚Generalvertrages' zwischen den drei Westmächten und Westdeutschland" unternommen. Er erläuterte, dass Adenauer „die finanzielle Beteiligung der Bundesrepublik an der Verteidigung des Westens" lediglich in der Form „der finanziellen Beteiligung an einer Europa-Armee" realisiert sehen wollte und auf diese Weise eine Aufhebung der Besatzungskosten zu erreichen versuchte, womit sich allerdings die Briten und Franzosen nicht einverstanden erklärten.⁶³ Um die Widersprüche zwischen Bonn und Paris, vor allem in der Saar-Frage „zu glätten", übten London und insbesondere Washington, so Ignat'ev am 9. April, „entsprechenden Druck" aus.⁶⁴ Zorin erklärte seinen Vorgesetzten die Bonn von den USA erwiesene Unterstützung in der Saar-Frage als amerikanisches Zugeständnis für die westdeutsche „Zustimmung zum Abschluss des ‚Generalvertrages' und des Vertrages über die Gründung einer ‚Europa-Armee'".⁶⁵

Am 13. Mai übermittelten die Westmächte ihre Antwort auf die sowjetische Note vom 9. April, in der die Sowjets erstmals auf die Wahlfrage Bezug genommen hatten. Die eine Stunde vor Mitternacht am 13. Mai 1952 im sowjetischen Außenministerium eingetroffene Note wurde ins Russische übersetzt und erging am nächsten Tag an Stalin und die Politbüromitglieder.⁶⁶ Molotov versah das Dokument mit einem Kreuz und nahm wie üblich Unterstreichungen und Unterwellungen wichtiger Textstellen vor. Als erstes unterwellte Molotov die Forderung der Westmächte, dass die Regierungen der vier Großmächte „zunächst zu einer klaren Verständigung über das Ausmaß der Verhandlungen und die prüfenden Grundprobleme" gelangen müssten. Weiter unterstrich Molotov: „solch eine Bedingung [der UdSSR, Deutschland dürfe nicht in irgendeine Mächtegruppe einbezogen werden,] ist nicht nötig". [Die Regierung Ihrer Majestät] „kann nicht zulassen, dass Deutschland das Grundrecht einer freien und gleichberechtigten Nation, sich mit anderen Nationen zu friedlichen Zwecken zu verbinden, vorenthalten werden soll". Ferner hob Molotov hervor:

---

⁶⁰ RGASPI, f. 82, op. 2, d. 1042, S. 114, Berichterstattung Ignat'evs an Stalin und alle Mitglieder des Achterkollegiums sowie an Vyšinskij und Zorin, 10.4.1952 (Dokument 94).
⁶¹ Ebd.
⁶² Savčenko wurde am 3.11.1951 zum stellvertretenden Minister für Staatssicherheit (MGB) ernannt und deswegen zwei Monate später von seiner Funktion als stellvertretender Vorsitzender des KI entbunden. RGASPI, f. 17, op. 162, d. 47, S. 16, Politbüro-Beschluss P 84 (241-op) vom 3.11.1951; ebd., d. 48, S. 12, Politbüro-Beschluss P 85 (249) vom 12.1.1952.
⁶³ RGASPI, f. 82, op. 2, d. 1042, S. 167, Berichterstattung Savčenkos an Malenkov, Vyšinskij und Zorin, 15.5.1952 (Dokument 95).
⁶⁴ RGASPI, f. 82, op. 2, d. 1042, S. 117, Berichterstattung Ignat'evs an Stalin und alle Mitglieder des Achterkollegiums, 9.4.1952 (Dokument 93).
⁶⁵ RGASPI, f. 82, op. 2, d. 1042, S. 172, Berichterstattung Zorins an Stalin und alle Mitglieder des Achterkollegiums sowie an Suslov, Vyšinskij, Grigor'jan und Bogomolov, 18.5.1952 (Dokument 96).
⁶⁶ RGASPI, f. 82, op. 2, d. 1171, S. 4–11, Note der Westmächte vom 13.5.1952, ergangen an Stalin, Molotov, Malenkov, Berija, Mikojan, Kaganovič, Bulganin, Chruščev.

„Deutschland ist gespalten, weil Europa gespalten ist." „Vorschläge prüfen, die auf eine Verringerung der Spannung gerichtet sind". „Irrige Auslegung der territorialen Bestimmungen [des Potsdamer Protokolls]". „Deutschland in ständiger Isolierung von Westeuropa halten". Weitere Unterstreichungen betreffen die Frage nach der Meinung der sowjetischen Regierung zu einer künftigen Handlungsfreiheit einer gesamtdeutschen Regierung, jene zur Abwendung Ostdeutschlands von der Entwicklung des übrigen Deutschland, jene zur Auslegung der UNO-Charta, zur UNO-Kommission, zu der Frage nach freien Wahlen und zu den von den vier Großmächten abzugebenden Garantien für Deutschland. Von hoher Aussagekraft ist ein anderer, der einzige von Molotov in diesem Dokument dick unterstrichene Satzteil, den er mit einem über zwei Zeilen reichenden Häkchen, versah. „Die sowjetischen Vorschläge [...] würden einen Zustand ständiger Spannung und Unsicherheit in der Mitte Europas bedeuten."[67] Das Häkchen signalisierte Molotovs Einverständnis.

Ein erster Entwurf einer sowjetischen Antwortnote wurde unmittelbar nach dem Empfang der Note der Westmächte ausgearbeitet. Am 16. Mai unterbreitete Vyšinskij diesen Stalin[68] und Molotov,[69] vermutlich gemäß zuvor mündlich erteilter Anweisungen, denn inhaltlich kam der Entwurf der Endversion bereits nahe. Die Endredaktion muss Stalin selbst vorgenommen haben.[70] Schriftliche Korrekturen Molotovs sind nicht aktenkundig, mündliche Absprachen allerdings anzunehmen (Molotov hatte einige Passagen unterwellt). Am 20. Mai stand der Notenentwurf auf der Tagesordnung des Politbüros. Molotov und Vyšinskij wurden beauftragt, innerhalb von drei Tagen den Notenentwurf „zu prüfen, zu überarbeiten und Vorschläge zu machen".[71]

Unterzeichnung des Generalvertrages und des EVG-Vertrages und die dritte Stalin-Note

Die (dritte) sowjetische Note wurde am 24. Mai den Westmächten übermittelt. Ungeachtet dessen wurde am 26. Mai der Generalvertrag mit der BRD und am 27. Mai 1952 der Vertrag über die EVG unterzeichnet.[72] Die DDR nahm dies im Einklang mit den Intentionen des

---

[67] Ebd. Deutscher Text der Note in Jäckel, Die deutsche Frage 1952–1956, S. 27–29.
[68] RGASPI, f. 82, op. 2, d. 1171, S. 20–28, Vyšinskij an Stalin, 16. 5. 1952.
[69] RGASPI, f. 82, op. 2, d. 1182, S. 120–127, Vyšinskij an Molotov, 16. 5. 1952.
[70] In einer ersten Analyse kam George Kennan zu der Schlussfolgerung, dass es sich bei der Note vom 24. 5. nicht um „die authentische, knappe entschlossene, drohende Stimme von Stalins Kreml" handelte, sondern dass „dieses außergewöhnlich schwache Opus das Werk von untergeordneten ‚Schreiberlingen' sei und von keinem Spitzenfunktionär mehr redigiert worden sei". Steininger, Eine Chance zur Wiedervereinigung?, S. 67; Schwarz (Hrsg.), Die Legende von der verpassten Gelegenheit, S. 34.
[71] RGASPI, f. 17, op. 163, d. 1620, S. 153f. Politbüro-Beschluss P 87 (340) vom 20. 5. 1951. Gleichzeitig wurden Molotov und Vyšinskij beauftragt, einen Notenentwurf zur Frage der EVG vorzubereiten.
[72] Nach der Paraphierung des EVG-Vertrages hatte Vyšinskij am 19. 5. 1952 Stalin Bericht über das Vertragswerk erstattet. Vyšinskij erläuterte Stalin, dass der Vertrag die Bildung einer Europa-Armee unter NATO-Oberkommando vorsehe und die EVG „eine gegen die Sowjetunion gerichtete Koalition westeuropäischer Länder sei". Vyšinskij schlug Stalin vor, der französischen und britischen Regierung Noten zu überbringen, in welchen aufgrund der EVG-Gründung auf die Verletzung des anglo-sowjetischen Vertrages von 1942 und des französisch-sowjetischen Vertrages von 1944 verwiesen werden sollte. RGASPI, f. 82, op. 2, d. 1070, S. 170f., Vyšinskij an Stalin, 19. 5. 1952 (Dokument 97). Einer ersten Analyse Ignat'evs zufolge hatte Adenauer in den letzten Monaten der Verhandlungen über den Generalvertrag keine Zugeständnisse der Westmächte mehr erreichen können. RGASPI, f. 82, op. 2, d. 1043, S. 197, Berichterstattung Ignat'evs an alle Mitglieder des Achterkollegiums und Vyšinskij, 6. 6. 1952

Kremls zum Anlass, um mit „adäquaten" Maßnahmen zu „reagieren". Die Grenze wurde verschärft abgeriegelt, ein fünf Kilometer breiter Sperrgürtel entlang der innerdeutschen Grenze errichtet.[73]

Dem Kreml war nicht nur aufgrund der nunmehr vertraglich fixierten, wenn auch noch nicht ratifizierten Verträge stets klar, dass die Westmächte auf die sowjetische Note ablehnend antworten und die Integration Westdeutschlands durchziehen würden, unabhängig davon, was die Sowjets mitunter auf direktem Wege aus Paris erfuhren. Am 31. Mai 1952 schlug Vyšinskij „als nächsten Schritt in der deutschen Frage" Stalin die Einberufung einer Konferenz der Außenminister der UdSSR, Albaniens, Bulgariens, Polens, der Tschechoslowakei, Ungarns, Rumäniens und der DDR „zur Annahme einer gemeinsamen Erklärung" zu Generalvertrag und EVG-Beitritt in Berlin oder Warschau vor.[74] Den Textentwurf der „gemeinsamen" Erklärung der Ostblock-Staaten legte Vyšinskij dem Schreiben an Stalin bei.[75]

Über die internen Beratungen auf westlicher Seite war Moskau gut informiert. So hatte der Leiter der Presseabteilung des französischen Außenministeriums die Sowjets über die Antwortentwürfe auf dem Laufenden gehalten und dabei betont, dass sich die Franzosen, und auch die Briten,[76] für eine Gipfelkonferenz „zum Zwecke der Festigung des Friedens" aussprachen, die Amerikaner dies jedoch ablehnten. Der amerikanische Notenentwurf würde daher „scharf und kurz" sein.[77] Frankreich, so der MGB-Chef, sei gezwungen gewesen, einem „Kompromiss" zuzustimmen, was, in der Wortwahl des Geheimdienstrapports, einer „Kapitulation" vor den Amerikanern gleichgekommen sei.[78] Wenige Wochen später versicherte zudem der französische Delegationsleiter der UNO-Kommission für Abrüstung seinen sowjetischen Kollegen, dass „keine Regierung Frankreichs einer Politik der USA im Zusammenhang mit der Wiedererrichtung eines starken Deutschlands zustimmen" kann. Er versicherte, dass sowohl ein starkes Spanien als auch ein starkes Deutschland nicht im

---

(Dokument 103). Tugarinov wurde offensichtlich beauftragt, die künftige Rolle Westdeutschlands aus militärischer Sicht zu analysieren. Siehe hierzu seine Berichterstattung in RGASPI, f. 82, op. 2, d. 1043, S. 246, 9.7.1952 (Dokument 117).

[73] Hierzu Steininger, Deutsche Geschichte, Bd. 2, S. 158; Wettig, Bereitschaft zu Einheit in Freiheit?, S. 232 f.; Mählert, Kleine Geschichte der DDR, S. 62–72. Siehe auch die Berichterstattung Ignat'evs über die von den Westmächten erwarteten sowjetischen Reaktionen in Berlin. RGASPI, f. 82, op. 2, d. 1043, S. 190, Berichterstattung Ignat'evs an alle Mitglieder des Achterkollegiums 1.6.1952 (Dokument 101); RGASPI, f. 82, op. 2, d. 1043, S. 209, Berichterstattung Ignat'evs an Stalin und alle Mitglieder des Achterkollegiums sowie an Vyšinskij, 14.6.1952.

[74] RGASPI, f. 82, op. 2, d. 1334, S. 145, Vyšinskij an Stalin, 31.5.1952. Molotov versah die an ihn ergangene Kopie mit einem Kreuz und die Passage „als nächsten Schritt in der deutschen Frage" mit einem Häkchen.

[75] RGASPI, f. 82, op. 2, d. 1334, S. 147–160. Siehe hierzu auch die Berichterstattung Ignat'evs über den Prozess der Ratifizierung des Generalvertrages und des EVG-Vertrages, RGASPI, f. 82, op. 2, d. 1043, S. 224, Berichterstattung Ignat'evs an alle Mitglieder des Achterkollegiums und Vyšinskij, 25.6.1952 (Dokument 109); und ebd., S. 272, Berichterstattung Rumjancevs, 1.8.1952 (Dokument 122); ebd., S. 307, Berichterstattung Ignat'evs an Stalin und alle Mitglieder des Achterkollegiums, 27.8.1952 (Dokument 129); ebd., S. 305, Berichterstattung Ignat'evs an Malenkov, Berija, Bulganin und Vyšinskij, 28.8.1952 (Dokument 131); ebd., S. 363, Berichterstattung Ignat'evs an Stalin und alle Mitglieder des Achterkollegiums sowie an Vyšinskij, 4.10.1952 (Dokument 138).

[76] RGASPI, f. 82, op. 2, d. 1043, S. 209, Berichterstattung Ignat'evs an Malenkov, Berija und Bulganin, 14.6.1952 (Dokument 106).

[77] Ebd.

[78] RGASPI, f. 82, op. 2, d. 1043, S. 226, Berichterstattung Ignat'evs an alle Mitglieder des Achterkollegiums und Vyšinskij, 19.6.1952 (Dokument 108).

Interesse Frankreichs lagen. Die Hoffnungen von „Regierungskreisen" Frankreichs, dass „die Deutschen bei den Wahlen in Westdeutschland 1953" gegen Adenauer und „seine Politik der Remilitarisierung" stimmen würden, die der französische Delegationsleiter gegenüber den Sowjets zum Ausdruck brachte, kamen wohl lediglich Beruhigungsversuchen gegenüber dem Kreml und sich selbst gleich.[79] Journalisten der Agence France Presse trugen das ihre zu einem „moderateren" französisch-sowjetischen Verhältnis bei und erklärten ihren sowjetischen „Kollegen", „dass es zur Vermeidung einer weiteren Remilitarisierung Westdeutschlands und zur Erhaltung des Friedens nötig sei, unter allen Bedingungen gegenseitiges Verständnis mit der UdSSR in der deutschen Frage zu erreichen. Der Vertreter der AFP in Berlin verwies noch darauf, dass man in der Grenzfrage des künftigen Deutschland zudem einer Meinung sei, denn in Frankreich interessiere „das Schicksal Königsbergs und Breslaus" kaum jemanden, „umso mehr, als die UdSSR den Anschluss Elsass-Lothringens an Frankreich stets gerechtfertigt einschätzte".[80] Doch auch das sowjetische Außenministerium setzte im Frühjahr 1952 wohl kaum mehr Hoffnungen auf einen eigenständigen Weg Frankreichs, dem „potentiellen Verbündeten" der Sowjets,[81] und erkannte die „Unfähigkeit" der labilen französischen Regierungen, deren Politik de Gaulle den Weg zur Macht ebnen würde.[82] An weiterer wirtschaftlicher Zusammenarbeit waren freilich beide Seiten interessiert. Hierzu musste ein französischer Botschafter nun einmal freilich „für den warmen Empfang" und die „hohe Ehre", von „Generalissimus Stalin" empfangen worden zu sein, herzlich danken und gleichzeitig bereits im Vorhinein versichern, dass eventuell anders lautende Pressemeldungen erfunden werden würden, diese aber keinesfalls von ihm stammen würden. Es kann aber auch nicht ausgeschlossen werden kann, dass der französische Botschafter eventuell einen sowjetischen Agenten im französischen Außenministerium vermutete.[83]

---

[79] RGASPI, f. 82, op. 2, d. 1043, S. 243, Berichterstattung Ignat'evs an Malenkov, Berija und Bulganin, 10. 7. 1952 (Dokument 119).
[80] RGASPI, f. 82, op. 2, d. 1043, S. 271, Berichterstattung Ignat'evs an Malenkov und Vyšinskij, 1. 8. 1952 (Dokument 134).
[81] Mastny, Die NATO im sowjetischen Denken und Handeln, S. 412.
[82] RGASPI, f. 82, op. 2, d. 1042, S. 68, Berichterstattung Zorins an Stalin und alle Mitglieder des Achterkollegiums sowie an Suslov, Vyšinskij, Gromyko und Grigor'jan, 11. 3. 1952 (Dokument 57).
[83] Der französische Botschafter berichtete nach seiner Rückkehr nach Paris im Außenministerium, er sei überrascht gewesen, von Stalin empfangen worden zu sein, und hielt sich demnach an die Linie, nicht mehr zu sagen als in den vorangegangenen Gesprächen mit Vyšinskij und Švernik. Stalin habe ihm direkte Fragen gestellt, er habe sie aber übergangen. Den Inhalt des Berichtes teilte der Leiter der Presseabteilung einem sowjetischen Agenten mit, der dies wiederum an das MGB weiterleitete. MGB-Chef Ignat'ev wiederum erstattete Molotov darüber Bericht. Beim Empfang des französischen Botschafters sagte Stalin, dass es den Anschein habe, „dass Amerika und Island uns angreifen wollen". Der französische Botschafter verwies auf den friedlichen Charakter der NATO, woraufhin Stalin lachte und zum anwesenden Vyšinskij sagte: „Unter diesen Umständen sollten auch wir uns ihm [dem Nordatlantikpakt] anschließen." RGASPI, f. 82, op. 2, d. 1043, S. 355, Berichterstattung Vyšinskijs an alle Mitglieder des Achterkollegiums, 30. 9. 1952 (Dokument 137); ebd., d. 1348, S. 175, Ignat'ev an Molotov, 12. 10. 1952; ebd., S. 176–177, Bericht Savčenkos auf der Basis der Geheimdienstinformationen über den Empfang des französischen Botschafters durch Stalin, 11. 10. 1952. Am 25. 10. 1952 empfahl Georgij Puškin Stalin die Ratifizierung der Handelsübereinkunft zwischen der UdSSR und Frankreich. Am 25. 8. 1951 hatte der Ministerrat der UdSSR den Text des Handelsabkommens angesegnet, am 3. 9. 1951 wurde es in Paris paraphiert. RGASPI, f. 17, op. 164, d. 614, S. 10 und 19–31, Protokoll Nr. 2 der Sitzung der ständigen Kommission für auswärtige Angelegenheiten beim Präsidium des ZK der KPdSU (Vorsitz: Malenkov), Pkt. 2 vom 25. 10. 1952.

Am 1. August 1952 informierte Rumjancev aus dem KI Molotov über den Stand des Ratifizierungsprozesses des „Generalvertrages". In seiner Berichterstattung über die internationalen Ereignisse im Juli hieß es, dass es die französische Regierung Pinay aufgrund des öffentlichen Drucks noch nicht riskiert habe, den Gesetzesentwurf über die Ratifizierung im Parlament einzubringen.[84] Es ist wohl kaum anzunehmen, dass die zögerliche französische Haltung in Kremlkreisen unter Stalin irgendwelche Hoffnungen aufkommen ließ. Wie in Kapitel I. erwähnt, war den Sowjets stets bekannt, dass Washington notfalls mit Nachdruck gegenüber Paris in der deutschen Frage an der Politik der Härte festhielt. Wenige Tage später berichtete MGB-Chef Ignat'ev der Kremlführung über die US-amerikanische Zusicherung gegenüber Adenauer, „eine Politik der Stärke" betreiben zu werden, „solange Truman und Acheson" an der Macht sein werden. Unabhängig von möglichen künftigen Verhandlungen mit der UdSSR, eventuell im Rahmen von Viermächtetreffen, würden die USA, so Ignat'ev, über das Gespräch zwischen dem US-Hochkommissar McCloy und Adenauer, den „Generalvertrag" ratifizieren, was sie ebenso von der französischen bzw. westdeutschen Regierung erwarteten.[85] Von Kurt Schumacher erhielt McCloy die Zusicherung, im Falle eines Machtwechsels in Westdeutschland „die Gesetzmäßigkeit der Unterschrift Adenauers unter den Verträgen mit den Westmächten" anzuerkennen.[86] Dass sich dies auch nach dem Tod Schumachers nicht ändern würde, war den Sowjets klar.[87] Dies war, wie dargelegt wurde, auch nicht das sowjetische Ziel. Das Ziel war die Eindämmung der amerikanischen Hegemonie in Westeuropa. Mit dem vermeintlichen Friedensvertragsangebot spalteten die Sowjets zeitweise die westdeutsche und westeuropäische Gesellschaft. Dies konnte MGB-Chef Ignat'ev auch nach eigentlichem Ende der „Notenschlacht" vermelden. Sogar „bourgeoise Kommentatoren", so Zorin, würden die Einschätzung vertreten, „dass die von der UdSSR verfolgte Linie in der Frage über die Einheit Deutschlands im Weiteren großen Einfluss auf die innenpolitische Lage in Westdeutschland und Frankreich erwirke".[88]

Die vierte und letzte Stalin-Note

Erst am 10. Juli beantworteten die Westmächte die sowjetische Note vom 24. Mai.[89] Zwei Tage nach der Unterzeichnung des EVG- und Generalvertrages hatte Eden am 28. Mai gegenüber

---

[84] RGASPI, f. 82, op. 2, d. 1043, S. 272, Berichterstattung Rumjancevs, 1.8.1952 (Dokument 122).
[85] RGASPI, f. 82, op. 2, d. 1043, S. 279, Berichterstattung Ignat'evs an Stalin und alle Mitglieder des Achterkollegiums sowie an Vyšinskij, 7.8.1952 (Dokument 123).
[86] RGASPI, f. 82, op. 2, d. 1043, S. 304, Berichterstattung Ignat'evs an Stalin und alle Mitglieder des Achterkollegiums sowie an Vyšinskij, 28.8.1952 (Dokument 130).
[87] RGASPI, f. 82, op. 2, d. 1043, S. 309, Berichterstattung Ignat'evs an Stalin und alle Mitglieder des Achterkollegiums, 29.8.1952 (Dokument 132); ebd., S. 363, Berichterstattung Ignat'evs an Stalin und alle Mitglieder des Achterkollegiums sowie an Vyšinskij, 4.10.1952 (Dokument 138).
[88] RGASPI, f. 82, op. 2, d. 1043, S. 191, Berichterstattung Zorins, 2.6.1952 (Dokument 102).
[89] Im Gegensatz zur Übergabe der ersten Note der Westmächte ließ sich Vyšinskij auf keine Diskussion ein. Gegenüber dem französischen Geschäftsträger hielt er lediglich fest, dass in der Note „eine Reihe falscher Behauptungen bezüglich unserer Note vom 24. Mai enthalten sind", dass er aber nicht vorhabe, dies zu erörtern, solange er die Note nicht genau studiert habe. RGASPI, f. 1348, op. 2, d. 1348, S. 127, aus dem Tagebuch Vyšinskijs, 10.7.1952. Ebenso verhielt er sich gegenüber dem britischen Botschafter, hierzu und zu den Vorbereitungen der Note vom 10. Juli siehe Steininger, Eine Chance zur Wiedervereinigung?, S. 67–71. Zum genauen Wortlaut der dritten sowjetischen Note siehe Dokument 98.

Acheson und Schuman festgehalten, die Westmächte hätten „die Notenschlacht gewonnen".[90] Doch, wie sich nun wohl endgültig zeigt, gab es zwei „Sieger". Auch der Kreml hatte das erreicht, was er mit der „Notenschlacht" beabsichtigt hatte; nämlich die Festigung des Sozialismus in der DDR und damit die endgültige Teilung Deutschlands.[91] Nunmehr ging es für beide Seiten nur mehr darum, sich gegenseitig die Schuld für die Teilung Deutschlands zuzuschieben. Für den Kreml und auch für Ostberlin brachte die „Notenschlacht" einen „Persilschein", mit dem man über den Zeitraum des gesamten Kalten Krieges bis 1989 stets die Verantwortung für die endgültige Teilung Deutschlands von sich weisen konnte.

Zehn Tage nach Erhalt der Note der Westmächte unterbreitete Vyšinskij Molotov einen Antwortentwurf.[92] Stalin wurde der erste Entwurf offensichtlich noch nicht vorgelegt. Erst der zweite Entwurf erging – mit dem Vermerk, dieser sei mit Molotov abgestimmt – am 4. August an Stalin.[93] Konfrontative Formulierungen waren von Molotov gestrichen worden.[94] Molotov hielt auf dem Schreiben handschriftlich Folgendes fest: 1. Konvention diktiert. 2. Kommission aus Vertretern der Deutschen – Deutschland darf man nicht zu einem Untersuchungsobjekt machen. 3. Die Standpunkte haben sich angenähert. 4. Wir verstehen unter einer Untersuchungskommission Entmilitarisierung und Entnazifizierung, soweit es sich aus den Potsdamer Beschlüssen ergibt. 5. Die Bonner Übereinkunft ist aufdiktiert.[95] Auch wenn es sich hierbei um ein einzigartiges Zeugnis von Molotov handelt, können diese Punkte Anlass für viel Spekulation geben. Allerdings handelt es sich hierbei um Anweisungen, wie Vyšinskij den Inhalt der sowjetischen Note redigieren sollte. Am 16. August übermittelte Vyšinskij schließlich Molotov „entsprechend der Anweisungen der Instanz", sprich Stalins, den neuen, überarbeiteten Entwurf.[96] Am nächsten Tag erging dieser Entwurf an Stalin selbst.[97] Am Ende hatte der Notentext „einen ausgesprochen schroffen Charakter".[98]

Nachdem infolge der aus der Sicht des Kremls erfolgreichen „Notenschlacht" der letzte und endgültige, unumkehrbare Schritt zur Konsolidierung der DDR mit der nunmehrigen Verkündung des „Aufbaus des Sozialismus" gesetzt worden war, sollten freilich weiterhin auch die deutschen Kommunisten die Wiedervereinigung Deutschlands propagieren, eine „soziale Umgestaltung" Westdeutschlands sah man freilich auch im Kreml als zu „weitgehende Aufgabe". Erst nach „Wiederherstellung der Einheit" Deutschlands – und das sicherlich nicht auf der Basis einer Neutralität –, sollte der Sozialismus, so Grigor'jan an Stalin, als Ziel der KPD ins Auge gefasst werden.[99] MGB-Chef Ignat'ev vermeldete Ende August, dass

---

[90] Steininger, Deutsche Geschichte, Bd. 2, S. 184.
[91] Auf diesen Faktor hat Aleksej Filitov in seinen letzten Publikationen hingewiesen. Vgl. zuletzt Filitov, Die Note vom 10. März 1952.
[92] RGASPI, f. 82, op. 2, d. 1171, S. 54–65, Vyšinskij an Molotov, 20. 7. 1952.
[93] RGASPI, f. 82, op. 2, d. 1171, S. 68–80, Vyšinskij an Stalin (Kopien ergingen an alle Politbüromitglieder), 4. 8. 1952.
[94] Die ersten Entwürfe hatte Vyšinskij angefertigt, offensichtlich ohne genauere mündliche Instruktionen durch Stalin oder Molotov. Molotov entfernte die allzu spitzen Formulierungen. Tatsächlich dürfte Vyšinskij zu einer konfrontativeren Tendenz geneigt haben (vergleiche etwa oben seine ersten Entwürfe zur zweiten sowjetischen Note). Siehe dazu auch Filitov, Die Note vom 10. März 1952, S. 170.
[95] RGASPI, f. 82, op. 2, d. 1171, S. 68, Vyšinskij an Stalin, 4. 8. 1952.
[96] RGASPI, f. 82, op. 2, d. 1171, S. 81–91, Vyšinskij an Molotov, 16. 8. 1952.
[97] RGASPI, f. 82, op. 2, d. 1171, S. 92–103, Vyšinskij an Stalin (Kopien ergingen an alle Politbüromitglieder), 17. 8. 1952.
[98] Filitov, Die Note vom 10. März 1952, S. 170.
[99] RGASPI, f. 82, op. 2, d. 1337, S. 111–115, Grigor'jan an Stalin, mit beiliegendem Entwurf eines entsprechenden Politbüro-Beschlusses, 22. 8. 1952 (Dokument 126).

ein großer Teil der ostdeutschen Intelligenz die Beschlüsse der II. Parteikonferenz der SED vom 12. Juli über den Aufbau des Sozialismus und der Gründung einer nationalen Armee[100] positiv bewertete, dass es aber auch Stimmen gäbe, die meinten, „dass der Aufbau des Sozialismus in der DDR angeblich der Vereinigung Deutschlands entgegenwirken" würde.[101] In der Woche vor der II. SED-Parteikonferenz ließen sich die ostdeutschen Genossen noch die Entwürfe der Vorträge in Moskau absegnen.[102] Grigor'jan schlug Stalin vor, die SED-Führung solle noch nicht verlautbaren, „dass die Deutsche Demokratische Republik ein Staat der Volksdemokratie ist", weil dies „taktisch verfrüht" wäre, sie sollte aber unterstreichen, „dass sich in der Deutschen Demokratischen Republik unerschütterlich volksdemokratische Grundlagen ihres Staatsaufbaus festigen". Am 8. Juli segnete das Politbüro die Anweisungen an die SED-Genossen ab.[103]

Am 23. August übermittelte der Kreml die vierte und letzte Note der „Notenschlacht" in der deutschen Frage.[104] Es ging freilich nur noch darum, die Schuld am Scheitern einer Friedensregelung mit Deutschland und damit an der endgültigen Teilung Deutschlands dem jeweils anderen aufzubürden.[105] Am selben Tag suchte Vyšinskij den in Moskau weilenden Ulbricht auf und machte ihn vorzeitig mit dem Inhalt der Note bekannt. Ulbricht gab sich euphorisch und erklärte, dass „eine solche Note unbestreitbar den demokratischen Kräften der DDR helfen wird, die Ratifizierung des Bonner und Pariser ‚Abkommens' zu stören".[106] Die Note, so Ulbricht, erleichtert „der DDR und der SED den Kampf für die Einheit Deutschlands, für einen Friedensvertrag und gegen die Ratifizierung des Bonner und Pariser ‚Abkommens'". Die „in der Note enthaltenen Vorschläge der sowjetischen Regierung" gäben der DDR die Möglichkeit, „noch mehr als bisher nicht nur breite Schichten der werktätigen Deutschen aus Westdeutschland auf ihre Seite zu ziehen, sondern auch ernsthafte Opposition gegen das Bonner Regime und die anglo-amerikanische Politik in Westdeutschland von Seiten der westdeutschen Bourgeoisie hervorzurufen". Ulbricht brachte zwar seine Sorge zum Ausdruck, dass die Beschlüsse des II. Parteitages der SED über den Übergang zum Aufbau des Sozialismus in der DDR von den „Feinden" der Einheit

---

[100] Am 1. Juli 1952 schlug Vyšinskij Stalin vor, alle Einschränkungen der Rechte für ehemalige Offiziere der Deutschen Wehrmacht aufzuheben, mit Ausnahme jener wegen Kriegsverbrechen Verurteilten. Die Initiative hierzu ging auf Čujkov und Semenov zurück, die sich zur Schaffung von Streitkräften für die DDR Spezialisten erwarteten und auf diese Weise eine Nutzung dieser durch die Westmächte bzw. Westdeutschland zu unterbinden trachteten. Vyšinskij verwies hierbei auch noch darauf, dass dies auch in den Grundlagen für einen Friedensvertrag für Deutschland in Artikel 6 vorgesehen gewesen wäre. RGASPI, f. 82, op. 2, d. 1171, S. 44f., Vyšinskij an Stalin, 1. 7. 1952.
[101] RGASPI, f. 82, op. 2, d. 1043, S. 306, Berichterstattung Ignat'evs an Stalin und alle Mitglieder des Achterkollegiums sowie an Vyšinskij, 27. 8. 1952 (Dokument 128).
[102] RGASPI, f. 82, op. 2, d. 1185, S. 121 und 123f., Grigor'jan an Stalin, mit beiliegendem Politbüro-Beschluss, 4. 7. 1952 (Dokument 115).
[103] Ebd. RGASPI, f. 17, op. 3, d. 1095, Politbüro-Beschluss P 88 (261) vom 8. 7. 1952, S. 59 und 140. Siehe hierzu insbesondere Bonwetsch/Kudrjašov, Stalin und die II. Parteikonferenz der SED, S. 183-186; und Mählert, „Die Partei hat immer recht!", S. 424f.
[104] Der Notenentwurf wurde am 23. 8. 1952 im Politbüro bestätigt. RGASPI, f. 17, op. 163, d. 1628, S. 32-42. Einen Tag zuvor hatte Vyšinskij seinen Entwurf Stalins Sekretär Poskrebyšev zur Ausfertigung übermittelt.
[105] Zu den ersten Reaktionen bei den Westmächten auf die Note vom 23. 8. 1952 siehe RGASPI, f. 82, op. 2, d. 1043, S. 334, Berichterstattung Ignat'evs an Stalin und alle Mitglieder des Achterkollegiums sowie an Vyšinskij, 16. 9. 1952 (Dokument 135); ebd., S. 344, Berichterstattung Ignat'evs an Stalin und alle Mitglieder des Achterkollegiums sowie an Vyšinskij, 23. 9. 1952 (Dokument 136).
[106] RGASPI, f. 82, op. 2, d. 1171, S. 104f., Vyšinskij an Stalin, 23. 8. 1952 (Dokument 127).

Deutschlands und eines Friedensvertrages so ausgelegt werden könnten, „als könnte nun keine Rede [mehr] von einer Vereinigung Deutschlands sein". Aber, so Ulbricht, „die Note der sowjetischen Regierung schwächt diese Position der Feinde der Einheit Deutschlands und weckt noch mehr als bisher die Hoffnung im deutschen Volk auf die Möglichkeit der Wiederherstellung eines einheitlichen demokratischen Deutschland und des Abschlusses eines Friedensvertrages".[107] Je mehr solche Hoffnungen in Deutschland geweckt werden konnten, umso fester saß Ulbricht in seinem eigenen Sattel. Ulbricht hatte sich, wie in Kapitel I. aufgezeigt, von seinen Vorschlägen, die schlussendlich zur „Notenschlacht" führten, versprochen, die „Remilitarisierung" Westdeutschlands zu erschweren. Doch die Westmächte ließen sich von der Westintegration nicht abbringen und von dem vorgeblichen Angebot Stalins nicht irritieren. Wie sich nunmehr anhand neuer Quellen zeigt, fühlten sich auch die Sowjets als Sieger. Am 10. September hielt Außenminister Vyšinskij in einem Schreiben an Stalin fest, „dass die Note der Sowjetunion den Amerikanern bedeutend das Erreichen der von ihnen in Europa gestellten Ziele erschwert und in bekanntem Maße sogar den Abschluss der Übereinkünfte [des General- und EVG-Vertrages] verlangsamt hat".[108] Stalin soll sich über Ulbricht äußerst zufrieden geäußert haben. Im Herbst 1952 soll er Semenov gegenüber Ulbricht als treuen und konsequenten Kommunisten gelobt haben: „Er ist ein wirklicher Freund der Sowjetunion. Daran gibt es keinen Zweifel, und wir haben auch keinen Grund, ihm zu misstrauen."[109]

Am 23. September 1952 hatte der „Noten-Krieg" um Deutschland mit der letzten Note der Westmächte ein Ende gefunden. Die Positionen waren festgefahren, der Sowjetisierungsweg der DDR war als Resultat weiter fortgeschritten als je zuvor und unumkehrbar geworden. Stalin wollte die Teilung Deutschlands, die DDR war spätestens seit 1945 sein „Wunschkind". Adenauers Verdienst war es, in Westdeutschland der totalitären Ideologie des Kommunismus jegliche Grundlage zu nehmen. Es war die einzig richtige Entscheidung, in der damaligen Zeit die Hilfe der USA als Exponenten der freien Welt anzunehmen. Das Schicksal Deutschlands lag in den Händen der Großmächte. Die Teilung des Landes war auch aus der Sicht der Westmächte nicht nur ein geringeres Übel, sondern in vielerlei Hinsicht von vielen Politikern erwünscht. Dem deutschen Volk blieb nichts anderes übrig, als sein Schicksal zu erdulden – bis sich nach dem Fall der „Berliner Mauer" 1989 die erste Chance zur Wiedervereinigung ergab.

---

[107] Ebd.
[108] Siehe hierzu auch die interessante Einschätzung der amerikanischen Europapolitik vor und nach dem 10.3.1952 durch die sowjetische Botschaft in Paris. Ihrer Einschätzung nach forcierten die USA ihre Politik in Europa erst nach der Stalin-Note. Für diese Einschätzung wurde die Botschaft von Außenminister Vyšinskij gerügt, da diese Rückschlüsse „einseitig und falsch" gewesen wären. RGASPI, f. 1348, op. 2, S. 130f., Vyšinskij an Stalin, 10.9.1952. Am selben Tag berichtete Vyšinskij Molotov davon auch mündlich. RGASPI, f. 82, op. 2, d. 1043, S. 326, 10.9.1952 (Dokument 133). Diese zwei Dokumente wurden bereits, allerdings ohne genaue Quellenangabe, von der russischen Historikerin Natalija Egorova ausgewertet, blieben aber in der Diskussion rund um die Stalin-Note bislang völlig unbeachtet. Egorova, Evropejskaja bezopasnost' i „ugroza" NATO, S. 310.
[109] Semjonow, Von Stalin bis Gorbatschow, S. 279. Anfang 1950 kritisierte die Spionageabteilung der Sowjetischen Kontrollkommission in einem Bericht an die Außenpolitische Kommission Ulbricht hinsichtlich seines zunehmend autoritären Führungsstils in der Partei. Ulbricht übergehe demnach Pieck und Grotewohl, und fälle Entscheidungen alleine und bei Parteianstaltungen würden nur Portraits Ulbrichts, der zudem als „deutscher Lenin" gepriesen werde, angebracht. Grigor'jan schlug Molotov vor, diese Angaben durch Semenov prüfen zu lassen. Molotov zeigte sich damit einverstanden. RGASPI, f. 82, op. 2, d. 1185, S. 1f.

Dokumente

Dokument 75

RGASPI, f. 82, op. 2, d. 1182, S. 91–93, 9.1.1952

Streng geheim
Ex. Nr. 2

An Gen. V. M. Molotov[110]

Ich vermelde vom Bevollmächtigten des MGB der UdSSR in Deutschland erhaltene Berichte über den nicht zufriedenstellenden Zustand der Bewachung der Demarkationsgrenze der Deutschen Demokratischen Republik.[111]

Der Verlauf der Demarkationsgrenze der DDR beträgt zu See und zu Land über 3000 Kilometer. Diese bewachen 23 Polizeigrenzeinheiten, die der Hauptverwaltung der Volkspolizei der Republik unterstellt sind, und ebenso die im Grenzbereich stationierten sowjetischen Truppen, deren Kommando von der allgemeinen Führung der Grenzeinheiten vor Ort getragen wird.

Die Demarkationslinie der DDR gilt als äußerst aktiv im Sinne von Schädigungen durch eine Vielzahl an Verletzungen. So fanden im Zeitraum vom 1. Januar bis zum 15. November 1951 an der Demarkationslinie der DDR 101 Fälle von Provokationen durch Grenzsoldaten der westlichen Besatzungsmächte statt. In diesem Zeitraum wurden 112 708 [Grenz]verletzer aufgegriffen, darunter:[112] sich in die DDR nach [recte! aus] Westdeutschland begebend – 49 968, aus der Tschechoslowakei und Polen – 525; aus der DDR nach Westdeutschland – 61 282, in die Tschechoslowakei und Polen – 939. Unter den Grenzverletzern wurden 37 Agenten des amerikanischen und 22 des englischen Geheimdienstes ausfindig gemacht und festgenommen.[113]

Darüber hinaus ist ihre Bewachung [sic!] nicht zufriedenstellend. Eine große Anzahl von Polizisten ist mit Beute- und abgenutzten Waffen ausgerüstet. Schussübungen werden in den unteren Einheiten nicht durchgeführt, die Polizisten kennen keine Waffen. Die Telefonverbindung ist in einigen Abschnitten stark abgenutzt und gewährleistet den Wachdienst nicht.

Zur Bewachung der Seegrenze mangelt es an einsatzfähigen Booten. Von 15 vorhandenen langsamen Booten patrouillieren nur 7, die übrigen werden repariert. Treibstoff für sie wird nur für 12 Stunden Patrouille in der Woche ausgegeben. Die Boote der Seegrenzeinheit „Nord 2" ist zu weit weg von dem zu bewachenden Bereich stationiert. Nicht selten gelingt es Grenzverletzern vor den Verfolgern zu flüchten.

Die Länge des von einem Patrouillenpaar zu bewachenden Bereiches erreicht manchmal 15 Kilometer. Die Eskortierung von [Grenz]verletzern ins Polizeikommando wird von den sie aufhaltenden patrouillierenden Streifen durchgeführt und der Grenzbereich bleibt für diese Zeit völlig offen.[114]

---

[110] Darüber handschriftlich: „Gen. Gromyko" [Gromyko unterstrichen], „V. M.", „24.1" und ein Kreuz Molotovs, auf der linken Seite: *„zu den Akten"*.
[111] Von Molotov unterstrichen, „Deutschen Demokratischen Republik" zweimal unterstrichen.
[112] Absatz im Original von Molotov am linken Rand mit einem Strich markiert.
[113] Absatz im Original von Molotov am linken Rand mit einem Strich markiert.
[114] Absatz im Original von Molotov am linken Rand mit einem Strich markiert.

Einige Polizisten lassen grobe Verletzungen der dienstlichen Disziplin zu: eigenmächtiges Verlassen der Posten, Trunkenheit, Herstellen nichtdienstlicher Verbindungen mit der Bevölkerung der Grenzzone und mit Mannschaften ausländischer Schiffe.
<u>Der Personalbestand der Grenzpolizei ist durchsetzt mit unzuverlässigen Elementen. 2077 Mitarbeiter der Polizei oder 15,8% des gesamten Personalbestandes befanden sich in Gefangenschaft bei den Engländern oder Amerikanern und haben auch Verwandte und andere Verbindungen in Westdeutschland.</u>[115]

In elf Monaten desertierten 1951 aus der Polizei 144 Personen. In diesem Zeitraum wurden von den Sicherheitsorganen der DDR 39 Mitarbeiter der Grenzpolizei verhaftet und 23 stehen im Verdacht faschistischer Tätigkeit und Spionage im Dienste der amerikanischen und englischen Geheimdienste.

Die operative Betreuung der Bevölkerung des Grenzstreifens ist nicht zufriedenstellend. Grenzverletzer, illegal Nachtasyl gewährende und andere verdächtige Personen <u>werden kaum ermittelt, die Säuberung des Grenzstreifens von feindlichen Elementen geht nur langsam vor sich.</u>[116]

Genosse Čujkov ist über den nicht zufriedenstellenden Zustand der Bewachung der Grenze der Deutschen Demokratischen Republik informiert.

S. Ignat'ev
S. Ignat'ev

„9." Januar 1952
Nr. *1951/I*

Erging an:
Gen. Stalin, Gen. Molotov, Gen. Malenkov, Gen. Berija, Gen. Bulganin, Gen. Mikojan, Gen. Chruščev[117]

Dokument 76

RGASPI, f. 82, op. 2, d. 1182, S. 94, 9.2.1952

Geheim, Ex. Nr. *1*

An Gen. V. M. Molotov[118]

Gen. Ignat'ev brachte Ihnen das Telegramm des Bevollmächtigten des MGB der UdSSR in Deutschland über die Verletzung der Demarkationslinie am 21. Januar durch ein amerikanisches Militärfahrzeug und jenes über das provozierende Verhalten der sich im Fahrzeug

---

[115] Absatz im Original von Molotov am linken Rand mit einem Strich markiert.
[116] Absatz im Original von Molotov am linken Rand mit einem Strich markiert.
[117] Auf der Rückseite: S[ekretaria]t Gen. Molotovs. Hergestellt 1 Kopie. 28.1.52-o. Stempel: Eine Kopie mit den Beschlüssen Molotovs erging an: *Gen. Vyšinskij mit M-1188s, 28.I.1952.* Unter dem Stempel die Unterschrift von *Smirnov.* Beschlüsse Molotovs sind nicht in der Akte enthalten.
[118] Links oben handschriftlich: *1. Was tun, damit sich solche Verletzungen nicht wiederholen? 2. Warum stehen an der Grenzlinie die Deutschen, aber keine <u>sowjetische</u> Soldaten? V. M., 10.II.* „sowjetische" von Molotov zweimal unterstrichen.

befindenden amerikanischen Soldaten zur Kenntnis. Sie beauftragten das Außenministerium der UdSSR, diese Frage zu prüfen und Vorschläge in das ZK der VKP(b) einzubringen.

Im Zusammenhang damit wurden von uns die Gen. Čujkov und Semenov befragt, die mitteilten, dass der Chef des Stabes der Gruppe der sowjetischen Truppen in Deutschland am 23. Januar ein Schreiben an den Chef der amerikanischen Besatzungstruppen richtete. In diesem Schreiben wurde Protest gegen die Verletzung der Demarkationslinie durch das amerikanische Militärfahrzeug und das provozierende Verhalten der militärischen Militärdiener zum Ausdruck gebracht (eine Kopie[119] liegt bei).

Da bei den Amerikanern bereits ein offizieller Protest abgegeben wurde, kann man sich nach Meinung des Außenministeriums auf diese Eingabe begrenzen und muss keine zusätzlichen Maßnahmen unternehmen.

Ich bitte um Ihr Einverständnis.

/A. Gromyko/
A. Gromyko

„9." Februar 1952
Nr. *189/AG*
Abgedr. in 2 Ex.
1 – an Gen. Molotov
2 – zu den Akten[120]

Dokument 77

RGASPI, f. 82, op. 2, d. 1042, S. 68, 11.3.1952
Zorin: Stellt den Bericht „Die Rolle der gaullistischen Partei RPF im heutigen politischen Kampf in Frankreich" vor. Im Bericht heißt es, dass im letzten Dreivierteljahr im politischen Leben Frankreichs immer mehr die Partei des faschistischen Typs „Vereinigung des französischen Volkes" unter de Gaulle an Einfluss gewinnt. Indem die Gaullisten mithilfe sozialer und nationalistischer Demagogie ihre echten Ziele maskierten, streben sie danach, die Macht im Land zu erobern und eine faschistische Diktatur zu errichten. Auf dem Gebiet der Außenpolitik zielt die RPF darauf ab, einen Kurs zur Umwandlung Frankreichs in einen Hauptgegner der amerikanischen Pläne zur Vorbereitung eines westeuropäischen Aufmarschgebietes eines antisowjetischen Krieges durchzuführen. In der deutschen Frage stellen die Gaullisten die Losung eines bilateralen militärisch-politischen Bündnisses zwischen Frankreich und Westdeutschland und auf dieser Basis die Gründung einer militär-politischen „Konföderation" der westeuropäischen Länder an die vorderste Stelle. Die RPF genießt breite politische und finanzielle Unterstützung der Führungskreise der USA und des Vatikans. Die Unfähigkeit der Parteien der jetzigen Regierungsmehrheit, eine stabile Regierung zu schaffen, und ebenso die sich verschärfenden Unstimmigkeiten zwischen den Parteien der Regierungsmehrheit verstärken gegenwärtig die Tendenz der französischen Finanzoligar-

---

[119] Wird hier nicht abgedruckt.
[120] Darunter Eingangsstempel: S[ekretaria]t V. M. Molotov: *10.II.1952*. Eingangsnummer [in russischer Abkürzung]: Nr. *1772*. Auf der Rückseite Stempel: Kopie mit Beschlüssen Molotovs erging an *Gen. Gromyko. 10.II.1952.* Darunter Unterschrift von *Smirnov.*

chie, die Macht in die Hände der Partei de Gaulles zu übergeben. Das am 8. März d. J. formierte Kabinett des „Unabhängigen" Antoine Pinay, in dem die Gaullisten nicht vertreten sind, ist offensichtlich eine Übergangsstufe zur Bildung einer gaullistischen Regierung.

Erging an Gen. Stalin und die and. Genossen des Achterkollegiums, ebenso an die Gen. Suslov, Vyšinskij, Gromyko, Grigor'jan.

Dokument 78

RGASPI, f. 82, op. 2, d. 1337, S. 45–51, 15.3.1952

An Genossen V. M. Molotov

Ich lege einen Informationsbericht „Über die Lage in der Kommunistischen Partei Deutschlands, den Zustand und die Vorbereitung der Führungskader der Partei" vor, der in Entsprechung mit dem Arbeitsplan der Außenpolitischen Kommission erstellt wurde.

Der Vorsitzende der Außenpolitischen
Kommission des ZK der VKP(b)   *V. Grigor'jan*   (V. Grigor'jan)

„15." März 1952

Nr. 25-S-555[121]

Str. geheim

Informationsbericht

über die Lage in der KPD, den Zustand und die Vorbereitung der Führungskader der Partei

Der im März 1951 abgehaltene Parteitag der KPD legte als Art Hauptaufgabe der Partei den Kampf gegen die Remilitarisierung Westdeutschlands, für die Wiederherstellung eines einheitlichen demokratischen Deutschland und für den Abschluss eines Friedensvertrages fest. Gleichzeitig setzte der Parteitag die Aufgaben der organisatorischen und ideologischen Festigung der Partei, der Verbesserung der Auswahl und Verteilung der Parteikader fest.

Die KPD führte eine bedeutsame Arbeit durch, indem sie die Beschlüsse des Parteitages verwirklichte. Unter der Führung der Kommunistischen Partei wurde eine Volksbefragung gegen die Remilitarisierung und für den Abschluss eines Friedensvertrages mit Deutschland durchgeführt. Trotz des Verbotes der Volksbefragung sammelte die Kommunistische Partei ungefähr 5 Mio. Unterschriften. Der kommunistischen Partei gelang es, eine breite Welle des Volksprotestes gegen die militärische Politik der Bonner Regierung, gegen den „Schuman"- und „Plevenplan" zu entfachen. Nachdem die Kommunistische Partei ihre Verbindungen mit den werktätigen Massen gefestigt hatte, führte sie eine Reihe von Arbeits-

---

[121] Links unten Eingangsstempel: S[ekretaria]t V. M. Molotovs: *15.III.52.* Eingangsnummer [in russischer Abkürzung]: Nr. *3473.*

konferenzen durch, insbesondere die Konferenz der Metall- und Bergarbeiter des Ruhrgebietes gegen die Remilitarisierung. Im Oktober 1951 organisierte die Kommunistische Partei Streiks der Hafenarbeiter Hamburgs und Bremens mit der Forderung der Ablehnung des Entladens amerikanischen Militärmaterials.

Im Zusammenhang mit dem Appell der Volkskammer der DDR an die Bonner Regierung und den Bundestag in der Frage einer gesamtdeutschen Konferenz und gesamtdeutscher Wahlen in eine Nationalversammlung führte die Kommunistische Partei eine breite Aufklärungskampagne für die Unterstützung dieser Vorschläge durch die Bevölkerung Westdeutschlands durch. Der KPD gelang es nicht nur, breite Schichten der Arbeiter und Bauern in die Bewegung einzubeziehen, sondern auch bedeutende gesellschaftliche Vertreter der Bourgeoisie und der Intelligenz: Wirth, Heinemann, Niemöller u.a. Die Kommunistische Partei ging eine engere Verbindung mit vielen unteren sozialdemokratischen Organisationen ein und führte eine Reihe von gemeinsamen Konferenzen und Demonstrationen in Hamburg und im Ruhrgebiet gegen die Remilitarisierung durch. Viele Organisationen der KPD verbesserten ihre Arbeit unter den Frauen und der Jugend in besonderem Maße. Die werktätigen Massen Westdeutschlands unterstützten die Forderungen der Kommunisten aktiver.

Die Arbeit der Kommunistischen Partei wird unter äußerst schwierigen Bedingungen durchgeführt. Die Bonner Reaktion verfolgt die Kommunistische Partei systematisch und erreicht ihre Isolation von den Massen. Im Januar d. J. brachte die Bonner Regierung beim Verfassungsgericht einen Antrag auf Verbot der Kommunistischen Partei und der ihr benachbarten demokratischen Organisationen ein. Am 31. Januar d. J. führte die westdeutsche Polizei gleichzeitig in ganz Westdeutschland einen terroristischen Angriff auf alle Einrichtungen der Kommunistischen Partei durch und zerstörte diese komplett. Die Fraktion der Kommunistischen Partei im Bonner Parlament wird ständig ihrer verfassungsmäßigen Rechte beraubt. Im Sommer 1951 wurden eine Reihe von Zeitungen der Kommunistischen Partei verboten und die Redakteure verhaftet.

Die Kommunistische Partei erwies sich als schwach darauf vorbereitet, den Angriff der Reaktion der Besatzungsmächte und der Bonner Regierung zurückzuweisen und ihnen eine wachsende Front nationalen Widerstands der Werktätigen, die mit der Remilitarisierungspolitik nicht zufrieden sind, entgegenzustellen. Darin zeigte sich vor allem die organisatorische und ideologische Schwäche der KPD und der Mangel an nötigen vorbereiteten Kadern. Lediglich 10-15% der Parteimitglieder beteiligen sich aktiv am Kampf. Die Partei konnte in ihren Reihen die subversive Arbeit feindlicher Elemente, besonders der Trotzkisten und Titoisten, nicht unterbinden.

Der organisatorische Zustand der KPD

Nach den Daten für den November 1951 zählte die KPD ungefähr 150 Tausend Mitglieder. In der letzten Zeit belebte die Kommunistische Partei die Arbeit für die Werbung neuer Mitglieder. In die Partei wurden mehr als 8 Tausend junge Arbeiter aufgenommen.

Die Kommunistische Partei untergliedert sich in 11 Landesorganisationen. An der Spitze des ZK der KPD steht das Sekretariat mit 9 Personen, in den Landesführungen die Sekretariate aus 3-8 Personen, in den Bezirken steht an der Organisationsspitze ein Sekretär, in den Grundorganisationen ein Parteiorganisator und ein Gruppenorganisator.

Die Führungsorgane der KPD stehen nur mit den unteren Organisationen schwach in Verbindung. Die Leiter des zentralen und der Ländersekretariate sind fast nie vor Ort, kennen nur schlecht die Stimmungen und Fragen der Kommunisten sowie das Leben der

Grundorganisationen und helfen den Grundorganisationen nicht, die tägliche Parteiarbeit zu regeln. Die Beschlüsse der höheren Organe der Partei werden der Mehrheit der Grundorganisationen nicht zur Kenntnis gebracht und auf den Versammlungen der Kommunisten nicht erörtert. Kontrolle und Überprüfung der Durchführung der angenommenen Beschlüsse findet nicht statt.

Das Sekretariat des ZK der KPD legt nicht ausreichend Initiative in der Lösung wichtigster Fragen an den Tag, hofft auf Weisungen und Beschlüsse des ZK der SED und begrenzt seine Tätigkeit auf die Herausgabe von Aufrufen und Erklärungen. Im Sekretariat gibt es keine Kollektivität in der Arbeit und kein kollektives Verantwortungsgefühl. Von den Mitgliedern des Sekretariates tritt lediglich Gen. Reimann regelmäßig auf Demonstrationen und Versammlungen vor Arbeitern auf. Eine solche Praxis wird auch in den Sekretariaten der Länder der KPD beobachtet.

Viele Länder- und Bezirksleitungen der Partei sind nicht mit Kadern besetzt. In Niedersachsen zum Beispiel gibt es in 1/3 der Bezirksleitungen nur einen Mitarbeiter. Je eine Person gibt es in vielen wichtigsten Abteilungen der Länderführungen. Der Apparat der zentralen Führung der KPD ist nicht vollständig. In den Länderführungen Württemberg-Hohenzollern, Bayerns, Schleswig-Holsteins, Bremens sind sogar die Sekretariate nicht voll besetzt. In der Partei werden die Prinzipien des demokratischen Zentralismus scharf verletzt, weit verbreitet sind Ergänzungswahlen von Mitgliedern in die Führungsorgane.

Die Disziplin in der Partei ist niedrig. Mitgliedsbeiträge zahlen nur 50–60% der Mitglieder. Versammlungen in den unteren Organisationen werden nur selten durchgeführt und ihr Besuch überschritt im Jahr 1951 keine 30%. Viele Grundorganisationen führen seit Jahren keine Versammlungen durch. Die Führungsorgane ersetzen oft Versammlungen durch Konferenzen des engeren Aktivs. Kritik und Selbstkritik werden in der Partei nur schlecht geübt. Ein bedeutsamer Teil der Kommunisten löste sich von der Partei und lehnt die Erfüllung der Parteiaufträge ab. Während der Durchführung der Volksbefragung nahm die Mehrheit der Kommunisten nicht an ihrer Durchführung teil.

In der Partei betreibt man die Arbeit zur Verbreiterung und Festigung der Betriebsorganisationen, die sich ungefähr auf 920 belaufen, nur unzufriedenstellend. Die Mehrheit dieser Organisationen führt ihre Arbeit nur fallweise durch und viele sind überhaupt vor langem zerfallen. In Hamburg sank die Zahl der Betriebsgruppen auf 15%. In den Betrieben arbeiten bis zu 60% der Parteimitglieder, in Betriebsorganisationen stehen jedoch nur 20%.

Die Lage der ideologischen Arbeit in der KPD

Die ideologische Arbeit in der KPD verbesserte sich in der letzten Zeit ein bisschen. Die Partei bereitete sich organisierter auf das neue Lehrjahr der Parteibildung vor. Sie nahm die Herausgabe der Aufsätze des Genossen Stalin in Angriff. Die Presse der KPD begann sich stärker Fragen der marxistisch-leninistischen Theorie zu widmen, tritt aktiver zu aktuellen politischen Fragen auf und führt systematisch Propaganda über die Friedenspolitik der Sowjetunion und die Lage in der DDR.

Dennoch hinkt die Organisation der politischen Bildung der Kommunisten den Aufgaben, die sich der Partei stellen, hinterher. Die Erfassung der Politlehrer der Kommunisten beträgt 40–50% und der Besuch von Lehrzirkeln und Kursen überstieg im Jahr 1951 keine 10%. Die Mehrheit der Führer der Parteiorganisationen lernen selbst nicht, sie berufen sich auf Überlastung. Viele Länder- und Bezirksleitungen der KPD erörterten 1951 nicht ein einziges Mal Fragen der politischen Bildung der Kommunisten.

Im Jahr 1951 wurden 1400 Lehrveranstaltungen politischen Elementarunterrichts organisiert, 46 zum Studium der Biographie Genossen Stalins, 199 zum Studium der Geschichte der VKP(b). Die [Lehr]-Zirkel besuchten über 15 000 Kommunisten. In der zentralen 4-Monatsschule wurden im Jahr 1951 ungefähr 700 Kommunisten ausgebildet. In den 4-wöchigen Länderschulen wurden bis zu 1800 Personen ausgebildet. Die Lehre wird im Netz der Parteibildung auf einem niedrigen Niveau durchgeführt. In den Schulen und [Lehr]-Zirkeln mangelt es an erfahrenen Propagandisten und Unterrichtsliteratur.

In der KPD herrscht Unklarheit und Verwirrung über eine Reihe der wichtigsten politischen Fragen. Wenn nun direkte Aussagen gegen die Sowjetunion weniger wurden, so finden sie im Zusammenhang mit der neuen Grenze Deutschlands und Polens und der Lage in der DDR noch statt. Viele Kommunisten sagen unter Einwirkung der feindlichen Propaganda, dass im Falle eines Verzichtes der UdSSR auf die neue Grenze Deutschlands im Osten „es dann auch uns leichter falle, unter den Massen zu arbeiten". Einige Parteimitglieder glauben nicht an den Erfolg der DDR und denken, dass der Appell der Regierung der DDR für die Einberufung einer gesamtdeutschen Konferenz und für Wahlen in die Nationalversammlung propagandistische Ziele verfolgt.

Unter einem großen Teil der Parteimitglieder herrscht die Meinung, dass die KPD nicht in der Lage ist, die ihr gestellten Aufgaben zu lösen und dass die Frage Westdeutschlands nur mit der Hilfe von außen gelöst werden kann. Viele führende Exponenten erklären, dass die „Vereinigung Deutschlands auf demokratische Weise nur von der Sowjetischen Armee verwirklicht werden kann".

In den Reihen der Parteiorgane und unter den Mitgliedern ist die Meinung über die Sinnlosigkeit, gegen einen Krieg zu kämpfen, verbreitet. Viele bekräftigen, dass ein Krieg unausweichlich sei und es deshalb keinen Sinn mache, für die Kommunistische Partei, einen Kräfte übersteigenden, schweren Kampf mit den militärischen Plänen der Imperialisten auf sich zu nehmen und die Tätigkeit für den Kampf um den Frieden zu organisieren. Andererseits gibt es eine glatte Unterschätzung der militärischen Gefahr von Seiten des amerikanischen Imperialismus. In Braunschweig, Hannover, Salzgitter und and. Städten erklären viele Parteimitglieder: „Ohne deutsche Divisionen ist ein amerikanischer Krieg in Europa nicht möglich. Aber da es diese Divisionen noch nicht gibt, ist es übertrieben, von einer ernsthaften militärischen Gefahr zu sprechen."

Das Unverständnis für die politische Lage führte dazu, dass ein bedeutsamer Teil der Parteimitglieder eine passive, abwartende Position einnimmt. Zu beobachten ist eine Überschätzung der Kräfte der Reaktion und ein Unglauben an die eigenen Kräfte und die Kräfte der Arbeiterklasse.

Die Lage der Führungskader in der KPD

Die Hauptschwäche der KPD besteht in den ungenügenden Verbindungen mit den Massen und im Mangel an ausgebildeten Führungsparteikadern. Alle wesentlichen Kader der deutschen Kommunistischen Partei Westdeutschlands verblieben bereits 1945 auf dem Gebiet der DDR. Die Kader der Kommunistischen Partei Westdeutschlands wurden aus örtlichen, mitunter ungeprüften Funktionären ergänzt. In die KPD-Führung gelangte eine große Anzahl an feindlichen Elementen, Trotzkisten und Titoisten, die alle Maßnahmen unternahmen, um die Partei von innen zu zersetzen, sie zu schwächen und sie von den Massen zu isolieren.

Seit Anfang 1951 führte die KPD mit Hilfe der SED eine umfangreiche Arbeit zur Säuberung der Führungsorgane von feindlichen Elementen durch. Mehr als 100 Führungsfunktionäre wurden entlarvt und aus der Partei ausgeschlossen. Mehr als die Hälfte der Sekretäre der Bezirksleitungen wurden als nicht vertrauenswürdig von der Arbeit entlassen und aus der Partei ausgeschlossen. Im Sekretariat des ZK der KPD wurden 4 feindliche Agenten entlarvt. Insgesamt wurde der Parteiapparat um 60% erneuert.

Dennoch wurde die Arbeit zur Säuberung der Führungsorgane von feindlichen und zweifelhaften Elementen nicht zu Ende geführt, sie wurde wie von Stubengelehrten durchgeführt, ohne Teilnahme der Parteimitglieder. Deshalb verblieben in den Führungsorganen noch viele zweifelhafte Elemente, deren Akten sich bereits über ein Jahr zur Überprüfung im ZK der SED befinden.

Die Mehrheit der Führungskader der KPD ließ sich in der Emigration in Amerika, England, Frankreich, in der Schweiz und in anderen westlichen Ländern beeinflussen. Sie waren nie in der Sowjetunion und kennen ihr Leben nicht. Das theoretische Niveau der führenden Funktionäre der KPD ist äußerst niedrig. Das allgemeine Bildungsniveau der Mehrheit der führenden Funktionäre ist die Grundschule. Im ZK der KPD haben nur 6 Pers. die Höhere Parteischule beim ZK der SED abgeschlossen. Die politische Bildung der Mehrheit der Mitglieder des ZK der KPD und auch der Länderorganisationen begrenzt sich auf eine 4-monatige Zentralschule, 4-wöchige Länderschulen und kurzzeitige Kurse.

Aber die Mehrheit der Sekretäre der Länderorganisationen verfügt über Erfahrung in Parteiführungsarbeit von ungefähr einem Jahr. Von 11 Sekretären der Länderorganisationen arbeiten 6 erst seit März 1951. 7 Mitglieder des Sekretariats des ZK der KPD (von 9) arbeiten seit weniger als einem Jahr, von denen 5 Pers. nie in verantwortlicher Führungsparteiarbeit tätig waren.

Unter den Führungskadern der KPD, besonders in den Länder- und Kreisorganisationen, dominieren Leute im Alter von über 50 Jahren. Ein Drittel der Kreissekretariate steht im Alter von über 60 Jahren. Jugend wird nur schwach zur Führungsarbeit zugelassen.

Die Ausbildung der Parteikader ist nicht zufriedenstellend. Landesparteischulen, die die Kreiskader ausbilden, bringen schwach ausgebildete Funktionäre hervor, deren Mehrheit nicht zur Führungsarbeit verwendet wird. Die zentrale Parteischule beim ZK der KPD erscheint als die wichtigste Form der Ausbildung von Führungskadern, die aber nur eine äußerst begrenzte Zahl an Funktionären zulässt. In der Höheren Parteischule beim ZK der SED werden jährlich 25 KPD-Mitglieder geschult. Außerdem führt das ZK der KPD regelmäßig spezielle zweiwöchige Kurse zur Ausbildung spezifischer Funktionäre durch.

Eine ernste Frage für die KPD bleibt die Auswahl politisch ausgebildeter Mitglieder des Sekretariats des ZK der KPD. Der Personalstand der Mitglieder des Sekretariates entspricht nicht gänzlich den Forderungen, die sich aus der politischen Lage ergeben. Hauptmangel des Sekretariates ist das Fehlen fester und erfahrener Organisatoren und theoretisch ausgebildeter Arbeiter.

Die Führung des ZK der SED leistet dem Sekretariat des ZK der KPD immer noch nur schwache Hilfe. Die ganze Hilfe begrenzt sich auf die Herausgabe von Direktiven und Anweisungen, was zur Senkung von Initiative und Selbständigkeit des Sekretariates des ZK der KPD führte. Hilfe mit Kadern und auch propagandistischen und Agitationsmaterialien wird unzureichend gewährt.

Kurze Charakteristiken über die Mitglieder des Sekretariats der Zentralführung der KPD und der ersten Sekretäre der Länder- (Gebiets-)Organisationen liegen bei.[122]

---

[122] Werden hier nicht abgedruckt.

Dokument 79

RGASPI, f. 82, op. 2, d. 1042, S. 76, 17.3.1952
Ignat'ev: Teilt mit, dass am 11. März d. J. der Leiter der Presseabteilung des Außenministeriums Frankreichs, de Leusse, auf einer Pressekonferenz für Journalisten im engen Kreis die Einstellung des französischen Außenministeriums zur Frage der sowjetischen Note bezüglich des Friedensvertrages mit Deutschland darlegte. Er erklärte, dass „sich die sowjetischen Vorschläge offen gegen die Teilnahme Westdeutschlands am Atlantikpakt und an einer Europa-Armee richten. Wenn man nur das in Betracht zieht, dann werden sich in England und in Frankreich Leute finden, die eine Ablehnung der Idee der Gründung einer Europa-Armee und der Einbeziehung Westdeutschlands in den Atlantikpakt wünschen. Das Streben hierzu bildet den Kern der sowjetischen Vorschläge und man muss anerkennen, dass sie bedeutsam weiter gehen als alle bisherigen Vorschläge". Im privaten Gespräch sagte de Leusse, dass „die Russen das Ziel verfolgen, Zeit zu gewinnen. Aber auch wir gewinnen Zeit, wenn wir uns mit ihnen streiten."
Erging an alle Mitglieder des Achterkollegiums sowie an die Gen. Vyšinskij und Zorin.

Dokument 80

RGASPI, f. 82, op. 2, d. 1042, S. 77, 17.3.1952
Ignat'ev: Trägt den Text der Resolution des Rates des Nordatlantikbündnisses zur Frage der Vollmachten des Oberkommandierenden der Streitkräfte des Bündnisses in Europa vor, die auf der Lissabonner Konferenz im Februar d. J. beschlossen wurden. In der Resolution heißt es, dass „die Aufgabe des Oberkommandierenden der verbündeten Staaten in Europa darin besteht, die Streitkräfte des Nordatlantikbündnisses im Krisenfall mit Ausrüstung materiell sicherzustellen. Dem Oberkommandierenden obliegt auch die Verantwortung für die Organisation der Ausbildung der Truppen zur Umsetzung militärischer Pläne. Dem Oberkommandierenden ist es erlaubt, Empfehlungen in strategischen Fragen unmittelbar dem Chef des Generalstabes der Mitgliedsländer zu geben.
Erging an alle Mitglieder des Achterkollegiums und an Gen. Vyšinskij.

Dokument 81

RGASPI, f. 82, op. 2, d. 1042, S. 76, 17.3.1952
Ignat'ev: Stellt den Resolutionsentwurf des Rates des Nordatlantikbündnisses gemäß des Vortrages des provisorischen Komitees vor, der auf der Lissabonner Tagung vom 20. bis zum 25. Februar d. J. zur Prüfung eingebracht wurde. Der Entwurf wurde von der Konferenz ohne wesentliche Änderungen angenommen. Im Resolutionsentwurf wird mehrmals betont, dass eine der vorrangigsten Aufgaben der Mitgliedsländer des Nordatlantikbündnisses in der Umsetzung eines Programms zur Errichtung von Flugplätzen, Militärbasen, Stäben und Verbindungswegen besteht. Den Mitgliedsländern wird empfohlen, bedeutende Anstrengungen zur Akkumulation von Reserven strategischer Rohstoffe und zur Durchführung einer rigorosen Bewirtschaftung mittels Regulierung des Bedarfs und der Verteilung der Rohstoffe zu unternehmen. Im Resolutionsentwurf wird mehrmals darauf hingewiesen, dass die Erfüllung der Militärprogramme des Nordatlan-

tikbündnisses auf einer „dauerhaften wirtschaftlichen und sozialen Grundlage" basieren muss, auch wenn irgendwelche praktischen Maßnahmen zur Verbesserung der wirtschaftlichen Lage der Mitgliedsländer des Bündnisses in der Resolution nicht vorgeschlagen werden.
Erging an alle Mitglieder des Achterkollegiums und an Gen. Vyšinskij.

Dokument 82

RGASPI, f. 82, op. 2, d. 1042, S. 81, 19. 3. 1952
Ignat'ev: Teilt mit, dass am 11. März d. J. der französische Hohe Kommissar in Westdeutschland, François-Poncet, einige Telegramme an das Außenministerium Frankreichs zur Frage über die Resonanzen in Bonn auf die Note der sowjetischen Regierung bezüglich des Friedensvertrages mit Deutschland geschickt hat. Gemäß eines der Telegramme, wies Adenauer auf der am 11. März d. J. stattgefundenen Konferenz mit den drei Hohen Kommissaren darauf hin, dass die sowjetische Note an die drei Westmächte adressiert sei, die daher auch auf sie antworten müssten, auch wenn Adenauer seine Hoffnungen darauf nicht verbarg, dass die Antwort schnell gegeben wird und dass sie ablehnend sein wird. Nach den Worten François-Poncets sind die Sozialdemokraten und andere Oppositionsparteien weniger zu Misstrauen im Zusammenhang mit der Initiative der UdSSR geneigt als die Regierungsparteien, auch wenn sie die Notwendigkeit einer vorzeitigen Durchführung gesamtdeutscher Wahlen hervorheben. In einem anderen Telegramm weist François-Poncet darauf hin, dass am 11. März d. J. eine Sitzung der Bonner Regierung stattfand, auf welcher, nach den Worten eines offiziellen Vertreters dieser Regierung, die sowjetische Note Objekt eingehenden Studiums war. François-Poncet teilt mit, dass die Bonner Regierungskreise folgende vorläufige Bemerkungen zu den sowjetischen Vorschlägen machen: 1) der Abzug der Besatzungstruppen aus Deutschland würde eine gefährliche „Leere" mitten im Herzen Europas schaffen; 2) die Worte „Freiheit" und „Demokratie" haben in der „sowjetischen Welt" und im Westen nicht dieselbe Bedeutung; 3) die sowjetischen Vorschläge verlangen von Deutschland einen Verzicht auf die Gebiete östlich der Oder und Neiße, dem keine Regierung eines vereinten Deutschland zustimmen könnte; 4) theoretisch erlauben die sowjetischen Vorschläge Deutschland, eine Armee zu haben, auch wenn diese Vorschläge unaufrichtig sind; 5) in der sowjetischen Note ist keine Rede von einer gesamtdeutschen Regierung.
Erging an Gen. Stalin und die and. Genossen des Achterkollegiums, ebenso an die Gen. Vyšinskij und Zorin.

Dokument 83

RGASPI, f. 82, op. 2, d. 1042, S. 81, 19. 3. 1952
Ignat'ev: Legt den auf der Lissabonner Tagung des Rates des Nordatlantikbündnisses abgesegneten Resolutionstext zur Frage der Beziehungen zwischen den Organen des Bündnisses und den Organen der sog. Europäischen Verteidigungsgemeinschaft vor. In der Resolution heißt es, dass die Teilnahme der Mitgliedsstaaten des Nordatlantikbündnisses in der Europäischen Verteidigungsgemeinschaft sie nicht ihrer Rechte beraubt, auch an allen Organen des Nordatlantikbündnisses teilzuhaben. Bei Beschlussfassung aller Fragen bezüg-

lich der Ziele des Nordatlantikbündnisses und der Europäischen Verteidigungsgemeinschaft müssen jedes Mal, wenn das eine dieser Organisationen wünscht, zur Konsultation Konferenzen einberufen werden.

Erging an Gen. Stalin und die and. Genossen des Achterkollegiums.

Dokument 84

RGASPI, f. 82, op. 2, d. 1042, S. 84, 21.3.1952

Ignat'ev: Legt den Text des Telegramms des französischen Hohen Kommissars in Westdeutschland, François-Poncet, an das Außenministerium Frankreichs vom 11. März d. J. über eine Konferenz der drei Hohen Kommissare mit Adenauer vor. Auf der Konferenz wurde die Frage über die Note der sowjetischen Regierung bezüglich des Friedensvertrages mit Deutschland erörtert. François-Poncet erklärte auf dieser Konferenz, dass sich jetzt „ein breiter Angriff entfaltet. Dieser hat offensichtlich sein Hauptziel, den Abzug der Besatzungstruppen aus Deutschland zu erreichen, darunter der amerikanischen, die auf solche Weise auf ihre weit entfernten Basen zurückkehren würden, und für Deutschland den Status einer Art bewaffneter Neutralität zwischen dem Osten und dem Westen zu errichten. Diese Vorschläge geben den Verbündeten die Perspektive einer Milderung der Spannung. Auch wenn sich diese Perspektive auf den Rahmen Europas begrenzt." Adenauer antwortete, dass „sich die deutsche öffentliche Meinung durch den äußeren Reiz dieser Vorschläge verlocken lassen könnte, insbesondere durch den Vorschlag der Gründung einer Armee, die im übrigen Deutschland zu schaffen und zu erhalten nicht in der Lage ist". Adenauer erklärte, dass er sich frage, „ob nicht die Vorschläge eher an das französische Parlament und gleichzeitig an die äußerst rechten deutschen Kreise adressiert sind als an die Regierungen". Adenauer brachte seine Hoffnung zum Ausdruck, dass „in jedem Fall die Antwort auf die sowjetische Note in kürzester Frist gegeben wird und dass diese Antwort die Perspektive der Einberufung einer Konferenz ausschließt".

Erging an alle Mitglieder des Achterkollegiums und an Gen. Vyšinskij

Dokument 85

RGASPI, f. 82, op. 2, d. 1334, S. 67f., 25.3.1952

<u>Aus dem Diensttagebuch</u>
<u>A. J. Vyšinskijs</u>[123]

Geheim

Empfang
der Geschäftsträger der USA, Cumming, Englands, Grey
und Frankreichs, Brionval
am 25. März 1952.

---

[123] Von Molotov unterstrichen. Links davon der handschriftliche Verweis „*zu den Akten*". Links unten Eingangsstempel: S[ekretaria]t V. M. Molotov: *26.III.1952*. Eingangsnummer [in russischer Abkürzung]: Nr. *4045s*.

Um 15.00 Uhr empfing ich Cumming auf seine Bitte hin. Cumming händigte mir eine Note (liegt bei) aus, die die Antwort auf die sowjetischen Vorschläge vom 10. März d. J. bezüglich des Abschlusses eines Friedensvertrages mit Deutschland beinhaltet. Hierbei legte der Geschäftsträger den Inhalt der amerikanischen Note dar.

Nachdem ich Cumming angehört hatte, sagte ich, dass die Note studiert und der sowjetischen Regierung vorgelegt werden wird. Anschließend machte ich folgende kurze Bemerkungen und unterstrich gleichzeitig, dass ich sie vorläufig mache, die auf Folgendes hinausliefen:

1. Die Position der Sowjetunion zur Frage der sog. UNO-Kommission zur Prüfung der Bedingungen in Deutschland ist aufgrund der Arbeit der VI. UNO-Generalversammlung gut bekannt.
2. Die in der Note enthaltene Bekräftigung dessen, dass die Beschlüsse der Potsdamer Konferenz nicht die endgültigen Grenzen Deutschlands festsetzen, entbehrt jeglicher Grundlage, weil in Wirklichkeit auf der Potsdamer Konferenz die Grenzen Deutschlands endgültig festgesetzt wurden.
3. Der Standpunkt der Sowjetunion bezüglich der Unvereinbarkeit der Teilnahme in solchen Organisationen wie zum Beispiel dem Nordatlantikblock mit einer Mitgliedschaft in den Vereinten Nationen muss ebenso der Regierung der USA bekannt sein. Wenn von der Verhinderung der Aggressionsgefahr, der Gefahr für die Freiheit in Europa die Rede ist, so stellt die Einbeziehung Deutschlands in verschiedene aggressive Organisationen eine solche Gefahr dar. Der Prozess der Remilitarisierung Westdeutschlands, der gegenwärtig verwirklicht wird, widerspricht den Beschlüssen der Potsdamer Konferenz.
4. Was die Erlaubnis eines geeinten Deutschland betrifft, Streitkräfte zu haben, so hat jeder beliebige unabhängige und souveräne Staat das legitime Recht zum Schutz seiner Grenzen. Die Regierung der USA teilt ebenso diesen Standpunkt, was aus den Bestimmungen des separaten Friedensvertrages mit Japan, der rechtswidrig in San Francisco unterzeichnet wurde, ersichtlich ist. Wenn nach diesem separaten Vertrag Japan das verbriefte Recht auf individuelle und kollektive Selbstverteidigung hat, warum sollte dann ein eben solches Recht nicht Deutschland zugestanden werden?

Cumming sagte, dass er diese meine vorläufigen Bemerkungen seiner Regierung übermittelt.

Um 15.30 Uhr empfing ich Grey, der in Begleitung des 1. Botschaftssekretärs, Titchener, kam, um 16.00 Uhr Brionval. Nachdem die von Grey und Brionval ausgehändigten Noten der amerikanischen Note analog waren, machte ich dieselben vorläufigen Bemerkungen und versprach ebenso ihren Inhalt der Regierung vorzulegen. (Die Noten liegen bei. Die Gespräche übersetzten Gen. Pastoev und Gen. Starikov.

A. Vyšinskij

Erging an die Gen. Stalin, <u>Molotov,</u> Malenkov, Berija, Mikojan, Kaganovič, Bulganin und Chruščev.[124]

---

[124] Darunter der handschriftliche Vermerk: *93-V. Ex. Nr. 3.*

Dokument 86

RGASPI, f. 82, op. 2, d. 1042, S. 95, 28. 3. 1952
Ignat'ev: Trägt den Inhalt von Aussagen von Führern der SPD zur Frage der Note der sowjetischen Regierung bezüglich des Abschlusses eines Friedensvertrages mit Deutschland vor. Der stellvertretende Vorsitzende Ollenhauer erklärte am 15. März d. J., dass diese Note auf gar keinen Fall abzulehnen sei. Ollenhauer unterstrich, dass es nicht zielführend sei, wenn auf der Grundlage der sowjetischen Note vierseitige Verhandlungen beginnen würden, die Frage über die Oder-Neiße-Grenze erheben, „so es doch völlig möglich wäre, dass die UdSSR diesbezüglich irgendetwas vorsieht. Möglich, dass die UdSSR wegen einer Neutralisierung Europas die DDR opfern wird, wenn auch nicht sofort, sondern nach einem längeren Zeitraum." Reuter charakterisierte die Note der sowjetischen Regierung als ernsthaften Schritt und unterstützte den Standpunkt Ollenhauers zur Frage der Oder-Neiße-Grenze. Er mahnte zur Vorsicht vor der von Adenauer betriebenen „Politik des Türezuschlagens". Der Bundestagsabgeordnete Brandt erklärte in einem Gespräch im März d. J., dass die Sozialdemokraten „die Note sorgfältig studieren und gegen übereilte, teilweise gedankenlose Aussagen von Regierungsvertretern auftreten müssen". Der Vorsitzende der außenpolitischen Kommission des Bundestages, Schmid, erklärte in einem Gespräch, dass Verhandlungen der 4 Mächte zur deutschen Frage nur unter der Bedingung des Verzichtes Westdeutschlands auf den Beitritt zum Nordatlantikbündnis möglich seien. Da diese Bedingungen irreell sind, ist es seiner Meinung nach nötig, in der Propaganda mit der Forderung an die UdSSR fortzufahren, damit sie der Anerkennung des „Rechtes" der UNO, an der Lösung des deutschen Problems teilzuhaben, zustimmt.

Erging an Gen. Stalin und die and. Genossen des Achterkollegiums, ebenso an die Gen. Vyšinskij und Zorin.

Dokument 87

RGASPI, f. 82, op. 2, d. 1042, S. 99, 28. 3. 1952
Vyšinskij: Übersendet den Text des Telegramms des Vorsitzenden der UNO-Untersuchungskommission über die Bedingungen der Durchführung von Wahlen in Deutschland, Albertson, das am 27. März d. J. an General Čujkov geschickt wurde. Im Telegramm heißt es, dass „die Kommission dankbar wäre, wenn für sie die Möglichkeit geschaffen werden würde, eine Konferenz mit den entsprechenden Machthabern in der sowjetischen Zone Deutschlands und im Ostsektor Berlins durchzuführen, um der Kommission die Möglichkeit zu geben, die nötigen Maßnahmen mit diesen Machthabern zu treffen".

Erging an alle Mitglieder des Achterkollegiums.

Dokument 88

RGASPI, f. 82, op. 2, d. 1337, S. 66f., 28. 3. 1952

<u>Kopie</u>

An Genossen Stalin

Ich lege die von Gen. Pieck übersandten „Vorschläge bezüglich der weiteren Aufgaben der Kommunistischen Partei Deutschlands" vor.

Der Vorsitzende der Außenpolitischen
Kommission des ZK der VKP(b)   *V. Grigor'jan*

(V. Grigor'jan)

28. März 1952

Kopien ergingen an die Genossen Malenkov, <u>Molotov</u>, Berija, Bulganin, Mikojan, Kaganovič und Chruščev[125]

<u>Vorschläge bezüglich der weiteren Aufgaben der Kommunistischen Partei Deutschlands</u>

1. Ausarbeitung einer Analyse der Lage in Westdeutschland und des Zustandes der Massenarbeit der Partei. Entfaltung der Kritik und Selbstkritik zur Überwindung falscher ideologischer Betrachtungsweisen und sektiererischer Beziehungen zu Mitgliedern der Sozialdemokratie und Patrioten aus den Reihen der Bourgeoisie. (Siehe zu dieser Frage die Beilage „Anweisungen zur Analyse des Ausgangs der Wahlen in die gesetzgebende Versammlung des Südweststaates durch die Führung der Kommunistischen Partei Deutschlands und Schlussfolgerungen für die Partei").[126]

2. Ausarbeitung eines Programms der Kommunistischen Partei Deutschlands; Erörterung eines Entwurfes auf dem Plenum der Zentralführung Ende April. Es wurde eine Kommission aus Vertretern der Sozialistischen Einheitspartei Deutschlands und der Kommunistischen Partei Deutschlands ernannt.[127]

3. Konzentration aller Kräfte der Partei auf die Schaffung einer Aktionseinheit der Tätigkeiten mit den sozialdemokratischen Organisationen oder Mitgliedern, auf die Aktivierung der Gewerkschaften zum Kampf für einen Friedensvertrag, gegen den militaristischen „Generalvertrag", für eine gesamtdeutsche Konferenz mit dem Ziel der Durchführung gesamtdeutscher Wahlen zu einer Nationalversammlung, für die demokratischen Rechte des Volkes und gegen die Vorbereitung einer Militärdiktatur.

Man muss die Isolierung der rechten sozialdemokratischen Führer erreichen, die für die Remilitarisierung stehen, aber gegenwärtig unter dem Druck der Massen manövrieren.

<u>4. Ausarbeitung eines nationalen Programms, dessen zentrale Fragen die Erreichung eines Friedensvertrages im Sinne der Vorschläge der sowjetischen Regierung, die Gewährleistung der Souveränität Deutschlands und der friedliche Aufbau sein müssen. Dieses Dokument muss auf einer auf breiter Grundlage einberufenen Konferenz westdeutscher Patrioten angenommen werden.</u>[128]

5. Bei den Parlamentswahlen kandidiert die Kommunistische Partei in den Industriezentren mit eigenen Listen. In den übrigen Städten und Ortschaften werden Listen der Friedensfreunde und der Einheit Deutschlands zusammengestellt.

---

[125] Darunter die Aktennummer: Nr. 25-S-686.
[126] Wird hier nicht abgedruckt.
[127] Absatz im Original von Molotov am linken Rand mit einem Strich markiert.
[128] Absatz im Original von Molotov am linken Rand mit einem Strich markiert.

Dokument 89

RGASPI, f. 82, op. 2, d. 1170, S. 102–106, zwischen dem 25. und 29. 3. 1952[129]

Im Zusammenhang mit der Note der Regierung der USA vom 25. März dieses Jahres erachtet es die Sowjetregierung für notwendig, Folgendes zu erklären:
    In ihrer Note vom 10. März hat die Sowjetregierung der Regierung der USA sowie den Regierungen Großbritanniens und Frankreichs vorgeschlagen, unverzüglich die Frage eines Friedensvertrages mit Deutschland zu erörtern, damit in kürzester Zeit ein vereinbarter Entwurf des Friedensvertrages vorbereitet wird. Zur Erleichterung der Vorbereitung des Friedensvertrages hat die Sowjetregierung den Entwurf der Grundlagen des Friedensvertrages mit Deutschland unterbreitet und ihr Einverständnis erklärt, auch beliebige andere Vorschläge zu erörtern.
    Indem sich die sowjetische Regierung an die Regierungen der drei Mächte mit diesen Vorschlägen wandte, hielt und hält sie es gegenwärtig für notwendig, unverzüglich die Frage der Beschleunigung des Abschlusses eines Friedensvertrages mit Deutschland zu erörtern und zu diesem Ziel den von der sowjetischen Regierung vorgeschlagenen Entwurf der Grundlagen eines Friedensvertrages mit Deutschland zu prüfen, wie auch jegliche andere Vorschläge zu dieser Frage.
    Dennoch entzog sich die Regierung der USA, wie dies aus ihrer Note vom 25. März ersichtlich ist, einer Antwort auf den Vorschlag der sowjetischen Regierung, die Frage über die Beschleunigung des Abschlusses eines Friedensvertrages mit Deutschland zu erörtern. Anstelle einer solchen Antwort zog es die Regierung der USA vor, eine Reihe von Fragen zu stellen, deren Lösung in der Note vom 25. März in der Form einer Vorbedingung zur Prüfung der Frage über den Abschluss eines Friedensvertrages mit Deutschland vorgebracht wird. Während ein Teil dieser Fragen bekanntlich bereits durch die vorhandenen vierseitigen Abkommen gelöst ist, muss ein Teil hingegen bei einer Prüfung der Vorschläge zu einem Friedensvertrag mit Deutschland erörtert werden. In Form einer solchen Bedingung schlägt die Regierung der USA vor, durch eine UNO-Kommission eine Untersuchung Deutschlands durchzuführen, um die Voraussetzungen festzustellen, die zur Durchführung gesamtdeutscher Wahlen notwendig sind.
    Indem die Regierung der USA die Frage der UNO-Kommission zur Untersuchung Deutschlands erhebt, versucht sie erneut, die UNO zur Lösung der deutschen Frage unter direkter Verletzung der UNO-Charta, die eine <u>gewaltige</u>[130] Einmischung der Organisation der Vereinten Nationen in deutsche Angelegenheiten ausschließt, heranzuziehen. Die sowjetische Regierung äußerte bereits ihre Meinung zu diesem Vorschlag. Einen solchen Vorschlag können nur jene vorbringen, die Deutschland als kulturlose, rechtlose und rückständige <u>Kolonie</u>[131] betrachten.
    Die sowjetische Regierung schlug in ihrer Note vom 10. März vor, dass die USA, die UdSSR, England und Frankreich auch die Frage der Bedingungen, die die rascheste Bildung einer dem Willen des deutschen Volkes entsprechenden gesamtdeutschen Regierung begünstigen, prüfen. Freilich sollte auch im Zusammenhang damit die Frage der Durchführung gesamtdeutscher freier Wahlen geprüft werden.

---

[129] Dem Notenentwurf ist kein Begleitschreiben beigelegt.
[130] Von Molotov durchgestrichen.
[131] Von Molotov unterstrichen.

Offensichtlich um sich einer Antwort auf den Vorschlag der sowjetischen Regierung, die Frage der Beschleunigung des Abschlusses eines Friedensvertrages mit Deutschland zu erörtern, <u>zu entziehen</u>,[132] besteht die Regierung der USA darauf, dass noch vor der Erörterung des Entwurfes eines Friedensvertrages mit Deutschland festgesetzt wird, <u>welche Stellung eine gesamtdeutsche Regierung in internationalen Beziehungen vor und nach dem Abschluss eines Friedensvertrages einnehmen wird</u>.[133]

Die Stellung einer solchen Frage wird jedoch durch nichts gerechtfertigt. Die internationale Stellung Deutschlands wird freilich durch die Gewährung der vollen staatlichen Souveränität bestimmt, was auch entsprechenden Niederschlag in einem Friedensvertrag finden muss. Es versteht sich, dass hierbei das Aufzwingen irgendeines Statuts für Deutschland, das mit seiner staatlichen Souveränität unvereinbar ist, ausgeschlossen werden muss. Deutschland muss wie jeder andere souveräne Staat das Recht haben, beliebigen Bündnissen beizutreten, <u>mit Ausnahme von Bündnissen</u>,[134] die aggressive Ziele verfolgen und gegen irgendeinen Staat gerichtet sind, der mit seinen Streitkräften am Krieg gegen Deutschland teilgenommen hat.

Was den Vorschlag der sowjetischen Regierung betrifft, Deutschland das Recht einzuräumen, <u>eigene Streitkräfte</u>[135] zu besitzen, die zur Verteidigung des Landes nötig sind, erklärt die Regierung der USA, dass dies angeblich <u>ein Schritt zurück</u>[136] sei und dass die Einräumung eines solchen Rechtes für Deutschland mit den Zielen des Erhaltens des Friedens, der Vorbeugung einer Aggression und einer Wiederkehr des Militarismus unvereinbar sei. Eine solche Erklärung entbehrt <u>jeglicher</u>[137] Grundlage, da im Vorschlag der sowjetischen Regierung klar auf Streitkräfte verwiesen wird, die zur Verteidigung des Landes nötig sind und nicht für irgendwelche andere Ziele. Eines solchen Rechtes kann <u>kein einziger</u>[138] wirklich souveräner Staat beraubt werden. Die Beschneidung des Rechtes Deutschlands, eine Verteidigungsarmee zu besitzen, wäre eine Beleidigung für das deutsche Volk und könnte nicht anders ausgelegt werden, als ein Ausdruck des Misstrauens und des Versuchs, den deutschen Staat im Vergleich zu anderen Staaten in <u>ungleichberechtigte Lage</u>[139] zu versetzen. Die Anerkennung des unbezweifelbaren Rechtes eines souveränen Staates auf nationale Streitkräfte zur Verteidigung seines Landes fand bekanntlich Ausdruck in den Friedensverträgen mit Italien, <u>Finnland, Rumänien, Ungarn und Bulgarien</u>.[140] Es ist auch bekannt, dass die Regierung der USA auch Japan das Recht zugestanden hat, eigene Streitkräfte zu besitzen.

Die Regierung der USA verweigert Deutschland das Recht, eigene Streitkräfte zu besitzen, stellt aber gleichzeitig <u>reguläre westdeutsche Streitkräfte</u>[141] auf, bezieht sie in die sog. „Europa-Armee" ein und plant die Nutzung dieser Streitkräfte nicht zur Verteidigung eines unabhängigen deutschen Staates, sondern zur Verwirklichung der aggressiven Ziele des Atlantikblocks.

---

[132] Von Molotov unterwellt.
[133] Von Molotov unterstrichen.
[134] Von Molotov unterwellt, ebenso der linke Rand des letzten Teils des Absatzes.
[135] Von Molotov dick unterstrichen.
[136] Von Molotov unterstrichen.
[137] Von Molotov durchgestrichen.
[138] Von Molotov unterstrichen.
[139] Von Molotov unterstrichen.
[140] Von Molotov durchgestrichen.
[141] Von Molotov unterstrichen.

Die sowjetische Regierung hatte niemals vor, Deutschland des Rechtes zu berauben, eigene nationale Streitkräfte zur Verteidigung des Landes zu besitzen. Im Jahr 1942 erklärte das sowjetische Regierungsoberhaupt, I. V. Stalin:[142] „Wir haben nicht die Aufgabe, jegliche organisierte Militärkraft in Deutschland zu vernichten, denn jeder vernünftige Mensch wird verstehen, dass dies nicht nur unmöglich ist in Bezug auf Deutschland, ebenso wie in Bezug auf Russland, aber auch aus der Sicht des Siegers nicht zielführend ist. Aber die Hitler-Armee vernichten kann und muss man".

Die Note der Regierung der USA beinhaltet die Erklärung, dass die Grenzen Deutschlands[143] nicht durch die Beschlüsse der Potsdamer Konferenz festgesetzt worden seien. Eine solche Erklärung entspricht nicht der Wirklichkeit, da die Frage über die Grenzen Deutschlands auf der Potsdamer Konferenz geprüft und gelöst wurde. Dieser Beschluss der Potsdamer Konferenz muss einen vollen Niederschlag in einem Friedensvertrag finden.

Die sowjetische Regierung sieht keinen Grund zur weiteren Verzögerung der Prüfung der Vorschläge der sowjetischen Regierung, ebenso wie beliebiger anderer Vorschläge zur Frage eines Friedensvertrages mit Deutschland und über die Schaffung einer gesamtdeutschen Regierung.

Gleichlautende Noten richtet die sowjetische Regierung gleichzeitig an die Regierungen Großbritanniens und Frankreichs.

Dokument 90

RGASPI, f. 82, op. 2, d. 1170, S. 107–114, 29.3.1952

Kopie
Str. geheim
Ex. Nr. 2[144]

An Genossen I. V. Stalin

Am 25. März übergaben die Regierungen der USA, Englands und Frankreichs gleichlautende Antworten auf die Noten der sowjetischen Regierung vom 10. März bezüglich einer unverzüglichen Erörterung der Frage eines Friedensvertrages mit Deutschland. In ihren Noten entziehen sich die Regierungen der drei Mächte einer Antwort auf den Vorschlag der sowjetischen Regierung und brachten eine Reihe von Bedingungen vor, die eine vorausgehende Lösung vor der Erörterung der Frage über den Friedensvertrag mit Deutschland fordern.

Ich lege einen Entwurf einer Antwortnote an die Regierungen der USA bei, unter der Berücksichtigung, dass gleichlautende Noten auch an die Regierungen Englands und Frankreichs geschickt werden.

Ein Entwurf eines Beschlusses des ZK der VKP(b) liegt bei.

Ich bitte um Prüfung.

A. Vyšinskij

---

[142] Von Molotov unterstrichen.
[143] Von Molotov unterstrichen.
[144] Auf der linken Seite der Vermerk: „zu den Akten".

29. März 1952

Für die Richtigkeit: *[Unterschrift unleserlich]*

Kopien ergingen an die Genossen Molotov, Malenkov, Berija, Mikojan, Kaganovič, Bulganin und Chruščev
Abgedr. in 10 Ex./sv
29.III.52/213-VK[145]

Entwurf
Str. geheim

Beschluss des ZK der VKP(b)

Über die Antwort auf die Noten der Regierungen der USA, Englands und Frankreichs
zur Frage des Friedensvertrages mit Deutschland

1. Den vom Außenministerium der UdSSR eingebrachten Antwortvorschlag auf die Note der Regierung der USA vom 25. März d. J. zur Frage des Friedensvertrages mit Deutschland zu bestätigen (liegt bei).
2. Die Note der sowjetischen Regierung an die Regierung der USA am Tag nach ihrer Aushändigung an den Bevollmächtigten Geschäftsträger der USA in Moskau in der Presse zu veröffentlichen.
3. Gleichlautende Noten an die Regierungen Englands und Frankreichs zu schicken.

Entwurf der Note an die Regierung der USA.
Gleichlautende Noten an die Regierungen Großbritanniens und Frankreichs.

Im Zusammenhang mit der Note der Regierung der USA vom 25. März dieses Jahres erachtet es die Sowjetregierung für notwendig, Folgendes zu erklären:
In ihrer Note vom 10. März hat die Sowjetregierung der Regierung der USA sowie den Regierungen Großbritanniens und Frankreichs vorgeschlagen, unverzüglich die Frage eines Friedensvertrages mit Deutschland zu erörtern, damit in kürzester Zeit ein vereinbarter Entwurf des Friedensvertrages vorbereitet wird. Zur Erleichterung der Vorbereitung des Friedensvertrages hat die Sowjetregierung den Entwurf der Grundlagen des Friedensvertrages mit Deutschland unterbreitet und ihr Einverständnis erklärt, auch beliebige andere Vorschläge zu erörtern.
Bei ihren Vorschlägen ging die Sowjetregierung davon aus, dass der Abschluss eines Friedensvertrages mit Deutschland größte Bedeutung für die Festigung des Friedens in Europa und zur Verbesserung der internationalen Lage besitzt. Der Abschluss eines Friedensvertrages entspricht der Aufgabe der Beseitigung der Gefahr der Wiederkehr des deutschen Militarismus und der deutschen Aggression. Ein Friedensvertrag muss zudem der ungleich-

---

[145] Links unten Eingangsstempel: S[ekretaria]t V. M. Molotov: *29.III.1952.* Eingangsnummer [in russischer Abkürzung]: Nr. *4254.*

berechtigten Lage Deutschlands im Verhältnis zu anderen Staaten ein Ende setzen und einen neuen Weg für die Entwicklung Deutschlands als einheitlicher, unabhängiger, demokratischer und friedliebender Staat in Einklang mit den Potsdamer Beschlüssen öffnen.

Die sowjetische Regierung erklärte in ihrer Note vom 10. März, dass ein Friedensvertrag unter der unmittelbaren Teilnahme Deutschlands in der Form einer gesamtdeutschen Regierung ausgearbeitet werden muss und dass sie selbstverständlich auch die Prüfung der Frage der Bedingungen, die die rascheste Bildung einer gesamtdeutschen Regierung begünstigen, vorschlägt.

Indem sich die sowjetische Regierung mit diesen Vorschlägen an die Regierungen der drei Mächte wandte, hielt und hält sie es gegenwärtig für notwendig, unverzüglich die Frage der Beschleunigung des Abschlusses eines Friedensvertrages mit Deutschland zu erörtern und zu diesem Ziel den von der sowjetischen Regierung vorgeschlagenen Entwurf der Grundlagen eines Friedensvertrages mit Deutschland zu prüfen, wie auch jegliche andere Vorschläge zu dieser Frage. Die sowjetische Regierung meint, dass es keinen Grund für eine Verzögerung der Vorbereitung des Abschlusses eines Friedensvertrages mit Deutschland gibt.

Dennoch <u>entzog sich</u>[146] die Regierung der USA, wie dies aus ihrer Note vom 25. März ersichtlich ist, <u>einer Antwort auf den Vorschlag</u>[147] der sowjetischen Regierung, die Frage der Beschleunigung des Abschlusses eines Friedensvertrages mit Deutschland zu erörtern. Anstelle einer solchen Antwort zog es die Regierung der USA vor, wieder <u>Bedingungen</u> vorzubringen, <u>die eine vorangehende Lösung einer Reihe von Fragen verlangen</u>,[148] von denen ein Teil bereits durch vorliegende Abkommen entschieden ist, und ein Teil, der Fragen darstellt, die auch während der Prüfung der Frage über den Abschluss eines Friedensvertrages mit Deutschland erörtert werden müssen.

Zu den Fragen, ohne deren vorangehende Lösung es nach Meinung der Regierung der USA nicht möglich ist, zur Erörterung eines Friedensvertrages mit Deutschland überzugehen, zählt die Regierung der USA die Frage über die Bedingungen der Bildung einer gesamtdeutschen Regierung. In der Form einer solchen Bedingung wiederholt die Regierung der USA den früher von ihr vorgebrachten Vorschlag über die Untersuchung der Voraussetzungen zur Durchführung gesamtdeutscher Wahlen durch eine UNO-Kommission in Deutschland. Indem die Regierung der USA die <u>Frage einer UNO-Kommission zur Untersuchung Deutschlands</u>[149] erhebt, versucht sie erneut, die UNO zur Lösung der deutschen Frage heranzuziehen, obwohl die UNO-Charta eine Einmischung in deutsche Angelegenheiten ausschließt, kraft deren diese Frage nicht der Kompetenz der Organisation der Vereinten Nationen übertragen werden kann.

Die sowjetische Regierung äußerte bereits ihre Meinung zum Vorschlag einer Untersuchung Deutschlands durch jegliche internationale Kommission und bemerkte, dass einen solchen Vorschlag nur jene vorbringen können, die nicht einmal die einfache Tatsache verstehen, dass man Deutschland nicht als kulturlose, rechtlose und rückständige Kolonie betrachten kann. Der Bezug der Regierung der USA darauf, dass es ohne vorangehende

---

[146] Von Molotov unterstrichen.
[147] Von Molotov unterstrichen.
[148] Von Molotov unterstrichen. Am linken Rand die handschriftlichen Notizen Molotovs: „a) <u>nicht</u> [zweimal unterstrichen] unsere Grundlagen des F.[riedens]v[ertrages] mit D[eutschland] vorschlagen, b) bin nicht einverstanden, sich an den Umständen festzubinden." Im russischen Original: „a) ne predl.[ozit'] svoich osnov m.[irnogo] d.[ogovora] s G.[ermaniej]. b) ne soglas.[en] privjaz.[yvat'?] k obs.[tojatel'stvam?]".
[149] Von Molotov unterstrichen.

Lösung der Frage einer Untersuchung Deutschlands durch eine internationale Kommission, wie auch der Frage der Bedingungen der Bildung einer gesamtdeutschen Regierung unmöglich sei, zur Erörterung eines Friedensvertrages mit Deutschland überzugehen, erweckt den Eindruck, dass <u>sie die Erörterung</u> der Frage über einen Friedensvertrag <u>ablehnt</u>.[150] Das steht im Widerspruch zu der Erklärung in der Note der Regierung der USA, dass der Abschluss eines Friedensvertrages mit Deutschland immer ihr wichtigstes Ziel war und bleibt. Im Zusammenhang damit ist daran zu erinnern, dass die sowjetische Regierung in ihrer Note vom 10. März die Notwendigkeit der Bildung einer gesamtdeutschen Regierung in kürzester Zeit berücksichtigte und vorschlug, dass die USA, die UdSSR, England und Frankreich, die die Kontrollfunktion in Deutschland erfüllen, auch die Frage der Bedingungen, die die rascheste Bildung einer dem Willen des deutschen Volkes entsprechenden gesamtdeutschen Regierung begünstigen, prüfen. Freilich sollte auch im Zusammenhang damit die Frage der Durchführung gesamtdeutscher freier Wahlen geprüft werden.

Offensichtlich <u>um sich einer Antwort</u> auf den Vorschlag der sowjetischen Regierung <u>zu entziehen</u>,[151] stellt die Regierung der USA in ihrer Note vom 25. März die Frage, <u>welche Vollmachten eine gesamtdeutsche Regierung vor und nach der Unterzeichnung eines Friedensvertrages haben muss</u>.[152] Es muss hingegen völlig klar sein, dass die Frage des Ausmaßes der Vollmachten einer gesamtdeutschen Regierung sowohl vor als auch nach der Unterzeichnung eines Friedensvertrages zu den Fragen zählt, die eben durch die USA, England, die UdSSR und Frankreich bei der Prüfung des Entwurfes des Friedensvertrages geprüft werden müssen. Eine dieser wichtigen Fragen ist die Frage der Bedingungen, die eine rascheste Bildung einer gesamtdeutschen, dem Willen des deutschen Volkes entsprechenden Regierung begünstigen. Hierbei geht die sowjetische Regierung davon aus, dass die <u>Kontrollmächte ihre Lage nicht zur Einbeziehung Deutschlands in den einen oder anderen aggressiven Block</u>,[153] gegen irgendeine Macht, die mit ihren Streitkräften am Krieg gegen Deutschland teilgenommen habt, benutzen dürfen.

Wie aus ihrer Note vom 25. März ersichtlich ist, tritt die Regierung der USA gegen die im sowjetischen Entwurf enthaltenen Grundlagen eines Friedensvertrages über die Erlaubnis für Deutschland, eigne nationale Streitkräfte zu besitzen, unter dem Vorwand auf, dies würde den Aufbau internationaler Zusammenarbeit in Europa stören und zu „Rivalität" und „Misstrauen" führen. Ein Argument solcher Art ist gänzlich unhaltbar, da kein einziger wirklich unabhängiger souveräner Staat des Rechtes beraubt werden kann, eigene, zur Verteidigung notwendige, nationale Streitkräfte zu besitzen. Außerdem ist gut bekannt, dass in allen mit Staaten, die am Krieg auf der Seite Deutschlands teilgenommen haben, abgeschlossenen Friedensverträgen, mit Italien, Finnland, Rumänien, Ungarn und Bulgarien, diesen Ländern auch erlaubt wurde, eigene nationale Streitkräfte in den Grenzen, die durch diese Verträge festgesetzt wurden, besitzen dürfen.

Es ist bekannt, dass die Regierung Japan das Recht zugestanden hat, eigene nationale Streitkräfte zu besitzen.

Angesichts dessen kann die Ablehnung der Erlaubnis für Deutschland, eigene nationale Streitkräfte in den Grenzen zu besitzen, die durch einen Friedensvertrag festgesetzt werden und zu Verteidigungszwecken notwendig sind, keine Rechtfertigung finden.

---

[150] Von Molotov unterstrichen.
[151] Von Molotov unterstrichen.
[152] Von Molotov unterstrichen.
[153] Von Molotov unterstrichen.

III. Zur sowjetischen Deutschlandpolitik nach der Stalin-Note

Aus der Note vom 25. März ist ersichtlich, dass die Regierung gegen die Gewährung des Rechtes für Deutschland, eigene Streitkräfte zu besitzen, Einwände hat, gleichzeitig sich jedoch für die Schaffung solcher <u>deutscher Streitkräfte ausspricht, die dem Atlantikblock zur Verfügung stehen würden</u>[154] und die folglich nicht für Interessen der Verteidigung eines unabhängigen deutschen Staates, sondern zur Verwirklichung aggressiver Pläne anderer Staaten benützt werden würden.

Die sowjetische Regierung stand und steht weiterhin für die Erfüllung des Potsdamer Abkommens, das die Durchführung von Maßnahmen vorsieht, die der Möglichkeit einer Rückkehr des deutschen Militarismus und einer Wiederholung deutscher Aggression vorbeugen. Zudem hatte die sowjetische Regierung niemals vor, Deutschland des Rechtes und der Möglichkeit, nötigenfalls seine Grenzen zu verteidigen, zu berauben. Es ist bekannt, dass noch am 6. November 1942, auf dem Höhepunkt des Krieges gegen Hitler-Deutschland, das sowjetische Regierungsoberhaupt, I. V. Stalin, erklärte; „Wir haben nicht die Aufgabe, jegliche organisierte Militärkraft in Deutschland zu vernichten, denn jeder vernünftige Mensch wird verstehen, dass dies nicht nur unmöglich ist in Bezug auf Deutschland, ebenso wie in Bezug auf Russland, aber auch aus der Sicht des Siegers nicht zielführend ist. Aber die Hitler-Armee vernichten kann und muss man".

Aus der Aussage ist ersichtlich, wie unbegründet die Versuche der Regierung der USA sind, die Angelegenheit so darzulegen, als ob der Vorschlag der Sowjetunion zur Frage der deutschen Streitkräfte einen „<u>Schritt zurück</u>"[155] darstellen würde.

Wenn es hingegen in der Frage über die deutschen Streitkräfte zwischen den Standpunkten der Regierungen der USA und der UdSSR Auffassungsunterschiede gibt, <u>so könnte die Frage solcher Auffassungsunterschiede bei der Prüfung des Entwurfes</u> eines Friedensvertrages mit Deutschland <u>erörtert werden</u>.[156]

Die Note der Regierung der USA beinhaltet die Erklärung, als ob die <u>Grenzen Deutschlands</u>[157] nicht durch die Beschlüsse der Potsdamer Konferenz festgesetzt worden wären. Eine solche Erklärung entspricht nicht der Wirklichkeit. Es ist bekannt, dass die Frage über die Grenzen Deutschlands auf der Potsdamer Konferenz geprüft und gelöst wurde. Dieser Beschluss der Potsdamer Konferenz muss einen vollen Niederschlag in einem Friedensvertrag finden.

Aus dem Dargelegten ist ersichtlich, dass die in der Note der Regierung der USA gestellten Fragen nicht als Hindernis dienen können, um unverzüglich zur Erörterung eines Friedensvertrages mit Deutschland und zur Prüfung der Frage über die Schaffung einer gesamtdeutschen Regierung überzugehen, wie dies die sowjetische Regierung in der Note vom 10. März vorgeschlagen hat und dies gegenwärtig bekräftigt.

Die sowjetische Regierung hofft, von der Regierung der USA eine baldige Antwort auf den genannten Vorschlag zu erhalten.

Gleichlautende Noten richtet die sowjetische Regierung gleichzeitig an die Regierungen Großbritanniens und Frankreichs.

---

[154] Von Molotov unterstrichen.
[155] Von Molotov unterstrichen.
[156] Von Molotov unterwellt.
[157] Von Molotov unterstrichen.

Dokument 91

RGASPI, f. 82, op. 2, d. 1170, S. 123, 31. 3. 1952

Str. geheim[158]

An Genossen V. M. Molotov

Die Genossen W. Pieck, W. Ulbricht und O. Grotewohl kamen am 31. März um 19 Uhr in Moskau an und steigen auf der Datscha in „Zareč'e" ab.
Sie überbrachten die Bitte um einen Empfang bei Genossen Stalin.
Gen. Pieck beabsichtigt, während des Gesprächs über gesamtdeutsche Fragen Bericht zu erstatten. Eine seiner Fragen wird die Maßnahmen betreffen, die mit dem Abschluss des „Generalvertrages" zwischen der Bonner Regierung und den Westmächten in Zusammenhang stehen. Gen. Pieck denkt, dass es nach Abschluss des „Generalvertrages" und der Gründung westdeutscher Militäreinheiten notwendig wird, entsprechende Gegenmaßnahmen in der Deutschen Demokratischen Republik vorzunehmen und insbesondere die Frage über die Schaffung einer deutschen Nationalarmee zu entscheiden.[159]
Gen. Grotewohl hat vor, zu Fragen des Staatsaufbaus in der Deutschen Demokratischen Republik Bericht zu erstatten.[160] Hierbei wird die Frage der Festigung der demokratischen Gesetzlichkeit und der Maßnahmen gegen die subversive Tätigkeit feindlicher Elemente[161] (Durchführung öffentlicher Prozesse und Veröffentlichung von Urteilen geschlossener Prozesse u. a.) berührt werden.
Gen. Ulbricht wird auf wirtschaftliche Fragen der Deutschen Demokratischen Republik eingehen. Insbesondere wird die Frage der Arbeit der sowjetischen Betriebe in Deutschland, der Produktionsplan, der nach ihrer Meinung nicht mit dem Fünfjahresplan der Deutschen Demokratischen Republik aufeinander abgestimmt ist, berührt werden. Die überwiegende Versorgung der sowjetischen Betriebe mit Metall und anderen Rohstoffen ruft Missstimmungen in der Deutschen Demokratischen Republik hervor, da wegen des Mangels an Rohstoffen viele Volksbetriebe stillstehen oder nicht ausgelastet sind. Außerdem wird die Frage technischer und wissenschaftlicher Hilfeleistung für die Deutsche Demokratische Republik mittels Entsendung sowjetischer Spezialisten aufgeworfen.
Gen. Ulbricht wird auch die Frage der Bewaffnung der deutschen Volkspolizei mit Feuerwaffen aufwerfen (jetzt ist die Polizei mit Pistolen und Karabinern ohne Patronen bewaffnet).

V. Semenov	*A. Smirnov*
(V. Semenov)	(A. Smirnov)

"*31.*" März 1952

Erging an Gen. Vyšinskij[162]

---

[158] Darüber ein eingekreistes handschriftliches Kreuz Molotovs. Auf der linken Seite der handschriftliche Vermerk Molotovs: „+ *an die Gen. Malenkov, Mikojan und Bulganin. V. M. 1. IV.* "" Ganz unten der Vermerk zu * „*Geschickt am 1. IV.*"
[159] Absatz von Molotov am linken Rand durch einen Strich hervorgehoben.
[160] Im Original: „informirovat' po voprosam gosudarstvennogo stroitel'stva".
[161] Absatz von Molotov am linken Rand durch einen Strich hervorgehoben.
[162] Links unten der Eingangsstempel: S[ekretaria]t V. M. Molotov: 1.IV.1952. Eingangsnummer [in russischer Abkürzung]: Nr. 4343. Daneben der Vermerk: „*zu den Akten*" [Unterschrift unleserlich]. Auf

Dokument 92

Note der sowjetischen Regierung an die Regierungen der USA, Großbritanniens und Frankreichs, 9.4.1952 (Wortlaut der an die US-Regierung gerichteten Note)
Quelle: Jäckel, Die deutsche Frage 1952–1956, S. 25f.

Im Zusammenhang mit der Note der Regierung der USA vom 25. März dieses Jahres erachtet es die Sowjetregierung für notwendig, Folgendes zu erklären:

In ihrer Note vom 10. März hat die Sowjetregierung der Regierung der USA sowie den Regierungen Großbritanniens und Frankreichs vorgeschlagen, unverzüglich die Frage eines Friedensvertrages mit Deutschland zu erörtern, damit in kürzester Zeit ein vereinbarter Entwurf des Friedensvertrages vorbereitet wird. Zur Erleichterung der Vorbereitung des Friedensvertrages hat die Sowjetregierung den Entwurf der Grundlagen des Friedensvertrages mit Deutschland unterbreitet und ihr Einverständnis erklärt, auch beliebige andere Vorschläge zu erörtern.

Die Sowjetregierung hat dabei den Vorschlag gemacht, dass der Friedensvertrag unter unmittelbarer Beteiligung Deutschlands, vertreten durch eine gesamtdeutsche Regierung, ausgearbeitet werden soll. In der Note vom 10. März wurde weiterhin vorgesehen, dass die UdSSR, die USA, Großbritannien und Frankreich, die Besatzungsfunktionen in Deutschland ausüben, die Frage der Bedingungen prüfen sollen, die der schnellstmöglichen Bildung einer gesamtdeutschen, dem Willen des deutschen Volkes Ausdruck verleihenden Regierung förderlich ist.

Bei ihren Vorschlägen zur Frage eines Friedensvertrages mit Deutschland und zur Bildung einer gesamtdeutschen Regierung ging die Sowjetregierung davon aus, dass die Lösung dieser Grundfragen große Bedeutung für die Festigung des Friedens in Europa besitzt und den Forderungen nach einer gerechten Einstellung zu den rechtmäßigen nationalen Interessen des deutschen Volkes entspricht. Die Dringlichkeit des Abschlusses eines Friedensvertrages mit Deutschland macht es notwendig, dass die Regierungen der UdSSR, der USA, Großbritanniens und Frankreichs unverzüglich Maßnahmen zur Vereinigung Deutschlands und zur Bildung einer gesamtdeutschen Regierung treffen.

In Übereinstimmung hiermit erachtet es die Sowjetregierung für notwendig, dass die Regierungen der UdSSR, der USA, Großbritanniens und Frankreichs ohne Verzug die Frage der Durchführung freier gesamtdeutscher Wahlen erörtern, wie sie dies bereits früher vorgeschlagen hat. Die Anerkennung der Notwendigkeit der Durchführung freier gesamtdeutscher Wahlen seitens der Regierungen der UdSSR, der USA, Großbritanniens und Frankreichs würde durchaus eine Möglichkeit schaffen, diese Wahlen in kürzester Zeit durchzuführen.

Was den Vorschlag betrifft, dass eine UNO-Kommission im Zusammenhang mit bevorstehenden freien gesamtdeutschen Wahlen prüfen soll, ob die Voraussetzungen für solche Wahlen gegeben sind, so steht dieser Vorschlag im Widerspruch mit der UN-Charta, die

---

der Rückseite die Vermerke: Ex. des Gen. Mikojan (AM-2443), eine Seite, vernichtet. 18.IV.52. [zwei Unterschriften unleserlich] Ex. des Gen. Bulganin, eine Seite, vernichtet, 3.V.52 [zwei Unterschriften unleserlich]. Ein Exemplar, eine Seite, vernichtet. 25.IV.53 [zwei Unterschriften unleserlich, jedoch anders als die vorigen]. Weiters der maschinengeschriebene Vermerk: 4 Kop.[ien] am 1.IV.52 hergestellt [„sn" für „snjaty"] Sekretariat Gen. Molotov. -aja. Daneben der Stempel: Kopie mit Beschluss Gen. Molotovs geschickt an die Gen. *Malenkov, Mikojan, Bulganin* mit der Nr. *M-4343s*[ekretno, geheim], *1.IV.1952.*

gemäß Artikel 107 eine Einmischung der Vereinten Nationen in die deutschen Angelegenheiten ausschließt. Eine solche Prüfung könnte durch eine Kommission vorgenommen werden, die von den vier in Deutschland Besatzungsfunktionen ausübenden Mächten zu bilden wäre.

Die Regierung der USA hatte die Möglichkeit, sich mit dem von der Sowjetregierung vorgeschlagenen Entwurf der Grundlagen eines Friedensvertrages mit Deutschland vertraut zu machen. Die Regierung der USA hat sich nicht damit einverstanden erklärt, die Erörterung dieses Entwurfes aufzunehmen und hat keinen eigenen Entwurf eines Friedensvertrages vorgeschlagen. Zugleich hat die Regierung der USA eine Reihe von Einwänden zu einzelnen Punkten des sowjetischen Entwurfes der Grundlagen eines Friedensvertrages mit Deutschland erhoben; das hat den weiteren Notentausch zwischen den Regierungen und eine Verzögerung der Lösung der strittigen Frage zur Folge.

Das hätte bei unmittelbarer Erörterung durch die Mächte vermieden werden können. Da jedoch in der Note der USA vom 25. März solche Fragen aufgeworfen werden, hält es die Sowjetregierung für notwendig, auf diese Frage einzugehen. Im sowjetischen Entwurf der Grundlagen eines Friedensvertrages mit Deutschland heißt es: „Deutschland verpflichtet sich, keinerlei Koalition oder Militärbündnisse einzugehen, die sich gegen irgendeine Macht richten, die mit ihren Streitkräften am Kriege gegen Deutschland teilgenommen hat."

Die Sowjetregierung ist der Ansicht, dass ein solcher Vorschlag den Interessen der Mächte, die Besatzungsfunktionen in Deutschland ausüben, sowie auch der Nachbarstaaten und gleichermaßen den Interessen Deutschlands selber als eines friedliebenden und demokratischen Staates entspricht. Ein solcher Vorschlag enthält keine unzulässige Beschränkung der souveränen Rechte des deutschen Staates. Dieser Vorschlag schließt jedoch auch eine Einbeziehung Deutschlands in diese oder jene, gegen irgendeinen friedliebenden Staat gerichtete Mächtegruppierung aus.

In dem sowjetischen Entwurf eines Friedensvertrages mit Deutschland heißt es: „Es wird Deutschland gestattet, seine eigenen nationalen Streitkräfte (Land-, Luft- und Seestreitkräfte) zu besitzen, die für die Verteidigung des Landes notwendig sind."

Die Sowjetregierung hat bekanntlich einen gleichartigen Vorschlag auch zum Entwurf eines Friedensvertrages mit Japan gemacht. Ein solcher Vorschlag entspricht den Grundsätzen der nationalen Souveränität und der Gleichberechtigung der Staaten. Es ist undenkbar, dass Japan ein Recht auf nationale, für Zwecke der Landesverteidigung bestimmte Streitkräfte haben sollte, Deutschland hingegen dieses Rechtes beraubt und in eine schlechtere Lage versetzt sein sollte. Es kann kein Zweifel darüber bestehen, dass es sowohl für die Sache des Friedens als auch für die deutsche Nation bedeutend besser wäre, solche für die Verteidigung bestimmten Streitkräfte zu schaffen, als in Westdeutschland Söldnergruppen der Revanchepolitiker mit hitlerfaschistischen Generälen an der Spitze aufzustellen, die bereit sind, Europa in den Abgrund eines dritten Weltkrieges zu stürzen.

Was die Grenzen Deutschlands betrifft, so hält die Sowjetregierung die entsprechenden Beschlüsse der Potsdamer Konferenz, die von den Regierungen der UdSSR und Großbritannien angenommen wurden, und denen Frankreich sich anschloss, für vollauf ausreichend und für endgültig.

Die Sowjetregierung schlägt der Regierung der USA erneut vor, gemeinsam mit den Regierungen Großbritanniens und Frankreichs die Erörterung eines Friedensvertrages mit Deutschland sowie der Frage der Vereinigung Deutschlands und der Bildung einer gesamtdeutschen Regierung aufzunehmen. Die Sowjetregierung sieht keinen Grund, die Lösung dieser Fragen zu verschieben.

Gerade gegenwärtig entscheidet sich die Frage, ob Deutschland als einheitlicher, unabhängiger, friedliebender, zur Familie der friedliebenden Völker Europas gehörender Staat wiederhergestellt wird oder ob die Spaltung Deutschlands und die damit verbundene Gefahr eines Krieges in Europa bestehen bleibt.

Gleichlautende Noten richtet die Sowjetregierung gleichzeitig an die Regierungen Großbritanniens und Frankreichs.

Dokument 93

RGASPI, f. 82, op. 2, d. 1042, S. 117, 9.4.1952
Ignat'ev: Stellt einen Bericht über die Widersprüche zwischen Frankreich und Westdeutschland in der Saarfrage vor. Im Bericht heißt es, dass in letzter Zeit die Bonner Regierung ihr Handeln, das auf die Untergrabung der französischen Herrschaft im Saargebiet und auf den Anschluss des Saargebietes an Westdeutschland ausgerichtet ist, bedeutend aktiviert hat. Gleichzeitig rechnet die Bonner Regierung nach den Worten des Ministers für „gesamtdeutsche Fragen", Kaiser, damit, dass „der Erfolg Deutschlands in der Saarfrage ein gewichtiges Argument im Handel um das Gebiet, das an Polen ging, wäre". Im Zusammenhang mit der Verschärfung der Widersprüche zwischen Frankreich und Westdeutschland, die im Zuge der militärpolitischen Verhandlungen zwischen den Regierungen der Westmächte und der Bonner Regierung aufkamen, beschlossen die Franzosen, „sich in der Saarfrage auf dem Weg der vollendeten Tatsachen so weit als möglich vorwärts zu bewegen". Eben dieses Ziel verfolgte die Ernennung des französischen Botschafters im Saargebiet im Januar d. J. Der neue französische Schritt in der Saarfrage stieß seitens der USA, Englands und Italiens auf ablehnende Haltung. Die Engländer und besonders die Amerikaner unternahmen Maßnahmen, um die sich wieder verschärfenden Widersprüche in der Saarfrage zwischen Westdeutschland und Frankreich zu glätten, indem sie entsprechenden Druck auf Paris und Bonn ausübten. Der weitere Vorgangsplan der Bonner Regierung in der Saarfrage sieht eine Verstärkung der Unterstützung prodeutscher Organisationen im Saargebiet und die Gründung neuer prodeutscher Parteien und ihre Vereinigung zu einer Koalition vor, die bei den Wahlen zum Landtag des Saarlandes im Herbst d. J. den Sieg über die sich zur Zeit im Saarland an der Macht befindenden profranzösischen volkswirtschaftlichen Parteien davontragen könnten.

Erging an Gen. Stalin und die and. Genossen des Achterkollegiums.

Dokument 94

RGASPI, f. 82, op. 2, d. 1042, S. 114, 10.4.1952
Ignat'ev: Trägt vor, dass es, wie der französische Botschafter in Washington, Bonnet, in einem Telegramm an das Außenministerium Frankreichs vom 27. März d. J. mitteilt, im State Department keine Einigkeit über die sowjetische Note bezüglich des Friedensvertrages mit Deutschland gibt. Viele führende Mitarbeiter des State Departments bekräftigen, dass die Note der UdSSR nichts Neues bringt und „noch ein Manöver" darstellt, das darauf ausgerichtet ist, zu versuchen, die Einbeziehung Westdeutschlands in die „Atlantische Gemeinschaft" zu stören. „Einige Experten" im State Department hingegen stehen auf einem anderen Standpunkt, zum Beispiel der Berater Bohlen, der die „neue sowjetische Demarche für ernsthafter" hält als die früheren Noten.

Der Vorsitzende der Bundestagskommission für „gesamtdeutsche Fragen", der Sozialdemokrat Wehner, erklärte auf der Sitzung der Fraktion der SPD im Bundestag am 18. März d. J., dass „die sowjetische Note von der Propaganda nicht einen falschen Sinn bekommen darf, sondern im politischen Zusammenhang positiv gewertet werden muss". Wehner brachte sein Verhältnis zur „UNO-Kommission für Deutschland" zum Ausdruck, indem er erklärte, dass „hier von nicht mehr als einem Trick der Amerikaner die Rede sei, der nicht als ernst aufgenommen werden darf". Die Erklärung Wehners wurde von der Mehrheit der Fraktionsmitglieder zustimmend aufgenommen. Nach der Meinung des Deputierten der sozialdemokratischen Fraktion, Graf, handelt Wehner in Übereinstimmung mit Schumacher, der sich „in außenpolitischen Fragen an den Engländern orientiert".

Erging an Gen. Stalin und die and. Genossen des Achterkollegiums, ebenso an die Gen. Vyšinskij und Zorin.

Dokument 95

RGASPI, f. 82, op. 2, d. 1042, S. 167, 15. 5. 1952
Savčenko: Trägt Mitteilungen über die Verschärfung der Widersprüche zwischen den Westmächten und der Bonner Regierung im Zusammenhang mit den sowjetischen Vorschlägen bezüglich des Friedensvertrages mit Deutschland vor. Nach dem Auftreten der sowjetischen Regierung mit den Vorschlägen zur Frage des Friedensvertrages mit Deutschland unternahmen die Amerikaner Maßnahmen zur Beschleunigung der Verhandlungen über den Abschluss des „Generalvertrages" zwischen den drei Westmächten und Westdeutschland. Adenauer stellte mit der Unterstützung McCloys die Forderung nach Änderung des die Frage über die Einführung des „Ausnahmezustandes" in Westdeutschland betreffenden Artikels des „Generalvertrages" auf. Er bestand darauf, dass das Recht der Westmächte, einen „Ausnahmezustand" in Westdeutschland herbeizuführen, nur im Kriegsfall genutzt werden könnte. Gegen diese Forderung traten die Hohen Kommissare Frankreichs und Englands auf. Adenauer erhob auch die Forderung, dass „die finanzielle Beteiligung der Bundesrepublik an der Verteidigung des Westens" nur in der Form „der finanziellen Beteiligung an einer Europa-Armee" verwirklicht würde. Er forderte auf diese Weise die Liquidierung der Besatzungskosten. Die Engländer und Franzosen traten gegen diese Forderung Adenauers auf.

Erging an die Gen. Malenkov, Vyšinskij und Zorin.

Dokument 96

RGASPI, f. 82, op. 2, d. 1042, S. 172, 18. 5. 1952
Zorin: Stellt den Bericht „Die Saarfrage und der Kampf zwischen Frankreich und Westdeutschland um das Saarland" vor, in dem es heißt, dass über den gesamten Zeitraum der Nachkriegszeit hinweg das Saarland Objekt von Unstimmigkeiten der Westmächte war. Diese Unstimmigkeit verschärfte sich besonders in den letzten zwei Jahren im Zusammenhang mit der Vorbereitung der Einbeziehung Westdeutschlands in das System des Nordatlantikbündnisses.

Wie für Frankreich hat auch für Westdeutschland das Saarland große wirtschaftliche und politische Bedeutung. Der Kohleabbau im Saarland betrug 1951 37,5% des Kohleabbaus in

Frankreich und 12,5% des Kohleabbaus in Westdeutschland bzw. der Schmelzertrag des Stahls 18,0% und 13,3%. Die Bonner Regierung, die die Rückkehr des Saarlandes zu erreichen versucht, strebt danach, ihre Positionen in den nationalistischen Kreisen der westdeutschen Bourgeoisie zu verstärken und eine dauerhaftere Basis für die Entwicklung eines revisionistischen Kampfes für die Rückkehr der nach dem Krieg an Polen und die UdSSR übergegangenen Gebiete zu schaffen. Indem es seine Stellung als Besatzungsmacht ausnutzte, trennte Frankreich das Saarland 1946/47 von Deutschland ab, band es in das französische Wirtschaftssystem ein und schuf mit seinen Schützlingen eine Saarland-Administration. Da die USA und England, die die französischen Maßnahmen zur Übernahme des Saarlandes nicht behinderten, gegenwärtig davon Abstand nehmen, die Gesetzmäßigkeit des faktischen Anschlusses des Saarlandes an Frankreich anzuerkennen, war die französische Regierung faktisch jedes Mal gezwungen zu versprechen, dass diese einseitigen Maßnahmen im Saarland provisorisch sind. Nachdem die Franzosen hingegen den sich verstärkenden Druck seitens Westdeutschlands erdulden hatten müssen, brachten sie Anfang d. J. den Vorschlag über die „Europäisierung" des Saarlandes auf, d. h. über die Umwandlung dieses Gebietes in einen „unabhängigen" Staat, auf dessen Territorium sich die Führungsorgane des „vereinten Europas" niederlassen könnten, während die Wirtschaft des Saarlandes Teil des französischen Wirtschaftssystems bleiben würde.

Die Bonner Regierung versucht die Annullierung der franko-saarländischen Vereinbarungen und eine grundlegende Revision der Saarfrage zum Vorteil Westdeutschlands zu erreichen. Die nächsten konkreten Ziele der Bonner Regierung im Kampf um das Saarland bestehen in dem Versuch, von den Westmächten die Zustimmung zu erreichen, die Saarfrage unabhängig von der allgemeinen Friedensregelung mit Deutschland zu lösen und die Anerkennung der Notwendigkeit durch die Westmächte, die Meinung der Bevölkerung des Saarlandes bei der endgültigen Lösung der Saarfrage zu berücksichtigen. Im Januar/Februar d. J. begann sich eine für die Bonner Regierung günstigere Lage zu ergeben, da die militär-politischen Verhandlungen der Westmächte mit Westdeutschland in die entscheidende Phase eintraten. Die Bonner Regierung, die das Interesse der USA an einer schnellen Beendigung dieser Verhandlungen ausnutzte, verband ihre Zustimmung zum Abschluss des „Generalvertrages" und des Vertrages über die Gründung einer „Europa-Armee" mit der Forderung nach einer Lösung der Saarfrage zum Vorteil Westdeutschlands. Unter dem Druck der USA und Englands war die französische Regierung gezwungen, Zugeständnisse zu machen. Auf einer Dreierkonferenz Adenauers mit Schuman und Hoffmann in Paris vom 18. bis zum 20. März d. J. wurde entschieden, dass bei der endgültigen Regelung der Saarfrage der neue saarländische Landtag konsultiert werden wird, dessen Wahlen im September d. J. stattfinden sollen. Schuman und Hoffmann einigten sich auch über die Schaffung einer gemischten Kommission mit der Beteiligung von Vertretern der Bonner Regierung zur Überprüfung der Bedingungen „zur Durchführung freier Wahlen im Saarland". Auf diese Weise erlangte die Bonner Regierung das Recht auf direkte Einmischung in die Saarland-Angelegenheit.

Erging an Gen. Stalin und an die and. Genossen des Achterkollegiums, ebenso an die Gen. Suslov, Vyšinskij, Grigor'jan und Bogomolov.

Dokument 97

RGASPI, f. 82, op. 2, d. 1070, S. 170f., 19.5.1952

Kopie[163]
Streng geheim. Ex. Nr. 3

An Genossen Stalin I. V.

Am 9. Mai d. J. paraphierten in Paris die Vertreter Frankreichs, Italiens, Belgiens, Hollands, Luxemburgs und Westdeutschlands den Vertrag über die sogenannte „Europäische Verteidigungsgemeinschaft".[164] Dieser Vertrag sieht die Bildung einer „Europa-Armee" vor, die sich unter der Leitung des Oberkommandos des Nordatlantikblocks befinden wird. Großbritannien beabsichtigt nicht, an der genannten „Europäischen Verteidigungsgemeinschaft" teilzuhaben, die britische Regierung erklärte aber, dass sie als Garant dieser Gemeinschaft auftrete.

„Die Europäische Verteidigungsgemeinschaft" ist eine gegen die Sowjetunion gerichtete Koalition westeuropäischer Länder. Der franko-sowjetische Vertrag vom 10. Dezember 1944 und der anglo-sowjetische Vertrag vom 26. Mai 1942 sieht in den entsprechenden Artikeln vor, dass sich Frankreich und Großbritannien verpflichten, keinerlei Bündnisse abzuschließen und an keinerlei Koalitionen teilzunehmen, die gegen eine der Vertragsseiten gerichtet sind.

Im Zusammenhang damit hält es das Außenministerium der UdSSR für zielführend, den Regierungen Frankreichs und Großbritanniens Noten zu senden, in denen erklärt wird, dass die Teilnahme Frankreichs und Großbritanniens an der „Europäischen Verteidigungsgemeinschaft" und die Gewährung von Garantien durch die Regierung Großbritanniens für diese Gemeinschaft eine Verletzung entsprechend des franko-sowjetischen und anglo-sowjetischen Vertrages darstellen und dass die ganze Verantwortung für die Lage, die als Resultat der neuen Verletzung der Bündnisverträge mit der UdSSR durch die französische und englische Regierung geschaffen wird, den genannten Regierungen aufgebürdet wird.

Ein Entwurf eines Beschlusses des ZK der VKP(b) liegt bei.

Bitte um Prüfung.

A. Vyšinskij

19. Mai 1952
Nr. 379-VK
Für die Richtigkeit: *V. Suslov*
Kopien ergingen an die Genossen Molotov, Malenkov, Berija, Mikojan, Kaganovič, Bulganin und Chruščev
Gedr. 11 Ex. vi. ak.
19.5.52

---

[163] Darüber ein handschriftliches Kreuz, Molotovs Zeichen für besondere Wichtigkeit.
[164] Von Molotov unterstrichen.

Dokument 98

RGASPI, f. 82 op. 2, d. 1171, S. 29–37, 24. 5. 1952

Erging am 24. Mai d. J. an die Botschaft der USA
Gleichlautende Noten ergingen
an die Botschaft Großbritanniens
und an die Botschaft Frankreichs[165]

Nr. 21

Im Zusammenhang mit der Note der Regierung der USA vom 13. Mai dieses Jahres erachtet es die Sowjetregierung für erforderlich, Folgendes zu erklären:

1. Über die Dringlichkeit der Lösung der deutschen Frage und über die Verschleppung des Notenaustausches zu dieser Frage durch die Westmächte. In der Note vom 10. März dieses Jahres unterbreitete die Sowjetregierung den Regierungen der USA, Großbritanniens und Frankreichs den Vorschlag, gemeinsam die Frage des Abschlusses eines Friedensvertrages mit Deutschland und der Bildung einer gesamtdeutschen Regierung zu erörtern. Um die Vorbereitung eines Friedensvertrages mit Deutschland zu erleichtern und zu beschleunigen, legte die Sowjetregierung ihren Entwurf für diesen Vertrag vor und brachte gleichzeitig ihre Bereitwilligkeit zum Ausdruck, auch andere mögliche Vorschläge in dieser Frage zu prüfen. Die Sowjetregierung erachtet es nach wie vor für notwendig, diese Frage unverzüglich zu lösen und dabei von den Interessen der Festigung des Friedens in Europa und der Notwendigkeit der berechtigten nationalen Forderungen des deutschen Volkes auszugehen.

Insofern in der Antwortnote der Regierung der USA vom 25. März im Zusammenhang mit der Frage der Bildung einer gesamtdeutschen Regierung der Vorschlag über die Prüfung der Bedingungen für die Abhaltung freier Wahlen in Deutschland unterbreitet wurde, erklärte sich die Sowjetregierung in ihrer Note vom 9. April mit diesem Vorschlag einverstanden, bestand jedoch darauf, dass diese Prüfung nicht von einer Kommission der Vereinten Nationen, die für die Fragen einer Friedensregelung mit Deutschland nicht zuständig ist, sondern von einer unparteiischen Kommission der vier in Deutschland Besatzungsfunktionen ausübenden Mächte durchgeführt wird. Gleichzeitig hat die Sowjetregierung der Regierung der USA wie auch den Regierungen Großbritanniens und Frankreichs nochmals vorgeschlagen, die Erörterung des Friedensvertrages mit Deutschland sowie der Frage der Wiedervereinigung Deutschlands und der Schaffung einer gesamtdeutschen Regierung nicht länger hinauszuschieben.

Obwohl die Sowjetregierung den Vorschlag der Regierung der USA über die Prüfung der Bedingungen für die Abhaltung freier, allgemeiner Wahlen in Deutschland angenommen hat und obwohl der Vorschlag der Sowjetregierung über die Ernennung einer Kommission für die Durchführung einer solchen Prüfung aufgrund eines Abkommens zwischen den vier Mächten die Objektivität und Unvoreingenommenheit dieser Kommission gewährleistet, wird die Lösung der Frage des Friedensvertrages mit Deutschland und der Vereinigung Deutschlands, wie die Note der Regierung der USA vom 13. Mai zeigt, erneut auf unbestimmte Zeit verschoben. Aus dieser Note geht hervor, dass die Regierung der USA es auch

---

[165] Darüber der Stempel: „Geheim". Links oben der Vermerk: „Zu den Akten. 24.V. [Unterschrift unleserlich]. Links unten Eingangsstempel: Sekretariat Molotov 25.V.1952. Eingangsnummer [in russischer Abkürzung]: M- 7030. Deutscher Text in Jäckel, Die deutsche Frage 1952-1956, S. 29-31.

ablehnt, dass die vier Mächte endlich ohne weiteren Verzug an die Erörterung dieser Fragen herangehen. Die Regierung der USA stellt anstatt dessen in ihrer Note vom 13. Mai eine ganze Reihe neuer vorläufiger Bedingungen, die in der Note vom 25. März nicht enthalten waren und über die, wie sie jetzt vorschlägt, durch eine Fortsetzung des Notenwechsels eine Einigung erzielt werden soll, bevor direkte Verhandlungen aufgenommen werden.

So schlägt die Regierung der USA in ihrer Note vom 13. Mai vor, sich noch vor der Aufnahme direkter Verhandlungen „über den Rahmen der Verhandlungen und die wesentlichen zu erörternden Probleme zu einigen sowie den Notentausch über die Zusammensetzung und die Funktionen der Kommission zur Prüfung der Bedingungen für allgemeine Wahlen in Deutschland fortzusetzen usw.".

Alle diese Tatsachen zeugen davon, dass die Regierung der USA weiterhin den Abschluss eines Friedensvertrages mit Deutschland sowie die Lösung der Frage der Vereinigung Deutschlands und der Bildung einer gesamtdeutschen Regierung hinausschiebt. Nur dadurch ist der Umstand zu erklären, dass die Regierung der USA in der Note vom 13. Mai erneut eine Reihe von Fragen aufwirft, um den sich ohnehin schon über einige Monate hinziehenden Notenwechsel weiterzuführen, anstatt in direkte Verhandlungen der vier Mächte einzutreten und mit der gemeinsamen Erörterung des Friedensvertrages mit Deutschland und aller damit in Zusammenhang stehenden Fragen zu beginnen.

Angesichts einer solchen Lage muss sich sowohl in Deutschland wie auch außerhalb Deutschlands der Eindruck verstärken, dass die Regierung der USA in Wirklichkeit nicht danach strebt, dass ein Friedensvertrag mit Deutschland abgeschlossen und der Spaltung Deutschlands ein Ende gemacht wird. Indessen kann ohne den Abschluss eines Friedensvertrages und die Vereinigung Deutschlands kein unabhängiger und voll gleichberechtigter deutscher Staat, der den wahren Willen des gesamten deutschen Volkes zum Ausdruck bringt, wiederhergestellt werden.

2. Über die separaten Abkommen der Westmächte mit Westdeutschland und über ihre Versuche, dem Abschluss eines Friedensvertrages mit Deutschland auszuweichen. Die Sowjetregierung hält es für notwendig, besondere Aufmerksamkeit darauf zu lenken, dass die Regierung der USA gemeinsam mit den Regierungen Großbritanniens und Frankreichs bei Fortdauer des Notenaustausches gleichzeitig separate Verhandlungen mit der Bonner Regierung Westdeutschlands über den Abschluss des sogenannten „Generalvertrages" führt. In Wirklichkeit handelt es sich hierbei um keinerlei Art von „Generalvertrag", sondern um einen Separatvertrag, der, um das Volk zu betrügen, fälschlicherweise als „Generalvertrag" bezeichnet wird. Auf diese Weise wird das Potsdamer Abkommen, durch das den vier Mächten – den USA, Großbritannien, Frankreich und der UdSSR – die Ausarbeitung eines Friedensvertrages mit Deutschland auferlegt wird, gröblich verletzt.

Ungeachtet des geheimen Charakters der mit der Bonner Regierung geführten Verhandlungen und obwohl der vollständige Wortlaut dieses separaten Abkommens bis jetzt noch nicht veröffentlicht wurde, ist der Inhalt dieses separaten Vertrages bereits aus Presseveröffentlichungen bekannt geworden. Aus diesen Veröffentlichungen ist zu ersehen, dass dieser von den Regierungen der USA, Großbritanniens und Frankreichs vorbereitete Separatvertrag mit Westdeutschland keineswegs das Ziel hat, Westdeutschland Selbständigkeit und Unabhängigkeit zu gewähren. Gleichzeitig mit der formalen Aufhebung des Besatzungsstatuts hält dieser Vertrag faktisch die militärische Besetzung aufrecht, wobei Westdeutschland in einer Position der Abhängigkeit und Unterwerfung gegenüber der Regierung der USA sowie Großbritanniens und Frankreichs bleibt.

Gleichzeitig damit legalisieren die Regierungen der USA, Großbritanniens und Frankreichs durch den Abschluss dieses Separatvertrages mit Westdeutschland die Wiederaufstellung einer deutschen Wehrmacht mit Hitlergeneralen an der Spitze, das heißt, dass sie den Weg zur Wiedererstehung eines aggressiven westdeutschen Militarismus öffnen. Faktisch ist dieser Vertrag ein offenes Kriegsbündnis der USA, Großbritanniens und Frankreichs mit der Regierung Westdeutschlands, mit dessen Hilfe das deutsche Volk von der Bonner Regierung in die Vorbereitung eines neuen Kriegs hineingezerrt wird.

Gleichzeitig damit drängen die Regierungen der USA, Großbritanniens und Frankreichs auf die Einbeziehung Westdeutschlands in die unter der Bezeichnung „Europäische Verteidigungsgemeinschaft" auf ihr Betreiben in Bildung begriffene Staatengruppierung Frankreich, Westdeutschland, Italien, Belgien, Holland und Luxemburg. Diese sich die Bezeichnung „europäische Gemeinschaft" anmaßende Gruppierung soll zu einem Bestandteil des Nordatlantikblocks werden und die sogenannte Europaarmee schaffen, zu der die jetzt in Westdeutschland in Wiederaufstellung begriffenen bewaffneten Streitkräfte gehören sollen. Es ist ganz offenkundig, dass das Ziel der Bildung der „europäischen Gemeinschaft" und der „Europaarmee" nicht nur darin besteht, die schon praktisch in Durchführung begriffene Remilitarisierung Westdeutschlands zu legalisieren, sondern auch Westdeutschland in den aggressiven Nordatlantikblock einzubeziehen.

Es ist allen bekannt, dass gerade in der letzten Zeit die Regierung der USA darauf drängt, sowohl den Abschluss des erwähnten separaten Vertrages mit Westdeutschland als auch die Einbeziehung Westdeutschlands in die „europäische Gemeinschaft" mit allen Mitteln zu beschleunigen. Es wird damit nicht nur angestrebt, einen Teil Deutschlands von dem anderen endgültig loszureißen, sondern auch beide Teile Deutschlands in Gegensatz zueinander zu bringen. Das bedeutet, dass die Regierung der USA weder an der Vereinigung Deutschlands noch an einem Friedensvertrag mit Deutschland interessiert ist, sondern sich zum Ziel setzt, Westdeutschland und die in Wiederaufstellung begriffene westdeutsche Armee durch neue separate Abkommen noch fester als bisher an den Nordatlantikblock zu binden. Das ist mit den Perspektiven der friedlichen Entwicklung in Europa unvereinbar.

Alles das zeigt, dass gegenwärtig ein Komplott zwischen den revanchelüsternen herrschenden Kreisen Westdeutschlands und der nordatlantischen Staatengruppe im Gange ist. Dieses Komplott kann nur auf der Voraussetzung einer Unterstützung der Revanchebestrebungen der Bonner Adenauer-Regierung beruhen, die die Entfesselung eines neuen Krieges in Europa vorbereitet. Die jetzt in Aufstellung begriffene westdeutsche Armee, mit den faschistischen Hitlergeneralen an der Spitze, kann nur den aggressiven Zielen der deutschen Revanchepolitiker dienen. Andererseits unterstreicht die Einbeziehung einer solchen westdeutschen Armee in die sogenannte „Europaarmee" und folglich in die Armee des Nordatlantikblocks noch stärker den aggressiven Charakter der gesamten Nordatlantikgruppierung.

Im Lichte dieser Tatsachen glaubt niemand, dass die jetzt vorbereitete Bildung der „europäischen Gemeinschaft" und der „Europaarmee" den „Weg zum Frieden" darstellen kann, wie es in der amerikanischen Note vom 13. Mai heißt. Der tatsächliche Sinn des erwähnten Komplottes des Nordatlantikblocks mit der Adenauer-Regierung kann nur in einer weiteren Verschärfung des aggressiven Charakters der nordatlantischen Mächtegruppierung bestehen, die jetzt einen direkten Zusammenschluss mit den deutschen Revanchepolitikern, diesen aggressivsten Kreisen in Europa, anstrebt.

Der Abschluss eines Abkommens mit der Bonner Regierung Westdeutschlands von der Art des schon erwähnten Separatvertrages oder eines Abkommens über die „europäische

Gemeinschaft" erlegt diesem Teil Deutschlands neue Verpflichtungen auf und verstärkt seine Abhängigkeit von den Besatzungsmächten. Es erschwert die Vereinigung mit dem östlichen Teil Deutschlands, der nicht durch solche Verpflichtungen gebunden ist und sich unter Bedingungen entwickelt, die einer nationalen Vereinigung Deutschlands zu einem einheitlichen, unabhängigen, demokratischen und friedliebenden Staat förderlich sind.

Das Bestreben der Regierung der USA, so schnell wie möglich die oben angeführten separaten Abkommen mit Westdeutschland abzuschließen, während die Verhandlungen über einen Friedensvertrag und die Vereinigung Deutschlands immer wieder aufgeschoben werden, bedeutet, dass die Absicht besteht, das deutsche Volk durch die erwähnten separaten Abkommen vor vollendete Tatsachen zu stellen: Das deutsche Volk wird vor die Tatsache gestellt, dass Westdeutschland remilitarisiert wird und dass die Besatzungstruppen in Westdeutschland bleiben, und auf dem Weg des Abschlusses eines Friedensvertrages und der Vereinigung Deutschlands werden derzeitig unüberwindbare Hindernisse aufgerichtet.

Man kann jedoch nicht einerseits von der Notwendigkeit eines Friedensvertrages und der Vereinigung Deutschlands sprechen und andererseits alles tun, um den Abschluss eines Friedensvertrages mit Deutschland und die Wiederherstellung eines einheitlichen deutschen Staates zu erschweren und zu behindern. Das führt zur Untergrabung jeglichen Vertrauens zur doppelgleisigen Politik solcher Mächte und stellt das deutsche Volk vor die Notwendigkeit, eigene Wege zur Erreichung eines Friedensvertrages und zur nationalen Vereinigung Deutschlands zu suchen.

3. Vorschlag der Sowjetregierung. Ungeachtet bestehender Meinungsverschiedenheiten in der Frage des Friedensvertrages mit Deutschland sowie in der Frage der Vereinigung Deutschlands und der Bildung einer gesamtdeutschen Regierung schlägt die Sowjetregierung der Regierung der USA sowie den Regierungen Großbritanniens und Frankreichs erneut vor, zur gemeinsamen Beratung über diese Frage zu schreiten und keine weiteren Verzögerungen in dieser Sache zuzulassen.

Die Fortsetzung der Erörterung dieser Fragen mittels eines weiteren Notenaustausches kann nicht die Ergebnisse zeitigen, die in unmittelbaren Verhandlungen erzielt werden können, sondern ist nur geeignet, die Erzielung eines Übereinkommens zu erschweren. Zudem muss eine weitere Verschleppung der Lösung der Frage eines Friedensvertrages und der Vereinigung Deutschlands den berechtigten Unwillen des deutschen Volkes hervorrufen. Darüber hinaus laufen derartige Verzögerungen in dieser Sache dem Interesse der Herstellung normaler und dauerhafter Beziehungen zwischen Deutschland und den Nachbarstaaten sowie den Interessen der Festigung des Weltfriedens zuwider.

Die Sowjetregierung geht hierbei von dem Grundsatz aus, dass sowohl die Regierung der UdSSR als auch die Regierungen der USA, Großbritanniens und Frankreichs sich bei der Ausarbeitung eines Friedensvertrages mit Deutschland von den Bestimmungen des Potsdamer Abkommens leiten lassen werden, unter anderem in der Frage der Grenzen Deutschlands, worauf die Sowjetregierung schon in ihrer Note vom 9. April hingewiesen hat.

Was die gesamtdeutsche Regierung und ihre Machtbefugnisse anbetrifft, so versteht sich von selbst, dass sich diese Regierung ebenfalls von den Bestimmungen des Potsdamer Abkommens und nach dem Abschluss eines Friedensvertrages von den Bestimmungen des Friedensvertrages, der der Wiederherstellung eines dauerhaften Friedens in Europa dienen soll, leiten lassen muss. Dabei ist die Sowjetregierung weiterhin der Ansicht, dass es ein unabdingbares Recht des deutschen Volkes ist, über eigene nationale Streitkräfte zu verfügen, die zur Verteidigung des Landes notwendig sind, ohne welche die Frage der Machtbefugnisse einer gesamtdeutschen Regierung nicht in gerechter und würdiger Weise gelöst werden kann.

Indem die Sowjetregierung den Vorschlag macht, unverzüglich zu direkten Verhandlungen über einen Friedensvertrag mit Deutschland und über die Bildung einer gesamtdeutschen Regierung zu schreiten, geht sie gleichfalls davon aus, dass keinerlei von dem einen oder anderen Teil Deutschlands mit den Regierungen anderer Staaten abgeschlossene separate Abkommen der gesamtdeutschen Regierung irgendwelche Verpflichtungen auferlegen und dass eine gesamtdeutsche Regierung, die den Friedensvertrag unterzeichnet, alle Rechte besitzen wird, über die Regierungen anderer unabhängiger und souveräner Staaten verfügen.

Moskau, am 24. Mai 1952

Für die Richtigkeit: *Sniridonov*
Erging an die Genossen Stalin, Molotov, Malenkov, Berija, Mikojan, Kaganovič, Chruščev.[166]

Dokument 99

RGASPI, f. 82, op. 2, d. 1042, S. 178, 25. 5. 1952
Ignat'ev: Teilt mit, dass Anfang Mai d. J. die Zentralorgane der Parteien der Bonner Regierungskoalition den Entwurf des „Generalvertrages" erörtert haben. Der Entwurf rief besonders heftige Kritik von Seiten der Führungsorgane der Freien Demokratischen Partei hervor. Er wurde als nicht gleichberechtigter, der „Bundesrepublik" keine Souveränität gewährender Vertrag eingeschätzt. Der Kritik unterzogen wurde das Prinzip selbst, einen zweiseitigen Vertrag zwischen Westdeutschland und „dem Block der drei Mächte" abzuschließen, sowie das Prinzip, der „Bundesrepublik" die Gleichberechtigung zu nehmen und ebenso der Artikel des Vertrages, der den Westmächten „Sonderrechte" in einer Reihe von Gebieten aufrecht erhält, darunter im Zusammenhang mit der Vereinigung Deutschlands und der Friedensregelung. In den Auftritten einer Reihe von Führern der Freien Demokratischen Partei und im vom Führungsorgan angenommenen Beschluss wurde vermerkt, dass man im Text des „Generalvertrages" Formulierungen aus dem Weg gehen soll, die „auf den Osten als Provokation wirken". Dabei zog man insbesondere die Formulierung in Betracht, dass „die Europäische Gemeinschaft", in die die „Bundesrepublik" eintritt, selbst Mitglied der „Atlantikgemeinschaft" ist, ebenso Hinweise darauf, dass ein vereinigtes Deutschland in die „westeuropäische Gemeinschaft" einbezogen werden soll. Auf der Sitzung wurde bemerkt, dass „die Russen das auf solche Weise auslegen können, dass jegliche Brücken für ernsthafte Verhandlungen zerstört werden". Auf der Sitzung der Führungsorgane der FDP trat Justizminister Dehler auf, der erklärte, dass „wir, wenn wir 12 deutsche Divisionen erhalten, die Herrschaft in Europa erhalten".

Die Position der Freien Demokratischen Partei im Zusammenhang mit dem „Generalvertrag" fand die Unterstützung seitens zweier anderer Bonner Regierungsparteien, der Deutschen Partei und der Christdemokratischen Union. Nach Mitteilungen, die aus Führungskreisen der CDU stammen, hält sich Adenauer an folgende Taktik: Nachdem er von den Westmächten auf der Grundlage der Forderungen der Regierungsparteien eine Reihe von zweitrangigen Textänderungen des „Generalvertrages" erreicht haben wird, strebt Adenauer nach der Möglichkeit, ihn rascher zu unterzeichnen. Danach beabsichtigt

---

[166] Darunter das handschriftliche Kürzel: „230-AJa" [Andrej Januar'evič Vyšinskij].

Adenauer den Vertrag den Bundestagskommissionen zu übergeben, um den harten Protest dieser Kommissionen auszunutzen, um sich an Truman, Churchill und Pinay zu wenden mit der Erklärung, dass er ohne die Einbringung ernsthafter Änderungen am Vertragstext seine Ratifizierung im Bundestag nicht gewähren kann und er gezwungen sein wird zurückzutreten. Adenauer denkt, dass er auf solchem Weg Verbesserungen der Bedingungen des „Generalvertrages" für Westdeutschland erreichen kann.

Erging an alle Mitglieder des Achterkollegiums und an Gen. Vyšinskij

Dokument 100

RGASPI, f. 82, op. 2, d. 1042, S. 187, 29. 5. 1952

Ignat'ev: Trägt vor, dass der französische Botschafter in Washington, Bonnet, in seinem Telegramm an das Außenministerium in Frankreich vom 15. Mai d. J. festhielt, dass die Regierung der USA in der deutschen Frage weiter an einem „harten Kurs" festhält, ungeachtet der Befürchtungen, die von der Presse im Zusammenhang mit einer Reaktion der UdSSR auf die Einbeziehung Westdeutschlands in den Block der Westmächte zum Ausdruck gebracht wurden. Bonnet wies darauf hin, dass sogar dann, als „die amerikanischen Vertreter in London im Zuge der Vorbereitung der Antwort auf die Note der sowjetischen Regierung den Vorschlag im Zusammenhang mit Verhandlungen mit der UdSSR einbrachten, die harte Erklärung Achesons davon zeugte, dass die Absicht der Amerikaner sich nicht änderte". Nach den Worten Bonnets denken die führenden amerikanischen politischen Kreise, dass die UdSSR nicht in einen Krieg hineingezogen werden will. Diese Meinung wird auch von den Armeeführern und offensichtlich auch vom Kongress geteilt.

Der französische Außenminister Schuman teilte in einem Gespräch mit, dass die Erörterung der Frage der Position Frankreichs im Zusammenhang mit dem deutschen Problem auf der Sitzung der französischen Regierung vom 21. bis zum 23. Mai d. J. einen „unordentlichen Charakter hatte". Auf der Sitzung wurde das Hauptaugenmerk auf die Frage der Reaktion der UdSSR auf die Unterzeichnung dieser Verträge gelegt. Im Zuge der Sitzung sprachen sich einige Minister für die Verschiebung der Unterzeichnung des „Generalvertrages" und des Vertrages über die Gründung einer „Europa-Armee" aus. Großen Eindruck auf die Minister machte die Tatsache, dass Daladier und Herriot, die am 23. Mai d. J. auf der Parteisitzung gegen die Radikalen aufgetreten waren, heftig die Position Robert Schumans in der deutschen Frage kritisierten.

Erging an die Gen. Malenkov, Berija, Bulganin, Vyšinskij und Zorin.

Dokument 101

RGASPI, f. 82, op. 2, d. 1043, S. 190, 1. 6. 1952

Ignat'ev: Teilt mit, dass im Zusammenhang mit der Unterzeichnung des „Generalvertrages" in Westberlin Antwortmaßnahmen seitens der sowjetischen Regierung von der Regierung der DDR erwartet werden. Insbesondere in Westberliner Kreisen wird die Vermutung zum Ausdruck gebracht, dass der Fall einer vollständigen Berliner Blockade (darunter auch einer Luft[blockade]) den Abzug der Westmächte aus Berlin und seine Einnahme durch die sowjetische Armee zur Folge haben wird. Die panikartige Stimmung unter den Dienststellen der Westmächte und den Mitgliedern antisowjetischer Organisationen verschiedener

Art wird schlussendlich durch Meldungen der Westberliner Presse, in denen über die Möglichkeit einer Blockade gesprochen wird, verstärkt. Die am aktivsten agierenden anglo-amerikanischen Spionageorgane, deutsche Spionageorganisationen und einzelne Spione, die sich auf eine mögliche Evakuierung aus Westberlin vorbereitet haben, bereiten Maßnahmen zur Erhaltung ihrer Spionageverbindungen im Falle möglicher Verschlechterungen ihrer Arbeitsbedingungen vor. Die französischen Spionage- und Konterspionageorgane in Westberlin kürzen ihre Stellen. Die amerikanischen Machthaber in Westberlin unternahmen entschiedene Maßnahmen zur Stellenkürzung des deutschen Personals. Die angeheuerten Deutschen schätzen das als Wunsch der Amerikaner ein, sich überflüssiger Sorgen im Fall einer Evakuierung aus Westberlin zu entledigen.

Erging an alle Mitglieder des Achterkollegiums.

Dokument 102

RGASPI, f. 82, op. 2, d. 1043, S. 191, 2. 6. 1952
Zorin: Stellt einen Überblick über das internationale Geschehen im Mai d. J. dar. [...]¹⁶⁷
Im Überblick heißt es, dass die sowjetische Note zur deutschen Frage vom 24. Mai d. J. von der Mehrheit der bourgeoisen Zeitungen als neuer Versuch der UdSSR, die Einbeziehung Westdeutschlands in das Militärsystem der Westmächte nicht zuzulassen, eingeschätzt wurde. Einige bourgeoise Kommentatoren äußerten die Vermutung, dass die von der UdSSR verfolgte Linie in der Frage der Einheit Deutschlands im Weiteren großen Einfluss auf die innenpolitische Lage in Westdeutschland und Frankreich ausüben wird. Im Zusammenhang mit der Unterzeichnung eines separaten Vertrages der Westmächte mit Westdeutschland und des Vertrages über die Gründung der „Europäischen Verteidigungsgemeinschaft", bringen die westeuropäische und amerikanische Presse die Meinung zum Ausdruck, dass die Ratifizierung dieser Verträge mit großen Schwierigkeiten besonders in Frankreich und Westdeutschland verbunden sein wird. [...]¹⁶⁸

Dokument 103

RGASPI, f. 82, op. 2, d. 1043, S. 197, 6. 6. 1952
Ignat'ev: Trägt vor, dass ein Vergleich des veröffentlichten Textes „des Vertrages über die Beziehungen der Bundesrepublik und der drei Westmächte", der am 25. Mai d. J. in Bonn unterzeichnet wurde, mit dem Entwurftext dieses Vertrages, der von den Außenministern der drei Westmächte und Adenauer auf der Konferenz in Paris am 22. November 1951 abgesegnet wurde, davon zeugt, dass es in der seit der Pariser Konferenz vergangenen Zeit Adenauer nicht gelungen ist, irgendwelche bedeutsame Zugeständnisse im Zusammenhang mit dem Inhalt des Entwurfes des „Generalvertrages" zu erreichen. Der veröffentlichte Text des separaten Vertrages entspricht genau dem Entwurf vom 22. November 1951, mit der Ausnahme einiger redaktioneller Änderungen.

Erging an alle Mitglieder des Achterkollegiums und an Gen. Vyšinskij.

---

[167] Erster Absatz über den Weltbedarf an Naturkautschuk.
[168] Letzter Absatz über die Reaktion der UdSSR auf die geplante amerikanische militärische und wirtschaftliche Hilfe für den Iran.

Dokument 104

RGASPI, f. 82, op. 2, d. 1043, S. 201, 7.6.1952
Ignat'ev: Teilt Angaben über Aussagen von Mitarbeitern diplomatischer Vertretungen in Moskau zur Angelegenheit der Note der sowjetischen Regierung über den Friedensvertrag mit Deutschland mit. Der Botschaftsrat der USA, MacSweeney, erklärte, dass ihn die Sanftheit des Tones der sowjetischen Note verblüffte und dass er dessen Bedeutung überhaupt nicht versteht. Der Botschafter Schwedens, Sullmann, sagte, dass die Russen bereit sind, große Opfer zu bringen, sogar auf die DDR zu verzichten, wenn sie die Schaffung eines vereinten neutralen Deutschlands erreichen könnten, aber er glaubt, dass es in der nächsten Zeit unmöglich sei, irgendeine Kompromisslösung zu erlangen. Die sowjetische Note war nach seiner Meinung klar als Appell an das deutsche Volk gerichtet, worauf die Sowjets nun ihre Hoffnungen setzen. Der Geschäftsträger Indiens, Gundevia, denkt, dass die Spaltung Deutschlands eine Regelung des Konfliktes in Korea weniger wahrscheinlich macht, da die Sowjetunion nun weniger als irgendwann [zuvor] an einem Rückzug der UNO-Truppen aus Korea und ihrer Verlagerung nach Europa interessiert sei.
Erging an die Gen. Malenkov, Berija und Bulganin.

Dokument 105

RGASPI, f. 82, op. 2, d. 1043, S. 205, 12.6.1952
Ignat'ev: Trägt vor, dass in einer erneuten Direktive des State Departments der USA vom 5. Juni d. J. von den diplomatischen Vertretern der USA im Ausland gefordert wird, einstweilen keine Zusicherungen im Zusammenhang mit den Bedingungen und Fristen der möglichen Ratifizierung des „Generalvertrages" durch den amerikanischen Senat zu machen. Über die Frage einer Blockade Berlins zu sprechen, wird verboten, es wird aber empfohlen, bei Gesprächen über dieses Thema „die nicht endenden Angriffe seitens der Russen" zu betonen und folgende Momente hervorzuheben: die Westmächte haben nicht vor, Berlin aufzugeben; das Verhalten der UdSSR zeigt, dass letztere sich über demokratische Methoden der Durchführung von Verhandlungen „hinweggesetzt" usw. Zur Frage über die Abrüstung und zum Verhältnis zu China wird empfohlen, den Eindruck zu schaffen, dass die USA einverstanden seien, Verhandlungen mit der Ch[inesischen] V[olks]r[epublik] zu führen. In der Direktive wird verlangt, irgendwelchen Diskussionen zum Thema Formosa auszuweichen. In der Direktive wird darauf hingewiesen, dass im Juni d. J. in der UNO erneut die Frage „der Zwangsarbeit" in der UdSSR erhoben wird, im Zusammenhang damit wird gefordert, „dieser Frage die breiteste Reklame zu gewährleisten". Bei der Vorbereitung dieser Frage „werden neue Dokumente zusammengestellt, deren Inhalt weit zu verbreiten ist".
Erging an Gen. Stalin und die and. Genossen des Achterkollegiums, ebenso an Gen. Vyšinskij.

Dokument 106

RGASPI, f. 82, op. 2, d. 1043, S. 209, 14.6.1952
Ignat'ev: Trägt vor, dass der Leiter der Presseabteilung des Außenministeriums Frankreichs, de Leusse, in einem Gespräch am 9. Juli d. J. erklärte, dass sich der Leiter der Politabteilung

des Außenministeriums Frankreichs, de la Tournelle, am 9. Juli mit den Botschaftsräten der amerikanischen und englischen Botschaft in Paris zum Studium der Antwortentwürfe auf die Note der sowjetischen Regierung vom 24. Mai d. J., die von den Vertretern der USA, Englands und Frankreichs vorbereitet wurden, getroffen habe. De Leusse wies darauf hin, dass der amerikanische Antwortentwurf scharf und kurz ist. Die Amerikaner unterstreichen in ihrer Antwort, dass in der sowjetischen Note keine Präzisierungen enthalten sind, die ihnen nötig erscheinen. Die Position der Amerikaner bleibt nach der Meinung von de Leusse die frühere: sie halten es für nicht möglich, gegenwärtig vierseitige Verhandlungen zur deutschen Frage durchzuführen. Der von der französischen Regierung vorbereitete Antwortentwurf auf die sowjetische Note unterscheidet sich nach den Worten von de Leusse erheblich von dem amerikanischen und ist seinem Inhalt nach ähnlich der Erklärung des Präsidenten Frankreichs, Auriol, auf der sechsten UNO-Generalversammlung, auf der er sich „für eine Konferenz der Staatsmännern zur Erörterung konkreter Fragen zum Zwecke der Festigung des Friedens" aussprach. Die französische Regierung tritt, erklärte de la Tournelle, gegenwärtig für vierseitige Verhandlungen in der ein oder anderen Form ein. De la Tournelle denkt, dass es zielführend sei, zunächst ein vorläufiges Treffen zur Ausarbeitung der Tagesordnung durchzuführen.

Der französische Hohe Kommissar in Westdeutschland, François-Poncet, schreibt in seinem Telegramm am 30. Mai d. J. an das Außenministerium Frankreichs: „Die russische Politik hat zum Ziel, Berlin abzuwürgen, um die Bundesrepublik, die Verbündeten und die Bevölkerung der Westsektoren Berlins zu einer Übereinkunft zu zwingen". Nach der Meinung François-Poncets ist es im Falle, dass eine vierseitige Konferenz zur deutschen Frage nicht einberufen wird und der „Generalvertrag" und die Übereinkunft über die Gründung einer „Europa-Armee" ratifiziert werden, „möglich, dass Deutschland nach dem Muster und dem Abbild der Tschechoslowakei in einen Satelliten der UdSSR verwandelt wird".

Erging an die Gen. Malenkov, Berija und Bulganin.

Dokument 107

RGASPI, f. 82, op. 2, d. 1043, S. 210, 15.6.1952
Ignat'ev: Trägt die Mitteilung des finnischen Handelsvertreters in Berlin an das Außenministerium Finnlands vom 8. April d. J. über sein Gespräch mit dem Mitglied des Parlamentes Westberlins, Lemmer (CDU) vor. Lemmer sagte, dass man, wo es doch in der CDU schwierig sei, einen entsprechenden Kandidaten für den Posten des Bundeskanzlers zu finden, einstweilen gezwungen ist, auf diesem Posten Adenauer zu erdulden, obwohl seine Außenpolitik zweifelhaft erscheint und Unruhe im Land hervorruft. Lemmer brachte die Meinung zum Ausdruck, dass die deutsche Frage nur auf dem Weg einer Konferenz der Vertreter der Großmächte, die rasch einberufen werden muss, gelöst werden kann.
Erging an die Gen. Malenkov, Berija und Bulganin.

Dokument 108

RGASPI, f. 82, op. 2, d. 1043, S. 226, 19.6.1952
Ignat'ev: Trägt vor, dass der Leiter der Politischen Abteilung des Außenministeriums Frankreichs, de la Tournelle, im Gespräch mit einem verantwortlichen Mitarbeiter des Ministeri-

ums erklärte, dass die Regierung der USA den Vorschlag der Regierungen Englands und Frankreichs über die Einberufung einer vierseitigen Konferenz zur deutschen Frage zurückgewiesen hat. Im Zusammenhang damit ist Frankreich gezwungen, einem „Kompromiss" zuzustimmen, der teilweise eine „Kapitulation" vor den Amerikanern sein wird: alles läuft darauf hinaus, dass von der UdSSR neue „Erklärungen" verlangt werden.
Erging an alle Mitglieder des Achterkollegiums und an Gen. Vyšinskij.

Dokument 109

RGASPI, f. 82, op. 2, d. 1043, S. 224, 25. 6. 1952
Vyšinskij: Schickt die Niederschrift des Gesprächs zwischen dem stellvertretenden Vorsitzenden der sowjetischen Kontrollkommission in Deutschland des Landes Thüringen, Stroganov, mit dem Vorsitzenden des Landesverbandes der Nationaldemokratischen Partei Deutschlands (NDPD), Luthardt, vom 10. Mai d. J. aus. Luthardt teilte mit, dass bei der Durchführung von Maßnahmen an der Demarkationslinie in einigen Bezirken Bauern Widerstand leisteten: sie bauten Barrikaden, ließen Glocken läuten usw. Das erklärt sich damit, dass die Absiedlungsmaßnahmen auf administrativem Wege durchgeführt wurden und den Leuten nicht erklärt wurde, wohin und aus welchen Gründen sie ausgesiedelt werden. Was die Anwerbung zur Volkspolizei betrifft, bemerkte Luthardt, dass in dieser Frage Übertreibungen zugelassen werden, wenn Werber mit Zwangs- und nicht mit Überzeugungsmethoden tätig sind. Dabei werden in die Polizei nur SED-Mitglieder aufgenommen. Einzelne Mitglieder der NDPD wollten freiwillig in die Polizei eintreten, doch sie wurden wegen ihrer Parteizugehörigkeit nicht aufgenommen. Die Mitglieder der NDPD fühlen sich gekränkt und das spiegelt sich in der Arbeit der Partei wider. Luthardt sagte, dass ein Teil der Bevölkerung und der Mitglieder der NDPD noch nicht die Notwendigkeit der Gründung nationaler Streitkräfte in der DDR versteht.
Erging an alle Mitglieder des Achterkollegiums.

Dokument 110

RGASPI, f. 82, op. 2, d. 1043, S. 224, 25. 6. 1952
Ignat'ev: Trägt vor, dass am 6. Juni d. J. auf der Sitzung der Fraktionsführung der Christdemokratischen Union im Bundestag Adenauer aufgetreten ist, der unterstrich, dass der „Generalvertrag" unbedingt im Juli 1952 ratifiziert werden muss. Nach der Berechnung Adenauers werden gegen die Ratifizierung des „Generalvertrages" im Bundestag 186 Abgeordnete stimmen, darunter die Sozialdemokraten, Kommunisten, 10–12 Abgeordnete der Freiheitlichen Demokratischen Partei und 10 Abgeordnete von der Zentrumspartei. Auf diese Weise wird der Bundestag nach der Meinung Adenauers den „Generalvertrag" mit einer Mehrheit von ungefähr 20 Personen ratifizieren. Die Fraktionsführung der CDU sprach sich einstimmig für die Unterstützung der Pläne Adenauers im Zusammenhang mit der Ratifizierung des „Generalvertrages" aus.
Erging an alle Mitglieder des Achterkollegiums und an Gen. Vyšinskij.

Dokument 111

RGASPI, f. 82, op. 2, d. 1043, S. 225, 25.6.1952
Ignat'ev: Trägt vor, dass die überwältigende Mehrheit des Personalbestandes der kasernierten Reserve-Polizei der DDR die Bewaffnung der Polizei mit sowjetischen Waffen positiv aufgenommen hat. Viele Polizisten, deren Dienstzeit in der Polizei abgelaufen war, verpflichteten sich nach Erhalt der Waffen, den Polizeidienst fortzusetzen. Zugleich wurden Fälle von ablehnenden Äußerungen im Zusammenhang mit dem Erhalt sowjetischer Waffen vernommen. Einige Polizisten erklärten, dass sie im Kriegsfall nicht „auf ihre Brüder und ihre Verwandten" schießen wollen, dass die Sowjetunion den westlichen Besatzungsmächten die Gründung einer Söldnerarmee und ihre Ausstattung mit Waffen vorwirft, selbst aber angeblich das gleiche macht usw. Einige Bevölkerungsgruppen nahmen die Maßnahmen der Regierung der DDR über die Verstärkung der polizeilichen Streitkräfte ablehnend auf. Es gibt Fälle von Absagen, Anwerbung durchzuführen und zum Dienst in die Volkspolizei zu gehen. Viele Äußerungen gegen die Gründung von Streitkräften der DDR werden unter den Mitgliedern der Liberal-Demokratischen Partei vernommen.
Erging an die Gen. Malenkov, Berija und Bulganin.

Dokument 112

RGASPI, f. 82, op. 2, d. 1043, S. 229, 27.6.1952
Ignat'ev: Teilt mit, dass sich in letzter Zeit der Einfluss der proamerikanischen Gruppierung in der SPD, die auf der vollen Unterstützung der Politik der Bonner Regierung besteht, offenkundig auf den Kurs der soz.-dem. Partei Deutschlands verstärkt hat. Gleichzeitig verstärkten sich die Auftritte gegen den offiziellen politischen Kurs der Partei in den unteren Organisationen, ebenso seitens einiger Teile der Parteiführung, besonders in der Fraktion des Bundestages und in den Landtagen. Eine große Gruppe von Bundestagsabgeordneten fordert einen entschlossenen Kampf gegen den „Generalvertrag" und den Vertrag über eine „Europa-Armee", nimmt aber auch eine ablehnende Position gegen eine Zusammenarbeit mit der KPD in diesen Fragen ein und begrenzt ihre Tätigkeit auf oppositionelle Auftritte in den Führungsorganen der Partei. Gegenwärtig werden in den unteren Organisationen der Partei immer nachdrücklicher Forderungen nach der Durchführung eines aktiven außerparlamentarischen Kampfes gegen die Remilitarisierung und der Erlangung einer Aktionseinheit mit der KPD hervorgebracht.
Erging an Gen. Stalin und die and. Genossen des Achterkollegiums.

Dokument 113

RGASPI, f. 82, op. 2, d. 1043, S. 231, 28.6.1952
Ignat'ev: Trägt vor, dass, wie der französische Hohe Kommissar in Westdeutschland, François-Poncet, in einer Mitteilung an das Außenministerium Frankreichs vom 19. Juni d. J. darauf hinwies, die Pläne des Bonner „Bevollmächtigten für Sicherheitsfragen", Blank, folgenden Ablauf der Gründung westdeutscher Streitkräfte vorsieht: a) erste Etappe ist die Aufnahme von Freiwilligen zum Militärdienst für einen Zeitraum von nicht weniger als 4 Jahren; b) die erste Einberufung zum Militärdienst kann nach dem Gesetz der allgemeinen

Wehrpflicht nicht früher als 1954 verwirklicht werden; c) die Gesamtstärke der 12 westdeutschen Divisionen, die bis Ende 1954 formiert werden, wird sich auf 360 000 Mann belaufen, zusammen mit den militärischen Luft- und militärischen Seekräften mehr als 500 000 Mann. Die schwere Ausrüstung für die deutschen Divisionen wird von den Westmächten „im Rahmen der amerikanischen Hilfe" geliefert und die leichte wird von der westdeutschen Industrie hergestellt werden. Die Vertreter der Abteilung Blanks führen Verhandlungen mit den Amerikanern über die Organisation der Schulung eines Teils des Offiziersbestands der künftigen deutschen Divisionen in den USA. Die Amerikaner beabsichtigen unter Mitwirkung westdeutscher Kontingente einer „Europa-Armee" Emigranten-„Legionen" zu schaffen, vor allem aus ukrainischen, polnischen, tschechischen, slowakischen und ungarischen Einheiten. Man beabsichtigt die Aufstellung der genannten Untereinheiten in einer Zusammensetzung bis zu 50 000 Mann.

Dokument 114

RGASPI, f. 82, op. 2, d. 1043, S. 233, 29. 6. 1952
Ignat'ev: Teilt mit, dass in einer weiteren Direktive des State Departments an die amerikanischen Vertreter im Ausland vom 19. Juni d. J. verlangt wird, Gesprächen zum Thema der innenpolitischen Lage in Deutschland auszuweichen und stattdessen hauptsächlich über das Thema der Vorbereitung der Antwort auf die Note der sowjetischen Regierung zur deutschen Frage vom 24. Mai d. J. zu sprechen. Hierbei wird verlangt, zu bemerken, dass es dem Wesen nach zwischen den von den drei [West]mächten eingenommenen Positionen „keinen Unterschied" gibt, da keine von ihnen „der Einberufung jeglicher Konferenz, deren Ziele nicht präzisiert würden, zustimmen wird". Weiter fordert das State Department, daran zu erinnern, dass „die UdSSR bis zum jetzigen Zeitpunkt noch keine Antwort auf die beharrlichen Forderungen, die die Noten der Westmächte über die Präzisierung und Erklärung der Position der UdSSR zur deutschen Frage beinhalten", gegeben hat. Bei Gesprächen über den Einsatz bakteriologischer Waffen durch die Amerikaner in Korea weist das State Department auf die Notwendigkeit hin, zu erklären, dass „die Kommunisten stur dem Internationalen Komitee des Roten Kreuzes keine Untersuchungen erlauben wollen und dass man nicht an die Unparteilichkeit von Kommissionen glauben kann, deren Gründung die Kommunisten vorschlagen". Hierbei wird in der Direktive verlangt, besonders zu unterstreichen, dass diese „rote Kampagne" lediglich ein propagandistisches Manöver und die Fortsetzung einer Linie ist, die im Stockholmer Appell zum Ausdruck gebracht wurde.
Erging an Gen. Vyšinskij.

Dokument 115

RGASPI, f. 82, op. 2, d. 1185, S. 121 und 123 f., 4. 7. 1952

An Genossen Stalin

Im Zusammenhang mit der von 9.–12. Juli d. J. stattfindenden Parteikonferenz der SED formulierte das Politbüro des ZK der Sozialistischen Einheitspartei Deutschlands seine Vorschläge zu folgenden Abschnitten des Vortragsentwurfes auf der Konferenz: über die Einschätzung der Entwicklung der SED; über die Charakteristik der Regierung Adenauer und über das jetzige Entwicklungsstadium der Deutschen Demokratischen Republik.

Die Genossen Pieck, Grotewohl und Ulbricht bitten das Politbüro des ZK der VKP(b), seinen Standpunkt zu diesen Fragen zu äußern.

Ein Antwortentwurf auf das Telegramm der Genossen Pieck, Grotewohl und Ulbricht liegt bei.

Der Vorsitzende der Außenpolitischen
Kommission des ZK der VKP(b)   *V. Grigor'jan*   (V. Grigor'jan)

4. Juli 1952[169]

Kopien ergingen
an die Genossen <u>Molotov</u>, Malenkov, Berija, Mikojan, Bulganin, Kaganovič, Chruščev[170]

Berlin
  An Čujkov
  Semenov
  Il'ičev

Übergeben Sie Pieck, Grotewohl und Ulbricht die beigelegte Antwort des ZK der VKP(b) auf die Fragen, die von ihnen im Brief an den Namen Gen. Stalins dargelegt wurden.

„An die Genossen Pieck, Grotewohl und Ulbricht.

Wir sind einverstanden mit jener Einschätzung, die von Ihnen im Vortragsentwurf für die zweite Konferenz der Sozialistischen Einheitspartei Deutschlands zu den Fragen über die Entwicklung der SED und der Charakteristik der Regierung Adenauer gegeben wird.

Was die Einschätzung des jetzigen Zeitabschnittes der Entwicklung der Deutschen Demokratischen Republik betrifft, so ist es nötig, vor allem Rücksicht auf die Besonderheit der Lage Deutschlands zu nehmen, dass es bis zum jetzigen Zeitpunkt noch nicht vereinigt ist und dass die Arbeiterklasse und die Werktätigen Deutschlands daran interessiert sind, dass im Kampf für die Vereinigung Deutschlands die breitesten Massen der Arbeiterklasse und die demokratischen Kräfte nicht nur der DDR, sondern auch Westdeutschlands fest zusammengeschlossen werden.

Im Einklang damit muss die SED, sich auf den Block der antifaschistisch-demokratischen Parteien und Massenorganisationen der DDR stützend, einen noch größeren Zusammenschluss breiter Massen des deutschen Volkes im Kampf für die Wiederherstellung der Einheit Deutschlands erreichen, um folglich zugleich eine Festigung der demokratischen Grundlagen der Deutschen Demokratischen Republik und die weitere Stärkung der sozialistischen Elemente in ihrer Volkswirtschaft zu erlangen.[171]

---

[169] Darunter die Aktennummer: Nr. 25-S-1496.
[170] Darunter der Vermerk: *„zu den Akten. 8. VII. 52."* [Unterschrift unleserlich] und die Aktennummer: *M-9259.*
[171] In der Erstversion Grigor'jans lautete dieser Absatz vor der Übermittlung an Molotov folgendermaßen: „Im Einklang damit muss die SED, sich stützend auf den Block der antifaschistisch-demokratischen Parteien und Massenorganisationen der DDR, einen noch größeren Zusammenschluss der Arbeiterklasse und aller Werktätigen Deutschlands, die für eine Festigung folglich der demokratischen

Es wäre taktisch verfrüht, gegenwärtig zu verlautbaren, dass die Deutsche Demokratische Republik ein Staat der Volksdemokratie ist, gleichzeitig ist es aber nötig zu unterstreichen, dass sich in der Deutschen Demokratischen Republik unerschütterlich volksdemokratische Grundlagen ihres Staatsaufbaus festigen.

Es wäre taktisch verfrüht, den Übergang der DDR zum Aufbau des Sozialismus zu verlautbaren, gleichzeitig gibt es aber Anlass genug zuzugeben, dass sich in der DDR die sozialistischen Grundlagen der Volkswirtschaft festigen (81 % der Industrieproduktion machen die Volks- und Genossenschaftsbetriebe aus), dass sich die DDR in Richtung Sozialismus entwickelt.

Alles das ist notwendig, um nicht eine Verengung der Massenbasis der Bewegung für die Einheit Deutschlands zuzulassen und nicht die Konsolidierung der gesellschaftlichen Kräfte sowohl in Westdeutschland als auch in der Deutschen Demokratischen Republik im Kampf für ein einheitliches, demokratisches, friedliebendes und unabhängiges Deutschland zu stören.[172]

Im Vortrag ist es besonders wichtig, die Vorteile des demokratischen und friedlichen Weges der Entwicklung und der Errungenschaft der Werktätigen der Deutschen Demokratischen Republik aufzuzeigen und dies mit der Lage in Westdeutschland zu vergleichen.

Das ZK der VKP(b)

Über die Ausführung telegrafieren Sie,

Vyšinskij

Dokument 116

RGASPI, f. 82, op. 2, d. 1043, S. 242, 9.7.1952

Ignat'ev: Trägt vor, dass, wie der französische Hohe Kommissar in Westdeutschland, François-Poncet, am 26. Juni d. J. an das Außenministerium Frankreichs mitteilte, in der letzten Zeit Veränderungen in der Beziehung eines gewissen Teils parlamentarischer Kreise Bonns zur Kandidatur Tafts für den Posten des Präsidenten der USA vor sich gehen. Bis vor kurzer Zeit meinten der Regierungskoalition angehörende Abgeordnete, gemeinsam mit Adenauer, dass das Schicksal Deutschlands mit der Kandidatur Eisenhowers verbunden sein muss. „Diese Eile, mit der sie versuchten, die Ratifizierung des Bonner und Pariser Vertrages zu verwirklichen, wurde besonders mit dem Wunsch, Eisenhower einen Trumpf im Kampf gegen Taft zu geben, zum Ausdruck gebracht". Auch wenn berücksichtigt wurde, dass die Chancen Eisenhowers auf seine Ernennung zum Präsidentschaftskandidaten ge-

---

Grundlagen der Deutschen Demokratischen Republik und die Stärkung der sozialistischen Elemente in ihrer Volkswirtschaft kämpfen, erreichen." Die Ausbesserungen nahm Molotov handschriftlich vor. RGASPI, f. 82, op. 2, d. 1185, S. 122.

[172] Folgender Absatz wurde von Molotov an dieser Stelle gestrichen: „Zur Frage über die produktionsgenossenschaftliche Organisation im Dorf wäre es zielführend, sich grundsätzlich auf eine Erklärung über die positive Einstellung der Parteien zu den entstandenen Produktionsgenossenschaften der Bauern, über die Gewährung jeglicher Hilfe für sie seitens der Partei und der Regierung zu beschränken und die Notwendigkeit der strengen Überwachung des Prinzips der Freiwilligkeit bei der Organisation der landwirtschaftlichen Produktionsgenossenschaften zu unterstreichen."

sunken sind, begannen sich einige Bundestagsabgeordnete die Frage zu stellen, ob es nicht besser wäre, die Hoffnungen auf Taft zu setzen, umso mehr, als Taft vor kurzem erklärte, dass er stets ein Befürworter einer Übereinkunft mit Deutschland gewesen sei, sich dem Eintritt der USA in einen Krieg gegen Deutschland widersetzt habe und ebenso gegen das Teheraner-, Jalta- und Potsdamer-Abkommen ausgesprochen habe.

Erging an die Mitglieder des Achterkollegiums und an Gen. Vyšinskij.

Dokument 117

RGASPI, f. 82, op. 2, d. 1043, S. 246, 9.7.1952

Tugarinov (KI): Trägt den Bericht „Die in den militär-politischen Verträgen zwischen den Westmächten und der Bonner Regierung definierte Stellung Westdeutschlands im aggressiven Block" vor, in dem es heißt, dass der separate Vertrag und der Vertrag über die Gründung der „Europäischen Verteidigungsgemeinschaft" Westdeutschland einige grundlegende Rechte einräumt, die es vor dem Abschluss dieser Verträge nicht hatte. Deren wichtigstes ist das Recht, Streitkräfte zu schaffen, die aus 6 Panzer- und 6 motorisierten Divisionen, einer taktischen Luftwaffe mit 1700 Militärflugzeugen und einer Flotte der Küstenverteidigung besteht. Die Gesamtzahl des Mannschaftsstandes dieser Einheiten wird sich in Friedenszeiten auf 400 000 Mann belaufen. Der Separatvertrag hebt alle Begrenzungen der Rüstungsindustrie in Westdeutschland auf, gewährt das Recht, die Waffenerzeugung wieder aufzunehmen und wissenschaftliche Forschungen auf dem Gebiet der Atomenergie zu führen. Darüber hinaus schließen die militär-politischen Verträge eine Reihe von Bestimmungen ein, die darauf abzielen, Westdeutschland die Möglichkeit einer eigenständigen Innen- und Außenpolitik zu nehmen. Der Separatvertrag sieht die Erhaltung der Rechte der Westmächte vor, zu jedem beliebigen Zeitpunkt in Westdeutschland den „Ausnahmezustand" auszurufen und wieder die gesamte Macht auf seinem Territorium in ihre Hände zu nehmen. Die Klausel über den „Ausnahmezustand" soll eine wichtige Waffe des Einflusses auf die Politik der Bonner Regierung in den Händen der Westmächte sein. Indem die Liquidierung der Alliierten Hohen Kommission und anderer Kontrollorgane der Westmächte verkündet wird, sieht der Separatvertrag gleichzeitig die Gründung eines neuen Kontrollmechanismus in der Form von Botschafterkonferenzen der USA, Englands und Frankreichs in Westdeutschland vor. Die reelle Bedeutung aller dieser begrenzenden Bestimmungen wird indes durch das Ausmaß der Verstärkung der wirtschaftlichen und militärischen Macht Westdeutschlands verringert.

Erging an alle Mitglieder des Achterkollegiums, ebenso an die Gen. Suslov, Vyšinskij, Vasil'evskij und Grigor'jan.

Dokument 118

RGASPI, f. 82, op. 2, d. 1043, S. 243, 10.7.1952

Ignat'ev: Trägt vor, dass auf den Konferenzen der parlamentarischen Fraktion der Labour-Party mehrmals die Frage der Ratifizierung des „Generalvertrages" mit Westdeutschland diskutiert wurde, die Fraktionsleader diese Frage aber nicht ein einziges Mal zur Abstimmung stellten aus Furcht, dass der Entschluss gefasst werde, im Parlament gegen die Ratifizierung dieses Vertrages zu stimmen. Die Führer der Labour-Party führten hinter den Kulissen Verhandlungen mit der englischen Regierung, wobei sie versuchten, eine Verschiebung der Ratifizierung des „Generalvertrages" bis zur Lösung der Frage der Verhandlungen zwischen den vier Mächten zu erreichen. Nach der Meinung der Labour-Führer kann man nach einer Vereitelung dieser Verhandlungen die Frage der Ratifizierung des „Generalvertrages" im Parlament stellen, wobei man sich auf die „Unnachgiebigkeit" der UdSSR beziehen kann.

Erging an Gen. Stalin und die and. Genossen des Achterkollegiums, ebenso an Gen. Vyšinskij.

Dokument 119

RGASPI, f. 82, op. 2, d. 1043, S. 243, 10. 7. 1952
Ignat'ev: Teilt mit, dass der Leiter der französischen Delegation der UNO-Kommission für Abrüstung, Moch, in einem Gespräch am 26. Juni d. J. erklärte, dass die Politik im Zusammenhang mit Westdeutschland und Spanien gefährlich für Frankreich ist. Es kann sich ergeben, dass Frankreich zwischen zwei starken Staaten ungeschützt ist. Nach der Meinung Mochs kann keine Regierung Frankreichs einer Politik der USA im Zusammenhang mit der Wiedererrichtung eines starken Deutschlands zustimmen. Moch sagte, dass man in den Regierungskreisen Frankreichs annimmt, dass bei den Wahlen in Westdeutschland 1953 die Deutschen gegen Adenauer und seine Politik der Remilitarisierung stimmen werden. Als Ergebnis dieser Wahlen wird sich eine Koalition linker und protestantischer Elemente ergeben, die gegen die Politik der USA in Europa eingestellt ist.

Erging an die Gen. Malenkov, Berija und Bulganin.

Dokument 120

RGASPI, f. 82, op. 2, d. 1043, S. 248, 11. 7. 1952[173]
Tugarinov (KI): Teilt mit, dass die Regierungen Dänemarks und Norwegens, die den Nordatlantikpakt unterzeichnet haben, den Vorbehalt geäußert haben, dass in Friedenszeiten auf dänischem und norwegischem Territorium keine ausländischen Militärbasen geschaffen und ausländische Truppen stationiert werden. Seit Anfang d. J. bestehen jedoch die Amerikaner darauf, ihnen Militärbasen zur Verfügung zu stellen. Am 22. und 23. Juni fand in Kopenhagen eine Konferenz der Außen- und Verteidigungsminister Dänemarks und Norwegens statt, auf der die Notwendigkeit zugestanden wurde, in der Frage der Basen mit der Regierung der USA in direkten Kontakt zu treten und zu diesem Ziel Acheson zu bitten, sich mit dem Außenminister Dänemarks, Kraft, als Vertreter beider Länder zu treffen. Der dänische Verteidigungsminister, Petersen, gab in seiner Radiorede am 2. Juli zu, dass in der letzten Zeit die Frage der Stationierung amerikanischer Streitkräfte auf dänischen Basen diskutiert wurde. Die norwegischen Regierungskreise geben einstweilen noch nicht offen zu, dass sie die Frage der Positionsänderung Norwegens bezüglich der Basen prüfen, dementieren allerdings auch nicht die in dieser Angelegenheit kursierenden Gerüchte. Für

---

[173] Der ganze Absatz ist auf der rechten Seite von Molotov mit einem Strich und einem eingekreisten Kreuz versehen. Zusätzlich ein kleines Kreuz mit dem handschriftlichen Verweis unten: „Gen. Vyšinskij am 14. VII. mitgeteilt".

die nächsten Monate planen die Amerikaner eine ganze Serie von Militärmanövern im Gebiet Skandinaviens. Im Zuge dieser Manöver gehen die Amerikaner offensichtlich daran, die dänischen und norwegischen Flugplätze zu „erschließen". Es gibt Gründe für die Annahme, dass es den Amerikanern in der nächsten Zeit gelingen wird, das Einverständnis der dänischen Regierung für die Schaffung amerikanischer Luftbasen auf dem Territorium Dänemarks zu erreichen. Eine Lösung der Frage der Schaffung amerikanischer Basen auf dem Territorium Norwegens verzögert sich anscheinend noch ein wenig.

Erging an die Gen. Malenkov, Bulganin, Vyšinskij und Vasilevskij.

Dokument 121

RGASPI, f. 82, op. 2, d. 1043, S. 271, 1.8.1952

Ignat'ev: Trägt vor, dass der Vertreter der Agence France Presse in Berlin, Ravou, am 10. Juli d. J. im Gespräch mit einem sowjetischen Journalisten erklärte, dass sich in Frankreich die Meinung herausbildet, dass es zur Vermeidung einer weiteren Remilitarisierung Westdeutschlands und zur Erhaltung des Friedens nötig sei, unter allen Bedingungen gegenseitiges Verständnis mit der UdSSR in der deutschen Frage zu erreichen. Hierbei bemerkte Ravou, dass Geschäftskreise Frankreichs mit Ungeduld auf vierseitige Verhandlungen warten und jeglichen Vorschlag der UdSSR, der sich „gegen die Wiedergeburt des deutschen Imperiums" richtet, begrüßen. Ravou bekräftigte, dass ihm aus sehr autoritären Kreisen die Absicht der französischen Regierung bekannt wurde, unverzüglich die UdSSR zu unterstützen, wenn von ihrer Seite ein Vorschlag über die Einberufung einer Konferenz in Berlin eintrifft. Weiter bemerkte Ravou, dass die Frage der Grenze entlang der Oder-Neiße-Linie und ebenso das Schicksal Königsbergs und Breslaus Frankreich wenig interessieren, „umso mehr, als die UdSSR den Anschluss Elsass-Lothringens an Frankreich stets als gerechtfertigt einschätzte".

Erging an die Gen. Malenkov und Vyšinskij.

Dokument 122

RGASPI, f. 82, op. 2, d. 1043, S. 272, 1.8.1952

Rumjancev (KI): Trägt eine Übersicht über die internationalen Ereignisse im Juli d. J. vor [...].[174] Über den Stand der Ratifizierung der militär-politischen Verträge zwischen den Westmächten und Westdeutschland. In der Übersicht wird darauf hingewiesen, dass die französische Regierung Pinay als Resultat des Drucks der Öffentlichkeit, die die Vorbereitung von Verhandlungen mit der UdSSR zur deutschen Frage fordert, einstweilen noch nicht riskiert hat, den Gesetzesentwurf über die Ratifizierung, die im Zusammenhang mit den Parlamentsferien bis zum Herbst aufgeschoben wurde, im Parlament einzubringen. Die Sozialdemokraten brachten einen Vorschlag, sich an die vier Mächte mit der Bitte um Durchführung von Verhandlungen bezüglich der Vereinigung Deutschlands zu wenden, in den Bundestag ein. [...]

---

[174] Erster Absatz über die internationale Konferenz der freien Gewerkschaften.

Dokument 123

RGASPI, f. 82, op. 2, d. 1043, S. 279, 7. 8. 1952
Ignat'ev: Trägt vor, dass McCloy im Gespräch am 18. Juni d. J. Adenauer versichert hat, dass, solange Truman und Acheson an der Macht sind, die Regierung der USA in Zusammenhang mit der UdSSR „eine Politik der Stärke" betreiben wird. McCloy erklärte auch, dass die USA dem Drängen Frankreichs und Englands hinsichtlich der Notwendigkeit, über die Einberufung einer vierseitigen Konferenz zur deutschen Frage übereinzukommen, nachgegeben haben. Doch, darauf wies McCloy hin, wird die Regierung der USA ihr endgültiges Einverständnis dafür nur dann geben, wenn eine vorherige Botschafterkonferenz sich vom Erfolg eines Ministertreffens der vier Mächte überzeugt zeigt. McCloy unterstrich, dass die USA, unabhängig der Möglichkeit von Verhandlungen mit der UdSSR in der Zukunft, den Vertrag mit der Bonner Regierung ratifizieren und gleichfalls erwarten, dass die Regierungen Frankreichs und Westdeutschlands diesen Vertrag ratifizieren.
Erging an Gen. Stalin und die anderen Genossen des Achterkollegiums, ebenso an Gen. Vyšinskij.

Dokument 124

RGASPI, f. 82, op. 2, d. 1043, S. 290, 17. 8. 1952
Ignat'ev: Trägt vor, dass Anfang Juli d. J. das Außenministerium Frankreichs von seinen diplomatischen Vertretern in Moskau, Tokio, Wien und einigen anderen Hauptstädten Berichte erhalten hat, in welchen die Überzeugung zum Ausdruck gebracht wird, dass die Sowjetunion in nächster Zeit keine Versuche unternehmen wird, die angespannte internationale Lage abzumildern. Der stellvertretende Chef der Presseabteilung des Außenministeriums Frankreichs, Ordioni, teilte in einem privaten Gespräch mit, dass man im Außenministerium diesen Mitteilungen große Aufmerksamkeit schenkt. Nach der Meinung von Mitarbeitern des französischen Außenministeriums liegt der Grund einer möglichen „Änderung der russischen Außenpolitik" in der Befürchtung, dass Eisenhower im Umfeld einer Verschärfung der internationalen Lage den Sieg bei den Wahlen in den USA davontragen wird können.
Erging an alle Mitglieder des Achterkollegiums und an Gen. Vyšinskij.

Dokument 125

RGASPI, f. 82, op. 2, d. 1043, S. 293, 18. 8. 1952
Tugarinov (KI): Trägt vor, dass von Mai bis Juli d. J. französisch-amerikanische Verhandlungen bezüglich der Gewährung amerikanischer Militär-„Hilfe" für Frankreich in der Form militärischer Aufträge für französische Betriebe für den Bedarf der französischen Streitkräfte stattfanden. Die Verhandlungen endeten mit einem Abbruch. Die Regierung der USA teilte der französischen Regierung offiziell mit, dass sie nicht die Finanzierungsverpflichtung für die Programme der militärischen Aufträge bis Ende 1954 übernehmen kann. Gleichzeitig erklärte die Regierung der USA, dass sie für das Budgetjahr 1952/53 für die Finanzierung militärischer Aufträge in französischen Unternehmen lediglich 185 Mio. Dol. bereitstellen kann, d. h. weniger als im vorangegangenen Budgetjahr. Hierbei bezog

sich die amerikanische Regierung darauf, dass der Kongress die Gesamtsumme der bewilligten Mittel für 1952/53 gemäß des Gesetzes über die gegenseitige Gewährung von Sicherheit bedeutend gesenkt hat. Der Kongress der USA kürzte tatsächlich die Gesamtsumme dieser bewilligten Mittel, die bewilligten Mittel für die Finanzierung militärischer Aufträge in Ländern Westeuropas wurden hingegen nicht nur nicht gekürzt, sondern sogar von 700 Mio. Dol. im vergangenen Budgetjahr auf 1000 Mio. Dol. im Jahr 1952/53 erhöht. Offensichtlich beabsichtigt die amerikanische Regierung, den Hauptteil dieser Mittel für die Finanzierung der Rüstungsproduktion in Westdeutschland zu verwenden. Die Kürzung amerikanischer militärischer Aufträge stellte die französische Regierung vor die Notwendigkeit, bis Ende 1952 nach Mitteln zur Deckung eines Defizits in der Höhe von ungefähr 30 Mrd. Francs zu suchen. Dies ruft unausweichlich eine Verschärfung der politischen Lage in Frankreich hervor und schafft neue Schwierigkeiten bei der Verwirklichung des Plans der Vorbereitung eines neuen Krieges.

Erging an alle Mitglieder des Achterkollegiums, ebenso an die Gen. Suslov, Vyšinskij, Vasil'evskij und Grigor'jan.

Dokument 126

RGASPI, f. 82, op. 2, d. 1337, S. 111–115, 22. 8. 1952

Kopie[175]

An Genossen Stalin

Das ZK der Sozialistischen Einheitspartei Deutschlands (Gen. Ulbricht) übersandte dem ZK der VKP(b) einen Entwurf des Programms der Kommunistischen Partei Deutschlands und bittet, Anmerkungen zu diesem Programm mitzuteilen.

Der Entwurf des Programms der Kommunistischen Partei Deutschlands wurde vom Politbüro des ZK der SED und dem Sekretariat der Zentralführung der KPD abgesegnet.

Die Gen. Pieck und Ulbricht teilten mit, dass der Programmentwurf am 10. September veröffentlicht[176] werden soll, weswegen sie den Wunsch zum Ausdruck brachten, rechtzeitig unsere Anmerkungen zu erhalten.

Ich bitte um Prüfung.

Der Vorsitzende der Außenpolitischen
Kommission des ZK der VKP(b)   *V. Grigor'jan*   (V. Grigor'jan)

„22." August 1952
Kopien ergingen an die Genossen Malenkov, Molotov, Berija, Bulganin, Mikojan, Kaganovič und Chruščev[177]

---

[175] Darunter ein handschriftliches Kreuz Molotovs.
[176] Von Molotov zunächst unterstrichen, anschließend Unterstreichung anscheinend mit Wellenlinie wieder aufgehoben. Links daneben ein Kreuz Molotovs.
[177] Links unten die Aktennummer: Nr. 25-S-1772, darunter der Eingangsstempel: S[ekretaria]t V. M. Molotov: *23.VIII.1952.* Eingangsnummer [in russischer Abkürzung]: 11812ss. Daneben der Vermerk: *„zu den Akten"* [Unterschrift unleserlich].

Entwurf

Beschluss des ZK der VKP(b)

Frage der Kommunistischen Partei Deutschlands

Den Text des Telegramms an die Gen. Čujkov, Semenov und Il'ičev über den Programmentwurf der Kommunistischen Partei Deutschlands zu bestätigen (liegt bei).

Berlin

An Čujkov, Semenov, Il'ičev

Auf die Nr. 8/1005

Im Zusammenhang mit der Bitte des Gen. Ulbricht, Anmerkungen zum Programmentwurf der Kommunistischen Partei Deutschlands mitzuteilen, teilen Sie der SED-Führung im Auftrag der Instanz Folgendes mit:
„Nach unserer Meinung sind die im Entwurf des Programms der Kommunistischen Partei Deutschlands vorgebrachten Leitsätze grundsätzlich <u>annehmbar</u>.[178]

Wir denken, dass es richtiger wäre, dieses Dokument <u>nicht</u> Programm der Kommunistischen Partei Deutschlands <u>zu nennen</u>,[179] sondern es ungefähr so zu betiteln: Programm der nationalen Vereinigung Deutschlands (die nächstliegenden Forderungen der Kommunistischen Partei Deutschlands).

In diesem Dokument ist es zielführend, hauptsächlich den Kampf für ein einheitliches, unabhängiges, demokratisches und friedliebendes Deutschland, für den Abschluss eines Friedensvertrages und die Beendigung der Besatzung zu unterstreichen. Es ist nötig, <u>die Frage von Krieg und Frieden breiter aufzuzeigen</u>[180] und zu zeigen, dass Deutschland nicht an Krieg interessiert ist, dass für Deutschland der Weg der Aggression und des Krieges, dass dieser Weg sein Untergang ist.

Nachdem das genannte Dokument für die Periode des Kampfes um die Vereinigung Deutschlands bestimmt ist, ist es nötig, <u>die Bedeutung der nationalen Front der patriotischen Kräfte Deutschlands breiter zu entfalten</u>.[181] Die Notwendigkeit der Vereinigung verschiedener Bevölkerungsschichten des Landes in einer nationalen Front, <u>einschließlich jenes Teils der Bourgeoisie</u>,[182] die die patriotischen Interessen über die Interessen einer Zusammenarbeit mit dem aggressiven Nordatlantikblock stellt, erklären.

Im Dokument ist es nötig, in einer einfachen und komprimierten Form, die dem einfachen Arbeiter und Bauern verständlich ist, <u>zu zeigen, welch elendes Leben Westdeutschland unter den Bedingungen der Besatzung</u>[183] durch ausländische imperialistische Mächte <u>fristet</u>,[184] die es mit noch größerer Beständigkeit als nach dem Ersten Weltkrieg ausrauben und ausbeuten.

---

[178] Von Molotov durchgestrichen und durch das Wort „richtig" ersetzt.
[179] Von Molotov unterstrichen.
[180] Von Molotov unterstrichen.
[181] Von Molotov unterstrichen.
[182] Von Molotov unterstrichen.
[183] Von Molotov unterstrichen.
[184] Von Molotov unterstrichen.

Die Arbeiter und Bauern, die das Programm gelesen haben, müssen verstehen, dass das größte Übel für Deutschland[185] die durch einen separaten Militärvertrag verdeckte ungesetzliche Besatzung[186] seines Territoriums durch die amerikanischen, englischen und französischen Imperialisten ist, die nicht an der Existenz eines unabhängigen und starken Deutschland interessiert sind. Sie brauchen ein schwaches Deutschland mit einer hörigen Regierung.

Der Sturz der Regierung Adenauer, dieser Regierung des Krieges und der Unterjochung Westdeutschlands durch die ausländischen imperialistischen Mächte und ihre Ablösung durch eine koalitionäre authentische Volksregierung wird den ersten Schritt auf dem Weg zur Befreiung Westdeutschlands von der Herrschaft durch die ausländischen imperialistischen Mächte hin zum Abschluss eines Friedensvertrages und der Beendigung der Besatzung bedeuten.

Es ist nicht nötig,[187] einer neuen Regierung, die die Regierung Adenauer ablösen wird, zu weitgehende Aufgaben[188] auf dem Gebiet der sozialen Umgestaltung, der Verstaatlichung der großen Industriebetriebe, der Banken, Versicherungsgesellschaften und der Rechte der Arbeiter auf Verwaltung des Betriebes zu stellen.[189] Das Hauptziel[190] dieser Regierung muss die Erlangung eines Abkommens mit der Regierung der DDR über gesamtdeutsche Wahlen, über die Bildung einer gesamtdeutschen Regierung, über die friedliche Vereinigung Deutschlands und der Kampf für den Abschluss eines Friedensvertrages und die Beendigung der Besatzung sein.

Nach diesen Erwägungen, die im Programmentwurf enthalten sind, könnte man[191] den Abschnitt ‚Der Sozialismus ist das Ziel der Kommunistischen Partei Deutschlands' weglassen.[192] Diese Aufgaben könnte man in der nächsten Etappe vorbringen, nach der Wiederherstellung der Einheit.

Unserer Meinung nach ist es nötig, den siebten Abschnitt ‚Wonach streben die Kommunisten'[193] als Programm einer demokratischen Regierung[194] Westdeutschlands vorzulegen.[195]

In diesem Abschnitt wäre es nötig, die Forderungen auf dem Gebiet der Arbeiterfrage (Liquidierung der Arbeitslosigkeit, Erhöhung des Lohns, soziale Absicherung, Arbeitsschutz u.a.), ebenso die Bauernfrage (Landreform, Verbot der Nutzung des Landes für militärische Ziele u.a.), die Forderungen der Industriellen, der Handwerker und Kleinbourgeoisie, die auf die Entwicklung der friedlichen Industriebranche und der Handelsfreiheit mit allen Ländern ausgerichtet sind, genauer darzulegen.[196]

Der Abschnitt ‚Dauerhafte Freundschaft mit der Sowjetunion – eine unabdingbare Bedingung für eine glückliche Zukunft des deutschen Volkes' sollte ein bisschen gekürzt wer-

---

[185] Von Molotov unterstrichen.
[186] Von Molotov unterstrichen.
[187] Von Molotov unterstrichen.
[188] Von Molotov unterstrichen.
[189] Von Molotov unterstrichen.
[190] Von Molotov unterstrichen.
[191] Von Molotov unterstrichen.
[192] Von Molotov unterstrichen und am linken Rand des Absatzes mit einem Häkchen versehen.
[193] Von Molotov zweimal unterstrichen.
[194] Von Molotov unterstrichen.
[195] Absatz im Original von Molotov am linken Rand durch zwei Striche hervorgehoben und mit einem Kreuz gekennzeichnet.
[196] Von Molotov unterstrichen.

den,[197] die Notwendigkeit unterstreichend, in Zukunft keine Hetzjagd und Feindschaft gegenüber der Sowjetunion und den Ländern des demokratischen Lagers zuzulassen, und im Abschnitt über die Deutsche Demokratische Republik nicht an erster Stelle den Aufbau von Grundlagen des Sozialismus zu erwähnen, sondern den demokratischen und friedlichen Entwicklungsweg,[198] den Weg des Friedens und der Freundschaft zwischen den Völkern zu unterstreichen.

Es ist auch nicht nötig, Forderungen vorzubringen, dass der Abschluss eines Friedensvertrages mit Deutschland ‚auf der Grundlage der Vorschläge der Sowjetunion'[199] durchgeführt werde. Besser kurz diese Bedingungen darlegen, [ebenso] wie Bedingungen, die zur Gänze den nationalen Interessen des deutschen Volkes entsprechen.

Es wäre wünschenswert, das Dokument bedeutend zu kürzen und es mit einer einfacheren Sprache darzulegen, da ein außergewöhnlicher Umfang und der wenig populäre Stil der Darlegung es für die breiten Massen schwer zugänglich machen."

Dokument 127

RGASPI, f. 82, op. 2, d. 1171, S. 104f., 23. 8. 1952

Kopie
Str. Geheim. Ex. Nr. 2

An Genossen I. V. Stalin

Heute besuchte ich Ulbricht in Varvicha und machte ihn mit dem Text der Note der sowjetischen Regierung an die Regierungen der drei Mächte zur deutschen Frage bekannt.

Ulbricht nannte die Note vorzüglich und erklärte, dass in der Note eine sehr richtige prinzipielle Bewertung der Bonner und Pariser „Abkommen" vorgenommen wird. Die Note, erklärte Ulbricht, schlägt ihre Argumentation. Sie wird gut vom deutschen Volk aufgenommen werden. Zweifelsohne, sagte Ulbricht, erleichtert diese Note der Regierung der DDR und der SED den Kampf für die Einheit Deutschlands, für einen Friedensvertrag und gegen die Ratifizierung des Bonner und Pariser „Abkommens".

Ulbricht denkt, dass die in der Note enthaltenen Vorschläge der sowjetischen Regierung der DDR die Möglichkeit geben werden, noch mehr als bisher nicht nur breite Schichten der werktätigen Deutschen aus Westdeutschland auf ihre Seite zu ziehen, sondern auch ernsthafte Opposition gegen das Bonner Regime und die anglo-amerikanische Politik in Westdeutschland von Seiten der westdeutschen Bourgeoisie hervorzurufen.

Ulbricht bemerkte auch, dass nach den angenommenen Beschlüssen auf der zweiten Konferenz der SED über den Übergang zum Aufbau des Sozialismus in der DDR die Feinde der Einheit Deutschlands und eines Friedensvertrages die Sache so auszulegen versuchen, als könnte nun keine Rede von einer Vereinigung Deutschlands sein. Aber die Note der sowjetischen Regierung schwächt diese Position der Feinde der Einheit Deutschlands und weckt noch mehr als bisher die Hoffnung im deutschen Volk auf die Möglichkeit der Wie-

---

[197] Von Molotov unterstrichen und auf der linken Seite mit einem Fragezeichen versehen.
[198] Von Molotov unterstrichen.
[199] Von Molotov unterstrichen.

derherstellung eines einheitlichen demokratischen Deutschland und des Abschlusses eines Friedensvertrages.

Ulbricht erklärte auch, dass der in der Note der sowjetischen Regierung enthaltene Leitsatz, dass die Versuche der drei Mächte, eine Überprüfung Deutschlands durch eine internationale Kommission zu erreichen, das deutsche Volk beleidigt, besonders großen Einfluss auf das deutsche Volk haben wird. Starken Einfluss auf das deutsche Volk werden, sagte Ulbricht, ebenso die Vorschläge der sowjetischen Regierung darüber haben, dass die Kommission aus Vertretern der Deutschen gebildet werde, dass auf die Konferenz der vier Mächte Vertreter der DDR und der deutschen Bundesrepublik eingeladen werden und ebenso der Vorschlag, die Frage der Frist des Abzuges der Besatzungstruppen aus Deutschland zu erörtern.

Zusammenfassend erklärte Ulbricht, dass er die Absendung einer solchen Note für überaus termingerecht hält, da eine solche Note unbestreitbar den demokratischen Kräften der DDR helfen wird, die Ratifizierung des Bonner und Pariser „Abkommens" zu stören.

Ulbricht bat, dem ZK der VKP(b) und persönlich Genossen Stalin seinen tiefen Dank für die Übersendung dieser Note der sowjetischen Regierung an die drei Mächte zu überbringen, ebenso dafür, dass er vorzeitig mit dem Inhalt der genannten Note bekannt gemacht wurde.

Heute um 18 Uhr werden die Noten der sowjetischen Regierung von mir den Botschaftern Frankreichs, der USA und Großbritanniens ausgehändigt und morgen in unserer Presse veröffentlicht.

A. Vyšinskij

23. August 1952[200]
Für die Richtigkeit: [Unterschrift unleserlich]

Dokument 128

RGASPI, f. 82, op. 2, d. 1043, S. 306, 27.8.1952
Ignat'ev: Vermeldet Aussagen einer Reihe von Personen aus den Kreisen der Intelligenz der DDR über die Beschlüsse der Konferenz der SED zu Fragen des Aufbaus des Sozialismus und der Gründung einer nationalen Armee. Ein großer Teil der Aussagen bewertet diese Beschlüsse positiv und drückt die Bereitschaft aus, diese mit Leben zu erfüllen. Hingegen wurden auch Aussagen darüber vermerkt, dass der Aufbau des Sozialismus in der DDR angeblich der Vereinigung Deutschlands entgegenwirken wird.

Erging an Gen. Stalin und die and. Genossen des Achterkollegiums, ebenso an Gen. Vyšinskij.

Dokument 129

RGASPI, f. 82, op. 2, d. 1043, S. 307, 27.8.1952
Ignat'ev: Legt den Bericht des französischen Hohen Kommissars in Westdeutschland, François-Poncet, an das Außenministerium Frankreichs vom 1.Juni d. J. vor, in dem es heißt,

---

[200] Darunter die Aktennummer: Nr. *854*-VK.

dass die letzte Etappe der Verhandlungen über den Abschluss des separaten Vertrages zwischen den Westmächten und Westdeutschland in einer Atmosphäre fieberhafter Eile vor sich ging und dass „die Deutschen aus der Eile der Amerikaner, die Eile an den Tag legten, die Verhandlungen abzuschließen, Nutzen ziehen konnten". Auf der Konferenz der Außenminister mit Adenauer, die vor der Unterzeichnung der Verträge stattfand, wurde teilweise der Forderung der Bonner Regierung nach Erhöhung der bewilligten Finanzmittel zur Finanzierung der militärischen Kontingente Westdeutschlands nachgekommen. Ungeachtet des Einwandes Schumans kamen die Minister auch der Forderung der Bonner Regierung nach Verzicht der Westmächte auf die Entnahme von Reparationen aus der laufenden Produktion nach. Erfüllt wurde auch die Bitte der Bonner Regierung über die Freilassung der deutschen Kriegsverbrecher. Einige Forderungen Adenauers wurden von den Westmächten abgewiesen, besonders der Vorschlag, dass der Vertrag „Vertrag mit Deutschland" oder „Deutscher Vertrag" genannt wird. François-Poncet weist hin, dass „der erfolgreiche Einschluss der Bundesrepublik in die Europäische Verteidigungsgemeinschaft auf der Grundlage der Gleichberechtigung [und] ihre Wiederbewaffnung die französische öffentliche Meinung umso mehr beunruhigt, als die Bundesrepublik das Gesicht des wiedergeborenen Nationalismus, wenn nicht Neofaschismus zeigt".

Erging an Gen. Stalin und die anderen Gen. des Achterkollegiums.

Dokument 130

RGASPI, f. 82, op. 2, d. 1043, S. 304, 28. 8. 1952
Ignat'ev: Trägt vor, dass die Führung der SPD Westdeutschlands, die öffentlich aus demagogischen Erwägungen gegen die zwischen der Bonner Regierung und den Westmächten abgeschlossenen Verträge auftritt, gegenwärtig faktisch von einem effektiven Kampf gegen deren Ratifizierung Abstand genommen hat. Nach Mitteilungen der französischen Spionage erhielt McCloy in einem Gespräch mit Schumacher, das Ende Juni d. J. stattfand, von ihm die Zusicherung, dass die Sozialdemokraten im Falle der Machterlangung „die Gesetzmäßigkeit der Unterschrift Adenauers unter den Verträgen mit den Westmächten anerkennen". Der französische Hohe Kommissar in Westdeutschland, François-Poncet, wies in einem Telegramm an das Außenministerium Frankreichs im Juli d. J. daraufhin, dass die Sozialdemokraten im Falle der Machterlangung faktisch „nichts anderes vorhaben, als die Wiederaufnahme der Verhandlungen, analog zu jenen, die sie Adenauer zum Vorwurf machen". Auf der Konferenz der Parteiführung im Juni d. J. wurde der Beschluss gefasst, die politische Parteilinie zu überprüfen und, vom Prinzip der Nichtanerkennung der Verträge Abstand nehmend, Kurs auf ihre Überprüfung zu lenken.

Erging an Gen. Stalin und die anderen Genossen des Achterkollegiums, ebenso an Gen. Vyšinskij.

Dokument 131

RGASPI, f. 82, op. 2, d. 1043, S. 305, 28. 8. 1952
Ignat'ev: Legt den Monatsbericht des französischen Hohen Kommissars in Deutschland, François-Poncet, an das Außenministerium Frankreichs vom 1. Juli d. J. vor, in dem es heißt, dass Adenauer maximal bestrebt ist, die Ratifizierung der mit den Westmächten geschlos-

senen Verträge zu beschleunigen. Diese Position Adenauers ist teilweise aus Furcht davor bedingt, dass vor der Ratifizierung der Verträge eine vierseitige Konferenz zu Deutschland stattfinden [könnte]. Adenauer „erlitt eine Niederlage", indem er es nicht vermochte, die Ratifizierung der Verträge vor den Sommerferien zu erreichen. Nach der Meinung François-Poncets verstärken sich in den Kreisen der Bonner Regierungsparteien die Forderungen „nach einer Überprüfung der Verträge vor ihrem Inkrafttreten". Die Frage über vierseitige Verhandlungen betreffend, bemerkt François-Poncet, dass Adenauer die ablehnende Position der Amerikaner im Zusammenhang mit solchen Verhandlungen gänzlich unterstützt und „entschlossen gegen die Durchführung vierseitiger Verhandlungen bis zur Ratifizierung der Verträge, zumindest durch die Regierungen Bonns und Washingtons, eingestellt ist".

Erging an die Gen. Malenkov, Berija, Bulganin, Vyšinskij.

Dokument 132

RGASPI, f. 82, op. 2, d. 1043, S. 309, 29. 8. 1952

Ignat'ev: Berichtet, dass in den Kreisen der westdeutschen Sozialdemokratie Ollenhauer als wahrscheinlichster Kandidat auf den Posten des Ersten Parteivorsitzenden nach dem Tod Schumachers betrachtet wird. Während er im Allgemeinen Anhänger des Schumacherschen politischen Kurses ist, hat Ollenhauer in der letzten Zeit merklich seine Positionen geändert und neigt immer mehr zur Unterstützung der proamerikanischen Gruppe. Ollenhauer spricht sich für eine „Abschwächung" des offiziellen Parteikurses und für die Durchführung einer „geduldigeren" Politik im Verhältnis zu den Westmächten und zur Bonner Regierung aus. Ollenhauer tritt gegen jegliche Zusammenarbeit mit der Kommunistischen Partei Deutschlands und der SED ein, er ist ein Gegner aktiver Tätigkeiten gegen die militär-politischen Übereinkünfte Westdeutschlands mit den Westmächten. Der französische Geheimdienst meint, dass mögliche Konkurrenten Ollenhauers der Oberbürgermeister Westberlins, Reuter, oder der Vorsitzende des außenpolitischen Komitees des Bundestages, Carlo Schmid, werden können. Beide treten sie für eine Politik der offenen Unterstützung des westdeutschen „Beitrages zur Verteidigung Europas" und des Systems der Bonner Militärverträge ein.

Erging an Gen. Stalin und die and. Genossen des Achterkollegiums.

Dokument 133

RGASPI, f. 82, op. 2, d. 1043, S. 326, 10. 9. 1952

Vyšinskij: Legt ein Kapitel des Berichtes der Botschaft der UdSSR in Frankreich für das 1. Quartal d. J. vor: „Frankreich, der Atlantikpakt und die Europa-Armee". Gen. Vyšinskij merkt an, dass im zusammenfassenden Teil dieses Kapitels die Botschaft einen falschen Rückschluss im Zusammenhang mit dem Einfluss der Note der sowjetischen Regierung vom 10. März d. J. über einen Friedensvertrag mit Deutschland auf die Politik der USA in Europa macht. Die Botschaft legt die Angelegenheit so dar, dass die USA bis zum 10. März angeblich mit der Vorbereitung des Vertrages „über die europäische Gemeinschaft" und des „Generalvertrages mit Deutschland" zögerten und sich erst nach der Aushändigung der sowjetischen Note „beeilten". Das Außenministerium wies die Botschaft auf diesen Fehler hin.

Im vorgelegten Kapitel des Berichtes heißt es, dass im französischen Volk die Unzufriedenheit über die Außenpolitik wächst, die von der Regierung auf Bestellung ihrer amerikanischen Herren und Meister verfolgt wird, besonders über die Politik zur Wiederaufrüstung Deutschlands. Unzufriedenheit über diese Politik bringen nicht nur französische Werktätige, sondern auch einige Schichten der Bourgeoisie und sogar der Offiziersstand der Armee zum Ausdruck. Die Tatsache, dass die USA mehr als alle anderen an der Wiederaufrüstung Deutschlands interessiert sind, begünstigte eine Anwachsen antiamerikanischer Stimmungen in Frankreich. Auf der Londoner Konferenz im Februar d. J. trat Schuman kategorisch gegen die Aufnahme Deutschlands in den Atlantikpakt auf. Großen Raum bei der Londoner Konferenz nahm die Frage der „industriellen Kontrolle" oder der „Rüstungsbegrenzung" ein, bei der sich Widersprüche unter allen Konferenzteilnehmer ergaben. Befürchtend, dass die Produktion schwerer Waffen in Deutschland wirtschaftliche und politische Gefahren für Frankreich in sich birgt, bestand Schuman auf einem speziellen Verbot dieser Produktion in den vertraglichen Übereinkünften, die das Besatzungsstatut aufheben werden. England wollte, dass ein solches Verbot Gegenstand eines Garantieaktes sei. Adenauer schlug vor, mittels Briefaustausches die Verpflichtung einzugehen, lediglich solche Waffen zu erzeugen, die in Deutschland von der Europäischen Verteidigungsgemeinschaft bestellt werden. Acheson unterstützte diesen Vorschlag Adenauers und er wurde angenommen.

Erging an alle Mitglieder des Achterkollegiums.

Dokument 134

RGASPI, f. 82, op. 2, d. 1043, S. 333, 14.9.1952

Ignat'ev: Berichtet, dass entsprechend Materialien des französischen Geheimdienstes das Kriegsministerium und das State Department der USA die Bitte der Franzosen über eine Erhöhung der amerikanischen Hilfe mittels Stationierung militärischer Güter in Frankreich als Versuch sehen, die Fristen der Erfüllung der militärischen Verpflichtungen Frankreichs hinauszuzögern und auch die Erörterung des „Generalvertrages" mit Deutschland in der Nationalversammlung aufzuschieben. Hierbei denkt die französische Regierung, nach der Meinung der Amerikaner, dass für Frankreich Westdeutschland, ganz zu schweigen von der Sowjetunion, eine große Gefahr darstellt.

Dokument 135

RGASPI, f. 82, op. 2, d. 1043, S. 334, 16.9.1952

Ignat'ev: Berichtet, dass der französische Hohe Kommissar in Westdeutschland, François-Poncet, im September d. J. dem Außenministerium Frankreichs über die in Bonn stattgefundene Konferenz Adenauers mit den Hohen Kommissaren der drei Mächte Mitteilung erstattet hat. Auf der Konferenz wurde der Entwurf der Antwortnote der Westmächte auf die Note der sowjetischen Regierung vom 23. August erörtert. Nach Mitteilung François-Poncets meint Adenauer, dass es nötig sei, das Einverständnis zur Teilnahme an einer vierseitigen Konferenz zur deutschen Frage zu erklären. Diese Konferenz könne jedoch „nur auf der Basis der letzten Note der drei Mächte an die Sowjetunion" einberufen werden. Nach den Worten François-Poncets besteht Adenauer darauf, dass die Alliierten in der neuen Note zu verstehen geben, dass es keine Zugeständnisse mehr geben wird. Hierbei erklärte sich Adenauer mit dem Standpunkt der drei Mächte einverstanden, dass eine Ablehnung, die von der Sowjetunion aufgeworfenen Fragen zu erörtern, „nicht soviel Verfahrensbedeutung hat, wie sie das Wesen der Angelegenheit selbst betrifft". Die Westmächte „müssen", nach der Meinung Adenauers, „auf die Angriffe der UdSSR gegen das Nordatlantikbündnis antworten" und gleichzeitig nicht das Potsdamer Abkommen streifen. Adenauer denkt, dass es zum Zwecke der Gewährleistung der Ratifizierung des „Generalvertrages" durch den westdeutschen Bundestag und des Abkommens über die „Europa-Armee" nötig sei, die Note Ende September der Sowjetunion zu schicken. François-Poncet merkt an, dass er, auf der Konferenz auftretend, eine Übereinstimmung des Standpunktes Adenauers mit dem Standpunkt der drei Mächte, die es in erster Linie für nötig hielten, in Deutschland „freie Wahlen" durchzuführen, konstatierte.

Erging an Gen. Stalin und die and. Genossen des Achterkollegiums, ebenso an Gen. Vyšinskij.

Dokument 136

RGASPI, f. 82, op. 2, d. 1043, S. 344, 23.9.1952

Tugarinov (KI): Berichtet, dass nach der Unterzeichnung der militär-politischen Verträge mit der Bonner Regierung die Führungskreise der USA, Englands und Frankreichs, die bestrebt waren, günstige Bedingungen für die Ratifizierung dieser Verträge zu schaffen, den Kurs einschlugen, den Notenverkehr mit der UdSSR zur deutschen Frage zu beenden. Die neuen konkreten Vorschläge, die in der Note der UdSSR vom 23. August dargelegt wurden, und ebenso der Appell der Volkskammer der DDR an den westdeutschen Bundestag mit der Bitte, seine Vertreter zu empfangen, fand die Unterstützung verschiedener Bevölkerungsschichten der westeuropäischen Länder. Viele Vertreter der französischen und westdeutschen Großbourgeoisie treten für die Durchführung vierseitiger Verhandlungen ohne jegliche Vorbedingungen ein. Im Zuge der Vorbereitung der Antwortnote der Westmächte bestanden die USA und die Bonner Regierung auf der bedingungslosen Ablehnung der sowjetischen Vorschläge. Die Regierungen Frankreichs und Englands, die befürchteten, dass im Fall eines endgültigen Ablehnens der Prüfung der sowjetischen Vorschläge die Schuld am Scheitern einer Friedensregelung mit Deutschland den Westmächten aufgebürdet wird, schlugen vor, der Antwortnote „konstruktiven" Charakter zu geben. Am 5. September d. J. übergaben die Regierungen der USA, Englands und Frankreichs einen Entwurf der Antwortnote der Westmächte der speziell zu diesem Ziel einberufenen, geschlossenen Session des Ständigen Rates des Nordatlantikbündnisses zur Erörterung, mit der Absicht, sich den Beistand aller Mitgliedsländer des aggressiven Blocks der amerikanischen Politik in der deutschen Frage zu sichern und damit diese Länder in die Verantwortung für die Folgen des Scheiterns einer Friedensregelung mit Deutschland einzubinden.

Erging an Gen. Stalin und die and. Genossen des Achterkollegiums, ebenso an Gen. Vyšinskij.

Dokument 137

RGASPI, f. 82, op. 2, d. 1043, S. 355, 30. 9. 1952
Vyšinskij: Schickt die Mitschrift seines Gesprächs mit dem französischen Botschafter in der UdSSR, Joxe, vom 28. September d. J. aus. Joxe sagte, dass er es vor seiner Abreise nach Paris aus familiären Gründen für notwendig hielt, dem Außenministerium seine Dankbarkeit für den warmen Empfang auszudrücken und zu erklären, dass er von dieser hohen Ehre besonders berührt sei, die ihm durch den Empfang von Generalissimus Stalin bereitet wurde. Der Botschafter fügte hinzu, dass einige ausländische Zeitungen alle möglichen Erfindungen im Hinblick auf den Inhalt dieses Treffens veröffentlicht hätten. Joxe hingegen hält es für nötig, zu erklären, dass all diese Erfindungen nicht von ihm ausgingen. Danach sagte Joxe, dass er seinen Aufenthalt in Paris für Gespräche mit Politikern Frankreichs über verschiedene Fragen und insbesondere die Frage des Handelsvertrages zwischen Frankreich und der UdSSR nutzen will. Joxe bemerkte hierbei, dass, obwohl das französische Parlament diesen Vertrag ratifiziert hat[201] und die Ratifikationsurkunden vom französischen Botschafter in Moskau erhalten wurden, ein Austausch dieser Urkunden bis zum gegenwärtigen Zeitpunkt noch nicht stattgefunden hätte.

Erging an alle Mitglieder des Achterkollegiums.

Dokument 138

RGASPI, f. 82, op. 2, d. 1043, S. 363, 4. 10. 1952
Ignat'ev: Teilt mit, dass nach der Meinung des Außenministers Frankreichs, Schuman, gegenwärtig die Nationalversammlung die Ratifizierung des Abkommens über die „Europäische Verteidigungsgemeinschaft" ablehnen könnte, da neben den Kommunisten die Gaullisten, ein Teil der Radikalen und der Sozialisten gegen die Gründung einer „Europa-Armee" auftreten. Im Zusammenhang damit hält es Schuman für zielführend, in der Nationalversammlung die Frage der Ratifizierung erst im März 1953 zu stellen, wenn die sogenannte Verfassung eines „Vereinigten Europas" ausgearbeitet wird. Die Erörterung des Abkommens über die „Europäische Verteidigungsgemeinschaft" gemeinsam mit dem Verfassungsentwurf eines „Vereinigten Europas" wird, so vermutet Schuman, in bedeutsamer Weise ihre Ratifizierung erleichtern. Hierbei kalkuliert Schuman, dass bis März 1953 das Abkommen über die „Europa-Armee" bereits vom Bonner Parlament ratifiziert sein wird und die Amerikaner nach den Präsidentenwahlen zur deutschen Frage eine klarere Position einnehmen werden.

Erging an Gen. Stalin und die and. Genossen des Achterkollegiums, ebenso an Gen. Vyšinskij.

Dokument 139

RGASPI, f. 82, op. 2, d. 1043, S. 363, 4. 10. 1952
Ignat'ev: Berichtet, dass sich die westdeutschen Imperialisten, die mit den Zugeständnissen der Westmächte nicht zufrieden sind, die sie in ihren militär-politischen Abkommen mit

---

[201] Von Molotov unterstrichen. Auf der rechten Seite handschriftlicher Vermerk: „und der Präsident?"

der Bonner Regierung fixiert haben, bereits gegenwärtig Kampfpläne für eine Revision dieser Abkommen ausdenken. Hierbei denken sie, dass ein Erfolg des Kampfes vor allem von der Gründung einer Armee in Westdeutschland abhängt, die eine Hegemonie des deutschen Imperialismus in Westdeutschland gewährleisten wird können. Nachdem die Bonner Regierung das Einverständnis der Westmächte zur Gründung von Streitkräften in Westdeutschland erlangt hat, beabsichtigt sie mit beschleunigtem Tempo diese Kräfte zu formieren. Sie stellt sich darüber hinaus die Aufgabe, ihre Autonomie im Rahmen der „Europa-Armee" mit der folgenden Umwandlung in eine selbständige „nationale Armee" zu erreichen. Die Forderung nach einer Revision der militär-politischen Abkommen wurde ebenso von der Führung der sozialdemokratischen Partei erhoben. Nachdem die Führung der SPD einen aktiven Kampf gegen die Ratifikation der Abkommen durch den Bundestag abgelehnt hatte, bringt sie nun die Losung ihrer „Revision auf gesetzlichem Wege" hervor. Im Bericht wird bemerkt, dass die Losung einer Revision der Abkommen mit den Westmächten, die von den westdeutschen Imperialisten aufgebracht wurde, eine Stärkung der nationalistischen und revanchistischen Propaganda in Westdeutschland hervorruft und eine weitere Verschärfung der Gegensätze Westdeutschlands mit den Westmächten und in erster Linie mit Frankreich nach sich zieht.

Erging an Gen. Stalin und die anderen Genossen des Achterkollegiums, ebenso an Gen. Vyšinskij.

Dokument 140

RGASPI, f. 82, op. 2, d. 1043, S. 360, 5. 10. 1952

Ignat'ev: Berichtet, dass die Grenzpolizei der DDR aus 21 Einheiten besteht, von denen 12 Einheiten entlang der westlichen Landesgrenze der DDR stationiert sind. Von Juni bis August d. J. griff die Grenzpolizei 3813 Grenzverletzer auf, darunter 913 Personen, die versuchten, von der DDR nach Westdeutschland zu gelangen und 2900 Personen aus Westdeutschland in die DDR. Die Grenzwache der DDR verhält sich jedoch noch nicht wachsam genug, so ließ der Grenzdienst von Juni bis August d. J. 2400 straflose Grenzverletzungen Richtung Westdeutschland zu. Die ernsthaften Fehler in der Kaderauswahl für den Grenzdienst und die schwache politisch-erzieherische Arbeit senken die Effektivität der Maßnahmen, die sich auf eine Verstärkung der Grenze der DDR richten. So sind die Polizeigrenzeinheiten lediglich zu 70–75% komplettiert und in bedeutendem Maße mit zweifelhaften Elementen verunreinigt. Von Juni bis August d. J. wurden 68 Grenzpolizisten verhaftet, darunter 9 Agenten des amerikanischen Geheimdienstes, zwei Agenten des englischen Geheimdienstes, 21 Pers. wegen Versuches gruppenweisen Desertierens in den Westen und 29 Pers. wegen antisowjetischer und antidemokratischer Agitation.

Erging an die Gen. Malenkov, Berija und Bulganin.

Dokument 141

RGASPI, f. 82, op. 2, d. 1043, S. 373, 15. 10. 1952

Ignat'ev: Berichtet, dass, nach Angaben des französischen Geheimdienstes, Ridgway in einem Gespräch mit Adenauer und Militärberatern der Bonner Regierung am 2. September d. J. in Bonn die Unzufriedenheit der Regierung der USA über die Langsamkeit, mit der die Maßnahmen zur Wiederaufrüstung Westdeutschlands verwirklicht werden, zum Ausdruck gebracht hat. Die größte Unruhe Ridgways rief die Frage der Durchführung einer Einberufung in die Armee in Westdeutschland hervor. Der Bevollmächtigte der Bonner Regierung zu Fragen der „Sicherheit", Blank, hingegen „beruhigte" ihn, indem er erklärte, dass bis Ende 1954 die Bonner Regierung fünf Jahrgänge zum Militärdienst wird einberufen können, d. h. eine Million junger Soldaten. Blank brachte im Weiteren die Vermutung zum Ausdruck, dass in Anbetracht des „äußerst schwachen Enthusiasmus, der von den anderen Ländern im Zusammenhang mit der Gründung einer europäischen Verteidigungsgemeinschaft aufgebracht wird", von Westdeutschland gefordert werden wird, trotz des Widerstands Frankreichs 18 Divisionen anstelle der geplanten 12 zu schaffen.

Erging an die Gen. Stalin, Malenkov, Berija und Bulganin.

Dokumentenverzeichnis

Kapitel I.

Dokument 1	Bericht Bogomolovs an Molotov über die Gründung der Europaarmee, 5.2.1951
Dokument 2	Bericht Grigor'jans an Stalin über die KPD, 12.2.1951
Dokument 3	Bericht Vyšinskijs an Molotov über die Bewegung für eine Neutralisierung Deutschlands, 18.2.1951
Dokument 4	Bericht Vyšinskijs an Molotov über die Bewegung für eine Neutralisierung Deutschlands (Ergänzung zu Dokument 3), 18.2.1951
Dokument 5	Bericht Vyšinskijs an Molotov über die Bewegung für eine Neutralisierung Deutschlands (2. Ergänzung zu Dokument 3), 18.2.1951
Dokument 6	Bericht Gromykos über die Einstellung der Westmächte zur Frage der Einführung der Wehrpflicht in Westdeutschland, 20.2.1951
Dokument 7	Schreiben Gromykos an Stalin über den Vorschlag der SED bezüglich des deutschlandpolitischen Fahrplans, 24.2.1951
Dokument 8	Bericht Grigor'jans an Molotov über den Kongress der Anhänger für eine Neutralisierung Deutschlands in Frankfurt/Main, 15.3.1951
Dokument 9	Bericht Arutjunjans über den Schuman-Plan, 28.3.1951
Dokument 10	Bericht Zorins an Molotov über den Schuman-Plan, 1.4.1951
Dokument 11	Bericht Zorins an Stalin über den Schuman-Plan, 5.4.1951
Dokument 12	Bericht Grigor'jans an Molotov über die SPD, 11.5.1951
Dokument 13	Berichterstattung Zorins über die Unterredung McCloys mit Adenauer am 6.7.1951, 31.7.1951
Dokument 14	Berichterstattung Zorins über die Hinweise aus dem britischen Verteidigungsministerium zu den Remilitarisierungsplänen Westdeutschlands, 31.7.1951
Dokument 15	Berichterstattung Ogol'covs über die Zunahme antisowjetischer Propaganda in der DDR, 2.8.1951
Dokument 16	Berichterstattung Zorins über die Verhandlungen zur Aufhebung des Besatzungsstatuts, 8.8.1951
Dokument 17	Bericht Zorins an Molotov über den Europarat, 15.8.1951
Dokument 18	Bericht Zorins an Molotov über die beabsichtigte Schaffung eines Organs für Gegenspionage durch die NATO, 15.8.1951
Dokument 19	Bericht Zorins an Molotov über die günstige Lage in Westdeutschland für eine Antiremilitarisierungskampagne, 1.9.1951
Dokument 20	Bericht Zorins an Molotov über die Gespräche McCloys in Paris über die Gründung einer Europaarmee, 1.9.1951
Dokument 21	Berichterstattung Zorins über die Rolle Trumans in der US-Außenpolitik, 2.9.1951
Dokument 22	Berichterstattung Zorins über die Haltung Blüchers zur Remilitarisierung, 2.9.1951

Dokument 23	Berichterstattung Zorins über die Gründung westdeutscher Streitkräfte, 5.9.1951
Dokument 24	Berichterstattung Ignat'evs über die internen Verhandlungen der Westmächte mit der Bonner Regierung über den Generalvertrag, 2.1.1952
Dokument 25	Berichterstattung Ignat'evs über die Sitzung des Bonner Kabinetts am 18.12.1951, 27.1.1952
Dokument 26	Berichterstattung Ignat'evs über die mögliche Kandidatur Eisenhowers, 27.1.1952
Dokument 27	Berichterstattung Ignat'evs über die Unterredungen Adenauers in London, 29.1.1951
Dokument 28	Berichterstattung Ignat'evs über die Europaarmee, 31.1.1952
Dokument 29	Berichterstattung Zorins über die künftige Lage Westdeutschlands in der NATO, 31.1.1951
Dokument 30	Schreiben Vyšinskijs an Stalin über die weitere Vorgehensweise in der deutschen Frage, 2.2.1952
Dokument 31	Berichterstattung Vyšinskijs über die künftige Arbeitsstrategie der USA-Abteilung im sowjetischen Außenministerium, 4.2.1952
Dokument 32	Schreiben Gromykos an Molotov über die weitere Vorgehensweise in der deutschen Frage, 8.2.1952
Dokument 33	Berichterstattung Zorins über Unstimmigkeiten innerhalb der NATO, 9.2.1952
Dokument 34	Berichterstattung Ignat'evs über Unstimmigkeiten innerhalb der NATO, 10.2.1952
Dokument 35	Schreiben Grigor'jans an Stalin über die Bitte der SED-Führung, zur Vorbereitung der II. SED-Parteikonferenz nach Moskau kommen zu dürfen, 13.2.1952
Dokument 36	Berichterstattung Ignat'evs über die Verhandlungen über den Generalvertrag, 14.2.1952
Dokument 37	Berichterstattung Zorins über die Debatten im Bundestag über den Generalvertrag, 14.2.1952
Dokument 38	Schreiben Gromykos an Stalin über die weitere Vorgehensweise in der deutschen Frage, 15.2.1952
Dokument 39	Berichterstattung Ignat'evs über die Verhandlungen Adenauers mit den Westmächten am 5.2.1952, 16.2.1952
Dokument 40	Schreiben Gromykos an Stalin über die weitere Vorgehensweise in der deutschen Frage, 18.2.1952
Dokument 41	Berichterstattung Ignat'evs über die künftige Propaganda der westdeutschen Regierung gegen die Neutralisierungsbefürworter, 23.2.1952
Dokument 42	Berichterstattung Zorins über die Haltung Frankreichs zur Remilitarisierung Westdeutschlands, 25.2.1952
Dokument 43	Berichterstattung Gromykos über eine Beschwerde der britischen Botschaft bezüglich britischen Eigentums in der SBZ, 25.2.1952
Dokument 44	Berichterstattung Gromykos über eine Beschwerde der französischen Botschaft bezüglich französischen Eigentums in der SBZ, 25.2.1952
Dokument 45	Berichterstattung Ignat'evs über den Stand der Verhandlungen über den Generalvertrag, 26.2.1952

Dokument 46 Berichterstattung Ignat'evs über die Vermutungen der französischen Spionage über die sowjetische Deutschlandpolitik, 1.3.1952
Dokument 47 Berichterstattung Zorins über die NATO-Tagung in Ottawa im September 1951, 2.3.1952
Dokument 48 Entwurf eines Schreibens Gromykos an Stalin zur Durchsicht für Molotov mit beiliegendem Notenentwurf, 3.3.1952
Dokument 49 Eintragung Gromykos in sein Diensttagebuch über die Aushändigung der Stalin-Note an die Botschafter der Westmächte, 10.3.1952
Dokument 50 Entwurf der sowjetischen Regierung über einen Friedensvertrag mit Deutschland, 10.3.1952

Kapitel II.

Dokument 51 Bericht Gribanovs an Vyšinskij über seine ablehnende Haltung bezüglich einer Neutralisierung Österreichs, 28.2.1950
Dokument 52 Berichterstattung Zorins über die Haltung der USA zum österreichischen Staatsvertrag, 1.8.1951
Dokument 53 Berichterstattung Ignat'evs über die Strategie der Westmächte in der Österreichfrage, 9.1.1952
Dokument 54 Anweisung des Politbüros an Zarubin betreffend Staatsvertragsverhandlungen, 17.1.1952
Dokument 55 Berichterstattung Zorins über angebliche US-Vorbereitungen zur Einbeziehung Österreichs in die NATO, 23.2.1952
Dokument 56 Berichterstattung Ignat'evs über den außerordentlichen Parteitag der ÖVP, 1.3.1952
Dokument 57 Berichterstattung Ignat'evs über die französische Einschätzung der sowjetischen Österreichpolitik, 11.3.1952
Dokument 58 Kurzvertragsvorschlag der Westmächte in der Österreichfrage, 13.3.1952
Dokument 59 Berichterstattung Ignat'evs über die Absichten der Westmächte bezüglich des Kurzvertrages, 18.3.1952
Dokument 60 Berichterstattung Ignat'evs über die Beschlüsse des Rates der Sozialistischen Internationalen im Dezember 1951, 18.3.1952
Dokument 61 Berichterstattung Zorins über die Strategie der Westmächte in der deutschen und österreichischen Frage, 19.3.1952
Dokument 62 Berichterstattung Ignat'evs über die bevorstehende Moskau-Reise Dobretsbergers, 31.3.1952
Dokument 63 Schreiben Vyšinskijs an Stalin bezüglich Kurzvertrag und deutscher Frage, 12.5.1952
Dokument 64 Berichterstattung Ignat'evs über die Absicht der österreichischen Regierung, die Österreichfrage vor die UNO zu bringen, 29.5.1952
Dokument 65 Berichterstattung Zorins über NATO-Intentionen am Balkan, 5.6.1952
Dokument 66 Berichterstattung Ignat'evs über Beratungen in der ÖVP, 7.6.1952
Dokument 67 Berichterstattung Zorins über die Positionsänderung der österreichischen Regierung in der Frage des „Kurzvertrages", 18.6.1952

232 Dokumentenverzeichnis

Dokument 68	Berichterstattung Ignat'evs über eine Unterredung Zorins mit Bischoff, 1.7.1952
Dokument 69	Berichterstattung Ignat'evs über die Sitzung der ÖVP-Parteiführung am 21.6.1952, 29.7.1952
Dokument 70	Berichterstattung Ignat'evs über den Inhalt der von der österreichischen Vertretung in Moskau nach Wien geschickten Telegramme, 10.8.1952
Dokument 71	Berichterstattung Ignat'evs über die Vorbereitungen zur Gründung einer österreichischen Armee (B-Gendarmerie), 14.8.1952
Dokument 72	Berichterstattung Ignat'evs über die Einbringung der Österreichfrage durch die Westmächte vor die UNO, 15.8.1952
Dokument 73	Berichterstattung Tugarinovs über die UNO-Initiative Brasiliens in der Österreichfrage, 23.8.1952
Dokument 74	Berichterstattung Rumjancevs bezüglich der sowjetischen Note zur deutschen Frage vom 23.8.1952, 2.9.1952

Kapitel III.

Dokument 75	Schreiben Ignat'evs an Molotov über die unzureichende Bewachung der DDR-Grenzen, 9.1.1952
Dokument 76	Schreiben Gromykos an Molotov über die Verletzung der Demarkationslinie durch amerikanische Militärfahrzeuge, 9.2.1952
Dokument 77	Berichterstattung Zorins über die RPF, 11.3.1952
Dokument 78	Bericht Grigor'jans für Molotov über die KPD, 15.3.1952
Dokument 79	Berichterstattung Ignat'evs über die französischen Reaktionen auf die sowjetische Note vom 10.3., 17.3.1952
Dokument 80	Berichterstattung Ignat'evs über die Aufgaben des Oberkommandierenden der NATO, 17.3.1952
Dokument 81	Berichterstattung Ignat'evs über die Tagung des NATO-Rates in Lissabon, 17.3.1952
Dokument 82	Berichterstattung Ignat'evs über die Sitzung Adenauers mit den Hohen Kommissaren am 11.3. nach Erhalt der sowjetischen Note, 19.3.1952
Dokument 83	Berichterstattung Ignat'evs über den Resolutionstext der NATO-Tagung in Lissabon, 19.3.1952
Dokument 84	Berichterstattung Ignat'evs über die Berichterstattung des französischen Hohen Kommissars an das französische Außenministerium über die Sitzung der drei Hohen Kommissare mit Adenauer am 11.3.1952, 21.3.1952
Dokument 85	Eintragung Vyšinskijs in sein Diensttagebuch über die Aushändigung der zweiten sowjetischen Note an die Geschäftsträger der Westmächte in Moskau, 25.3.1952
Dokument 86	Berichterstattung Ignat'evs über die Reaktionen auf die erste sowjetische Note in der SPD, 28.3.1952
Dokument 87	Aktenvermerk über den Erhalt des Telegramms Vyšinskijs bezüglich der UNO-Untersuchungskommission, 28.3.1952

Dokument 88	Schreiben Grigor'jans an Stalin mit beiliegenden Vorschlägen der weiteren Aufgaben der KPD, 28.3.1952
Dokument 89	Entwurf der zweiten sowjetischen Note, zwischen dem 25. und 29.3.1952
Dokument 90	Schreiben Vyšinskijs an Stalin mit beiliegendem Entwurf der zweiten sowjetischen Note, 29.3.1952
Dokument 91	Schreiben Semenovs und Smirnovs an Molotov über die bevorstehende Unterredung der SED-Führung mit Stalin, 31.3.1952
Dokument 92	Zweite Note der sowjetischen Regierung in der deutschen Frage, 9.4.1952
Dokument 93	Berichterstattung Ignat'evs über Unstimmigkeiten zwischen Frankreich und Westdeutschland in der Saarfrage, 9.4.1952
Dokument 94	Berichterstattung Ignat'evs über die internen Reaktionen der Westmächte zur ersten sowjetischen Note, 10.4.1952
Dokument 95	Berichterstattung Savčenkos über angebliche Unstimmigkeiten zwischen den Westmächten und der Regierung Adenauer nach Erhalt der ersten sowjetischen Note, 15.5.1952
Dokument 96	Berichterstattung Zorins über die Saarfrage, 18.5.1952
Dokument 97	Schreiben Vyšinskijs an Stalin über die Paraphierung des EVG-Vertrages, 19.5.1952
Dokument 98	Dritte sowjetische Note in der deutschen Frage, 24.5.1952
Dokument 99	Berichterstattung Ignat'evs über die Reaktionen in den deutschen Parteien auf den Entwurf des Generalvertrages, 25.5.1952
Dokument 100	Berichterstattung Ignat'evs über die US-Haltung gegenüber Frankreich in der deutschen Frage, 29.5.1952
Dokument 101	Berichterstattung Ignat'evs über angebliche Erwartungen einer sowjetischen Blockade Berlins auf der Seite der Westmächte, 1.6.1952
Dokument 102	Berichterstattung Zorins über die Einschätzungen der dritten sowjetischen Note durch die westliche Presse, 2.6.1952
Dokument 103	Berichterstattung Ignat'evs über den Generalvertrag, 6.6.1952
Dokument 104	Berichterstattung Ignat'evs über Aussagen von Botschaftsangehörigen in Moskau über die sowjetischen Noten in der deutschen Frage, 7.6.1952
Dokument 105	Berichterstattung Ignat'evs über den Inhalt einer Direktive des State Departments bezüglich des Generalvertrages, 12.6.1952
Dokument 106	Berichterstattung Ignat'evs über die Beratungen der Westmächte bezüglich der dritten sowjetischen Note, 14.6.1952
Dokument 107	Berichterstattung Ignat'evs über die Unterredung Lemmers mit dem finnischen Handelsdelegierten, 15.6.1952
Dokument 108	Berichterstattung Ignat'evs über die Zurückweisung einer Viermächtekonferenz durch die USA, 19.6.1952
Dokument 109	Aktenvermerk über den Erhalt eines Gesprächsprotokolls über die Anwerbung in die Volkspolizei der DDR, 25.6.1951
Dokument 110	Berichterstattung Ignat'evs über die Einschätzung Adenauers im Hinblick auf die Ratifizierung des Generalvertrages, 25.6.1952
Dokument 111	Berichterstattung Ignat'evs über die Reaktionen in der DDR auf die Bewaffnung der Polizei, 25.6.1952

Dokument 112	Berichterstattung Ignat'evs über die Stärkung der „proamerikanischen" Gruppierung innerhalb der SPD, 27. 6. 1952
Dokument 113	Berichterstattung Ignat'evs über die Gründung westdeutscher Streitkräfte, 28. 6. 1952
Dokument 114	Berichterstattung Ignat'evs über den Inhalt einer Direktive des State Departments zur deutschen Frage, 29. 6. 1952
Dokument 115	Schreiben Grigor'jans an Stalin über die bevorstehende II. SED-Parteikonferenz mit beiliegendem Antwortentwurf des ZK der VKP(b) an die SED-Führung, 4. 7. 1952
Dokument 116	Berichterstattung Ignat'evs über die Haltung westdeutscher Parlamentarier zu den bevorstehenden US-Präsidentenwahlen, 9. 7. 1952
Dokument 117	Berichterstattung Tugarinovs über Generalvertrag, EVG und die Rolle Westdeutschlands in der NATO, 9. 7. 1952.
Dokument 118	Berichterstattung Ignat'evs über Haltung der Labour-Party zur Ratifizierung des Generalvertrages, 10. 7. 1952
Dokument 119	Berichterstattung Ignat'evs über französische Befürchtungen betreffend die Wiederbewaffnung Westdeutschlands, 10. 7. 1952
Dokument 120	Berichterstattung Tugarinovs über die mögliche Einrichtung von NATO-Luftwaffenstützpunkten in Norwegen und Dänemark, 11. 7. 1952
Dokument 121	Berichterstattung Ignat'evs über die Unterredung eines Vertreters der Agence France Presse mit sowjetischen Journalisten, 1. 8. 1952
Dokument 122	Berichterstattung Rumjancevs über den Stand der Ratifizierung des Generalvertrages und EVG-Vertrages, 1. 8. 1952
Dokument 123	Berichterstattung Ignat'evs über den Inhalt des Gesprächs zwischen McCloy und Adenauer am 18. 7. 1952, 7. 8. 1952
Dokument 124	Berichterstattung Ignat'evs über französische Einschätzungen der internationalen sowjetischen Politik, 17. 8. 1952
Dokument 125	Berichterstattung Tugarinovs über amerikanisch-französische Verhandlungen, 18. 8. 1952
Dokument 126	Schreiben Grigor'jans an Stalin mit beiliegendem Programmentwurf für die KPD mit beiliegendem Entwurf eines Beschlusses des ZK der VKP(b), 22. 8. 1952
Dokument 127	Schreiben Vyšinskijs an Stalin über seinen Besuch bei Ulbricht, 23. 8. 1952
Dokument 128	Berichterstattung Ignat'evs über die Reaktionen auf die Beschlüsse der II. SED-Parteikonferenz in der DDR, 27. 8. 1952
Dokument 129	Berichterstattung Ignat'evs über die Unterredungen der Hohen Kommissare mit Adenauer betreffend den Generalvertrag, 27. 8. 1952
Dokument 130	Berichterstattung Ignat'evs über die Haltung der SPD zur Wiederbewaffnung Westdeutschlands, 28. 8. 1952
Dokument 131	Berichterstattung Ignat'evs über den Monatsbericht des französischen Hohen Kommissars an das französische Außenministerium über die Ratifizierung des Generalvertrages, 28. 8. 1952
Dokument 132	Berichterstattung Ignat'evs über den vermuteten Nachfolger des verstorbenen SPD-Chefs Schumacher, Ollenhauer, 29. 8. 1952
Dokument 133	Aktenvermerk über den Erhalt des Quartalsberichtes der sowjetischen Botschaft in Paris von Vyšinskij, 10. 9. 1952

Dokument 134	Berichterstattung Ignat'evs über amerikanische Einschätzungen der Position Frankreichs, 14. 9. 1952
Dokument 135	Berichterstattung Ignat'evs über die internen Beratungen der Westmächte am 23. 8. 1952 nach Erhalt der vierten sowjetischen Note, 16. 9. 1952.
Dokument 136	Berichterstattung Tugarinovs über die Absicht der Westmächte, den Notenverkehr mit der UdSSR in der deutschen Frage zu beenden, 23. 9. 1952
Dokument 137	Aktenvermerk über den Erhalt der Gesprächsmitschrift Vyšinskijs mit dem französischen Botschafter, 30. 9. 1952
Dokument 138	Berichterstattung Ignat'evs über die Meinung Schumans zu den Ratifizierungschancen des EVG-Vertrages in der französischen Nationalversammlung, 4. 10. 1952
Dokument 139	Berichterstattung Ignat'evs über Revisionsbestrebungen „westdeutscher Imperialisten" gegen den Generalvertrag, 4. 10. 1952
Dokument 140	Berichterstattung Ignat'evs über die DDR-Grenzpolizei, 5. 10. 1952
Dokument 141	Berichterstattung Ignat'evs über französische Befürchtungen betreffend die Wiederbewaffnung Westdeutschlands, 15. 10. 1952

Zeittafel

9.–12.1.1951	Geheimkonferenz der Ostblockstaaten in Moskau: Stalin erlegt den Staaten der „Volksdemokratie" ein gigantisches Aufrüstungsprogramm auf.
7.2.1951	Gribanov legt Vyšinskij einen Vorschlag eines Friedensvertrages mit Deutschland vor.
14.2.1951	Čujkov und Semenov berichten nach Moskau, Ulbricht gehe von der planvollen Umsetzung der Remilitarisierungspläne Westdeutschlands durch die USA aus.
15.2.1951	Konferenz in Paris über die im Pleven-Plan vorgeschlagene Europaarmee.
18.2.1951	Vyšinskij empfiehlt Molotov, die Bewegung für eine Neutralisierung Deutschlands im Interesse der UdSSR zu nutzen, „da sie die Verwirklichung der anglo-amerikanischen Pläne der Remilitarisierung Deutschlands erschwert". Vyšinskij berichtet u. a., Ulbricht halte es für möglich, dass die UdSSR selbst mit einem Neutralisierungsvorschlag für Deutschland auf den Plan trete.
20.2.1951	Gromyko berichtet Molotov, die Regierungen der USA, Großbritanniens und Frankreichs seien gegen eine Neutralisierung Deutschlands.
21.2.1951	Die SED-Führung bespricht mit Čujkov und Semenov die Vorbereitung eines Friedensvertragsentwurfs für Deutschland.
24.2.1951	Gromyko empfiehlt Stalin die Unterstützung der von der SED-Führung angeregten Initiative eines Appells an die vier Mächte zum Zwecke des Abschlusses eines Friedensvertrages mit Deutschland, um die Remilitarisierung Westdeutschlands zu erschweren.
5.3.–22.6.1951	Vorkonferenz von Vertretern der vier Großmächte.
6.3.1951	Revision des Besatzungsstatuts gibt der Bundesrepublik mehr Souveränität. Sie kann diplomatische Beziehungen mit dem Ausland aufnehmen.
12.3.1951	Im Korea-Krieg können die UN-Streitkräfte nach dem Abzug der Kommunisten die Hauptstadt Seoul wiederbesetzen.
15.3.1951	Bundeskanzler Adenauer wird auch erster Außenminister der Bundesrepublik Deutschland.
19.3.1951	Paraphierung des Vertrages über die Bildung der Montanunion (Schuman-Plan) in Paris (Europäische Gemeinschaft für Kohle und Stahl).
18.4.1951	Unterzeichnung des Abkommens über die Montanunion (Europäische Gemeinschaft für Kohle und Stahl mit der Bundesrepublik, Frankreich, Italien, Belgien, den Niederlanden und Luxemburg). Die Saarfrage bleibt bis zur Regelung durch einen Friedensvertrag ungelöst.
3.5.1951	Die Bundesrepublik wird vollberechtigtes Mitglied des Europarates.
9.7.1951	Großbritannien beendet den Kriegszustand mit Deutschland.
10.7.1951	Aufnahme von Waffenstillstandsverhandlungen für Korea.

13.7.1951	Frankreich beendet den Kriegszustand mit Deutschland.
30.7.1951	Die DDR-Führer fordern in einer internen Beratung mit den sowjetischen Vertretern in Berlin eine verstärkte Kampagne gegen die „Remilitarisierung" Westdeutschlands und die Umsetzung des deutschlandpolitischen Strategieplans (Forderung nach Abschluss eines Friedensvertrages).
31.7.1951	Zorin berichtet der sowjetischen Führung auf der Basis geheimdienstlicher Berichte, dass die USA auf den baldigsten Abschluss der Verhandlungen über den „Plevenplan" drängen und mit der offenen Remilitarisierung Westdeutschlands Ende 1951 beginnen werden.
27.8.1951	Das Politbüro befasst sich mit der weiteren Vorgehensweise in der deutschen Frage auf der Basis der Unterredung mit der SED-Führung am 30.7.1951.
3.9.1951	Unterzeichnung eines französisch-sowjetischen Handelsabkommen in Paris.
5.9.1951	Zorin berichtet der sowjetischen Führung, die Vorbereitungen zur Schaffung westdeutscher Streitkräfte seien abgeschlossen.
8.9.1951	Das Politbüro beschließt die weitere strategische Vorgehensweise in der deutschen Frage in enger Absprache mit der SED-Führung.
8.9.1951	Unterzeichnung des Friedensvertrages mit Japan (mit Ausnahme der UdSSR).
14.9.1951	Die Außenminister der USA, Großbritannien und Frankreichs kündigen in New York die Aufhebung des Besatzungsstatuts für die ehemaligen drei westlichen Besatzungszonen für das Frühjahr 1952 an.
15.9.1951	Die DDR-Volkskammer ruft die Abgeordneten des Bonner Bundestages zur Bildung eines deutsch-deutschen Gremiums auf. Adenauer erkennt, dass es sich um ein rein taktisches Manöver der DDR handelt.
27.9.1951	Der Bundestag in Bonn fordert als Reaktion auf den Vorstoß der DDR-Volkskammer die Überprüfung der Voraussetzungen für freie Wahlen in der DDR durch eine internationale Kommission.
30.9.1951	Vyšinskij legt Molotov einen Entwurf von Grundlagen für einen Friedensvertrag mit Deutschland vor.
24.10.1951	Die USA beenden den Kriegszustand mit Deutschland.
25.10.1951	Wahlen in Großbritannien: Churchill wird wieder Premierminister (und Verteidigungsminister), Eden Außenminister.
31.10.1951	Das Politbüro „empfiehlt" der DDR-Führung, die ablehnende Haltung des Bundestages zum Appell der DDR-Volkskammer vom 15.9.1951 zu kritisieren.
15.11.1951	Das Politbüro beschließt, 220 ostdeutsche Piloten in der UdSSR auszubilden.
22.11.1951	Verabschiedung des Entwurfes des Generalvertrages (Aufhebung des Besatzungsstatuts).
28.11.1951	Eden lehnt eine Beteiligung britischer Truppen an einer Europaarmee ab.
8.12.1951	Ein UN-Ausschuss beschäftigt sich mit der Frage der Möglichkeit der Überprüfung der Bedingungen, unter welchen in ganz Deutschland

	freie Wahlen stattfinden könnten. Die DDR-Delegierten lehnen eine Untersuchung ab.
20.12.1951	Die UNO-Generalversammlung beschließt gegen die Stimmen der Ostblockstaaten die Entsendung einer internationalen Kommission zur Untersuchung der Voraussetzungen für gesamtdeutsche Wahlen.
2.1.1952	Ignat'ev berichtet der sowjetischen Führung von ernsthaften Schwierigkeiten bei den Verhandlungen über den „Generalvertrag".
9.1.1952	Ignat'ev berichtet Molotov über die nicht zufriedenstellende Bewachung der Demarkationslinie der DDR; Molotov gibt sich verwundert darüber, dass an der Demarkationslinie keine sowjetischen Truppen stehen.
11.1.1952	Ratifizierung des Vertrages über die EGKS durch den Bundestag.
19.1.1952	Ankündigung der allgemeinen Wehrpflicht in der Bundesrepublik.
21.1.1952	Die Sowjets nehmen nicht an der Sitzung der Sonderbeauftragten für den österreichischen Staatsvertrag teil; Beginn der sowjetischen „Schweigephase" zur Österreichfrage.
23.1.1952	Das Politbüro untersagt Čujkov, mit den Hohen Kommissaren bezüglich der Einberufung einer Konferenz der Besatzungsmächte zur Frage der Durchführung gesamtdeutscher Wahlen in Kontakt zu treten.
25.1.1952	Gromyko empfiehlt Stalin, die DDR-Regierung möge sich nunmehr mit einem Appell an die vier Besatzungsmächte wenden, den Abschluss eines Friedensvertrages mit Deutschland zu beschleunigen.
27.1.1952	Ignat'ev berichtet der sowjetischen Führung, Adenauer befürchte ein „verlockendes sowjetisches Angebot" vor Abschluss des EVG-Vertrages.
28./29.1.1952	ÖVP-„Parteitag der neuen Konzepte": Beginn der Kursänderung der österreichischen Außenpolitik gegenüber der Sowjetunion.
30.1.1952	Im Politbüro der VKP(b) werden die Vorbereitungen der Stalin-Note bemängelt.
31.1.1952	Ignat'ev berichtet der sowjetischen Führung, dass die US-Regierung mit der Möglichkeit des Scheiterns der Gründung einer Europa-Armee rechnet, aber auch andere Verteidigungspläne für Europa vorbereite.
2.2.1952	Vyšinskij übermittelt Stalin die vom Politbüro am 30.1. geforderte Überarbeitung der Strategie des weiteren Vorgehens in der deutschen Frage.
8.2.1952	Das Politbüro des ZK der VKP(b) „empfiehlt" der SED-Führung, sich in den nächsten Tagen mit einem Appell an die vier Großmächte zu wenden.
18.2.1952	Grundsätzliche Zustimmung des Bundestages zu einem deutschen Verteidigungsbeitrag gegen die Stimmen der SPD.
9. und 10.2.1952	Ignat'ev berichtet der sowjetischen Führung über Unstimmigkeiten innerhalb der NATO in den vorangegangenen Wochen.
12.2.1952	Das Politbüro segnet den Appell der DDR-Führung an die vier Mächte ab, sich für den raschen Abschluss eines Friedensvertrages mit Deutschland einzusetzen.
13.2.1952	Die DDR-Führung wendet sich mit einem Appell an die vier Mächte.
13.2.1952	Pieck, Grotewohl und Ulbricht bitten Stalin um Erlaubnis, nach Moskau kommen zu dürfen, um die für Juli anberaumte II. SED-Parteikonferenz vorzubereiten.

14.–18.2.1952	Gromyko bittet Molotov und Stalin um Prüfung der weiteren Vorgehensweise in der deutschen Frage.
16.2.1952	Ignat'ev berichtet der sowjetischen Führung über den Fortgang der Verhandlungen zwischen den Westmächten und Westdeutschland.
20.2.1952	Das Politbüro „begrüßt" den Appell der DDR-Führung vom 13.2.
20.–23.2.1952	Tagung des NATO-Rates in Lissabon: Aufnahme Griechenlands und der Türkei, Beschluss eines wirtschaftlichen Rüstungsplanes in der Höhe von 300 Milliarden Dollar bis 1954, Aufstellung von 50 Divisionen in Europa bis Ende des Jahres.
3. bzw. 6.3.1952	Gromyko empfiehlt Stalin und Molotov die Absendung der Stalin-Note, um der Bekanntmachung des Entwurfes des „Generalvertrages" zuvorzukommen und die Lage der Westmächte und der westdeutschen Regierung noch mehr zu „verkomplizieren".
6.3.1952	Gromyko und Molotov formulieren den Text der Stalin-Note und des Entwurfs der Grundlagen eines Friedensvertrages mit Deutschland aus.
8.3.1952	Das Politbüro segnet die Stalin-Note ab.
10.3.1952	Stalin-Note an die Westmächte: die sowjetische Regierung unterbreitet den nicht ernst gemeinten Entwurf eines Friedensvertrages mit Deutschland (Neutralität für ein geeintes Deutschland).
13.3.1952	Westmächte übermitteln dem sowjetischen Außenministerium den „Kurzvertrag" zu Österreich.
16.3.1952	Besuch der UNO-Kommission in Bonn, nach Ost-Berlin darf sie nicht.
19.3.1952	Zorin klärt die sowjetische Führung auf der Basis von MGB-Geheimdienstinformationen über die Absichten des „Kurzvertrages" auf.
25.3.1952	Antwortnote der Westmächte.
31.3.1952	Dobretsberger empfiehlt Raab eine „Finnland-Lösung" für Österreich.
31.3.–8.4.1952	Grotewohl, Pieck und Ulbricht in Moskau.
1.4.1952	1. Unterredung der SED-Führung mit Stalin.
7.4.1952	2. Unterredung der SED-Führung mit Stalin.
9.4.1952	2. Stalin-Note.
23.4.1952	Deutsch-französische Verhandlungen in der Saarfrage scheitern.
28.4.1952	Friedensvertrag zwischen den USA, ihren westlichen Verbündeten und Japan tritt in Kraft. Die UdSSR, von den USA in der Japan-Frage ausgebootet, erklärt den Vertrag für rechtswidrig.
6.5.1952	Die Bundesrepublik wird über eine „Hintertür" in die NATO einbezogen: Der NATO-Rat billigt eine automatische Beistandsverpflichtung zwischen NATO- und EVG-Mitgliedern.
9.5.1952	2. Note der Westmächte zum „Kurzvertrag".
12.5.1952	Vyšinskij empfiehlt Stalin, nicht auf den „Kurzvertrag" einzugehen, um nicht die Aufmerksamkeit hinsichtlich der deutschen Frage zu schwächen.
13.5.1952	Antwort der Westmächte auf die 2. Stalin-Note.
20.5.1952	Bischoff berichtet aus Moskau nach Wien, erstmals seit Ausbruch des Kalten Krieges habe die UdSSR die österreichische Außenpolitik offen kritisiert.

24.5.1952	3. Stalin-Note.
24.–25.5.1952	Außenministerkonferenz der Westmächte und der BRD.
26.5.1952	Unterzeichnung des Generalvertrages in Bonn.
26.5.1952	Die DDR riegelt verschärft ihre Grenzen ab. Ein fünf Kilometer breiter Sperrgürtel entlang der innerdeutschen Grenze wird eingerichtet.
27.5.1952	Unterzeichnung des EVG-Vertrages in Paris.
8.7.1952	Das Politbüro des ZK der VKP(b) „empfiehlt" der SED-Führung, aus taktischen Gründen vorerst nicht zu verlautbaren, dass die DDR eine Volksdemokratie sei.
9.–12.7.1952	II. SED-Parteikonferenz.
9.7.1952	Ulbricht verkündet am II. Parteitag den Aufbau des Sozialismus.
10./11.7.1952	Antwort der Westmächte auf die 3. Stalin-Note.
11.7.1952	Die französische Nationalversammlung segnet das französisch-sowjetische Handelsabkommen ab und ermächtigt den Präsidenten zur Ratifizierung.
25.7.1952	EGKS-Vertrag tritt in Kraft.
14.8.1952	Die UdSSR lehnt den „Kurzvertrag" in einer Note ab.
23.8.1952	4. Stalin-Note.
23.9.1952	Antwort der Westmächte auf die 4. Stalin-Note.
24.9.1952	Erneute Ablehnung des „Kurzvertrages" durch Moskau.
28.9.1952	Ollenhauer wird auf dem SPD-Parteitag zum Nachfolger des verstorbenen Schumacher gewählt.
5.–14.10.1952	XIX. Parteitag der KPdSU: Stalin bezeichnet Molotov als britischen Spion.
4.11.1952	Eisenhower wird zum neuen US-Präsidenten gewählt.
20.12.1952	Die UN-Generalversammlung nimmt eine Resolution über den Abschluss des österreichischen Staatsvertrages an.
24.12.1952	Stalin bekräftigt in einem Interview der New York Times das Interesse der UdSSR an einem Ende des Krieges in Korea.
6. und 9.2.1953	Konferenz der Sonderbeauftragten für den österreichischen Staatsvertrag in London, erste Sitzungen seit Dezember 1950.
5.3.1953	Tod Stalins.

Abkürzungsverzeichnis

ADN	Allgemeiner Deutscher Nachrichtendienst (der DDR)
AFP	Agence France Presse
AP RF	Archiv Prezidenta Rossijskoj Federacii (russ. Archiv des Präsidenten der Russischen Föderation)
AVP RF	Archiv Vnešnej Politiki Rossijskoj Federacii (russ. Archiv für Außenpolitik der Russischen Föderation)
BdD	Bund der Deutschen für Einheit, Frieden und Freiheit
BRD	Bundesrepublik Deutschland
CDU	Christdemokratische Union
CWIHP	Cold War International History Project
d.	delo (russ. Faszikel)
d. J.	diesen Jahres
DDR	Deutsche Demokratische Republik
DM	Deutsche Mark
Dol.	Dollar
DU	Demokratische Union
EGKS	Europäische Gemeinschaft für Kohle und Stahl
eh.	ehemalige(r), ehemals
engl.	englisch
EVG	Europäische Verteidigungsgemeinschaft
Ex.	Exemplar
f.	Fond (russ. Bestand)
Gen.	Genosse(n)
Hrsg.	Herausgeber
KI	Kominform (russ. Informationsbüro der kommunistischen und Arbeiterparteien)
KI	Komitet Informacii (russ. Informationskomitee)
KPD	Kommunistische Partei Deutschlands
KPdSU	Kommunistische Partei der Sowjetunion
KPÖ	Kommunistische Partei Österreichs
KZ	Konzentrationslager
MGB	Ministerstvo Gosudarstvennoj Bezopasnosti (russ. Ministerium für Staatssicherheit)
Mio.	Millionen

MRP	Mouvement Républicain Populaire
NATO	North Atlantic Treaty Organization
NDPD	Nationaldemokratische Partei Deutschlands
Nr.	Nummer
o. J.	ohne Jahr
o. O.	ohne Ort
op.	opis' (russ. Verzeichnis)
o. p. (op)	osobaja papka (russ. Sondermappe)
ÖVP	Österreichische Volkspartei
p.	papka (russ. Mappe)
RGASPI	Rossijskij Gosudarstvennyj Archiv Social'no-Političeskoj Istorii (russ. Russisches Staatsarchiv für Sozial- und Politikgeschichte)
RPF	Rassemblement pour la France
s	sekretno (russ. geheim)
SBZ	Sowjetische Besatzungszone
SED	Sozialistische Einheitspartei Deutschlands
SKK	Sowjetische Kontrollkommission
SMAD	Sowjetische Militäradministration in Deutschland
sog.	sogenannte(r)
SPD	Sozialdemokratische Partei Deutschlands
SPÖ	Sozialistische Partei Österreichs
ss	soveršenno sekretno (russ. streng geheim)
Stv.	Stellvertreter, stellvertretender
SVAG	Sovetskaja Voennaja Administracija v Germanii (siehe SMAD)
T.	Tonne(n)
TASS	Telegrafnoe Agenstvo Sovetskogo Sojuza (Sowjetische Nachrichtenagentur)
UdSSR	Union der Sozialistischen Sowjetrepubliken
UN	United Nations
UNO	United Nations Organization
USA	United States of America
USIA	Upravlenie sovetskim imuščestvom v Avstrii (russ. Verwaltung des sowjetischen Vermögens in Österreich)
VKP(b)	Vsesojuznaja Kommunističeskaja Partija bol'ševikov (russ. Kommunistische Allunionspartei der Bolschewiken)
ZK	Zentralkomitee

Quellen- und Literaturverzeichnis

1. Unveröffentlichte Quellen

Russisches Staatsarchiv für Politik- und Sozialgeschichte (Rossijskij Gosudarstvennyj Archiv Social'no-Politiĕskoj Istorii, RGASPI), Moskau

f. 17, op. 3, Politbüro-Beschlüsse des ZK der VKP (b) bis 14.10.1952
f. 17, op. 137, Außenpolitische Kommission des ZK der VKP (b)
f. 17, op. 162, „Sondermappe" der Politbüro-Beschlüsse des ZK der VKP (b) bis 14.10.1952
f. 17, op. 163, Unterlagen zu den Politbüro-Beschlüssen des ZK der VKP (b) bis 14.10.1952
f. 17, op. 164, Sitzungsprotokolle der ständigen Kommission für auswärtige Angelegenheiten beim ZK der VKP (b)
f. 17, op. 166, Unterlagen zu den Politbüro-Beschlüssen des ZK der VKP (b) bis 14.10.1952 („Sondermappe")
f. 82, op. 2, V. M. Molotov

Archiv für Außenpolitik der Russischen Föderation (Archiv Vnešnej Politiki Rossijskoj Federacii, AVP RF), Moskau

f. 06, V. M. Molotov
f. 66, Österreich-Referantur

2. Veröffentlichte Quellen und Literatur

Adibekov, Grant M., Das Kominform und Stalins Neuordnung Europas, Frankfurt a.M. u.a. 2002.
Adibekov, Grant M./Anderson, Kiril M. (Hrsg.), Politbjuro CK RKP(b)-VKP(b). Povestki dnja zasedanij. Tom III. 1940–1952. Katalog, Moskau 2001.
Andrew, Christopher/Gordiewsky, Oleg, KGB. Die Geschichte seiner Auslandsoperationen von Lenin bis Gorbatschow, München 1990.
Andrew, Christopher/Mitrochin Wassili, Das Schwarzbuch des KGB. Moskaus Kampf gegen den Westen, München 2001.
Angerer, Thomas, Französische Freundschaftspolitik in Österreich nach 1945. Gründe, Grenzen und Gemeinsamkeiten mit Frankreichs Deutschlandpolitik, in: Manfried Rauchensteiner/Robert Kriechbaumer (Hrsg.), Die Gunst des Augenblicks. Neuere Forschungen zu Staatsvertrag und Neutralität, Schriftenreihe des Forschungsinstitutes für politisch-historische Studien der Dr.-Wilfried-Haslauer-Bibliothek, Wien/Köln/Weimar 2005, S. 113–138.
Autengruber, Peter, Kleinparteien in Österreich 1945 bis 1966, Innsbruck/Wien 1997.
Badstübner, Rolf/Loth, Wilfried (Hrsg.), Wilhelm Pieck – Aufzeichnungen zur Deutschlandpolitik 1945–1953, Berlin 1994.
Bischof, Günter, Karl Gruber und die Anfänge des „Neuen Kurses" in der österreichischen Außenpolitik 1952/53, in: Lothar Höbelt/Othmar Huber (Hrsg.), Für Österreichs Freiheit. Karl Gruber – Landeshauptmann und Außenminister 1945–1953, Innsbrucker Forschungen zur Zeitgeschichte, Band 7, Innsbruck 1991, S. 143–183.
Bischof, Günter, Österreich – ein „geheimer Verbündeter" des Westens? Wirtschafts- und sicherheitspolitische Fragen der Integration aus der Sicht der USA, in: Michael Gehler/Rolf Steininger (Hrsg.), Österreich und die europäische Integration 1945–1993. Aspekte einer wechselvollen Entwicklung, Wien/Köln/Weimar 1993, S. 425–450.
Bischof, Günter, Austria in the First Cold War, 1945–55. The Leverage of the Weak. Cold War History Series, London/New York 1999.

Bischof, Günter, „Recapturing the Initiative" and „Negotiating from Strength". The hidden agenda of the „Short Treaty" episode – The militarization of American foreign policy and the un/making of the Austrian Treaty, in: Arnold Suppan/Gerald Stourzh/Wolfgang Mueller (Hrsg.), Der österreichische Staatsvertrag 1955. Internationale Strategie, rechtliche Relevanz, nationale Identität/The Austrian State Treaty 1955. International Strategy, Legal Relevance, National Identity, Archiv für österreichische Geschichte, Band 140, Wien 2005, S. 217-247.

Bjørnstad, Stein, Soviet German Policy and the Stalin Note of 10 March 1952, Hovedoppgrave, University of Oslo, Department of History, Fall 1996.

Blasi, Walter/Etschmann, Wolfgang, Überlegungen zu den britischen Waffenlagern in Österreich, in: Walter Blasi/Erwin Schmidl/Felix Schneider (Hrsg.), B-Gendarmerie, Waffenlager und Nachrichtendienste. Der militärische Weg zum Staatsvertrag, Wien/Köln/Weimar 2005, S. 139-153.

Blasi, Walter/Schmidl, Erwin/Schneider, Felix (Hrsg.), B-Gendarmerie, Waffenlager und Nachrichtendienste. Der militärische Weg zum Staatsvertrag, Wien/Köln/Weimar 2005.

Bonwetsch, Bernd/Kudrjašov, Sergej, Stalin und die II. Parteikonferenz der SED, in: Jürgen Zarusky (Hrsg.), Stalin und die Deutschen. Neue Beiträge der Forschung, Schriftenreihe der Vierteljahrshefte für Zeitgeschichte, Sondernummer, München 2006, S. 173-206.

Büttner, Ruth, Sowjetisierung oder Selbständigkeit? Die sowjetische Finnlandpolitik 1943-1948, Hamburg 2001.

Creuzberger, Stefan/Görtemaker, Manfred, Das Problem der Gleichschaltung osteuropäischer Parteien im Vergleich. Eine Synthese, in: Stefan Creuzberger/Manfred Görtemaker (Hrsg.), Gleichschaltung unter Stalin? Die Entwicklung der Parteien im östlichen Europa 1944-1949, Paderborn/Wien/München/Zürich 2002, S. 419-434.

Cronin, Audrey Kurth, Eine verpasste Chance? Die Großmächte und die Verhandlungen über den Staatsvertrag im Jahre 1949, in: Günter Bischof/Josef Leidenfrost (Hrsg.), Die bevormundete Nation. Österreich und die Alliierten 1945-1949, Innsbrucker Forschungen zur Zeitgeschichte, Band 4, Innsbruck 1988, S. 347-370.

Čubar'jan, A. O., Rossijskij Evropeizm, Moskau 2006.

Čubar'jan, A. O. (Hrsg.), Stalinskoe desjatiletie cholodnoj vojny. Fakty i gipotezy, Moskau 1999.

Čubar'jan, A. O. u. a. (Hrsg.), Stalin i cholodnaja vojna, Moskau 1998.

Čuev, Feliks, Molotov. Poluderžavnyj Vlastelin, Moskau 1999.

Dobretsberger, Josef, Neutralität. Der Weg zu Freiheit, Sicherheit und Wohlstand, o. O., 1953.

Dockrill, Saki, Britain's Policy for West German Rearmament 1950-1955, Cambridge 1991.

Egorova, N., Evropejskaja bezopasnost' i „ugroza" NATO v ocenkach stalinskogo rukovodstva, in: A. O. Čubar'jan (Hrsg.), Stalinskoe desjatiletie cholodnoj vojny. Fakty i gipotezy, Moskau 1999, S. 56-78.

Egorova, N., NATO i evropejskaja bezopasnost': Vosprijatie sovetskogo rukovodstva, in: A. O. Čubar'jan u. a. (Hrsg.), Stalin i cholodnaja vojna, Moskau 1998, S. 291-314.

Eisterer, Klaus, Die brasilianische UNO-Initiative 1952, in: Manfried Rauchensteiner/Robert Kriechbaumer (Hrsg.), Die Gunst des Augenblicks. Neuere Forschungen zu Staatsvertrag und Neutralität, Wien/Köln/Weimar 2005, S. 321-358.

Filitov, Aleksej M., Sovetskij Sojuz i germanskij vopros v period pozdnego stalinizma (k voprosu o genezise „stalinskoj noty" 10 marta 1952 goda), in: A. O. Čubar'jan (Hrsg.), Stalin i cholodnaja vojna, Moskau 1998, S. 315-349.

Filitov, Aleksej M., Stalinskaja diplomatija i germanskij vopros: poslednij god, in: A. O. Čubar'jan (Hrsg.), Stalinskoe desjatiletie cholodnoj vojny. Fakty i gipotezy, Moskau 1999, S. 79-96.

Filitov, Aleksej M., SSSR i germanskij vopros: Povorotnye punkty (1941-1961gg.), in: N. I. Egorova/A. O. Čubar'jan (Hrsg.), Cholodnaja Vojna 1945-1963gg. Istoričeskaja retrospektiva. Sbornik statej, Moskau 2003, S. 223-256.

Filitov, Aleksej, Die Note vom 10. März 1952: Eine Diskussion, die nicht endet, in: Jürgen Zarusky (Hrsg.), Stalin und die Deutschen. Neue Beiträge der Forschung, Schriftenreihe der Vierteljahrshefte für Zeitgeschichte, Sondernummer, München 2006, S. 159-172.

Filitow, Alexej, Stalins Deutschlandplanung und -politik während und nach dem Zweiten Weltkrieg, in: Boris Meissner/Alfred Eisfeld (Hrsg.), 50 Jahre sowjetische und russische Deutschlandpolitik sowie ihre Auswirkungen auf das gegenseitige Verhältnis, Berlin 1999, S. 43-54.

Gaddis, John Lewis, We now know. Rethinking Cold War History, Oxford/New York 1998.

Gaddis, John Lewis, Der Kalte Krieg. Eine neue Geschichte. Aus dem Amerikanischen von Klaus-Dieter Schmidt, München 2007.

Gehler, Michael, Kurzvertrag für Österreich? Die westliche Staatsvertrags-Diplomatie und die Stalin-Noten von 1952, in: Vierteljahrshefte für Zeitgeschichte 42 (1994), S. 243–278.

Geppert, Dominik/Wengst, Udo (Hrsg.), Neutralität – Chance oder Chimäre? Konzepte des Dritten Weges für Deutschland und die Welt 1945–1990, München 2005.

Gibianskij, Leonid, Osteuropa: Sicherheitszone der UdSSR, sowjetisiertes Protektorat des Kreml oder Sozialismus „ohne Diktatur des Proletariats"? Zu den Diskussionen über Stalins Osteuropa-Politik am Ende des Zweiten Weltkrieges und am Anfang des Kalten Krieges, in: FORUM für osteuropäische Ideen- und Zeitgeschichte, 2004/2, Köln/Weimar/Wien, S. 113–137.

Gibianskij, Leonid Ja., Stalin i triestskoe protivostojanie 1945g.: za kulisami pervogo meždunarodnogo krizisa cholodnoj vojny, in: A. O. Čubar'jan u. a. (Hg.), Stalin i cholodnaja vojna, Moskau 1998, S. 44–62.

Gorjačev, Ju. V., Central'nyj Komitet. KPSS. VKP(b). RKP(b). RSDPR(b). 1917–1991. Istoriko-biografičeskij spravočnik, Moskau 2005.

Graml, Hermann, Eine wichtige Quelle – aber mißverstanden. Anmerkungen zu Wilfried Loth: „Die Entstehung der ‚Stalin-Note'. Dokumente aus Moskauer Archiven", in: Jürgen Zarusky (Hrsg.), Die Stalin-Note vom 10. März 1952. Neue Quellen und Analysen. Mit Beiträgen von Wilfried Loth, Hermann Graml und Gerhard Wettig, Schriftenreihe der Vierteljahrshefte für Zeitgeschichte, Band 84, München 2002, S. 117–137.

Gromyko, Andrej, Erinnerungen. Internationale Ausgabe. Aus dem Englischen von Hermann Kusterer, Düsseldorf/Wien/New York 1989.

Grubmayr, Herbert, Norbert Bischoff, Beschaffer des Staatsvertrages und/oder „unguided missile" am österreichischen Polithimmel? Persönliche Erinnerungen, in: Stefan Karner/Gottfried Stangler (Hrsg.), „Österreich ist frei!" Der österreichische Staatsvertrag 1955. Beitragsband zur Ausstellung auf Schloss Schallaburg 2005, Horn/Wien 2005, S. 376–379.

Haslam, Jonathan, Litvinov, Stalin and the Road Not Taken, in: Gabriel Gorodetsky (Hrsg.), Soviet Foreign Policy 1917–1991. A Retrospective, London 1994, S. 55–62.

Jäckel, Eberhard, Die deutsche Frage 1952–1956. Notenwechsel und Konferenz der vier Mächte, Frankfurt a. M./Berlin 1957.

Karner, Stefan, Die Österreichische Volkspartei. Ein Abriss ihrer Entwicklung 1945–1995, in: Andreas Khol/Reinhold Lopatka/Wilhelm Molterer (Hrsg.), ZUKUNFTsFEST. 60 Jahre Österreichische Volkspartei. S. 23–144.

Karner, Stefan/Ruggenthaler, Peter, „Eine weitere Unterstützung der jugoslawischen Gebietsforderungen bringt uns in eine unvorteilhafte Lage". Der Artikel 7 des Österreichischen Staatsvertrags als diplomatischer Kompromiss mit Österreich und den Westmächten, in: Stefan Karner/Andreas Moritsch (Hrsg.), Aussiedlung – Verschleppung – nationaler Kampf. Kärnten und die nationale Frage, Band 1, Klagenfurt 2005, S. 99–115.

Karner, Stefan/Ruggenthaler, Peter, Stalin und Österreich. Sowjetische Österreich-Politik 1938 bis 1953, in: Jahrbuch für Historische Kommunismusforschung 2005, Berlin 2005, S. 102–140.

Karner, Stefan/Stangler, Gottfried (Hrsg.), „Österreich ist frei!" Der österreichische Staatsvertrag 1955. Beitragsband zur Ausstellung auf Schloss Schallaburg 2005, Horn/Wien 2005.

Karner, Stefan/Stelzl-Marx, Barbara (Hrsg.), Die Rote Armee in Österreich. Sowjetische Besatzung 1945–1955. Beiträge, Graz/Wien/München 2005.

Karner, Stefan/Stelzl-Marx, Barbara/Tschubarjan, Alexander (Hrsg.), Die Rote Armee in Österreich. Sowjetische Besatzung 1945–1955. Dokumente. Krasnaja Armija v Avstrii. Sovetskaja okkupacija 1945–1955. Dokumenty, Graz/Wien/München 2005.

Kokurin, A. I./Petrov, N. V. (Hrsg.), Lubjanka. Organy VČK-OGPU-NKGB-MGB-MVD-KGB 1917–1991. Spravočnik. Rossija XX. Vek. Dokumenty, Moskau 2003.

Kynin, G. P./Laufer, Jochen (Hrsg.), SSSR i germanskij vopros. 22 ijunja 1941g.-8 maja 1945. SSSR i germanskij vopros 1941–1949, Band 1, Moskau 1996.

Laufer, Jochen, Die UdSSR, die SED und die deutsche Frage. Überlegungen zum Aufsatz G. Wettigs, in: Deutschland-Archiv, 1993, Heft 10, S. 1201–1204.

Laufer, Jochen, Der Friedensvertrag mit Deutschland als Problem der sowjetischen Außenpolitik, in: Vierteljahrshefte für Zeitgeschichte 1 (2004), S. 99–118.

Laufer, Jochen, Stalins Friedensziele und die Kontinuität der sowjetischen Deutschlandpolitik 1941–1953, in: Jürgen Zarusky (Hrsg.), Stalin und die Deutschen. Neue Beiträge der Forschung, Schriftenreihe der Vierteljahrshefte für Zeitgeschichte, Sondernummer, München 2006, S. 131–157.

Leidenfrost, Josef, Die UNO als Forum für den österreichischen Staatsvertrag? Vom Wiener Appell 1946 bis zur Brasilien-Initiative 1952, in: Emil Brix/ Thomas Fröschl/Josef Leidenfrost (Hrsg.), Geschichte zwischen Freiheit und Ordnung. Gerald Stourzh zum 60. Geburtstag, Graz/Wien/Köln 1991, S. 261–275.

Leugers-Scherzberg, August, Von den Stalin-Noten zum Deutschlandplan: Die deutsche Sozialdemokratie und der Neutralismus in den 1950er Jahren, in: Dominik Geppert/Udo Wengst (Hrsg.), Neutralität – Chance oder Chimäre? Konzepte des Dritten Weges für Deutschland und die Welt 1945–1990, München 2005, S. 79–95.

Loth, Wilfried, Stalins ungeliebtes Kind. Warum Moskau die DDR nicht wollte, Berlin 1994.

Loth, Wilfried, Die Entstehung der „Stalin-Note". Dokumente aus Moskauer Archiven, in: Jürgen Zarusky (Hrsg.), Die Stalin-Note vom 10. März 1952. Neue Quellen und Analysen. Mit Beiträgen von Wilfried Loth, Hermann Graml und Gerhard Wettig, Schriftenreihe der Vierteljahrshefte für Zeitgeschichte, Band 84, München 2002, S. 19–115.

Loth, Wilfried, Die Sowjetunion und die deutsche Frage. Studien zur sowjetischen Deutschlandpolitik von Stalin bis Chruschtschow, Göttingen 2007.

Mählert, Ulrich, „Die Partei hat immer recht!" Parteisäuberungen als Kaderpolitik in der SED (1948–1953), in: Hermann Weber/Ulrich Mählert (Hrsg.), Terror. Stalinistische Parteisäuberungen 1936–1953. Erweiterte Sonderausgabe, Paderborn/München/Wien/Zürich 1998, S. 351–457.

Mählert, Ulrich, Kleine Geschichte der DDR, München 2004.

Mark, Eduard, Revolution by Degrees. Stalin's National-Front Strategy for Europe, 1941–1947. Cold War International History Project. Working Paper Nr. 31, Washington, D. C. 2001.

Mastny, Vojtech, The Cold War and the Soviet Insecurity. The Stalin Years, New York/Oxford 1996.

Mastny, Vojtech, Die NATO im sowjetischen Denken und Handeln 1949 bis 1956, in: Vojtech Mastny/Gustav Schmidt, Konfrontationsmuster des Kalten Krieges 1946 bis 1956. Entstehen und Probleme des Atlantischen Bündnisses bis 1956, Band 3, München 2003, S. 383–471.

Meyer-Landrut, Nikolaus, Frankreich und die deutsche Einheit. Die Haltung der französischen Regierung und Öffentlichkeit zu den Stalin-Noten 1952, Schriftenreihe der Vierteljahrshefte für Zeitgeschichte, Band 56, München 1988.

Müller, Stefan A., Die versäumte Freundschaft. Österreich-Mexiko 1901–1956. Von der Aufnahme der Beziehungen bis zu Mexikos Beitritt zum Staatsvertrag, Lateinamerikanistik Band 3, Wien 2006.

Mueller, Wolfgang, Gab es eine verpasste Chance?, in: Arnold Suppan/Gerald Stourzh/Wolfgang Mueller (Hrsg.), Der österreichische Staatsvertrag 1955. Internationale Strategie, rechtliche Relevanz, nationale Identität/The Austrian State Treaty 1955. International Strategy, Legal Relevance, National Identity, Archiv für österreichische Geschichte, Band 140, Wien 2005, S. 89–120.

Naimark, Norman M., Die Russen in Deutschland. 1945 bis 1949, Berlin 1997.

Narinsky, Mikhail M., The Soviet Union and the Marshall-Plan, in: CWIHP. Working Paper No. 9. Washington, D. C. 1994, S. 41–51.

Ortner, M. Christian, Die amerikanischen Waffendepots in Österreich, in: Walter Blasi/Erwin Schmidl/Felix Schneider (Hrsg.), B-Gendarmerie, Waffenlager und Nachrichtendienste. Der militärische Weg zum Staatsvertrag, Wien/Köln/Weimar 2005, S. 155–170.

O'Sullivan, Donal, Stalins „Cordon sanitaire". Die sowjetische Osteuropapolitik und die Reaktion des Westens 1939–1949, Paderborn/München/Wien/Zürich 2003.

Petrov, Nikita (Hrsg.), SVAG i nemeckie organy samoupravlenija 1945–1949. Sbornik dokumentov, Moskau 2006.

Posetiteli kremlovskogo kabineta I. V. Stalina. Žurnaly (tetradi) zapisi lic, prinjatych pervym gensekom 1924–1953. Alfavitnyj ukazatel', in: Istoričeskij archiv 1998, Nr. 4, S. 159.

Reichhold, Ludwig, Julius Raab als Bundesparteiobmann (II), in: Alois Brusatti/Gottfried Heindl (Hrsg.), Julius Raab. Eine Biographie in Einzeldarstellungen, Wien/Linz, o. J., S. 201–211.

Roberts, Geoffrey, Stalin's Wars. From World War to Cold War, 1939–1953, New Haven/London 2007.

Ruggenthaler, Peter, Warum Österreich nicht sowjetisiert werden sollte, in: Stefan Karner/Barbara Stelzl-Marx (Hrsg.), Die Rote Armee in Österreich. Sowjetische Besatzung 1945–1955. Beiträge, Graz/Wien/München 2005, S. 61–87.

Ruggenthaler, Peter, Warum Österreich nicht sowjetisiert wurde: Sowjetische Österreich-Politik 1945 bis 1953/55, in: Stefan Karner/Barbara Stelzl-Marx (Hrsg.), Die Rote Armee in Österreich. Sowjetische Besatzung 1945–1955. Beiträge, Graz/Wien/München 2005, S. 649–726.

Schwarz, Hans-Peter (Hrsg.), Die Legende von der verpassten Gelegenheit. Die Stalin-Note 1952. Rhöndorfer Gespräche, Band 5, Stuttgart/Zürich 1982.

Semjonow, Wladimir S., Von Stalin bis Gorbatschow. Ein halbes Jahrhundert in diplomatischer Mission 1939–1991, Berlin 1995.
Soutou, Georges-Henri, Frankreich und der Albtraum eines wiedervereinigten und neutralisierten Deutschlands 1952–1990, in: Dominik Geppert/Udo Wengst (Hrsg.), Neutralität – Chance oder Chimäre? Konzepte des Dritten Weges für Deutschland und die Welt 1945–1990, München 2005, S. 265–273.
Steininger, Rolf, Eine Chance zur Wiedervereinigung? Die Stalin-Note vom 10. März 1952. Darstellung und Dokumentation auf der Grundlage unveröffentlichter britischer und amerikanischer Akten, Bonn 1986.
Steininger, Rolf, Deutsche Geschichte. Darstellung und Dokumente in vier Bänden, Band 1, 1945–1947, Frankfurt a. M. 2002.
Steininger, Rolf, Deutsche Geschichte. Darstellung und Dokumente in vier Bänden, Band 2, 1948–1955, Frankfurt a. M. 2002.
Stourzh, Gerald, Geschichte des Staatsvertrages 1945–1955. Österreichs Weg zur Neutralität, 3. Aufl., Graz/Wien/Köln 1985.
Stourzh, Gerald, Der österreichische Staatsvertrag in den weltpolitischen Entscheidungsprozessen, in: Arnold Suppan/Gerald Stourzh/Wolfgang Mueller (Hrsg.), Der österreichische Staatsvertrag 1955. Internationale Strategie, rechtliche Relevanz, nationale Identität/The Austrian State Treaty 1955. International Strategy, Legal Relevance, National Identity, Archiv für österreichische Geschichte, Band 140, Wien 2005, S. 965–995.
Stourzh, Gerald, Um Einheit und Freiheit: Staatsvertrag, Neutralität und das Ende der Ost-West-Besetzung Österreichs 1945–1955, Studien zu Politik und Verwaltung, Band 62, 5., völlig überarb. u. erw. Aufl., Graz/Wien/Köln 2005.
Subok, Wladislaw/Pleshakow, Konstantin, Der Kreml im Kalten Krieg. Von 1945 bis zur Kubakrise. Aus dem Amerikanischen von Ulrich Schweizer, Hildesheim 1997.
Thoß, Bruno, Modellfall Österreich? Der österreichische Staatsvertrag und die deutsche Frage 1954/55, in: Bruno Thoß/Hans-Erich Volkmann, Zwischen Kaltem Krieg und Entspannung. Sicherheits- und Deutschlandpolitik der Bundesrepublik im Mächtesystem der Jahre 1953–1956 [Militärgeschichte seit 1945, Band 9], Boppard am Rhein 1988.
Thoß, Bruno, NATO-Strategie und nationale Verteidigungsplanung. Planung und Aufbau der Bundeswehr unter den Bedingungen einer massiven atomaren Vergeltungsstrategie 1952–1960 [Sicherheitspolitik und Streitkräfte der Bundesrepublik Deutschland; Band 1], München 2006.
Uhl, Matthias/Wagner, Armin (Hrsg.), Ulbricht, Chruschtschow und die Mauer. Eine Dokumentation, Schriftenreihe der Vierteljahrshefte für Zeitgeschichte, Band 86, München 2003.
Volkov, Vladimir K., Uzlovye problemy novejšej istorii stran Central'noj i Jugo-Vostočnoj Evropy, Moskau 2000.
Weber, Hermann/Mählert, Ulrich (Hrsg.), Terror. Stalinistische Parteisäuberungen 1936–1953. Erweiterte Sonderausgabe, Paderborn/München/Wien/Zürich 1998.
Wettig, Gerhard, Die Stalin-Note vom 10. März 1952 als geschichtswissenschaftliches Problem. Ein gewandeltes Problemverständnis, in: Deutschland Archiv 25 (1992), S. 157–167.
Wettig, Gerhard, Die Deutschland-Note vom 10. März 1952 auf der Basis diplomatischer Akten des russischen Außenministeriums. Die Hypothese des Wiedervereinigungsangebots, in: Deutschland Archiv 26 (1993), S. 786–805.
Wettig, Gerhard, Bereitschaft zu Einheit in Freiheit? Die sowjetische Deutschland-Politik 1945–1955, München 1999.
Wettig, Gerhard, Die Note vom 10. März 1952 im Kontext von Stalins Deutschland-Politik seit dem Zweiten Weltkrieg, in: Jürgen Zarusky (Hrsg.), Die Stalin-Note vom 10. März 1952. Neue Quellen und Analysen. Mit Beiträgen von Wilfried Loth, Hermann Graml und Gerhard Wettig, Schriftenreihe der Vierteljahrshefte für Zeitgeschichte, Band 84, München 2002, S. 139–196.
Wettig, Gerhard, Stalins Aufrüstungsbeschluss. Die Moskauer Beratungen mit den Parteichefs und Verteidigungsministern der „Volksdemokratien" vom 9. bis 12. Januar 1951, in: Vierteljahrshefte für Zeitgeschichte 4 (2005), S. 635–650.
Wilke, Manfred, Der SED-Staat. Geschichte und Nachwirkungen. Gesammelte Schriften, Köln/Weimar/Wien 2006.
Wilke, Manfred, Die SED und Konrad Adenauer, in: Wilke, Manfred, Der SED-Staat. Geschichte und Nachwirkungen. Gesammelte Schriften, Köln/Weimar/Wien 2006, S. 27–36.
Wolkow, Wladimir K., Die deutsche Frage aus Stalins Sicht (1947–1952), in: Zeitschrift für Geschichtswissenschaft 48 (2000), S. 20–49.

Zarusky, Jürgen, Einführung, in: Jürgen Zarusky (Hrsg.), Die Stalin-Note vom 10. März 1952. Neue Quellen und Analysen, Mit Beiträgen von Wilfried Loth, Hermann Graml und Gerhard Wettig, München 2002, S. 7-17.

Zarusky, Jürgen (Hrsg.), Die Stalin-Note vom 10. März 1952. Neue Quellen und Analysen. Mit Beiträgen von Wilfried Loth, Hermann Graml und Gerhard Wettig, München 2002.

Zaslavskij, Victor, Lo stalinismo e la sinistra italiana dal mito dell'Urss alla fine del comunismo, 1945-1991, Mailand 2004.

Zubok, Vladislav, Soviet Intelligence and the Cold War. The 'small' Committee of Information, 1952-53, in: CWIHP, Working paper Nr. 4, Washington D. C. 1992, S. 453-472.

Zubok, Vladislav, The Soviet Union and European Integration from Stalin to Gorbachev, in: Journal of European Integration History, Band 2/1996, S. 71-98.

Zubok, Vladislav/Pleshakov, Constantine, Inside the Kremlin's Cold War. From Stalin to Khrushchev, Cambridge/London 1996.

Personenregister

Genannt werden Rang und Funktion zur im Text erwähnten Zeit.

Acheson, Dean, 1949–1953 Außenminister der USA 24, 27f., 55, 59, 100, 108, 122, 129, 141, 148, 166, 167, 203, 213, 215, 223
Adenauer, Konrad, 1949–1963 Bundeskanzler der BRD 13f., 18f., 24f., 30, 32, 34f., 37, 39, 42f., 56f., 62–64, 67, 70, 77, 82f., 85–87, 89–93, 99–101, 103, 105, 108, 152f., 155, 161–163, 165f., 169, 179f., 182, 195f., 202–204, 206f., 210f., 213, 215, 218, 221–224, 226
Albertson, Christian, Vorsitzender der UNO-Untersuchungskommission zu Deutschland 182
Arndt, Adolf (SPD), 1949–1957 stellv. Vorsitzender des Bundestagsausschusses für Rechtswesen und Verfassungsrecht 100
Arp, Erich, ab 1949 fraktionsloser Bundestagsabgeordneter 54
Arutjunjan, Amazasp A., 1944–1954 (stellv.) Leiter der Wirtschaftsabteilung des sowjetischen Außenministeriums 33, 74, 81
Attlee, Clement, 1945–1951 Premierminister Großbritanniens 11, 24f., 55
Auriol, Vincent, 1947–1954 Präsident Frankreichs 206

Beaverbrook, William Maxwell Aitken, Baron, kanadisch-britischer Verleger 72, 78
Berija, Lavrentij, 1938–1953 sowjetischer Volkskommissar bzw. Minister für Innere Angelegenheiten, seit 1946 Mitglied des Politbüros des ZK der VKP(b) bzw. des Präsidiums des ZK der KPdSU 29, 32, 35–37, 45, 48, 68, 76, 87, 91, 95, 98, 101f., 105, 110, 118, 129, 143, 147, 151, 154, 161f., 164f., 171, 181, 183, 187, 197, 202f., 205f., 208, 210, 213, 216, 222, 226f.
Bischof, Günter, Historiker 18, 124
Bischoff, Norbert, 1946–1960 österreichischer Geschäftsträger bzw. Botschafter in Moskau 128, 130, 146–148
Bjørnstad, Stein, Historiker 18, 44
Blank, Theodor, Bevollmächtigter für Sicherheitsfragen der Bonner Regierung 208f., 227
Blücher, Franz (FDP/FVP), 1949–1953 Minister für die Angelegenheiten des Marshallplanes, 1949–1957 Vizekanzler 64, 89f.
Bogomolov, A. E., 1950–1952 stellv. Außenminister der UdSSR 42, 46f., 104, 118, 125, 145, 162, 196

Bohlen, Charles, Berater im State Department, Mitglied des Nationalen Sicherheitsrates 194
Bonnet, Henri, französischer Botschafter in den USA 141, 194, 203
Bonwetsch, Bernd, Historiker 19, 154, 158
Brandt, Willy (SPD), ab 1949 Bundestagsabgeordneter 182
Brauer, SPD-Politiker 85
Brionval, Jean Marie, französischer Gesandter in der UdSSR 45, 109, 180f.
Bruce, David K. E., 1949–1952 US-Botschafter in Paris 89
Bulganin, Nikolaj, 1948–1958 Mitglied des Politbüros des ZK der VKP(b) bzw. des Präsidiums des ZK der KPdSU 29, 32, 36, 45, 48, 68, 76, 88, 95, 98, 101f., 105, 110, 118, 129, 147, 151, 154, 161f., 164f., 171, 181, 183, 187, 191f., 197, 203, 205f., 208, 210, 213f., 216, 222, 226f.
Butler, US-Senator 59

Caccia, Harold, 1950–1954 britischer Hochkommissar in Österreich 144
Chruščev, Nikita, Mitglied des Politbüros des ZK der VKP(b) bzw. des Präsidiums des ZK der KPdSU 16, 29, 32, 36, 45, 48, 68, 76, 91, 95, 98, 101f., 110, 118f., 143, 154, 162, 171, 181, 183, 187, 197, 202, 210, 216
Churchill, Winston, 1940–1945 und 1951–1955 Premierminister Großbritanniens 11, 46, 92f., 203
Cinev, Georgij, 1950–1951 stellv. sowjetischer Hochkommissar in Österreich 117, 133
Čuev, Feliks, sowjetischer Literat 11
Čujkov, Vasilij I., General, 1949–1953 Chef der Sowjetischen Kontrollkommission und Oberkommandierender der Gruppe der Sowjetischen Streitkräfte in Deutschland 15f., 23f., 26, 30, 35f., 38–41, 57, 65, 67f., 95f., 98f., 117, 152, 156f., 168, 171f., 182, 210, 217
Cumming, H., Charge d'Affaires an der US-Botschaft in Moskau 180f.

Dahlem, Franz (SED), Mitglied des Politbüros des ZK und Kaderchef der SED, Leiter der Westkommission beim Politbüro des ZK der SED 52
Daladier, Édouard, 1946–1958 sozialistischer Abgeordneter in der französischen Nationalversammlung 203

Dehler, Thomas (FDP), 1949–1953 Bundesjustizminister 202
Dertinger, Georg, 1949–1953 Außenminister der DDR 107
Dewey, Thomas Edmund, 1944 und 1948 US-Präsidentschaftskandidat der Republikaner 92
Deyvaux-Gassier, Henri-Paul, französischer Minister ohne Portefeuille 66
Dickel, Karl, Agitationsführer des Hauptausschusses für Volksbefragung gegen die Remilitarisierung 88
Dobretsberger, Josef, 1949 Mitbegründer und Bundesobmann der „DU" 126f., 142

Eckert, Erwin, Vorsitzender des „Friedenskomitees der BRD" 90
Eden, Anthony, 1940–1945 und 1951–1955 Außenminister Großbritanniens 24f., 45, 56, 92, 100, 108, 161, 166
Egorova, Natalija, Historikerin 29, 169
Ehrlich, Hugo, KPD-Politiker 50
Eisenhower, Dwight, 1950–1952 Oberbefehlshaber der NATO, 1953–1961 Präsident der USA 63, 83, 86, 91f., 106, 145, 147, 211, 215

Field, Noel Haviland, US-Diplomat, Kommunist, 1949–1955 in sowjetischer Geheimhaft 50, 53
Figl, Leopold, 1945–1953 Bundeskanzler Österreichs 126, 129, 136, 143f., 146, 149
Filitov, Aleksej, Historiker 12, 18, 21, 167
Fisch, Walter, KPD-Politiker 50
Fischer, Ernst (KPÖ), 1945–1959 Nationalratsabgeordneter 126
François-Poncet, André, 1949–1953 Hoher Kommissar Frankreichs für Deutschland 24, 56, 101, 152f., 179f., 206, 208, 211, 220–224
Frings, Josef, Kardinal, Erzbischof von Köln, 1945–1965 Vorsitzender der deutschen Bischofskonferenz 63

Gaddis, John, Historiker 19
Gascoigne, Alvary, 1951–1953 britischer Botschafter in Moskau 45, 109
Gaulle, Charles de, französischer General und Politiker, 1944–1946 Chef der Übergangsregierung, 1959–1969 Präsident Frankreichs 165, 172f.
Gehler, Michael, Historiker 124
Geppert, Dominik, Historiker 17
Gereke, Günter, ehem. Minister in der Regierung Niedersachsens, 1950 Parteiausschluss aus CDU, 1952 Absetzung in die DDR 54, 68f.
Gessner, Herbert, Rundfunkkommentator beim Berliner Radio 88
Gibianskij, Leonid, Historiker 155

Godwin, US-Radiokommentator 60
Graf, Ferdinand (SPD), 1945–1956 Staatssekretär im Bundesministerium für Inneres 195
Graf, Ferdinand (ÖVP), 1945–1956 Staatssekretär im Innenministerium 148
Graml, Hermann, Historiker 17, 35
Grewe, Wilhelm, 1951 Vertreter Bonns bei den Verhandlungen mit der Alliierten Hohen Kommission über die Aufhebung des Besatzungsstatuts 87
Grey, Paul Francis, 1951–1953 britischer Geschäftsträger in Moskau 180f.
Gribanov, Michail, 1949–1953 stellv. Leiter der Dritten Europäischen Abteilung des sowjetischen Außenministeriums 15f., 23, 26, 29, 35, 37–40, 101, 117, 124, 134
Grigor'jan, Vagan, ab 1949 Vorsitzender der Außenpolitischen Kommission des Politbüros des ZK der VKP(b) 17, 20, 23, 28f., 32f., 37, 42f., 48, 69, 81, 88, 90, 98, 104, 106, 118, 122, 125, 129, 145, 149, 154f., 157f., 162, 165, 167–169, 173, 183, 196, 210, 212
Gromyko, Andrej, 1949–1952 stellv. Außenminister der UdSSR, anschließend Botschafter in London, seit 1946 ständiger Vertreter der UdSSR im UNO-Sicherheitsrat 15–18, 21–23, 27, 29f., 32–45, 63, 67f., 85–88, 91, 94, 96f., 99–106, 109–111, 116–118, 120–124, 128, 134–137, 142, 152, 154f., 165, 170, 172f.
Grotewohl, Otto, 1949–1964 Ministerpräsident der DDR 26, 30, 35–37, 41f., 67f., 98f., 152, 154–158, 160f., 169, 191, 210
Gruber, Karl, 1945–1953 Außenminister Österreichs 128, 130, 134, 146, 148
Grubmayr, Herbert, österreichischer Diplomat und Botschafter 130
Guderian, Heinz, ehem. General der deutschen Wehrmacht 90
Gundevia, J. D., indischer Gesandter in Moskau 205

Haid, Bruno, Mitarbeiter der Westkommission des Politbüros des ZK der SED 90
Halder, Franz, ehem. General der deutschen Wehrmacht 90
Hansen, ehem. General der deutschen Wehrmacht 90
Harriman, William A., US-Diplomat und Botschafter 89
Heim, ehem. General der deutschen Wehrmacht 90
Heinemann, Gustav, 1949/50 Bundesinnenminister 13, 174
Herriot, Édouard, Vorsitzender der französischen Abgeordnetenkammer 203
Heusinger, Adolf, ehem. General der deutschen Wehrmacht 90

Hoereth-Menge, Edith, stellv. Vorsitzende des „Friedenskomitees der BRD" 90
Hoffmann, Johannes, Journalist und Politiker, 1947–1955 Ministerpräsident des Saarlandes 196
Hughes, Emrys, walisischer Labour-Politiker, 66

Ignat'ev, Semen, 1951–1953 Minister für Staatssicherheit (MGB) der UdSSR 14, 31–35, 42f., 88, 90–93, 97, 99, 101, 103, 105, 118, 120, 122, 127–130, 134, 137, 140–143, 145–148, 151–154, 161–168, 171, 178–180, 182, 194, 202–209, 211, 215, 220–223, 225f.
Il'ičev, Ivan, 1949–1952 Leiter der sowjetischen Auslandsspionage in der SBZ 36, 210, 217

Johnson, Edwin C., 1937–1952 demokratischer Senator aus Colorado 65
Joxe, Louis, Botschafter Frankreichs in der UdSSR 225

Kaganovič, Lazar' M., 1938–1957 Mitglied des Präsidiums des Obersten Sowjets der UdSSR 29, 36, 45, 48, 68, 76, 95, 98, 101f., 110, 143, 162, 181, 183, 187, 197, 202, 210, 216
Kaiser, Jakob (Zentrum, später CDU), 1949–1957 Bundesminister für gesamtdeutsche Fragen 65, 194
Kekkonen, Urho K., 1950–1956 finnischer Premierminister 126f., 142
Kennan, George, 1944/45 und 1952 US-Botschafter in der UdSSR 163
Kirk, Alan G., US-Diplomat, Vorsitzender des „Amerikanischen Komitees zur Befreiung der Völker Russlands" 147
Kirkpatrick, Ivone, 1950–1953 Hoher Kommissar Großbritanniens für Deutschland 24f., 55
Kleinwächter, Ludwig, österreichischer Botschafter in den USA 120
Kling, Wilhelm, Mitarbeiter der Agitationskommission beim Politbüro des ZK der SED 88
Koptelov, Michail, 1948–1951 politischer Vertreter der UdSSR in Österreich, ab Ende 1951 im sowjetischen Außenministerium 38, 59, 117, 133
Körner, Theodor, 1951–1957 Bundespräsident Österreichs 142
Kostylev, Michail, 1944–1954 sowjetischer Botschafter in Italien 75
Kraft, Ole Bjørn, 1950–1953 Außenminister Dänemarks 213
Kravec 74f.
Kreisky, Bruno, 1970–1983 Bundeskanzler Österreichs 118
Kristofics-Binder, Rudolf, ÖVP-Politiker 142

Kudrjašov, Sergej, Historiker 19, 154, 158
Kudrjavcev, Sergej M., ab 1952 politischer Berater des sowjetischen Hochkommissars in Österreich 29, 44f., 126
Kvizinsky, Julij, sowjetischer Diplomat 15

Lalouette, Roger, 1951–1955 stellv. französischer Hochkommissar in Österreich 143
Langer, William, 1941–1959 republikanischer US-Senator 59
Laufer, Jochen, Historiker 18, 23
Lehr, Robert (CDU), 1950–1953 Bundesinnenminister 63
Lemmer, Ernst (CDU), 1950–1969 Mitglied des Berliner Abgeordnetenhauses, bis 1956 Vorsitzender der CDU-Fraktion, ab 1952 Bundestagsabgeordneter 206
Leusse, Pierre de, Leiter der Presseabteilung des französischen Außenministeriums 99, 151, 178, 205f.
Lex, Hans Ritter von, 1950–1960 beamteter Staatssekretär im Bundesministerium des Innern 63
Loth, Wilfried, Historiker 15, 19, 21, 26, 35–37, 40f., 44, 117
Luthardt, Hans (NDPD), Fraktionsvorsitzender der Volkskammer der DDR 207

MacSweeney, US-Botschaftsrat in Moskau 205
Malenkov, Georgij, 1948–1955 Erster Sekretär des ZK der VKP(b) bzw. der KPdSU 29, 32, 34–37, 45, 48, 68, 76, 87, 91, 95, 98, 101–103, 105, 110, 118, 127–129, 141–145, 147, 149, 151, 154, 161f., 164f., 171, 181, 183, 187, 191f., 195, 197, 202f., 205f., 208, 210, 213f., 216, 222, 226f.
Mastny, Vojtech, Historiker 18, 31, 43
McCloy, John, 1949–1952 Hoher Kommissar der USA für Deutschland 24, 55, 59, 77, 86, 89, 91, 166, 195, 215, 221
McDermott, stellv. US-Staatssekretär 149
Mende, Erich, Mitglied des FDP-Bundesvorstandes 64
Menge, Edith, siehe Hoereth-Menge
Meyer-Landrut, Nikolaus, Historiker 153
Mikojan, Anastas, 1935–1966 Mitglied des Politbüros des ZK der VKP(b) bzw. des Präsidiums des ZK der KPdSU 29, 32, 45, 48, 68, 76, 91, 95, 98, 101f., 110, 119, 143, 154, 162, 171, 181, 183, 187, 191f., 197, 202, 210, 216
Moch Jules, 1950–1951 Verteidigungsminister Frankreichs 213
Moljakov, Dimitrij, Diplomat, USA-Abteilung des sowjetischen Außenministeriums 109
Molotov, Vjačeslav, 1941–1957 stellv. Vorsitzender des Ministerrates der UdSSR, 1939–1949 Volkskommissar für Auswärtige Angelegenheiten

der UdSSR 11, 14–17, 20f., 23, 25, 27–30, 32f., 35–40, 42–48, 53–58, 61–69, 74, 76, 81, 86, 88–90, 94–96, 98, 100–102, 104, 106f., 109–111, 117, 119–122, 124f., 128–131, 135, 143, 146, 153–156, 158–167, 169–173, 180f., 183–192, 197f., 202, 210f., 213, 216–219, 225

Morris, Toby, 1947–1952 und 1957–1960 Mitglied des US-Repräsentantenhauses 59

Morrison, Herbert, 1951 Außenminister Großbritanniens 141

Morse, David, 1948–1970 Generaldirektor der Internationalen Arbeitsorganisation 91f.

Müller, Kurt (KPD), Bundestagsabgeordneter, 1950 nach Ostberlin entführt und aus der KPD ausgeschlossen 50

Mueller, Wolfgang, Historiker 118

Naimark, Norman, Historiker 18
Nekrič, S. 68
Nenni, Pietro, italienischer Politiker, 1946/47 italienischer Außenminister, ab 1950 Präsident des Weltfriedensrates 155

Niemöller, Martin, Präsident der evangelischen Kirche von Hessen-Nassau, Repräsentant des kirchlichen Widerstands gegen das NS-Regime, einer der wichtigsten Neutralisierungsbefürworter 13, 23, 34, 54, 90, 103, 174

Noack, Ulrich (CDU), 1948 Begründer des „Nauheimer Kreises", 1951 aus der CSU ausgeschlossen 13, 23, 53f., 56f., 68f., 90

Nuding, Hermann, KPD-Politiker, 1950 aus dem Sekretariat des Parteivorstandes ausgeschlossen 50

O'Shaughnessy, 1952 Geschäftsträger der USA in Moskau 45, 109f.

Ogol'cov, Sergej I., 1946–1951 und 1952/53 stellv. Minister für Staatssicherheit (MGB) der UdSSR 87

Ollenhauer, Erich, 1946–1952 stellv. SPD-Vorsitzender 82f., 85f., 100, 182, 222

Ordioni, stellv. Chef der Presseabteilung des französischen Außenministeriums 215

Panjuškin, A. S., 1947–1952 sowjetischer Botschafter in den USA 59, 61

Passant, E. J., Political Advisor im Foreign Office 135f.

Pastoev, V. V., sowjetischer Diplomat 181
Pavlenko, Ol'ga, Historikerin 19
Pavlov, Aleksej P., 1950–1953 sowjetischer Botschafter in Paris 59–61, 75

Petersen, Harald, 1950–1953 Verteidigungsminister Dänemarks 213

Pieck, Wilhelm, 1949–1960 Staatspräsident der DDR 24, 26, 30, 35f., 45, 57, 67f., 98f., 115, 154–158, 160, 169, 182, 191, 210, 216

Pinay, Antoine, 1952 Ministerpräsident Frankreichs 166, 173, 203, 214

Pleshakov, Constantine, Historiker 12

Pleven, René, zwischen 1950 und 1952 Ministerpräsident Frankreichs, 1952–1954 Verteidigungsminister 13, 46f.

Podcerob, Boris F., 1949–1952 Generalsekretär im sowjetischen Außenministerium, 1952/53 stellv. Außenminister 129, 149

Poljakov 48

Poskrebyšev, Aleksandr N., 1939–1956 Stalins persönlicher Sekretär 19, 45, 96, 168

Požidaev, Dmitrij P., 1948–1953 Geschäftsträger an der sowjetischen Botschaft in Brüssel 59–61, 75

Puškin, Georgij M., 1949–1952 Vorsitzender der sowjetischen Kontrollkommission für Deutschland 27, 38, 42, 59–61, 65, 74f., 101, 103, 107, 118, 125, 129, 145f., 149, 165

Raab, Julius, 1952–1960 ÖVP-Bundesparteiobmann 126–130, 137, 141f., 145–147

Radchakrishnan, indischer Diplomat 147

Ravou, Korrespondent der AFP in Berlin 214

Reber, Samuel, stellv. Hoher Kommissar der USA für Deutschland, US-Sonderbeauftragter für die Staatsvertragsverhandlungen mit Österreich 120, 135

Reimann, Max (KPD), 1949 bis 1953 Bundestagsabgeordneter und Fraktionsvorsitzender 48, 51f., 175

Renner, Karl, 1918–1920 und 1945 Staatskanzler der Republik Österreich, 1945–1950 österreichischer Bundespräsident 14

Reuter, Ernst R. (SPD), 1948–1953 Oberbürgermeister in Berlin 85f., 182, 222

Ridgway, Matthew Bunker, ab 1951 Oberbefehlshaber der UN-Truppen in Korea 226f.

Roberts, Geoffrey, Historiker 19

Roper, United-Press-Korrespondent 89

Le Roy de la Tournelle, Guy, Generaldirektor der Abteilung Politik/Wirtschaft des französischen Außenministeriums 206

Rumjancev, Aleksej M., 1953–1955 Leiter der Abteilung für Wirtschafts- und Geschichtswissenschaften und Hochschuleinrichtungen des ZK der KPdSU, 1952 Informationskomitee 130, 150, 164, 166, 214

Savčenko, S. R., 1951–1953 stellv. Minister für Staatssicherheit (MGB) der UdSSR 162, 165, 195

Schäfer, Hermann, 1949–1953 Vizepräsident des Bundestages 24, 56

Schärf, Adolf (SPÖ), 1945–1957 Vizekanzler Österreichs 141

Schenke, Wolf 69

Schmid, Carlo (SPD), 1949–1953 Vorsitzender des Bundestagsausschusses für das Besatzungsstatut und Auswärtige Angelegenheiten 182, 222

Schrank, ehem. General der deutschen Wehrmacht 90

Schumacher, Kurt, 1946–1952 Vorsitzender der SPD 24, 32, 56f., 64, 82–86, 100, 166, 195, 221f.

Schuman, Robert, 1948–1952 Außenminister Frankreichs 76, 100, 167, 196, 203, 221, 223, 225

Schwarz, Hans-Peter, Historiker 17

Semenov, Vladimir, politischer Berater des Obersten Chefs der sowjetischen Militäradministration in Deutschland 15–17, 23f., 26, 30, 35f., 38–41, 57, 65, 67f., 95f., 98f., 117, 152, 155f., 160, 168f., 172, 191, 210, 217

Sergeev, M., sowjetischer Diplomat 47

Sherman, Forrest P., US-amerikanischer General 89

Shinwell, Emanuel, 1947–1950 britischer Kriegsminister, 1950/1951 Verteidigungsminister 90

Siemens, Obersturmführer der SS 90

Smirnov, Andrej, ab 1949 Außenpolitische Kommission des Politbüros des ZK der VKP (b) 17, 126, 155f., 160, 171f., 191

Sniridonov 202

Soutou, Georges-Henri, Historiker 151

Speidel, Hans, ehem. General der deutschen Wehrmacht 90

St. George, Katharine P. C., Mitglied des Repräsentantenhauses 59

Stalin, Iosif V., sowjetischer Staats- und Parteichef 11–23, 26, 28–34, 36, 38–45, 48, 67, 75, 87, 89, 91, 93f., 97–100, 102, 105, 107, 109f., 115–119, 121f., 124–131, 137–141, 143, 145, 148f., 151–171, 173, 175f., 179–182, 186, 190f., 194–197, 202, 205, 208–210, 213, 215f., 219–222, 224–227

Starikov 181

Stassen, Harold, republikanischer US-Politiker 91f.

Steinböck, Johann (ÖVP), 1949–1962 Landeshauptmann von Niederösterreich 142

Steiner, Ludwig, österreichischer Diplomat 130

Steininger, Rolf, Historiker 19, 161

Stourzh, Gerald, Historiker 118, 125

Stroganov 207

Strommer, Josef (ÖVP), 1945–1962 Nationalratsabgeordneter 142

Suhr, Otto, 1951–1954 Präsident des Berliner Abgeordnetenhauses 86

Sullmann, schwedischer Botschafter in Moskau 205

Suslov, Michail A., 1952–1953 Mitglied des Präsidiums des ZK der KPdSU, 1950–1954 Mitglied des Präsidiums des Obersten Sowjets 32f., 88, 90, 118, 125, 129, 145, 149, 162, 165, 173, 196f., 212, 216

Švedkov, I. Europäische Abteilung des sowjetischen Außenministeriums 109

Švernik, Nikolaj, 1946–1953 Vorsitzender des Präsidiums des Obersten Sowjets der UdSSR 165

Sviridov, Vladimir, 1949–1953 Hochkommissar der UdSSR in Österreich 125f.

Taft, Robert, US-Senator, 1952 US-Präsidentschaftskandidat 211f.

Titchener, John, Diplomat, britische Botschaft in der UdSSR 181

Tito, Jozip (Broz), 1945–1953 Ministerpräsident Jugoslawiens 13, 115f., 118f., 145

Truman, Harry, 1945–1953 US-Präsident 11, 89, 115, 166, 203, 215

Tugarinov, Ivan, sowjetisches Informationskomitee 118, 129, 149, 164, 212f., 215, 224

Ulbricht, Walter, 1950–1971 Generalsekretär des ZK der SED 15f., 23–26, 30f., 35f., 57, 65, 67f., 98f., 154–158, 160, 168f., 191, 210, 216f., 219f.

Vasil'evskij, Aleksandr M., 1949–1953 Verteidigungsminister der UdSSR 32, 42f., 89f., 106, 118, 122, 212, 214, 216

Voinov 76

Verner, P., Bevollmächtigter des ZK der SED bei der KPD 53

Vyšinskij, Andrej, 1949–1953 Außenminister der UdSSR 15–17, 20f., 23–25, 27–29, 32f., 35–37, 40–43, 58, 61f., 87–90, 93–95, 97, 99f., 102, 104, 106, 117f., 122–125, 127–131, 133, 137, 141–149, 151–154, 158–169, 171, 173, 178–182, 186, 191, 195–197, 202–205, 207, 209, 211–216, 220–222, 224–226

Wehner, Herbert (SPD), 1949–1966 Vorsitzender des Bundestagsausschusses für gesamtdeutsche Fragen 85, 195

Wengst, Udo, Historiker 17

Wenk, ehem. General der deutschen Wehrmacht 90

Wessel, Helene, 1949–1952 Vorsitzende der Zentrumspartei, 1952 Mitbegründerin der Gesamtdeutschen Volkspartei 13, 64

Wettig, Gerhard, Historiker 17f., 26, 31, 154

Wirth, Joseph, ehem. Reichskanzler, 1953 Mitbegründer und Vorsitzender des BdD 34, 103, 174

Younger, Kenneth, 1950–1951 interimistischer britischer Außenminister 62

Zacharov 88
Zajcev, G. T., 1949–1953 sowjetischer Botschafter in Den Haag 59, 61
Zarubin, Georgij, 1952 Botschafter der UdSSR in London, ab 1952 in Washington 27f., 61f., 75, 117, 133–135
Zarusky, Jürgen, Historiker 17
Žemčužina, Polina, Ehefrau Molotovs 20

Zinn, Georg-August (SPD), Ministerpräsident von Hessen 64
Zorin, Valerian A., 1947–1955 stellv. Außenminister der UdSSR 29, 31–33, 42–44, 74–76, 86–90, 93, 97, 99, 103, 106, 117f., 121–125, 128f., 134, 136, 141f., 144–146, 151–153, 161f., 165f., 172, 178f., 182, 195, 203f.
Zubok, Vladislav 12, 19, 32, 119, 124

www.ingramcontent.com/pod-product-compliance
Lightning Source LLC
Chambersburg PA
CBHW052016290426
44112CB00014B/2264